石川恒夫

様式の生成

——十九世紀ドイツ建築論における「様式統合」理念に関する研究——

中央公論美術出版

〔本書は独立行政法人日本学術振興会平成二十八年度科学研究費補助金（研究成果公開促進費）の交付を受けた出版である〕

様式の生成

十九世紀ドイツ建築論における「様式統合」理念に関する研究

目次

第Ⅱ部　「様式統合」理念の展開――二十世紀近代建築へ――　149

第Ⅰ部　シンケルの「様式統合」理念
——有機的全体の創造のために

第一章
序論――「様式統合」理念の諸問題

第一節　序

十九世紀ドイツにおいては、時代と民族に固有の表現としての建築様式が存在しないことへの嘆きから、創作のための精神的基盤を形成するために、様式論が極めて精力的に展開された。建築家ハインリヒ・ヒュプシュ（Heinrich Hübsch, 一七九五―一八六三）の著書の表題、『いかなる様式で我々は建築すべきか』（一八二八）(1)は、十九世紀の建築家の誰もが建築様式を自由に選択できること、そして自らの時代の建築様式の創造を望んでいることを象徴している。規範的とみなされた古典建築という枠組みの解体から、歴史上の様々な様式を等価的に扱うことによって、過去の建築様式の自由な選択、折衷が好まれ、その結果、様式のカタログ化を招いたことは、十九世紀建築論の一否定的側面である。しかし、その一方で、発展的歴史観に基づいて、過去の歴史が生み出したものを、新しい高次の段階に統合すること、具体的には古代ギリシャ建築と中世ゴシック建築との統合によって、新しい建築様式を目指す思想――「様式統合（Stilsynthese）」理念(2)――が台頭する。それは、主に建築家カール・フリードリヒ・シンケル（Karl Friedrich Schinkel, 一七八一―一八四一）によって取り上げられ、育まれた理念でもあった。それは過去の歴史を繰り返すことではなく、歴史を継承するために、新しいものを創造しようとする理念である。「統合」に対応するドイツ語は、"Synthese"である。グリムの編纂辞書において、「統合」は、「様々な現象を組み合わせ、結びつけ、一つの統一的全体をつくりだし全てを活性化すること」[3]を意味する。従って、「統合」は、広義の意味においては多元論的統一を指し、狭義の意味においては二元論的統一を指す、と考えられる。これに関連の表現に、"Vereinigung, Verschmelzung, Vermischung, Verbindung" 等があり、それぞれ「融合、融解、混合、結合」と翻訳しうるが、厳密な区別があるとはいえない。

既往のシンケル研究、[4]十九世紀ドイツ建築論に関する諸研究においても、「様式統合」の問題は、十九世紀の建築様式論の中心的テーマでありながら、上述の如き「様式のカタログ化」の認識をもって片付けられてしまう、あるいは建築的現象の背後に置かれ、正面から取り上げられることは殆どなかった。それゆえ本研究は、第一にシンケルの「様式統合」の理念の思想的背景とその現代的意味を明らかにしつつ、この理念に基づいてつくられた彼の主要建築作品を分析すること、第二に、シンケル以後の十九世紀ドイツ建築論の考察から、この理念が後世に与えた影響を明らかにすることを目的としている。

シンケルは、プロイセン王国建築局に勤めた約三十年間に、多くの建築計画と共に、それに付随する設計要旨を残し、また建築局にもちこまれる計画案に対する所見を述べる一方、当時のドイツを代表するゲーテ、フィヒテ、シュレーゲル兄弟、ゾルガー、W・フンボルト等の文化人との交流をとおして、自らの歴史観、芸術観を育み、多くの論考を残した。[5]それによって、自らの哲学を打ち立てようとしたわけではなく、シンケルは理論的に吟味したことを自己の内で消化し、与えられた委託に応えようとした芸術家であった。

シンケルの作品の表層から判断して、彼を現実主義者、古典主義者、あるいは若きシンケルをゴシック主義者等と見なす論評は多い。しかし、目に見える造形が、必ずしもその人間の思想を示すわけではない。既成の党派に彼を押し込めようとする解釈は、無味乾燥であろう。本論で問うのは、「様式統合」という理念であり、建築という形式が立ち上がる場である。その成果は百花繚乱である。シンケルの日記、論考等は、死後二十年を経て、一八六二年から一八六四年にかけて、義理の息子、アルフレート・v・ヴォルツォーゲンによって編纂、刊行されたが[6]、「様式統合」理念とその成果に関する論評は、シンケルの同僚や弟子達に始まり、今日の研究者に至るまで続いている。特に一八四五年以来、シンケルの誕生日（三月十三日）に開催される「シンケル祝祭」の記念講演は、本論の考察において重要である。本章は、既往の研究に散見される、「様式統合」への理論とその動向を考察し、本研究全体の課題と展望を提示する。

第二節　「様式統合」に関する批判（一）

（二―一）折衷としての「様式統合」

「様式統合」に対する批判は、恣意的折衷、という一言によって言い尽くされる。ルドルフ・ヴィーグマンは、『時代に即した国家の建築様式の発展に関する論考』（一八四一）において、あらゆる建築様式が勝手気儘に選ばれ、様々な作品に等価的に導入されている事態を「折衷主義[7]」と呼び、それを思想のない不快なものと見なした。それは、例えば教会をゴシック様式で建て、宮殿をルネサンス様式の「ピッティ宮」で建てることを指す。ましてや一つの作品に、幾つもの様式的形態を組み合わせることは折衷の極みであり、古代（ギリシャ建築）と中世（ゴシック建築）、もしくは南方（イタリア芸術）と北方（ドイツ芸術）という二つの世界を融合しようとするシンケルの試みは、「全く異なる二つの様式を安易に結びつける[8]」、「野蛮な様式の実験[9]」であり、「多くの力と時間の無駄な浪費は許されない[10]」と特徴づけられている。尖頭アーチ様式だけが、時代の要請に応えることができる、と考えたエルンスト・コップが『純粋で単純な建築様式の表現への寄与』（一八五一）において、「シンケルは、様式を低俗に混ぜ合わせ、芸術の堕落への扉を開いたのだ[11]」と批判したことは、一つの時代は単一的な表現を持つべきだ、という意識に基づいていると考えられる。美術史家カール・シュナーゼは、『新しい建築様式への所見』(一八六〇)において、シンケルもその弟子達も「折衷的」[12]であり、彼らの作品にある特定の方向を見出すことはできないと述べた。しかしシュナーゼは、建築はいつの時代にも「歴史的に継承されたフォルムを語る」[13]ものであり、時代の要求に応じつつ、知らず知らずのうちに発展していくものだから、シンケルをはじめとする十九世紀の折衷主義は、ある程度やむを得ないと考えた。シュナーゼの考えに従えば、歴史からある一時代を切り取ってみれば、そこは常に折衷的であることになろう。

エーリヒ・グロェーデンの『シンケルの創造の基礎』(一九一五)は、「様式統合」に関する批判的研究として特記される。「古典主義とロマン主義！　それは古代と中世を象徴するものだが、二つの世界は決して融合することがない。相いれないものの融合の試みこそ、非生産的な時代のクライマックスなのだ。この二つの対極を巡る、身を焼き尽くす戦いに、シンケルは生涯関わったが、決定的な調和に至ることはなかった。」[14]この発言は、装飾にまみれた十九世紀の様式建築を批判し、あらゆる様式的形態の排除を規範とする、近代機能主義に向かう時代の声の一つとして理解されるべきである。[15]グロェーデンはそう語ることで、調和的造形を旨とする自身の態度を表明している。このような批判的見解に対して、ヴォルフガング・ゲッツは、『歴史主義の復帰』(一九七五)において、シンケルの様式統合の建築へ向かう創作態度を、「精神的総合のプロセス」[16]と名付け、「様式的形態のアプリケでも、付加でもない」[17]と述べることによって、単なる組み合わせの集合としての折衷から区別した。ゲッツのみならず、統合の理念を肯定的に捉える研究者の意図は、作品を一つの全体として見るときに、単なる組み合わせ以上のものがそこにあるということである。それゆえ、「統合」と「折衷」の差異、及び「統合」を「折衷」と同義とみなす場合の根拠を明らかにする必要がある。

（二―二）未完の試みとしての「様式統合」

統合の試みが、恣意的であると揶揄される理由は、性急に結果を出そうとすることにある。K・E・O・フリッチュは、一八八八年に記した時評の中で十九世紀を回顧し、「古典建築と中世建築の有機的融合」[18]は、創作方法としては正当であると指摘する。しかしそのような、いにしえのフォルムやモチーフの融合、変容は、時と共に次第に発展するものなのに、これを意図的に強引に実現しようとすることに大きな誤解があったと、フリッチェは述べている。なるほど、様々な建築によって構成される、一つの街や都市は、長い時間をかけ、積層化されたものとして理解されるがゆえに、一つの建築における、異質な要素の共時的出現には無理があると批判することはできる。コルネリウス・グルリットは、「新しい様式を生むべく試みられた様式の融合は、極めて非芸術的になされた」と批判し、その理由を、「建築家たちが過去の芸術を精神的に消化する能力をもつことなく、過去の歴史に対する抽象的知識しかもっていなかった[19]」ことに求めている。

この批判の一方で、「様式統合」理念を明日にでも実現できるものとしてではなく、未来に完成するために、それに向かって努力する一つの道であると理解するならば、その実現は未来は委ねられる、という見解が生まれてくる。建築家フリードリヒ・エッゲルスは、『シンケルの思い出』と題する一八六六年のシンケル祝祭講演において、新しい建築様式は、いにしえのものから有機的に流れ出るものであるが、十九世紀の時代精神が、中世建築と古典建築の統合という、極めて困難な課題に直面していると指摘する。そしてシンケルは、特にまだ歴史の浅いプロテスタント教会の建築造形において、「様式統合」の試みを意図的に繰り返したというのである。エッゲルスは、「木が成長し、実をつけるように、恣意のない必然的な発展からこそ、時代の結果として（様式統合の成果が）表れてくるだろう。[20]」と認識し、「様式統合」理念を、いわば実現するに困難な「夢」として捉えていた。

第三節 「様式統合」に関する批判（二）

（三―二）外的要請としての「様式統合」

フランツ・クーグラーは、すでにシンケル没後の一八四二年に彼の評伝を著し、シンケルがあくまで古典主義者であり、「様式統合」は外的要請にすぎず[21]、ただゴシック建築の表面的な受容と、その古典的形式による変形にすぎないと指摘した[22]。たしかに「解放戦争記念ドーム」案（一八一五）においては、国王フリードリヒ・ヴィルヘルム三世が、ドイツ国家のモニュメントとして、「古ドイツ（ゴシック）様式」を望んだことが、シンケルの設計要旨から明らかなのだが[23]、クーグラーによれば、シンケルはそのようないかなる外的要請にあっても、古典芸術の原理によって造形することを怠らなかったという。同様にヘルマン・グリムも、一八六七年のシンケル祝祭講演で、「様式統合」は「外的政治的要請[24]」であり、無駄な試みと評した。グリムによれば、ナポレオンによる大陸支配とそこからの解放という激動の時代において、ドイツの威光はゴシック建築によってのみ表現される、という風潮が充ちていた。それゆえ、シンケルも、古典的水平性にゴシック的な構造形式を持ちこまざるを得なかったという[25]。しかしそれによって、グリムがシンケルを古典主義者と見ていることは明らかである。これらの見解の根拠は、シンケルが国家に仕える官僚であったことに求められる。シンケルは一八一〇年に技術部上級建築局に入り、美的評価の部門を任され、国家及び教会関係のあらゆる建築企画案を、美的観点から吟味することを任務としていた。晩年には最高位の建築長官に就くにせよ、デザイン的妥協を強いられることも多々あったであろうことは、想像に難くない。アウグスト・グリーゼバッハは、評伝『シンケル』（一九二四）において、初期シンケルの作品に関して、皮肉まじりに「彼の建築ファンタジーは、通常の路線を遥かに超えて、建築局の控えめな仕事には満足できなかったから、（統合という）イデオロギーに身を委ねたのだ[26]」と記している。

（三―二）過渡的造形としての「様式統合」

エリック・フォルスマンは『カール・フリードリヒ・シンケル』（一九九〇）において、シンケルは、対極的な原理の統合を実現するのは困難であり、いざ実践の場となればどちらかの極に傾いていた、と記している。[27] 一八六八年のシンケル祝祭講演において、ブランケンシュタインはシンケルの教会建築に光をあて、若きシンケルがゴシック建築を、古代ギリシャ建築にむけて自由に造形した、と述べる。[28] しかしゴシック様式は、造形されつくしたものであり、対極にある古典建築からの統合は成功せず、やがてシンケルは古典建築の極へ身を置き換えた、と主張する。[29] すなわち「様式統合」は、一時的なものと見なされているわけである。フェルディナント・v・クヴァストは、一八五四年の同祝祭講演において、根源的な様式としてのギリシャとゴシックとの有機的統合は必要である、[30] と述べたのに対し、一八七二年の同祝祭講演では、一転してシンケルの作風が初期と後期で変化していることの原因を、「様式統合」の失敗に求めている。「シンケルは、ギリシャ建築のみならず、ゴシック建築にも敬意を表していた。それはギリシャ建築と相対する位置にある。しかし創造者たるシンケルは、もしそのゴシックを新たに生かそうとするならば、それを、現在支配的であり、特に彼自身によって生み出された（古典の造形言語を用いた）建築方式と調和させる必然性をも感じていたのである。そのような課題は精神的に困難なものだから、シンケルは、最終的にその調和を仕上げることを断念している。[31]」つまり調和を断念した後、シンケルは古典主義者になっていったと、クヴァストは批判するわけだが、それは、クヴァスト自身が、ゴシック信奉者であることを告白しているにすぎない。

ロベルト・ドーメの『シンケル』（一八八二）によれば、「古代と中世の精神の結婚[32]」は失敗であり、特にシンケルの教会建築には、中世やルネサンスのどんな小さな教会でももっている、訪問者への心情に語りかける効果が欠けているという。ドーメは、シンケルの作品には、中世の建築が醸しだす高揚感、崇高性が欠けていること、つまり古典的なものに偏ってしまっていることを暗に示唆している。またヨハネス・クレーチェルは、『シンケルとゴシック建築の関係性』（一八九二）において、「古典建築と中世建築の融合は達成できず、ゴシック建築の極みからギリシャ建築へ、シンケルの造形の重心は移動した」[33]と指摘する。ヘルマン・G・プントも『建築家シンケルとベルリン』（一九七二）において、「シンケル自身は、時がたつとともに、ゴシックの形態を他の過去の要素を組み合わせることに将来性はなく、唯一の歴史的な建築表現の形式は、古代ギリシャ建築であることを悟るに至った」[34]という。クレーチェルやプントの指摘は、シンケルが古典主義者であり、「様式統合」が、あくまでシンケルの創作における過渡的な手法であったことを示唆するものである。

第四節　「様式統合」に関する評価（一）

（四―一）シンケルの作品における「様式統合」例

既往研究にみる、「様式統合」に関する評価は、統合に成功したシンケルの作品例を、様々な研究者が指摘することに始まる。一八四二年に追悼講演を行ったO・F・グルッペ[35]が、「ヴェルダー教会」（一八二一―三〇）を評価したことに始まり、以下、E・グール[36]は「劇場（シャウシュピールハウス）」（一八一八―二一）に、F・アードラー[37]は「ルイーゼ霊廟」案（一八一〇）と「ペトリ教会」案（一八一〇―一四）に、R・ノイマン[38]は「オラーニエンブルクの教会」案（一八二八）に、H・グリム[39]は「アルテス・ムゼウム」（一八二四―二八）に、H・ツィラー[40]は「解放戦争ドーム」案（一八一四―一五）と「建築アカデミー」（一八三一―三六）に、H・ベエンケン[41]は「ノイエ・ヴァッヘ（新衛兵所）」（一八一六―一八）に、H・v・アイネム[42]は「建築アカデミー」に、R・ベックスマン[43]は「ヴェルダー教会」（一八二一―三〇）に、E・フォルスマン[44]は、「ヴェルダー教会」やポツダムの「ニコライ教会」（一八二六―四九）、ベルリンに建てられた四つの小さな教会に、それぞれ古典建築と中世建築の統合を見る。わが国でも、堀内正昭氏が十九世紀ドイツの「ルントボーゲン様式」に関する一連の研究の中で、シンケルの「ペトリ教会」案や「ハンブルクの市立劇場」案（一八二五）を取り上げたことが注目される[(45)]。さらにD・ドルグナーによる『古典主義とロマン主義――シンケルの作品における生産的統合[(46)]』（一九八四）において「ルイーゼ霊廟」案、「ゲルトラウデン教会」案（一八一九）、「ヴェルダー教会」、「建築アカデミー」、「図書館」案（一八三五）が取り上げられた。

このように、既往研究の一部を取り上げても、評価は様々である。つまりその評価は、作品をいかに体験したか、作品に何を発見したかにかかっている。評価される対象も多様である。シンケル本人すら意識していない原像が見えることもあるだろう。しかし十九世紀の研究には、

図一-一　建築アカデミー　外観透視図

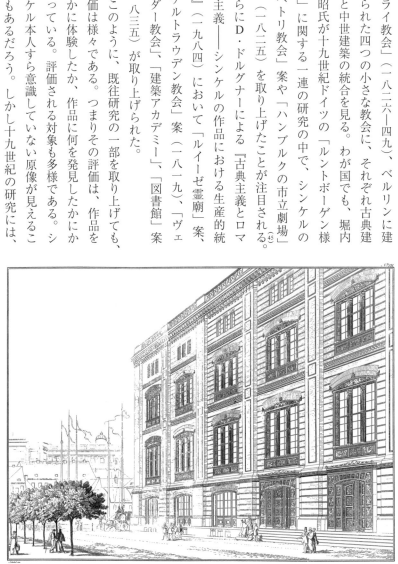

シンケルの「建築アカデミー」(図一―二)を「様式統合」の成功例とみなし、それを未来の建築様式への期待とする表明が目立つ。「様式統合はシンケルの初期の中心テーマ[47]」であるとして、一八一〇年から一八一五年の間の彼のゴシック的な創作態度を考察したのは、ゲオルク・F・コッホであった。しかし、一見古典的造形に傾いて見える後期シンケルの作品においても、統合へ向かう創作意欲を感じ取ることができる限り、シンケルにおける「様式統合」の試みは、その晩年にまで及んでいたとも考えられる。

(四―二)「様式統合」の手法

F・W・J・シェリングは、化学反応における物質の融合の原理を問うなかで、固体の物質どうしは決して融合できず、必ずどちらかが液体でなければならないことを指摘した[48]。その意味で物体を扱う建築においては、文字通りの統合、融合は生じえない。しかし建築の造形は、化学反応のように、合理的に割り切れるものではない。「様式統合」においては、かたちとしてのフォルムや装飾だけではなく、フォルムをフォルムたらしめる造形原理、構造や面分節という次元こそ問題であることは、自明のことである。

F・クーグラーは、『美術史便覧』(一八四八)において、「ドイツでは、様々なモニュメントが、ゲルマン様式で建てられた。しかし一方では、単にその様式の外面的なもののみが受け入れられ、他方では、その造形が、ゲルマンの基本原理とは相反する古典の形式により変容されたことは明らかである[49]」と述べている。クーグラーのいう「造形の変容」を「様式統合」の試みと理解するとき、その判断基準は「今日的な感性の表現[50]」であった。しかしそれは、作者の柔らかな感性と、自由な創作意欲を予感させる反面、勝手気儘な創作ではないか、という疑問を生じさせる。それゆえ「様式統合」の創作手法に関する以下の考察が必要となる。

アントン・シュプリンガーは、『十九世紀の造形芸術史』(一八五八)において、シンケルを頂点とする様々な

「様式統合」の試みは、ゴシック建築に欠けている「古典的なもの」をそれに「擦り込んだ」[51]ものである、と表現している。その際の「古典的なもの」とは、「表現の静けさ、確かな構造、分節の均整」であった。A・v・ヴォルツォーゲンも、同じニュアンスから、シンケルの統合の手法を「古典美の原理を借りて、ゴシック様式を継承すること」[52]と記している。A・グリーゼバッハの『シンケル』（一九二四）において、「様式統合」は、ゴシック的な構造原理と、古典的なフォルムやファサードの分節とが相互に浸透する表現として理解され[53]、H・v・アイネムも『シンケル』（一九六三）において、「様式統合」で重要なことは、様式の「フォルム」ではなく「原理」であるとした上で、「古典的精神によるゴシックの控え壁と、古典的な壁面の分節」に注意を払っている。[54]

今井兼次はその著『近代建築概論』（一九三一）において、シンケルを「盲目的な希臘《ギリシャ》主義者ではなかった」と述べ、「古典精神と共に彼は又ゴシック建築の有つ構造的合理性とその表現力とに心惹かれたため、古代希臘と中世ゴシックとの精神的接触はシンケルの作品に特殊の偉大さを与えている。」と記しており、我が国におけるシンケル受容の初期事例と思われるなかで、このようなシンケル評価がなされていたことに驚嘆する。[55]今井が何をもってこのような見解に至ったかは明らかではないが、一九二六年の渡欧におけるベルリンでの地下鉄調査の合間に、シンケルの建築に親しむ時間は充分あったにちがいない。D・ドルクナーは、ルネサンスの時代がそうであったように、シンケルは古典主義建築の技術的、形式的発展に尽くしたのであり、中世的なヴォールト建築と、ギリシャ的な構築術との統合が課題であったと考える。[56]概してこれら諸研究は、シンケルは古典主義者であるという前提にたって、対置される中世建築の取り込み方に焦点を絞っていると言えよう。

第五節　「様式統合」に関する評価（二）

（五―一）時代精神の表徴としての「様式統合」

「様式統合」は半ば強制された外的要請である、という見解に対して、十九世紀においても、ヴォルツォーゲンは一八六四年の講演において、「様式統合」を「近代の要請[57]」と呼び、W・リュプケは『建築史』（一八八六）において、「シンケルの時代の建築の主方向[58]」と評価したことは特筆される。「近代の要請」も一つの外的要請といえるかもしれないが、むしろここでは時代精神が問題である。E・グールは一八五九年のシンケル祝祭講演において、「継承された既成のフォルムは、建築家の精神によって捉えられ、時代の要請に従って変容される。一つの様式の優れた面と、ほかの様式の優れた面を結びつけ、全く新しい創造をもたらすことは可能である[59]」と述べ、そこにこそ作家の個性が発揮されることを指摘した。さらにF・アードラーは一八六九年の同祝祭講演において、統合の理論を「近代建築にとって重要な方向[60]」と呼び、その基本的態度を、「古代（ギリシャ）の建築システムを定立（テーゼ）、中世（ゴシック）建築のそれを反定立（アンチテーゼ）と理解すれば、未来の建築は統合（ジンテーゼ）、つまり、両者のシステムの補足しあう浸透として理解される。[61]」とヘーゲル的表現を用いて解明した。統合の理念が明確な一つのシステムとして捉えられたという意味において、それは記念碑的な講演であったと言うことができる。

リヒャルト・シュトライターは『建築の時代の問題』（一八九八）において、「古典的理想とロマン的理想を近代の理想へと溶解するという思想は、十九世紀前半の理想であり、人が思うよりも、もっと深い時代形成に根づくものである。[62]」と述べ、その正当な評価と研究の必要性を訴えた。シュトライターによれば、ヘーゲル哲学がその統合の思想を促したというよりも、逆に「時代の空気に漂っていたもの[63]」がヘーゲルにも影響し、彼の弁証法を生んだのだという。つまりシュトライターから見れば、ヘーゲル哲学も、その時代の一つの表れとして理解される。シュトライターと同様の内容を、E・ドリュッケも『マクシミリアン様式』（一九八二）において表明している。彼は「様式統合」理念の萌芽を、初期ロマン派の芸術論に求めながらも、「対極の止揚による弁証法的な発展としての統合の思想は、質的に新しい、体系的なヘーゲル哲学の場を超えて、同時代の発展思想の基盤であり、美学様式論の領域においてもとりわけ重要な意味を持つ[64]」と記している。いずれもヘーゲルを踏まえて論述していることは、彼の哲学の、時代への影響の大きさを物語るものだが、それが直接シンケルと結びつくか否かは後述したい。

一九三〇年代から一九六〇年代にかけて、エヴァース、パノフスキー、バントマン等の建築のイコノロジー研究が進み、「意味の担い手としての建築」の認識――すなわちギリシャ建築、ゴシック建築等のフォルムの背後には、精神的意味が秘められているという認識――が、十九世紀の建築を評価する契機を用意した。意味の担い手としての建築の一例を挙げれば、シンケルは、自身のアフォリズムの中で、「建築におけるゴシック的なものは曖昧な刺激があるから女性的、ギリシャ的なものは男性的である[65]」というメモを残し、両建築の内に人間性を発見しつつ、シンケルはギリシャ建築とゴシック建築が対極的な作用をもつことを簡潔に表現していた。一九五五年、百回目のシンケル祝祭における、パウル・アルテンベルクによる講演『ゲーテの遺産とシンケルの委託』の表題は、統合の理念はゲーテの自然科学論や文学に秘められており、ゲーテの遺産としてシンケルに委ねられていた、という考えから選ばれている。アルテンベルクは、統合の意味を、根源的レベルにまで単純化することによって、「動における崇高な静、一つなる形態と変容、存在と生成の一体[66]」と表現する。アルテンベルクは、統合によって、あるまとまりをもった全体を創出する要求を「時代の雰囲気[67]」と見なし、このような生き生きとしたシステムをシンケルの作品に見つけることは困難なことではないと述べている。

（五―二）「様式統合」理念の潜在化

建築家フリッツ・シューマッハーは『一八〇〇年以降のドイツ建築の潮流』（一九三五）において、一八〇〇年から一八四〇年が統合の時代であったと記し、特にそれをシンケルに帰した。[68] シューマッハーは、具体的な根拠を示してはいないものの、一八四〇年以降、様式統合の試みは減少していると記している。

一九六〇年以降の歴史主義に関する研究の深化と共に、「様式統合」の評価はシンケルを超えてゆく傾向にある。特に美術史の方法論として、ある時代の芸術は統一性をもつ、という視点に対して、様式多元論のテーマが浮上してくることによって、十九世紀の建築に新たな意味が与えられるようになった。[69] バイエルン国王マクシミリアン二世は、皇太子当時、「アテネの王宮」建設計画（一八三三）を契機として、シンケルと書簡を交わし、シンケルから「様式統合」の理念を聞き及んでいた。そのマクシミリアン二世を施主とする「マクシミリアネウム」（一八五〇―七四）やマクシミリアン街の建築群の形成には、シンケルの建築理念が影響を及ぼしたことが明らかにされ、W・ネルディンガー[70]やE・ドリュッケにより、「様式統合としてのマクシミリアン様式」に関する研究がなされた。ネルディンガーは「様式統合」の問題が、十九世紀を通じて存在していたという立場に立つが、「マクシミリアン様式」における統合の試みが実を結ばず、それがこの理念に引導を渡すに至ったことを強調している。本研究においてもそれゆえ、十九世紀の折り返し点における、大規模な建築運動（「マクシミリアン様式」）についての考察は欠かせない。

N・クノップの『シンケルの様式統合の理念』（一九七七）において、「様式統合」理念はシンケルの主要創作原理として扱われ、その思想的背景とともに、後世への影響についての考察が展開された。[71] また、W・ゲッツは

『歴史主義の復帰』（一九七五）において、十九世紀残り三分の一には「様式統合」による新様式の試みが断念され、統合ではなく乖離に向かってしまった、と指摘している。しかし、彼はその理念の本質を「調和への試み、過去への盲目的追従ではなく、過去を克服していく試み」[72]と定め、潜在化された統合の理念が、今世紀（二十世紀）においても、スウェーデンの近代建築、マルクス主義やスターリン主義の建築、ル・コルビュジエの建築に生きていると主張し、一気に二十世紀にまで考察の対象を広げようと試みている。たしかに、リヒャルト・シュトライターは、『ベルリンの新議事堂』（一八九四）の中で、パウル・ヴァロートのルネサンス様式に基づく計画案（図一―二）から、「ヴァロートは、〈ファウストとヘレナの関連〉（ゴシック建築とギリシャ建築の関連）を意識することもなく、古典化したフォルムの造形において分節された建築のマッスを、ゴシックの垂直主義で貫くことを本質的に探したのだ」[73]と「様式統合」理念がヴァロートの体質となっていたことを示唆している。

二十世紀の文献にも、「様式統合」の表明は断片的に見られるが[74]、十九世紀後半、「様式統合」の理念は、新様式の発見のためのプログラムとしては表れてこない。歴史様式の選択以上に、新素材や構造の活用、建築の社会的役割、建築の都市計画的配慮が重要視されてくるからである。存在

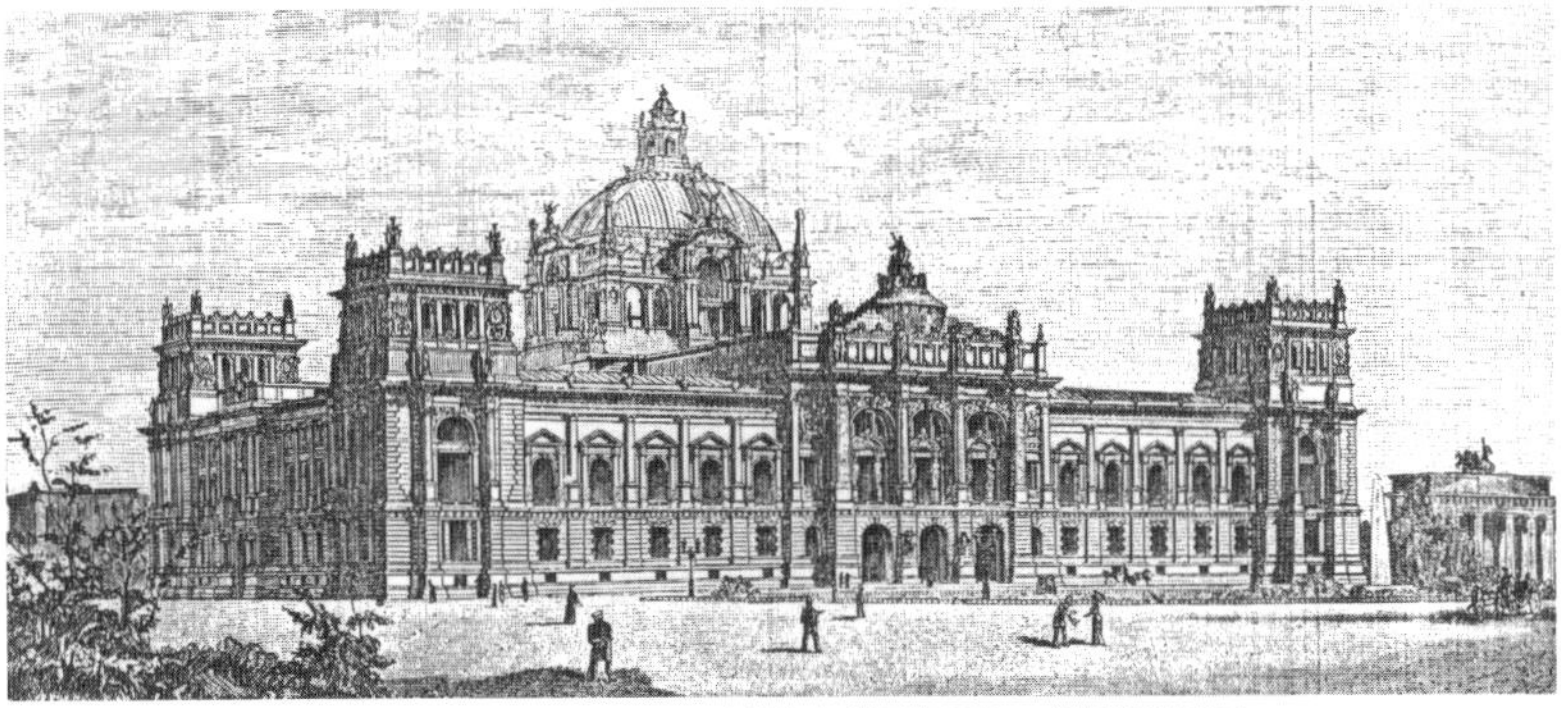

図一 - 二　ベルリンの新議事堂計画案　外観透視図

の根底にイデーを据える立場は、実証的な近代主義によって、批判、克服されなければならなかったのである。

第六節　「様式論争」

歴史様式の十九世紀への転用の正当性を訴え合う、その様相が「様式論争」と呼ばれる。その構図は「普遍的に有効な、絶対的に完全な建築[75]」としての古代ギリシャ建築と、「ドイツ人のための真にキリスト教的ゲルマン的[76]」な中世ゴシック建築という対極、ないしは異教的古代とキリスト教的中世という二つの極に象徴される。

十九世紀の雑誌・新聞は、豊穣な歴史学の源泉を提供している。考古学と建築史がまだ分離していない建築雑誌はしばしば、一つの発想や考えの第一歩を踏み出す場となり、論争の場を提供することになった[77]。ルートヴィヒ・ショーンを編集人とする「Kunstblatt」はすでに一八二〇年から出版されていたが、ルートヴィヒ・フェルスターを編集人とする「Allgemeine Bauzeitung」(以下ABZ.)は一八三六年から、「Zeitschrift für praktische Bauwesen」(以下、ZPB.)や「Kölner Domblatt」は一八四一年から刊行が始まった。一八四一年の印刷技術の革新(ピアノタイプ)は、一時間に六〇〇〇字の打ち込みを可能とし、早くて廉価な情報提供が促進された。広告代理店もこの年に誕生している。加えて一八四二年には、いわゆる建築の学会に相当する「ドイツ建築家・技術者協会」が創設されている。雑誌「ABZ.」にはその年次総会の概要が報告されており、出席者から講演内容に至るまでを私たちは今日知ることができる。そこが論争の主たる舞台となった。意見交換の場が準備され、情報網が充実してきたことが、「様式論争」の生まれる背景にある。

十九世紀のドイツ建築論を包括的に紹介したK・デーマーの『いかなる様式で建築すべきか[78]』は、イギリスでも一八三五年にジョージ・ギルバート・スコット(一八一一—七八)が“the battle of styles”という表現を使っていたことを明らかにしているほか、十九世紀前半ドイツにおける「様式論争」を系譜的に述べている。それは中世ゴシック建築への憧憬をもった十九世紀初頭から、折衷と多様な造形を良しとする十九世紀中期に至る豊穣な形態言語が表れる時代にあたる。例えばヒュプシュの一八二八年の著書に対して、ルドルフ・ヴィーグマン（Rudolf Wiegmann, 一八〇四―六五）は翌一八二九年にすでに、「様式とは時代の刻印であり、本来精神的な事柄にのみ用いられるべきである」(79)と批判を寄せていた。しかし意見の応酬という意味においては、一八四〇年代がその論争の頂点にあたるというデーマーの見解には同意したい。以下に主だった論争の概要をまとめる。

（一）一八四二年「ABZ. Leseblatt」（以下 ABZ. LB.）四十七号において、建築家ヴォルフは、クレンツェの『作品集』（一八三〇）、特に「グリプトテーク（彫刻展示館）」について批判文を寄せた(80)。それは異なる時代の形態要素の混合、装飾と構造の不一致を取り上げたものだった。そして同年の同雑誌において、ヴィーグマンはヴォルフの記事への批判を寄せ、建築創作における二〇の視点について述べている(81)。さらに一八四三年初頭の同雑誌における、ヴィーグマンの記事に対してヴォルフが反論する(82)。

ヨハン・ハインリヒ・ヴォルフ（Johann Heinrich Wolff, 一七九二―一八六九）はクレンツェの八歳年下であり、クレンツェと同様にカッセルで建築を学び、その後パリとローマ（一八一四～一六）に滞在している。そこでバイエルン皇太子ルートヴィヒによる、古代彫刻コレクションの展示施設の設計競技を知り、二二歳の若きヴォルフは応募していた(83)。それは古代ローマのテルメの広間、バシリカを再構成したものだった。実施はクレンツェによるものであり、この批判記事が生まれた背景にそのような経緯がある。またルドルフ・ヴィーグマンは建築家・画家であり、一八三八年よりデュッセルドルフの建築アカデミーの教授であった。

（二）一八四三年のバンベルクでの第二回ドイツ建築家・技術者協会総会における、ベルリンの建築家シュティアーの講演『現代祖国の建築原理の規定への貢献のために』が「ABZ.」一八四三年に収められている。ヴィルヘルム・シュティアー（Wilhelm Stier 一七九九―一八五六）については、第十章で取り上げるが、当時「協会」理事の任にあたっており、民族性や宗教性を越えて「普遍的人間的観点の下に、（建築は）合目的性という大地に根ざすべきである」[84]というラディカルな講演内容が注目を浴びることとなった。シュティアーの講演を受けるように、一八四四年にC・A・ローゼンタールの論文『建築芸術は一体なにを望んでいるのか』が「ABZ.」に掲載された。[85]翌一八四五年に再びヴォルフがこれらの記事を受けて『二言三言』[86]を「ABZ.」に寄稿し、同年、シュティアーの同僚でもあるカール・ベティヒャー（Karl Bötticher 一八〇六―八九）が、シュティアーの創作態度をめぐって批判的論文を寄せている。[87]

（三）ヴォルフは一八四三年の「ABZ. LB.」十六号にヨーゼフ・ダニエル・オーミュラー（Joseph Daniel Ohlmüller, 一七九一―一八三九）の設計によるマリアヒルフ教会について批判的所感を表明している。[88]ミュンヘン近郊アウに一八三九年に竣工したこの教会は、学術的な吟味を踏まえた、ドイツ・ゴシックの伝統に基づくと考えられた単塔式の聖堂である。美や自分の時代の特性を表すことよりも、過去の建築様式の、模倣の正確さを追求する態度を、ヴォルフは問題としているのだ。そして一八四六年「ABZ. LB.」一号には、ヴィーグマンが、しばし論争をしかける『ヴォルフの傾向について』[89]を表明し、それとともに熱烈なゴシック信奉者であり、ドイツ帝国議会議員でもあったアウグスト・ライヒェンスペルガー（August Reichensperger, 一八〇八―九五）の態度を糾弾している。そしてさらに一八四六年の「ABZ.」にヴォルフによるヴィーグマンの記事への反論が掲載された。[90]

建築に求められる過度な要求を満たすことの限界と、既存の材料や構造的な可能性が尽きたことが当時認識されつつあるなかで、個としての建築家が、建築的諸問題と生き生きと関わりつつ、自らの思想的信条を主張した、その証が「様式論争」として私たちの眼前に広がっている。

第七節　本書の構成と展望

既往のシンケル研究や、十九世紀の建築論に関する諸研究の考察を踏まえて、以下に本書の構成を提示しておきたい。

本書の第一部では、第一に、統合の理念が時代の要請であったという研究成果を踏まえて、シンケルの建築理念を考察する前段階として、十八世紀末から十九世紀初頭にかけてのドイツにおける、古典建築や中世建築に対する評価が考察される。様々な要素の統合による、あるまとまりをもった全体なるものへの要求は、シンケルを育んだ時代――ドイツロマン主義の時代――の希求として捉えることも重要と思われる。第二に、シンケルの建築史観が考察され、彼の「様式統合」の基本理念とその現代的意味が明らかにされる。第三に、シンケルを古典主義者とみなす見解や、「様式統合」が過渡的手段にすぎない、という批判がある一方、多くの研究者がとりわけシンケルの作品に「様式統合」の成果を指摘している事実を踏まえて、シンケルの主要建築作品を取り上げ、統合の理念の作品への反映を考察する。シンケルの作品の個別的解明は目的ではない。空間造形という意識の希薄な十九世紀の建築を評価するにあたり、建物の個性を規定するファサードの造形[91]と平面構成が重要であり、本研究においても、その二点に着目しつつ、作品の分析的考察を行う。過去のものを繰り返すことなく、歴史を継承するとはいかなることか、創作の起源に還るとはいかなることか、それらの問いを「統合」理念を通して考えたい。

本書の第二部は、様式多元論の研究成果を踏まえて、シンケル以外の作家における、「様式統合」の理念の意味を考察する。十九世紀半ばには、様々な時代が固有の様式を展開してきたことが明らかにされた。特に一八三〇年から一八五〇年にかけて、建築誌上で激しく展開された「様式論争」が様式の一元性を求める論争であるのに対し、「様式統合」の理念は、二元論的、両義的な建築観の上に立つものであり、両者は元来相いれないはずのものであるが、歴史を創作の基盤に据えることに変わりない。それゆえ本研究は、第一に、新古典主義建築の旗手であり、シンケルと同時代人であるミュンヘンの宮廷建築家、レオ・フォン・クレンツェ（一七八四—一八六四）、第二に、「ルントボーゲン様式（半円アーチ様式）」をドイツにおける正当な様式と主張したカールスルーエの建築家、ハインリヒ・ヒュプシュ、第三に、「マクシミリアン様式」を巡る、ゴシック建築を愛好したバイエルン国王マクシミリアン二世（一八一一—六四）と彼の周辺建築家、という様式党派を代表する作家、グループを取り上げ、それぞれの建築論の考察から、統合へと向かう建築理念が果たした役割を明らかにする。第四に、シンケルの建築思想を継承し、ベルリンで活躍した二人の建築家、カール・ベティヒャーとヴィルヘルム・シュティアーの建築論を考察し、シンケルの「様式統合」の理念の及ぼした影響を明らかにする。ちなみに十九世紀ドイツを代表する建築家、ゴットフリート・ゼンパー（Gottfried semper, 一八〇三—七九）は、「様式統合」の理念の問題に関しては決定的な働きを演ずるわけではないがゆえに、本研究においては断片的に取り上げられるだけである。以上、本書の第二部の考察は、「様式統合」の理念が、十九世紀ドイツ建築論に果たした役割を明らかにするものである。

第八節　結

既往研究に散見される、「様式統合」への理論と動向を考察し、本研究の課題と展望が提示された。「様式統合」が折衷であり、性急に成果を求めるあまり恣意的になった、という批判の主たる根拠は、様式は純粋性を保持すべきものだと思い込むことに由来し、「様式統合」がやむなき外的要請による、過渡的な創作という批判の主たる根拠は、シンケルを一元論的な古典主義者と決めつけることにある。研究者がそれぞれの視点から、とりわけシンケルのあらゆる時期の作品に「様式統合」の成果を発見しているにもかかわらず、「様式統合」理念をめぐる評価は今日なお曖昧である。一九六〇年代の歴史主義研究の深化、更に一九七〇年代の様式多元論の研究成果とともに、シンケル個人を超えて、時代精神の表徴としての「様式統合」理念に、認識と評価が高まりつつある。本書は、これらの研究成果を継承、発展してゆこうとするものである。

〔註〕

（1）Heinrich Hübsch: In welchem Style sollen wir bauen?, Karlsruhe 1828

（2）「様式統合」の名称は、ドイツ語の "Stilsynthese" からの翻訳であり、ドイツではこの用語が定着しているがゆえに、本論もこの表現を用いる。なお、この言葉は、この問題に関する代表的研究である、ノルベルト・クノップの『シンケルの様式統合の理念』の表題に由来する。Norbert Knopp: Schinkels Idee einer Stilsynthese, in; Beiträge zum Problem des Stilpluralismus, [hrsg.] W. Hager, N. Knopp, München 1977, S.245-254

（3）Deutsches Wörterbuch von Jakob Grimm und Wilhelm Grimm, Leipzig 1942, X.4 S.1430

（4）既往のシンケル論の一覧は、一九八一年のシンケル生誕二百年の様々な記念出版の内、ゴットフリート・リーマンによって下記展覧会カタログにまとめられた。Schinkel-Bibliographie, in; Karl Friedrich Schinkel [Ausst.] Staat. Museen zu Berlin, Berlin 1981, S.406-418

（5）Karl Friedrich Schinkel: Das Architektonische Lehrbuch, [hrsg.] G. Poeschken, München-Westberlin 1979, S.173

（6）Aus Schinkels Nachlaß, [hrsg.] A.v. Wolzogen, Berlin 1863

（7）Rudolf Wiegmann: Gedanken über die Entwicklung eines zeitgemäßen nazionalen Baustyls.（1841）in: Allgemeine Bauzeitung

（ABZ.）S.207-214, 特に二〇八頁

（8） Ferdinannd von Quast: Schinkel-Festrede（1872）in: Zeitschrift für Bauwesen 1872, S.471-483 引用四八〇頁

（9） August Grisebach: Carl Friedrich Schinkel, Architekt, Städtebauer, Maler, Leipzig 1924, S.67

（10） August Reichensperger: Die christlich-germanische Baukunst und ihr Verhältniß zur Gegenwart, Trier 1845, S.91-92

（11） Ernst Kopp: Beitrag zur Darstellung eines reinen einfachen Baustyls, 1837-54, Heft 1-19 引用は Heft 16（Jena 1851）

（12） Carl Schnaase:（Gutachten zu einem neuen Baustyl, 1860）, in; Bayer. Hauptstaatsarchiv, Abt. III , Geheimes Hausarchiv, 77/6/90（Neuer Baustyl, Preisaufgabe）, 24-2-43（ohne Seitenzahl ）

（13） C. Schnaase: ibid.

（14） Erich Gloeden（Loevy）: Die Grundlagen zum Schaffen Carl Friedrich Schinkels, Berlin 1919, S.5

（15） 例えばオットー・ヴァーグナーの『近代建築』の中の一文「様々な様式のごたまぜ。全てはコピーされ、青かびを付けられたものもある。そんなものが、我々の外見と調和するであろうか。」を指す。 Otto Wagner: Die Baukunst unserer Zeit, Dem Baukunstjunger ein Führer auf diesem Kunstgebiete（Wien 1914）, in: O.A. Graf, Otto Wagner, Das Werk des Architekten（1, 2）, Wien-Köln-Graz 1985 S.701

（16） Wolfgang Götz: Die Reaktivierung des Historismus, in: Beiträge zur Rezeption der Kunst des 19. und 20. Jahrhunderts,（Ludwig Grote gewidmet）, München 1975, S. 37-61, 引用三八頁

（17） Wolfgang Götz: Stileinheit oder Stilreinheit? in: Beiträge zum Problem des Stilpluralismus München 1977, S.49-57 引用四九頁

（18） K.E.O. Fritsch: Die Architektur auf der internationalen Jubiläumskunstausstellung in München, in: Deutsche Bauzeitung 1888 S.366

（19） Cornelius Gurlitt: Befreiung der Baukunst,（1902）, Berlin 1968, S.91

(20) Friedrich Eggers: Schinkel-Festrede (1866) in: Zeitschrift für Bauwesen, S.456-466 引用四六一頁
(21) Franz Kugler: Karl Friedrich Schinkel – Eine Charakteristik seiner künstlerischen Wirksamkeit, Berlin 1842, in: Kleine Schriften III S.305-362 引用三一二、三二五頁
(22) F. Kugler: Handbuch für Kunstgeschichte. 2.Auflage, Stuttgart 1848, S.894
(23) K.F. Schinkel: Ueber den Projekt des Baues einer Cathedrale auf den Leipziger Platz zu Berlin, als Denkmals für die Befreiungskriege. in; Aus Schinkels Nachlaß, ibid., S.188-207
(24) Hermann Grimm: Rede auf Schinkel, (Schinkel-Festrede 1867) in: Schinkel Festreden zu Ehren, ausgewählt von J. Posener, Berlin 1981, S.82
(25) H. Grimm: Rede auf Schinkel, ibid., S.82
(26) A. Grisebach: ibid., S.67
(27) Erik Forssmann: Karl Friedrich Schinkel, Seine Bauten heute, Dortmund 1990, S.44
(28) Hermann Blankenstein: Über die praktische Seite des Kirchenbaues unter Bezugnahme auf Schinkel's Entwürfe, (Schinkel-Festrede 1868) in; Zeischrift für Bauwesen, S.478-490, 特に四八一頁以下
(29) H. Blankenstein: ibid., S.482
(30) Ferdinannd von Quast: Die Lebenskraft der Antike, Schinkel-Festrede (1854) in: Zeitschrift für Bauwesen, (Z.f.B.) S.441-452, 特に四四八頁
(31) F.v. Quast: Schinkel-Festrede (1872) in: Zeitschrift für Bauwesen S.471-483 引用四八〇頁
(32) Robert Dohme: Karl Friedrich Schinkel, Leipzig 1882, S.27
(33) Johannes Krätschell: Karl Friedrich Schinkel in seinem Verhältnis zur Gotischen Baukunst, Berlin 1892, S.72ff
(34) Hermann G. Pundt: Schinkel's Berlin, A Study in Enviromental Planning, Cambridge, Mass. 1972 杉本俊多訳『建築家シ

ンケルとベルリン』中央公論美術出版、一九八五年、七〇頁

（35）Otto Friedrich Gruppe: Karl Friedrich Schinkel, 1842, in: Allgemeine Bauzeitung, 7.Jg., 1842, S.147-170, 275-286　特に二八三頁

（36）Ernst Guhl: Schinkel-Festrede（1859）in: Z.f.B. S.431-439 引用四三九頁

（37）Friedrich Adler: Schinkel-Festrede（1864）in: Z.f.B. S.479-494 引用四八三頁

（38）Robert Neumann: Schinkel-Festrede（1870）in: Z.f.B. S.397ff

（39）Hermann Grimm: "Schinkel als Architekt der Stadt Berlin" Schinkel – Festrede（1874）in: Z.f.B. S.414-428　引用四二〇頁

（40）Hermann Ziller: Schinkel, Leipzig und Bielefeld 1897, S.30, 77

（41）Hermann Beenken: Schöpferische Bauideen der deutschen Romantik, Mainz 1952, S.63-64

（42）Herbert v. Einem: Karl Friedrich Schinkel, in,: Jahrbuch der Stiftung Preußischer Kulturbesitz Jg.1963, S.73-89, 引用八六頁

（43）Rudiger Becksmann: Schinkel und die Gotik, in: Kunstgeschichtliche Studien für Kurt Bauch zum 70. Geburtstag, München-Berlin 1967, S.263-276 引用二六五頁

（44）E. Forssmann: K.F. Schinkel, 1990, ibid., S.45-47

（45）堀内正昭『カール・フリードリヒ・シンケルのルントボーゲンシュティールについて』日本建築学会計画系論文報告集第三四六号、昭和五九年十二月

（46）Dieter Dolgner: Klassizismus und Romantik – eine produktive Synthese im Werk Karl Friedrich Schinkels. in: Schinkel-Studien, Leipzig 1984, S.66-76

（47）Georg Friedrich Koch: Schinkels architektonische Entwürfe im gotischen Stil 1810-1815, in: Zeitschrift für Kunstgeschichte 1966 S.262-316, 特に二六六、二七九、二八〇頁

（48）F.W.J. Schelling: Ideen zu einer Philosophie der Natur（1797）, in; Sämtliche Werke, [hrsg.] K.F.A. Schelling S.321,327
（49）F. Kugler: Handbuch für Kunstgeschichte, ibid., S.895
（50）F. Kugler: Handbuch für Kunstgeschichte, ibid., S.895
（51）Anton Springer: Geschichte der bildenden Künste im 19. Jahrhundert, Leipzig 1858, S.41
（52）A.v. Wolzogen: Schinkel als Architekt, Maler und Kunstphilosoph, 1864, ibid., S. 64
（53）A. Grisebach: ibid., S.132-133
（54）H.v. Einem: Karl Friedrich Schinkel, 1963, ibid., S.86
（55）今井兼次『近代建築概論』（一九三二）『今井兼次著作集一』所収、中央公論美術出版、一九九五年、一八四頁
（56）D. Dolgner: K.F. Schinkel, Leben und Werk, in; K.F. Schinkel, Ausgewählte Beiträge zum 200. Geburtstag, Berlin 1982, S.29
（57）A.v. Wolzogen: Schinkel als Architekt, Maler und Kunstphilosoph, 1864, ibid., S.11ff
（58）Wilhelm Lübke: Geschichte der Architektur 2.Bd, Leipzig 1886, S.515
（59）E. Guhl: Schinkel-Festrede（1859）ibid., 引用四三九頁
（60）F. Adler: Die Bauschule zu Berlin von C.F. Schinkel,（Schinkel-Festrede）, Berlin 1869, S.22
（61）F. Adler: Die Bauschule zu Berlin, ibid., S.21
（62）Richard Streiter: Architektonische Zeitfragen（1898）in: Ausgewählte Schriften zur Ästhetik und Kunstgeschichte, 1913 München, 引用一一〇頁
（63）R. Streiter: ibid., S.120
（64）Eberhard Drüeke: Der Maximilianstil, Zum Stilbegriff der Architektur im 19. Jahrhundert, Mittenwald 1981, S.14
（65）Hans Mackowsky [hrsg.]: Karl Friedrich Schinkel, Briefe, Tagebücher, Gedanken, Berlin 1922, S.197
（66）Paul Altenberg: Goethes Vermächtnis und Schinkels Auftrag, Festrede zum 100. Schikelfest des Architekten- und Ingenieur-

Vereins zu Berlin, Berlin 1955, S. 12

（67）P. Altenberg: Goethes Vermächtnis und Schinkels Auftrag, ibid., S.11

（68）Fritz Schmacher: Strömungen in deutscher Baukunst seit 1800, Bremen 1935, S.25ff, 43ff

（69）例えばＪ・Ａ・シュモルの『様式史的美術史への批判――統一の強制ではなく様式多元論を』（一九七〇）を指す。そしてこの一編の論文が契機となり、一九七五年にシンポジウムが開催され、Ｎ・クノップの論文『シンケルの様式統合の理念』が発表されたのである。J.A. Schmoll gen. Eisenwörth: Stilpluralismus statt Einheitszwang－Zur Kritik der Stilepochen-Kunstgeschichte（1970）in; Beiträge zum Problem des Stilpluralismus, München 1977, S.9-19

（70）Winfried Nerdinger: Der Maximilianstil: Fehlgeschlagene Stilsynthese und Rückschritt der Architekturentwicklung, in: Gottfried Neureuther [Ausst.] München 1978, S.51-60, 特に六〇頁。なおネルディンガー教授からは十九世紀ミュンヘンの建築動向について、数多くの示唆を得た。

（71）Norbert Knopp: Schinkels Idee einer Stilsynthese, in; Beiträge zum Problem des Stilpluralismus, [hrsg.] W. Hager, N. Knopp, München 1977, S. 245-254. なおクノップ教授からはこの関連において数多くの資料の提供と貴重な示唆を得た。

（72）W. Götz: Die Reaktivierung des Historismus, 1975, ibid. S.38

（73）R. Streiter: Das neue Reichstagshaus in Berlin von Paul Wallot, Berlin 1894, S.26

（74）例えばＪ・プレステルは、「建築において、新しいものを生み出そうとする努力から、最近、ゴシック建築の要素と古典形式の典型を融合しようとする試みが増えてきた。」と記している。J. Prestel: Gothik und Renaissance, in : Der Architekt, 1897, S.33, またＭ・ハザックは十九世紀の建築を振り返り、「どうして錬金術師たちは、黄金を創りだすことができなかったのか」と、統合による新しい建築様式への試みが、達せられなかったことを問うている。Max Hasak: Der neue Stil, in : Zeitschrift für christliche Kunst, 1908, S.197

（75）Rudolf Wiegmann: Gegensätze. in; Allgemeine Bauzeitung 1846, S.14

（76） R. Wiegmann: ibid., S.4
（77） Stephan Waetzold: Forschung zum 19. Jahrhundert an der Kunstbibliothek, in: Jahrbuch der Stiftung Preußischer Kulturbesitz Berlin 1966, Köln und Berlin 1967 S.152-154
（78） Klaus Döhmer: In welchem Style sollen wir bauen?, Architekturtheorie zwischen Klassizismus und Jugendstil, München 1976
（79） R. Wiegmann: Bemerkungen über die Schrift: "In welchem Styl sollen wir bauen?" von H. Hübsch, in; KB. Nr.44, 45, 46 1829
（80） Johanna Heinrich Wolff:（Rezensionen und Auszüge aus Werken,）Sammlung architektonischer Entwürfe, ..von L.v. Klenze, in; ABZ., LB 1842, Nr.47 S.451-458
（81） Rudolf Wiegmann: Polemisches, in; ABZ. 1842 S.498-500
（82） J.H. Wolff: Polemisches, in; ABZ. 1843 LB. Nr.1, S.1-11
（83） Glyptothek 1830-1980［Ausst.］München 1980, S.182ff.
（84） Wilhelm Stier: Beiträge zur Feststellung des Prinzips der Baukunst für das vaterländische Bauwesen in der Gegenwart" in; ABZ. 1843 S.309-342 引用三三九頁
（85） C.A. Rosenthal: Was will die Baukunst eigentlich? In; ABZ. 1844 S.268-274
（86） J.H. Wolff: Einige Worte, in; ABZ. 1845 LB. Nr17 S.255-270
（87） Karl Bötticher: Polemisch-Kritisches, in; ABZ. 1845 LB.Nr.18
（88） J.H. Wolff:（Rezensionen）Die Mariahilfkirche in der Vorstadt Au zu München von Ohlmüller, in: ABZ. 1845 LB. Nr. 16 S.243-250
（89） R. Wiegmann: Gegensätze, ibid.

（90） J.H. Wolff: Berichtigung, in; ABZ. 1846, LB. S.178-187

（91） 例えばスティーグリッツは、「外観（ファサード）の構成、秩序は、建物の性格を厳格に表現し、規定するものであるがゆえに、建築家にとって最も重要な部分である。」と記している。Christian Ludwig Stieglitz: Encyklopedie der bürgerlichen Baukunst, Leipzig 1792, 1.Bd., S.50

第二章
古典復興と中世回帰――有機的全体への憧憬

第一節　序

前章の既往研究の考察から、「時代精神の表徴としての様式統合」という評価を踏まえて、本章は、シンケルの「様式統合」理念を考察する前段階として、十八世紀後半から十九世紀初頭のドイツにおける、古典建築の復興と、中世建築への回帰の様相を考察し、シンケルを育んだ時代の建築思潮を明らかにする。

第二節　新しい建築様式の創造

新しい、時代に相応しい建築様式の獲得は、十九世紀ドイツ建築論の中心テーマである。一例を挙げるならば、シンケルの一八二五年頃の草稿には、「それぞれの時代の建築は、その時代の様式を残してきた。私たちの時代の様式を発見することを、私たちはなぜ試みないのか。なぜいつも、他の時代の様式で建てようとするのか(1)」という一文がある。固有の建築様式がないことへの嘆きは、伝統的な古典建築という規範が揺らぎ、解体されたところから始まる。このような状況に至った経緯を、簡潔に振り返りたい。

まず伝統批判は、啓蒙思想における人間の理性によって担われたものであった。本研究は、主にドイツ語圏の文献に基づいているが、ここで特筆すべきは十七世紀後半のフランスの、規範としての古典建築を巡る論争であろう。それは、古典そのものの使用を支持する「古典派（Anciens）」、即ち王立建築アカデミーの学長、フランソワ・ブロンデル（一六一七―八六）と、古典の理性的な使用を支持する「近代派（Modernes）」、即ち建築家、クロード・ペロー（一六一三―八八）との論争である。[2] 前者は、古典のオーダーを現代建築の基礎に据え、建築の美はプロポーションの法則、特定の数の関係により示されると考える。アカデミーこそ、その法則を堅持する場であった。後者は、建築の美を二種類に分ける。それは普遍的に有効な実際的要素――シンメトリー、素材、施工の質――によるものと、趣味や流行に依存し変化する随意的要素――プロポーション――によるものである。環境や習慣が建築の創造に影響を及ぼすこと、つまり古典建築を現代人の理性によってさらに発展させることの内に、ペローは彼の生きた時代の建築の課題を見出していた。[3] その近代的な観点から、内容と形式の一致を求めつつ、自然と理性の旗印の下に、建築とその建築の「個性（caractère）」を基礎づけることが、ブーレーやルドゥーなどのフランス十八世紀の革命建築家によって試みられたわけである。

しかし啓蒙思想そのものも乾いた抽象的な理性として、十九世紀に向かう過程で批判の対象となる。特にJ・G・ヘルダー（一七四四―一八〇三）が、啓蒙の歴史哲学を、現在を尺度にして過去を裁断していると批判し、彼の歴史哲学において、基本的にあらゆる時代に、その個的意味を認めたことは重要であった。[4] それぞれの国家は自らの内に至福の中心点を持っているという。ヘルダーの解釈によって、歴史は変化すること、つまり後世の新しいものは、過去の歴史的なものの結果として構築されることが明らかにされたからである。そこからあらゆる時代が等価であるという相対的な発展的歴史観とともに、一つの時代は、有機的な統一体であるという認識が芽生えてくる。

ヘルダーの歴史観を建築の造形に照らし合わせてみれば、建築様式はもはや与えられるものとはみなさず、自由な発見、ないしは自由な選択の対象となる。ただしその場合、過去の様式を非創造的にコピーするのではなく、建築の「様式」を「個性」とみなし、それを特定の建築用途に提供する因襲に陥るのでもなく、過去の様式的形態を同等に扱い、任意に混ぜ合わせた折衷に堕落するのでもないとすれば、過去の時代や民族の建築様式を基盤として、新しい様式がいかにして可能かという問題に行き当たる。シンケルは、既存の歴史要素の変形から、全く新しい造形を生み出す上で、いにしえの建築様式が全て破棄されてしまうのではなく、観る者に、新しさに対する感情を生じさせること、つまり、「根源的なものでありながら新たに造形されたものである」、という二重の魅力を提供すべきことを、自らの『芸術論考』のなかで述べている。(5) そこにこそ、歴史の有機的発展に基づいて、過去の歴史が生み出したものを高次の段階へ変容しつつ統合し、新しい建築様式を生み出す思想としての「様式統合」理念が芽生えるのである。

第三節　古典復興と中世回帰

シンケルは一七九八年から一八〇三年にかけて、ダヴィット・ジリー（一七四八―一八〇八）の創設したベルリンの建築アカデミーに学んだ。既にこの時期には、装飾を多用し、遠近法的効果をもって真の建築と見なすバロックやロココの影響力は衰えており、それに対して、建築を単純なマッスとして捉える古典主義が、時代の主導権を握っていた。つまり、若きシンケルは、アカデミーにおいて、カール・ゴットハルト・ラングハンス（一七三二―一八〇八）、フリードリヒ・ジリー（一七七二―一八〇〇）、さらにハインリヒ・ゲンツ（一七六六―一八一一）を通じて、古典ギリシャの建築様式に親しんでいたと考えられる。ヨハン・J・ヴィンケルマン（一七一七―六八）が『ギリシャ芸術模倣論』（一七五五）において、ギリシャ文化の様式的変遷を明らかにする中で、古代ギリシャ彫刻に宿る「単純と静謐[6]」を美の理想と見なしたことに始まる、ドイツにおけるギリシャ建築の復興とは、自然で根源的なものへの志向から、柱礎のない、ドリス式オーダーの雄壮な神殿形式の再評価を意味するようなものであったと言うことができる。それがラングハンスによる、アテネのアクロポリスの「プロピュライア」を範とした「ブランデンブルク門」（一七八九―九一）（図二―一）や、F・ジリーによる、マッシブなキューブをなす基壇上に、ドリス式神殿が聳える「フリードリヒ大王記念碑」案（一七九二）（図二―二）に象徴されるのである。

しかし一方では、当時支配的な、古典主義における美のカノンとは対照的な、ゴシックなるものへの関心も高まりつつあった。ゲオルク・フォルスター（一七五四―九四）は、「ギリシャ的な造形は、全てが人間的なものに繋がっているように思われる」、と述べる反面、「ゴシックのそれは、全く別の世界から生まれてきた妖精の宮殿のように存在する」と述べた[7]。つまり、ゴシック様式は、宗教的、歴史的、あるいは構造的観点からというよりも、異国情緒あふれるものとして、装飾的観点から捉えられていたのである。フォルスターが何を具体的に見てそう記したかは明らかではないが、例えばF・ジリーによる「パレッツの王宮庭園パヴィリオン」案（一七九七）は、矩形平面に対して、藁や木材という自然の素材を用いた大屋根が十二本の角柱によって支えられている（図二―三）。開口部における菱形のモチーフが、垂直の方向性

図二 - 一　ブランデンブルク門

図二 - 二　フリードリヒ大王記念碑　案

を暗示し、内部天井が筒状の尖頭アーチで構成されていることに、この案の独創性はある。[8] また、ラングハンスによる「ベルリンのマリーエン教会」の尖塔的な増築案（一七八七）には、ゴシック的造形を見ることができる（図二―四）。塔の下部を見ると、平面的には長短あわせて八つの面が、凹状に円弧を描いており、金属板で被覆していることからも、バロックの精神に基づく造形の試みと呼ぶことができる。尖頭アーチの開口部や単純なトレーサリーは、ただ飾りとして採用されており、表面的な引用をもって、先祖の意に沿って建てること、と理解されていた節があるが、それでも結果的に、ゴシック様式に固有な上昇感は生み出されている。[9]

いわば「厳格なドリス式建築の布教者」[10] であるジリーやラングハンスが、ゴシック的造形をも試みていたことから明らかなように、折衷的な傾向はすでに十八世紀末から始まっていた。しかしこの時期のギリシャ建築復興と、新たに台頭してき

図二 - 四
マリーエン教会の塔

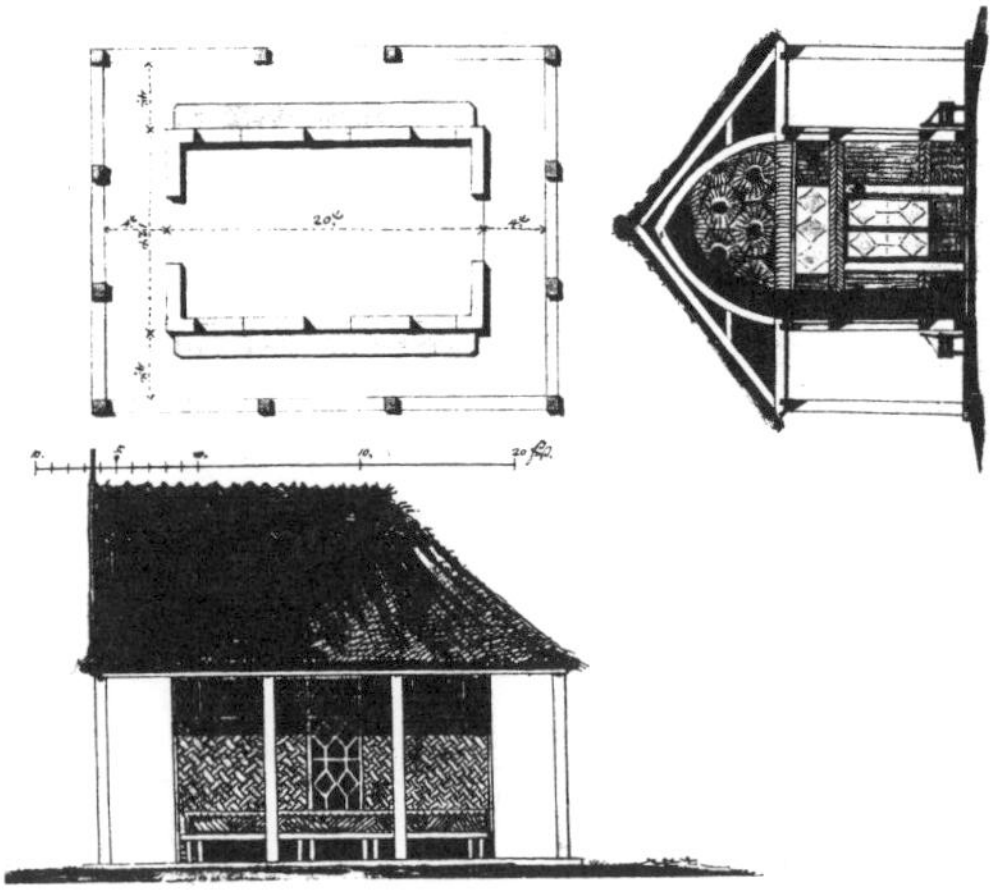

図二 - 三　パヴィリオン　計画案

たゴシック趣味は、十九世紀半ばのドイツの「様式論争」ほどには、相対する関係には至っていない。

　このような建築の潮流の中にあって、シンケルは一八〇三年から二年間に及ぶ、初めてのイタリア旅行によって、ヘルダー的な意味で、古典建築にひけをとらぬ、中世建築の質の高さを発見し、自らの歴史観を拡大している（図二―五、六）。その建築の質とは、ばらばらにすることができないような部分と全体の調和であり、「（様式の相違は別にして）、ギリシャ建築と中世建築は共通のものである[11]」という見解をもつに至る。むしろシンケルはシチリアのギリシャ神殿に接して、「古代に目を転ずると、私たちは子どもの頃からあまりにそれに慣れ親しんでいるので、建築家にとって目新しいものは何もない[12]」と冷ややかなのである。一八〇四年十二月にパリで書かれた、恩師D・ジリーへの書簡には、盛んにイタリア中世建築への感動が記されている。その建築の名称は

図二 - 六
パレルモのカテドラル　スケッチ

図二 - 五
ポーラのサラセン式教会　スケッチ

「ゴシック、サラセン、後期中世」[13]等多様で、かつ一貫して用いられてはいなかったが、それらは今まで不当にも、注視されることも評価されることもなかったものであり、その建築が生まれてきた中世への畏敬の念が引き起こされる、と記されている。中でも「サラセン様式」とは、「東方と古代建築の混合（Vermischung）を通して、民族移動の時代に生まれた」[14]建築とみなされ、シンケルの「様式統合」理念の最も初期の表現として注目される。それは円形アーチとヴォールト構造とが結ばれた、ヴェネチアン・ゴシックを意味していた。

プロイセンの宮廷顧問官、考古学者、アロイス・ヒルト（Aloys Hirt, 一七五九―一八三七）は、シンケルのアカデミーでの修業時代における恩師の一人であるが、『古代の基礎に基づく建築術』（一八〇九）において、古典は絶対的なもの、完結したものとして表現されている。「私たちの建築は自らの発見ではなく、相続財産として私たちのもとにやってきた、という考察から、私は特に歴史に忠告を求めなければならないことを確信した」[15]ヒルトにとって、ギリシャ・ローマが生み出したものは「完全」であるのに対し、中世は「闇」であった。

しかしシンケルは、一八一〇年頃の草稿において、そのヒルトに対する以下のような反論を残していた。「私たちが固有の建築をもっていないという告白は、むしろ私たちの特性に相応しい建築を発見することを励ましてくれる。ただ単に後世（現代？）がもつ偏見からのみ歴史を問う人は、模倣の奴隷となる。それは人類が永遠に発展していくという高貴な使命に全く相反するのだ。」[16]シンケルにとって、いにしえのものはもはや規範ではなく、創作のための材料を提供するだけでしかない。シンケルの過去の歴史を見る意識は、ヒルトのそれとは決定的に異なる。それは目覚めた主体的な意識である。神の導きではなく、創作の主体としての人間が、先達のなした事柄として歴史を客観的に振り返ることができるようになったことが、近代という時代の証であろう。十九世紀における規範としての古典建築の崩壊を、美術史ハインリヒ・リュッツェラーは「継承の消失」と呼んだ。[17]しかしそれがまさに「様式統合」の前提なのである。継承の対象は、古典に限られるわけではなく、その「消失」

を否定的に受けとめる必要はない。様々な時代や民族の造形的な営みすべてが、遺産として継承される権利を有している。ヒルトにとって「闇」であった中世は、シンケルにとっては「全く新しい発展の始まり」[18]を意味していた。シンケルの『芸術論考』には次のような一文が見いだされるからである。「歴史的要素を上手に使えば、それ自身が美的なもの、詩的なものに形作られることができるが、下手に使えば、悪趣味の野蛮なものに至る。」[19]問題はつまり、建築家の創作意欲が歴史の題材を扱う、その扱い方にある。

第四節　「美」と「崇高」の概念

ドイツにおけるゴシック建築評価は、ヨハン・ヴォルフガング・フォン・ゲーテ（一七四九―一八三二）のシュトラースブルク大聖堂の記述に始まる（図二―七）。若きゲーテはシュトラースブルク大学で法律を学んだが、ここでゴシックの伽藍とその工匠、エルヴィン・フォン・シュタインバッハを讃える一文『ドイツ建築について』（一七七三）を著わす。大聖堂を前にして、ゲーテは今までの自らの「ゴシック」なるものへの理解が、フランス啓蒙主義の建築論[20]による偏見であったことに気づかされる。「私は良き趣味についての通念で頭がいっぱいだった。聞き覚えで、マッスの調和とか形式の純粋さを崇めていたか

図二 - 七
シュトラースブルク大聖堂　外観透視図

ら、ゴシック的粉飾の勝手気儘な乱雑ぶりは絶対許せぬものと思っていた。ゴシックという題目に対して、曖昧、混乱、不自然、ごたまぜ、つぎはぎ、飾りすぎなど、およそ私の頭をかすめたかぎりの間違いだらけの同義語をかき集めたものだ。自分の体系にあわぬものはことごとくゴシックと言って片づけたわけだ。ところが大聖堂の前に立って仰ぎ見たとき、一つの完全な巨大な印象が私の心を満たした。それは調和のとれた無数の部分から成り立っていたから、喜んで味わうことはできても、認識も説明もとうていできるものではなかった。[21]」ゴシック建築の「飾りすぎや混乱[22]」という当時の悪評は、実際には、内的必然性をもって造形されていたがゆえの多様の統一を示すものであったことを、ゲーテは発見するのである。しかし一方で、夕暮れに大聖堂を見たゲーテは、あの「無数の部分が全体のマッスに溶け込んで、それが単純巨大な姿となって私の魂の前に立つ[23]」とも述べている。黄昏に浮かぶシルエットから、ゲーテが「良き趣味」と考えていた、「単純なマッスの調和」を大聖堂にも発見したことは、望外の喜びであった。ゴシック建築が、ギリシャ建築の外見とは全く異なるにせよ、それとの共通要素をもっていることを見つけたからである。大聖堂に満ちている「永遠に続く全体」、「偉大さの感情」こそ、ドイツ固有のものであり、ゲーテはゴシック建築をドイツ民族固有の造形と結論づける。ゲーテからすれば、ヨーロッパ全土に広がったゴシック建築は、すべてドイツをその発祥の地としていることになるのである。

ところでゲーテは大聖堂を様々な地点から観察しているが、内部空間に関する明確な記述は見当たらない。しかし、エルヴィンに対して守護神が次のように語っている箇所がある。「そなたが天にまで聳え立たせようとする巨大な壁に多様性を与えるならば、こんもりと広がる崇高な神の木のように天にそそり立つであろう。[24]」この難解な一文から、柱からリブへと途切れることなく覆われるゴシックの内部空間を、樹木とその枝葉の広がりというアレゴリーとして想起するとき、その空間性を適切に表現するのは「崇高」という概念であった。それは神への畏敬の念を指す感情表現である。ゴシックの内部空間に対する感動を初めて表明したのは、一七九〇年にアレクサンダー・フォン・フンボルトと共にケルン大聖堂を訪れたゲオルク・フォルスターである（図二―八）。フォルスターは言う、「ケルンを訪れるたびに、崇高なもののシャワーを全身に浴びるために、私は幾度となくこの素晴らしい大聖堂に入ってゆく[25]」と。それに対してフォルスターは、ギリシャ建築からは、完成したもの、関連性豊かなもの、一言でいえば「美[26]」を感受する。また建築家クリスティアン・L・スティーグリッツ（一七五六―一八三六）によれば、彼の『市民建築百科』（一七九二）において、古代の神殿建築と中世の教会建築の相違を次のように表現している。「（ゴシック建築の）個々の部分は不合理であり、高貴な単純性に欠ける。ただ全体が、驚異と畏敬の念を呼びおこす。（ギリシャ建築には）美が満ちている。ただ全体に、荘厳と崇高を見いだすことはない[27]。」この一文は、上述のゲーテのエッセーとの内的関連性を強く想起させるものである。

「美」と「崇高」の概念は、ヴィンケルマンやヘルダーの時代には、主従の関係を意味するものであり、「崇高」は「美」の最高段階として捉えられていた。しかしイギリス人の哲学者エドマンド・バーク（一七二九―九七）の『崇高と美について』（一七五六、［独］一七九三）によって、両概念が初めて対等に、かつ対概念として扱われた。つまり「美」が調和や秩序によって人間の心に訴えるとすれば、「崇高」は無限性や光と闇のドラマによって人間の魂を揺さぶる[28]。美の対象が「小さく、淀みがなく、繊細で、透明で、明るい」のに対して、崇高の対象は「大きく、華美で、何かしら痛みや危険を引き起こすよう

図二 - 八　ケルン大聖堂　内観透視図

なもの」であった[29]。こうして十八世紀末には、ギリシャ建築に相対する、ゴシック建築の特性を形容するに相応しい、一つの表現が獲得されたということができる。

第五節　有機的全体への憧憬

ある原始の混沌とした状態を、カントに代表される近代の合理的精神は、排気と吸気、外と内、睡眠と覚醒、男性と女性、主観と客観等、便宜的に二分し、自身の功利主義のために一方を抑圧し、他方を差別してきた。このような分極化に対して、十八世紀後半から十九世紀にかけてのドイツの初期ロマン主義者は、この二つの対立要素が、実は根底で繋がっていると直観し、その再統合を理想として掲げていた。それは、生命とは二極間の交互作用であり、それぞれが自立したうえでの新たな統一、調和的・有機的全体を求めることは、自然界の、人間界の生産行為の原点に立脚するものであるという認識に支えられていた。そこに、ドイツロマン主義の原動力がある。

シンケルのイタリア中世建築評価や、ゲーテのシュトラースブルク大聖堂評価は、不当な扱いを受けていた中世建築に、古典建築と共通する要素を発見した点で一致している。つまり、両者は「美」と「崇高」という表現で性格づけられたように、対立するものでありながら、根源的な自然のあり方をフォルムに反映させ、部分と全体の調和に満ちているという点では、根底で繋がっているという認識は、おのずと両者を一つの全体へ再統一しようとする衝動へ高められていく、と考えられる。

作家、歴史家のヨゼフ・ゲレス（Joseph Görres, 一七七六―一八四八）は、『芸術のアフォリズム』（一八〇二）において世界を戦場にたとえ、あらゆる生活領域で、二極間――因果論と宿命論、過激急進主義と王党主義、悲劇と喜劇等――の葛藤が生じていることを踏まえて、対極の克服を人類の課題と見る。「私たちの営みに、第三のものが見出せぬものか。それはヴェールをまとって我々の遥か彼方に立っている。[30]」第三のものとは、芸術にとっては美としての「理想」であり、人類にとっては葛藤を克服した「愛情」であった。[31]哲学者F・W・J・シェリングは、「それ自身に帰還する運動のどれもが、積極的力と消極的力を前提とする[32]」と言うことで、対極性があらゆる行為の鍵を握るものだと認識していたし、自然科学者としてのゲーテは、植物の生長に対して「収縮と拡散[33]」という表現を用いるとき、同時に人類の営みにおける、求心と遠心の大きな精神のリズムを感じていた。そのリズムに自己を添わせることによって、ゲーテは北方ドイツ的なものに対する南方ギリシャ的なものを呼び求めたのである。それは全体性への憧憬にほかならない。

W・H・ヴァッケンローダーの「デューラーとラファエッロの夢の中の出会い[34]」や、ゲーテの「ファウストとヘレナの結婚[35]」は、北方芸術と南方芸術、中世ゲルマン芸術と古代ギリシャ芸術の出会いと、その統一の願望を意図したメタファーとして理解される。特に「ファウストとヘレナ」の表現は、「様式統合」の代名詞としてしばしば使われていた。『シンケル』（一九二四）を著したアウグスト・グリーゼバッハは、シンケルの作品「建築アカデミー」を、「様式統合」の成功例とみなし、その理念を、ギリシャの女神ヘレナとドイツの学者ファウストから生まれてくる子どもの名前をもって「オイフォーリオンの思想[36]」と名付けた。しかしグリーゼバッハはその名称を「寒々しい理論」という、アイロニーの意味で用いている。ゲーテの『ファウスト』第二部第三幕において、悲劇的にもヘレナは消失し、オイフォーリオンはすぐに死ぬことから、ギリシャの世界は儚い夢にすぎなかった、つまりシンケルの「様式統合」の試みは長続きしなかったのだと、グリーゼバッハは言いたかったのであろう。しかし、ファウストとヘレナとの出会いによって新たな行為への活力を得たという意味において、二人の「結婚」は無駄ではなかったはずである。

ドイツ初期ロマン派の芸術論のなかでも、断片的な遺稿ながら、アウグスト・W・シュレーゲル（一七六七―一八四五）の、一七九八年のイエナでの講義『哲学的芸術論』[37]には、建築における最も初期の「様式統合」理念が見られるため注目に値する。シュレーゲルによれば、建築は、その形態が目的に従属するほどに目的が支配し、前有機的な本性に留まっているものと、その形態が、植物的・有機的な法則に従って――つまり力学的平衡から解放されて――自由に展開されるものとに二分される。前者の、美的であるがより功利的な建築に古典（主にエジプト、ギリシャ、ローマ）建築が、後者の功利的だがより美的な建築に中世（主にゴシック）建築が対応する。そして来たるべき建築は、両者の融合であるという。[38]シュレーゲルにとって、建築における機能的なものと美的なものとの調和は不可欠であった。一方が他方に優先されることなく、両者のぎりぎりの平衡が融合という形で求められているのである。

第六節　弁証法的歴史観

A・W・シュレーゲルが建築における目的と形態の交互作用による、両者の同時的な実現を、到達すべき目標と定めていたのに対し、G・W・F・ヘーゲル（一七七〇―一八三一）は、「統合（Synthese）」の理念を、対極に位置する要素――「定立」と「反定立」――の弁証法的な止揚による新たな次元での統一と定める。そこから『美学講義』における「象徴的建築」と「古典的建築」という、二つの対極の統合としての「ロマン的建築」へ至る、建築の様式史が展開された。ヘーゲルは彼の『建築論』において、建築は常に二つに分裂しているところから出発し、建築の「目的と形態との関係」を三重に展開している。人間あるいは神の像としての本質的な「目的」と、その囲いと覆いとしての「形態」は、いまだ未分裂の根源的状態――「自立的象徴的建築」――から、建築の「形態」が「目的」に奉仕する「古典的建築」を経て、「目的」と「形態」が分離の末に、奉仕性や合目的性が止揚され、新たな統合によって自立性を獲得する「ロマン的建築」へ展開していく。[39] 彫刻のごとき自立した「象徴的建築」が、バベルの塔やオベリスクやエジプトの神殿建築を指し、「本来の建築」としての「古典的建築」がギリシャ神殿を指し、「ロマン的建築」がキリスト教建築、とりわけゴシック建築を指している。「自立的建築」と「奉仕的建築」の統合は、エジプトとギリシャの建築形式を溶け合わせることにあるのではなく、一方ではギリシャの神殿建築以上に、囲いとしての「形態」をつくることが基本型になり、同時に他方ではすべての「目的」を超越して、それ自身において完結したものとして自立することにある。建物の正面を見渡す限りにおいて、ギリシャ神殿は、人間の身長との呼応から高さを定め、むしろ「建物をしっかりと、地盤に定着させる幅の広さをもつ[40]」のに対し、ゴシック建築はそれとは対極的に高々と聳え、伸びあがろうとする。「キリスト教徒の祈念するところは、有限界から超脱することにあり、この超脱が教会堂の性格を規定する。建築はかくして無現の境へ高まって、単なる合目的性に左右されない意味を得て、これを空間的・建築的形式によって表現しようとする要求にかられる[41]」ヘーゲルが説くキリスト教建築の本質は、人間精神の物質に対する圧倒的支配であり、その質において、ギリシャ建築に劣らぬものとみなされていたのである。

ヘーゲルがベルリン大学の教壇に立ったのは一八一七年であり、この『美学講義』もそれ以降一八二九年まで行われた。一八二七年の『論理学』第二版において、弁証法による発展史観が初めて記述された。『美学講義』はヘーゲルの死後、一八三五年に弟子のG・ホトによって出版されている。[42] この事実を踏まえると、「若き」シンケルが、ヘーゲル美学を知っていたかどうかは疑問である。なるほどシンケル以降の世代にとって、ヘーゲルの弁証法的歴史哲学が大きな意味をもっていたことは、前章第五節に述べた通りである。シンケルの統合の理念をヘーゲル的に解釈したF・アードラーの講演（一八六九）はその典型である。しかし、シンケルと面識のあったオットー・F・グルッペは、「シンケルはヘーゲルに感銘することなく通りすぎていった」[43]と記している。ヘーゲルの弁証法のような論理的な体系が、建築創作に直結するとは考えにくい。加えてシンケルは「統合」の表現は用いていても、「定立」、「反定立」という表現を用いてはいないのである。

その意味ではヘーゲルの弁証法が、すでにフィヒテに始まっていることを吟味する必要があるだろう。J・G・フィヒテ(一七六二―一八一四)は、人間が理想を求める存在であり、現実は矛盾している、とそう言えることが、理性の本質でなければならないと考えた。つまりフィヒテの場合、最初にすでに「定立」と「反定立」の二者が設定されている。それが彼の自我哲学の出発点になっている。何度となく改訂、発展するフィヒテの『知識学』(一七九四)[44]における絶対我の構造は、「自我」とそれと「正反対(entgegengesetzt)の非我」との総合にあり、それをフィヒテは「根本総合(Grundsynthesis)」[45]と名付けた。しかしそれはヘーゲル的な、相対するものの止揚による統一ではなく、対極的なものが対立として結びつくことにあった。それは対立要素がそこで消滅するような統一ではないがゆえに、そこから倫理的な意味における、自我の、無限への努力という人間の使命が生まれてくる。シンケルがイタリア旅行に、フィヒテの書を携えていたことを、上述のグルッペは記しているが[46]、フィヒテの哲学が、シンケルの創作態度に大きな影響を与えていることは、次章の「シンケルの歴史観」の考察の中で明らかにされよう。

第七節　建築における「詩的部分」――円柱の壁面への融合

第四節で考察した『ドイツ建築について』における若きゲーテは、合理主義者として表れており、円柱の処理をめぐって、ロージエの建築論をわざわいと見なしていた[47]。つまり、円柱の本領は自立することにあり、家屋建築を形成する壁に円柱を埋め込むことは、ゲーテにとって折衷の極みであり、許しがたいことだったのである。ヘーゲルの『美学講義』においても、壁と円柱という、二様の相反する目的が互いに混交することは、いやらしいこととみなされていたのである。[48] その意匠の解決は、ルネサンス以来の難問であったということができる。

しかしゲーテは『イタリア紀行』（一七八六―一八八）の中で、建築家アンドレア・パラーディオ（一五〇八―八〇）の作品の内に、かつて非難していた柱の扱いの成功例を発見することによって、自身の建築論を修正し、結果的に「様式統合」理念の本質を叙述するに至っている。一七八六年九月十九日ゲーテは次のように記している。「この人（パラーディオ）が、近代の全ての建築家と同じく征服しなければならなかった最高の困難は、市民建築における柱列の適正な応用である。……しかるに彼はどんなにこの両者をうまく調和せしめたか。実際彼の設計の中には、ある神的なものが存在している。それは虚実の間から第三のものを造りだし、それの仮象の存在（erborgtes Dasein）をもって我々を魅了しさる大詩人の通力と全く同じものだ。[49]」ゲーテは一週間のヴィツェンツァ滞在中、様々なパラーディオ建築を見ているが、文脈から判断すれば、テオトロ・オリムピコを指すと思われる賞賛における「第三のもの」とは、円柱と壁という矛盾要素の克服による新たな造形を意味していよう。ゲーテ自身の建築観の修正は、構造的合理主義を超えたところにこそ、建築の価値があるという認識から生じていると考えられる。

まず円柱と壁は二律背反である、という認識は、両者を建築の根源的構成要素とゲーテが認めていたことを示すものである。『詩と真実』（一八一三）において、ゲーテは円柱と壁を、「ギリシャ的」と「ドイツ的」という建築様式と結びつけ、等価的なものとみなしている。その場合の「ドイツ的」とは、祖国のものという意味をもち、当時「野蛮」というニュアンスをもった「ゴシック的」という名称を、ゲーテはあえて用いていない。それはギリシャ・ローマの建築とは全く異なる原理から生じたものであった。「彼ら（ギリシャ人）が、恵まれた天候のもとで屋根を円柱の上にかければ、それだけで穿たれた壁（Wand）が生じた。私たち（ドイツ人）はしかし、天候から身を守るために、壁（Mauer）で囲わなければならず、かのゲニウスを崇拝せずにはいられない。ゲニウスが量塊をもった壁を多様に造形し、それを見かけ上穿ち、目が喜びをもってその大きな面を適切にたどってゆけるようにしたのだから。[50]」「穿たれた壁」とは、円柱が前面に立ち並ぶ一つの空間体を意味するのではなく、逆に前面がくり抜かれた空間層として作用することを指す。

一九〇三年に遺稿として出版された覚書『建築芸術』（一七九五[51]）において、ゲーテは建築の根本原理を考察するために、建築を高低三重の目的に分節している。三重の目的とは建築素材の取り扱い方と関連し、それぞれ「目前の目的、高次の目的、最高の目的[52]」と名づけられる。「目前の目的」とは実用性のみを配慮する建築であり、建築の「功利的部分[52]」を指す。それは技術的、工学的な次元であり、理性的な部分でもある。「高次の目的」とは単に必要を満たすだけではなく、豊かさをもたらすものであり、建築の「感覚的・調和的部分[54]」を指す。それは芸術的な次元であり、感性的な部分でもある。特にこの段階ではプロポーションが、建物の個性を規定する。ところがゲーテは単なる建築と、芸術としての建築を指摘するだけでは満足せず、「最高の目的」を設定する。それは感覚に最高の満足を与える目的であり、「教養ある精神を、驚愕と恍惚に引きずり込む[55]」目的と定義する。それはいわば前の二つの目的を包含した建築の「詩的部分[56]」であり、「そこには本来、虚構（Fiktion）が作用しており、ゲニウスによってのみもたらされる[57]」部分でもある。シンケルは遺稿『建築芸術に関する思想・所見・覚書』において、自分の若き日々を振り返り、「間もなく私は、ある建築作品に対する全体構想を、ただ通常の目的や構造から発展させるという、極端な抽象的誤謬に陥った。その場合干からびたもの、硬化したものが生じ、それが自由を奪い、二つの本質的な要素、歴史的なものと詩的なものを締め出したのだ[58]」と書いている。装飾過多のバロックに対して、マッスとプロポーションのみの、即物的な古典主義の台頭が、その斬新さから修業時代のシンケルを刺激したにせよ、それだけではゲーテが言うところの建築の「より高次な目的」、さらに「最高の目的」に至ることがなかったことを、晩年のシンケルもこの一文を通して認めていることになる。

ゲーテの記す「虚構」とは、現代人が思い浮かべるような幻想や仮説という否定的な意味ではなく、矛盾する要素を一つにまとめるために建築家が最も努力するところであるがゆえに、「真の創作」と翻訳されるべきものであろう。つまり建築の最高段階においては、規範的なものの模倣は欠かせない。建築の「詩的部分」において、「建築は、ある建物の特性を、他の建物へ転用する。だから建築は、円柱やピラスターを壁と結びつけるのである。それによって、建築がより豊かに多様になるからである。(59)」とゲーテは、ここでもパラーディオを擁護する一文を残している。この場合ゲーテの言う「転用」とは、コピーといった事柄ではなく、創作における有効な一手法として理解されるべきものであり。従って、本来は神殿に固有な要素である円柱を、壁体で囲まれた市民建築にもちこみ、そこに豊かな表情をもった「第三のもの」を創造することは、「折衷」ではなく、真に創作的な「統合」でなければならない。

第八節　結

本章では、十八世紀後半から十九世紀にかけてのドイツにおける、ギリシャ復興と中世回帰の様相を考察し、自然そのものが建築の一つの原型であるという意識を共有していることを明らかにした。両建築は部分と全体の有機的調和に満ちている、という点では根底で繋がったものでありながら、「美」と「崇高」の概念で性格づけられるように対極関係にある。分極化された状況を克服する全体性への憧憬は、ドイツロマン主義の原点であり、そこにこそ「様式統合」理念の精神的根拠がある。パラーディオを巡るゲーテの論述の吟味から、円柱の壁面への融合という、ルネサンス以来の造形テーマの内に、「様式統合」理念の根本意義が述べられていることを明らかにした。つまり矛盾要素の克服による、「第三のもの」の創出が、建築の三重の目的における最高段階の「詩的部分」に相当し、そこに「真の創作（Fiktion）」が作用するのである。

〔註〕

（1）Karl Friedrich Schinkel: Das Architektonische Lehrbuch, [hrsg.] G. Poeschken,München-Westberlin 1979, S.146

（2）ブロンデルとペローの議論は、前者の「建築講義」（一六七五―八三）と後者のヴィトルヴィウスの『建築書』の注釈つきのフランス語訳（一六七三）に基づく。ペローはルーヴル宮の東側ファサードの設計で著名である。Hanno-Walter Kruft: Geschichte der Architektur-Theorie, München 1991, S.146-153, ハンノ＝ヴァルター・クルフト『建築論全史Ⅰ―古代から現代までの建築論事典』笠覚暁訳、中央公論美術出版、二〇〇九年、同Ⅱ二〇一〇年

（3）ちなみにクロード・ペローの弟シャルル・ペロー（一六二八―一七〇三）も詩人、文芸評論家として、著書『古典と近代の比較』（一六八八、一六九〇、一六九二、一六九七）において、兄クロードの立場を援護する形で、古典作品より、近代作品が優勢であることを説いている。Hans Robert Jauss: Ästhetische Normen und geschichtliche Reflexion in der 〈Querelle des Anciens et des Modernes〉, München 1964 S.8-64

（4）ヘルダーの歴史哲学については、以下の文献を参照した。

Historisches Wörterbuch der Philosophie, hrsg. Joachim Ritter, Basel/Stuttgart 1974, nach Artikel "Geschichtsphilosophie" Bd.3

Johann Gottfried Herder: Auch eine Philosophie der Geschichte zur Bildung der Menschheit（1774）小栗浩、七字慶紀訳『人間性形成のための歴史哲学異説』中央公論社、一九七五年、特に一〇四―一〇五頁

（5）Aus Schinkels Nachlaß, [hrsg.] A.v. Wolzogen, Berlin 1863, III S.375

（6） Johann Joachim Winckelmann: Gedanken über die Nachahmung der Griechischen Wercke in der Mahlerey und Bildhauerkunst（1755）; J.J. Winckelmann; Kleine Schriften, Vorreden, Entwürfe, [hrsg. J W. Rehm u. H. Sichtermann], Berlin 1968, S.43

（7） Georg Forster: Ansichten vom Niederrhein, von Brabant, Flandern, Holland, England u. Frankreich, im April, Mai u. Junius, 1790, 2 Bde., Berlin 1791, S.46

（8） Friedrich Gilly und die Privatgesellschaft junger Architekten. [Ausst.] Berlin 1987, S.123-124

（9） Th. Hinrichs: Carl Gotthard Langhans（1733-1808）, Straßburg 1909, S.60

（10） Alfred Neumeyer: Die Erweckung der Gotik in der deutschen Kunst des späten 18. Jahrhunderts, Ein Beitrag zur Vorgeschchite der Romantik, in; Repertorium für Kunstwissenschaft（1928）, S.74-123, 159-185, 引用一一三頁

（11） Karl Friedrich Schinkel: Reise nach Italien, Tagebücher, Briefe, Zeichnungen Aquarelle, [hrsg.] G.Riemann, Berlin 1979, S.122

（12） K.F. Schinkel: Reise nach Italien, ibid., S.120

（13） K.F. Schinkel: Reise nach Italien, ibid., S.121

（14） K.F. Schinkel: Reise nach Italien, ibid., S.118

ジリーへの手紙の中には、「イタリアには、いままで不当な扱いを受けた、ゴシック建築、サラセン建築、後期中世建築の逸品があります」という一文がある一方で、ヴェネツィア近郊ポーラでは、「いくつもの美しいサラセン様式の教会を見た」（上掲書四一頁）と日記に記し、ロマネスクの教会のスケッチを残している。つまり、シンケルは「サラセン様式」を厳密に規定していない。

（15） Aloys Hirt: Die Baukunst nach den Grundsätzen der Alten, Berlin 1809, 引用は K.F. Schinkel: Das Architektonische Lehrbuch, ibid., S.28

（16） K.F. Schinkel: Das Architektonische Lehrbuch, ibid., S.28-30 引用二八頁

（17） Heinrich Lützeler: Kunsterfahrung und Kunstwissenschaft, Freiburg-München 1975, Band I S.638

（18） K.F. Schinkel: Das Architektonische Lehrbuch, ibid., S.28

（19） Aus Schinkels Nachlaß, [hrsg]. J A.v. Wolzogen, ibid., II, S.388

（20） ゲーテの父親は、一七六八年に出版されたロージエの『建築試論』のドイツ語訳も、一七六五年の『建築考』も持っていた。『建築試論』第四章には、ゴシックを評価し、シュトラースブルク大聖堂の塔を讃える一文もあるのだが、ゲーテはそれを読んでいなかったようである。Schriften zur Kunst, Goethe Werke Bd.12., München 1978, S.561（kommentiert von H. Einem）

（21） J.W.v. Goethe: Von deutscher Baukunst. D.M. Ervini a Steinbach（1773）in; Von deutscher Art und Kunst, Einige fliegende Blätter, Hamburg 1773 [hrsg.] H.D. Irmscher, Stuttgart 1968, S.99

なおゲーテは自費出版によって、すでに一七七二年にこの一文を無記名で発表している。このゲーテのエッセイの解読については、以下の文献が詳しい。Norbert Knopp: Zu Goethes Hymnus "Von Deutscher Baukunst. D.M. Ervini a Steinbach", Sonderdruck aus Deutsche Vierteljahrschrift für Literaturwissenschaft und Geistesgeschichte Jg.53（1979）Heft 4, S.617-650

（22） 「ゴシック」という言葉を、J・G・ズルツァーの『美的芸術の普遍的理論』（一七七一）は、次のように解明している。「この言葉は、野蛮な魅力を示唆するために、美的芸術で多様に用いられるが、この表現の意味を規定することは容易ではない。」Johann Georg Sulzer: Allgemeine Theorie der schönen Kunst,（Leipzig 1771-74）Hildesheim 1967, 2.Bde. , S.433

（23） J.W.v. Goethe: Von deutscher Baukunst., ibid., S.100

（24） J.W.v. Goethe: Von deutscher Baukunst., ibid., S.98

（25） G. Forster: Ansichten vom Niederrhein., ibid., S.46

（26）G. Forster: Ansichten vom Niederrhein., ibid., S.47

（27）Christian Ludwig Stieglitz: Encyklopedie der bürgerlichen Baukunst, Leipzig 1792, 3.Bd., S.187

（28）Edmund Burke: Vom Erhabenen und Schönen,（英一七五六、独一七九三）［hrsg.］F. Bassenge Berlin 1956, S.72ff（Von der Erhabenen）, S.127ff（Von der Schönheit）

（29）E. Burke: Vom Erhabenen und Schönen, ibid., S.166

（30）Joseph Görres: Aphorismen über die Kunst, Koblenz 1802, Vorrede

（31）J. Görres: Aphorismen über die Kunst, ibid.

（32）Friedrich Wilhelm von Schelling: Ideen zu einer Philosophie der Natur（1797）in; Sämtliche Werke, [hrsg.] K.F.A.Schelling II.381

（33）例えばゲーテの『植物形成の法則』を指す。「（収縮と拡張）という力はつくりあげてはつくり変え、結びつけては切り離し、……横に伸ばしては縦に長くし、与えては奪ってゆく。だからわれわれがこの力のもつさまざまな働きすべてを一つのものとして見ようとするときにだけ、多くの言葉によって説明しようとしたものを、もっと直感的に知ることができる。」ゲーテ『自然と象徴』高橋義人、前田富士男編訳、冨山房百科文庫、一九八二年、一三二頁

（34）ドイツロマン主義文学を代表する『芸術を愛する一修道僧の心情の吐露』（一七九七）において、登場人物の一人である芸術を愛する敬虔な修道僧は、自らの芸術体験を通して、イタリア・ルネサンスやデューラーについて語るのだが、その中で、ラファエッロとデューラーが、「芸術」という女神の前で、手に手を取り合う夢を見る場面がある。「天上の美に満たされた神的」ラファエッロは南方イタリア芸術を象徴し、「私の」デューラーは、北方ドイツの芸術を象徴する。ヴァッケンローダーは、「イタリアの空や偉大なドームやコリント式円柱からだけではなく、尖頭アーチのヴォールトや渦巻装飾のついた建物からも、真の芸術は育つ」と記し、両者の学び合いの中から、最高の芸術が生まれてくることを願っていた。Wilhelm Heinrich Wackenroder: Herzenergießungen eines kunstliebenden Klosterbrüders,

Berlin 1797, S.58

（35）Johann Wolfgang von Goethe: Faust 1. und 2. Teil Eine Tragödie, 1832 ファウストとヘレナの結婚については、第二部第三幕参照。ゲーテ『ファウスト』相良守峰訳、岩波書店、1958 年、二六〇頁以下

（36）August Grisebach: Carl Friedrich Schinkel, Architekt, Städtebauer, Maler, Leipzig 1924, S.134

（37）August Wilhelm Schlegel: Vorlesungen über philosophische Kunstlehre,（Jena 1798）, Leipzig 1911, S.227-232

（38）A.W. Schlegel: ibid., S.228 なお本文に記したように、この講義録は断片的な遺稿であり、この箇所は、編者 Karl Christian Friedrich Krause の解説に基づいていることを付言しておく。

（39）Georg Wilhelm Friedrich Hegel: Ästhetik, [hrsg.] Friedrich Bassenge, Berlin 1955, S.593ff. 竹内敏雄訳『美学』岩波書店、一九八三年、一五一〇頁以下

（40）同上、引用一五六二頁

（41）同上、引用一五七七頁

（42）Veit Loers: Walhalla zwischen Historie und Historismus, Sonderdruck aus Verhandlungen des Historischen Vereins für Oberpfalz und Regensburg 119. Band 1979, S.350

（43）Otto Friedrich Gruppe: Karl Friedrich Schinkel, in; Allgemeine Bauzeitung, 7.Jg., 1842, S.147-170, 275-286 引用一四八頁

（44）Johann Gottlieb Fichte: Grundlage der gesammten Wissenschaftslehre（1794）, in; Fichte's sämtliche Werke, 8Bde. I - VIII Berlin 1845-1846, [hrsg.] I.H. Fichte

（45）J.G. Fichte: ibid., I, S.123

（46）シンケルは一八〇三年から一八〇五年のイタリア旅行に、フィヒテの哲学書を持参していた。O.F. Gruppe: Karl Friedrich Schinkel, ibid., S.148

（47）J.W.v. Goethe: Von deutscher Baukunst, ibid., S.98 ロージエはしかし、『建築試論』（一七五五）において、四角い付

柱とは、円柱の悪しき代用でしかない」と記しており、ゲーテはロージエを深く読んではいなかった、と言うことができる。M.-A. Laugier: Essai sur l'architecture, Paris 1755、三宅理一訳『建築試論』、中央公論美術出版、一九八六年、四一―四四頁

（48） G.W.F. Hegel: Ästhetik, [hrsg.] Friedrich Bassenge, Berlin 1955, 竹内敏雄訳『美学』岩波書店、一九八三年、一五五九頁以下

（49） J.W.v. Goethe :Italienische Reise,（1816-17, 1829）ゲーテ『イタリア紀行』相良守峰訳、岩波文庫、一九八九年、（上）七四頁

ゲーテとパラーディオに関しては、例えば以下の文献を参照した。

Herbert v. Einem: Goethe und Palladio, Göttingen 1956

Hanno-W. Kruft: Goethe und die Architektur, in: Parthenon（1982）S.282-289

平山忠治『バウマイスター・ゲーテ――ゲーテと建築術』（私家版）、一九八〇年

（50） J.W.v. Goethe: Dichtung und Wahrheit（1814）, 3. Teil, 12. Buch, in: Goethes Werke 25, München 1912, S.171

壁（Mauer）は、石材、煉瓦、コンクリートなどで築造されたマッシヴな壁であり、家屋の場合は屋根を支えるのに役立つが、壁（Wand）は、支持力に乏しく、隔壁として室の間に仕切りをつけるものとして理解される。

（51） このエッセイは、実現されなかったゲーテの二度目のイタリア旅行の準備の中から生まれてきた。一七九五年十一月十六日付H・マイヤーへのゲーテの手紙には、友人シラーも、自分の考えに満足していた、と書き送っている。Schriften zur Kunst, Goethe Werke Bd.12., ibid., S.579

（52） J.W.v. Goethe: Baukunst（1795）, in: Berliner Ausgabe, Nr.19, S.107-116

（53） J.W.v. Goethe: Baukunst（1795）, ibid., S.108

（54） J.W.v. Goethe: Baukunst（1795）, ibid., S.108

（55） J.W.v. Goethe: Baukunst（1795）, ibid., S.108

（56） J.W.v. Goethe: Baukunst（1795）, ibid., S.108

（57） J.W.v. Goethe: Baukunst（1795）, ibid., S.108

（58） Aus Schinkels Nachlaß, ibid., S.374

（59） J.W.v. Goethe: Baukunst（1795）, ibid., S.108
ちなみに、「建築は、ある素材の特性を、見かけだけ、他の素材へ委ねる。古典のオーダーも、木造建築から模倣したものである」という一文が引用文の前にある。

第三章
「様式統合」理念と若きシンケルの歴史観

第一節　序

前章において、古典（ギリシャ）建築の復興と、中世ゴシック建築への回帰が台頭しはじめた、十八世紀後半から十九世紀初頭にかけてのドイツ建築論の様相を考察したことを踏まえて、本章の目的は、若きシンケルの建築史観を『ルイーゼ霊廟計画案要旨』（一八一〇）[1]、及び、「クロイツベルクの戦争記念碑」（一八一五頃）のドローイングをもとに考察し、シンケルにおける「様式統合」の根本理念を明らかにすることにある。

「ルイーゼ霊廟」計画案は、シンケルが、一八一〇年七月十九日に三十四歳で早逝したプロイセンの王妃ルイーゼのために計画したものである。ゴシック風会堂の印象を漂わせる外観図（図三―一）及び、内部透視図、平面図は、その年の九月二十三日からのアカデミーで開催された展覧会に出品された。シンケルは、ヴィルヘルム・フォン・フンボルトの推薦によって、この年の五月に技術部上級建築局に入局したばかりであった。国王フリードリヒ・ヴィルヘルム三世の希望は、ドリス式の小さな神殿を建てることであり、国王の意に沿って、シンケルがその外観を描き、ベルリンの建築アカデミーで、D・ジリーを継いだハインリヒ・ゲンツ（一七六六―一八一一）が実施設計を進めたことが、今日明らかになっている。[2] 従ってシンケル案は、国王案の代替案の一つとして見る可能性もあるが、ここで問題なのは、霊廟計画案の設計要旨に記されたシンケルの建築史観である。

図三-一　ルイーゼ霊廟案　外観図

第二節　若きシンケルの歴史観——古典建築と中世建築

『ルイーゼ霊廟計画案要旨』におけるシンケルの考察は、人類の始原的な意味での誕生時における、人間と自然の関わりから始まる。それによれば、「建築は身体的な必要から生じてきた。人は身体的快適性を求めるという目的のために、素材と素材とを結びつけた。そこから耐久性、堅牢性への願望が生じたのである。[3]」つまりこの段階の建築は、天候や動物から自分自身を守るための覆いとして理解される。この一文からのみ判断すれば、人間の始原状態についての十八世紀以来の論考、例えばロージエの建築論が影を落としていることが認識されよう。[4]ロージエの『建築試論』（一七五五）の冒頭は、始原の状態にある人間が、自然から与えられた森や洞窟を逃げ場としてさまようことを経て、両者の長所を小屋という形に融合するさまを描いている。[5]しかしシンケルの次の一文には、そのようなロージエの始原の小屋のモデルを凌駕する思想が含まれている。即ち、「内的に求められたその強固さと耐久性を、まずは意図的に外面に特徴づけ、その強固さを条件づける部分に装飾を与えることによって、人間の高次の芸術への感情が育まれてゆく[6]」ということである。それによってシンケルは、ゲーテが建築を高低三重の目的に分けて考えていたように（第二章第七節参照）、建築創作の目標を、明らかに機能を超えたところに設定している。例えばシンケルの初期草稿には、この建築の始原の問題に触れたものがあるが、「身体的な必要」を満たすだけでは建築の使命は果たされないことを、次のように記している。「身体的な必要が充分に充たされたならば、この面からの新たな要求はもはや出てこない。しかし生けるものは満足しない。なぜなら精神的なものも何かしらを望むからである。[7]」先の一文における「高次の芸術への感情」が、建築に豊かさや快適さを促す要因であると理解することによって、シンケルが、単に「身体的」必要だけでなく、「精神的」必要をもはっきり意識していたことが明らかとなる。それはゲーテが、建築は目前の目的である「功利的部分」

に留まっている限り芸術の名に値しない[8]、と述べたことと一致するのである。『ルイーゼ霊廟計画案要旨』においても、シンケルは歴史様式と対応させて、この問題を補筆しており、それについては本章第三節に考察する。

エジプト時代や最初期のギリシャ時代においては、石材が最も適当な素材であった。その石造建築の目的は、「偉大かつ永遠である地上の権力を誇示すること[9]」にあったが、目的達成のためには、計り知れぬ人間の労働が必要とされた。

ギリシャ時代には技術の発展によって、材料のマッスが減っても、かつてと同程度の強固さと耐久性を獲得できるようになっていた。それによって建築は新しい段階に達する。物質を克服し、思いのままに扱うことは「物質を支配する精神の力[10]」に依るものであり、それは個における自由の意識を目覚めさせることになるがゆえに、シンケルはこの段階に「美の本来の本質[11]」を見出している。即ち、大地にのめりこもうとする素材の荷重が、天空に伸び上がろうとする支持によって支えられるという両者の闘いに、シンケルが美の本質を見たと理解される。それゆえ、あらゆる部分が調和的なマッスの釣り合いによって形作られ、それがアーキトレーヴ構造のシステムとして表れるギリシャ建築を、建築の歴史における一頂点と見なすことは正当なことである。

第一の頂点の後には、衰退の時代が続く。それがローマ時代である。ある時代の建築が、その直前の時代の建築から強く影響を受け、創造の発意をもつことなくそれを継続することは、伝統の硬直化を意味するが、シンケルはローマ建築の本質について、「ひとたび完成された建築のフォルムを踏み越えることは罪悪であった[12]」と言い表している。そこからヴォールトという技術的発見をした古代ローマ人が、「対極的な（entgegengesetzt）原理[13]」にあるギリシャのアーキトレーヴ・システムを、自分のフォルムと融合させようと努めたものの、不成功に終わった理由が解明される。その試みは、表面的な「様式統合」でしかなかった。しかし見方を変えるならば、ローマ時代が古代と中世の橋渡しの役を引き受け、中世のためにヴォールトを準備したということもできよう。

「暗黒の野蛮時代」という休止期を経て、「真の原民族（Urvolk）」としてのドイツ人によって、「キリスト教の理念」[14]が初めて現実に作用する中世に至る。前後関係から考えて、シンケルが「野蛮（Barberei）」という表現によって、今日でいう前ロマネスクの時代を想定していることが理解される。同時期に描かれたゲオルク・モラーの『ドイツ建築芸術の記念碑』（一八一五）において、彼は「野蛮」という表現の下に、戦争好きの遊牧民である六世紀頃のゴート人、ロンバルディア人を意図していた。[15]

ところで、ドイツ人が「原民族」であることは、容易には理解されえない。しかし、フィヒテは『ドイツ国民に告ぐ』（一八〇八）において、ドイツ人を「原民族」として語っている。一八〇六年八月、神聖ローマ帝国は崩壊し、翌一八〇七年、プロイセンはナポレオンに屈服、ベルリンにもフランス軍が駐屯していたという時代状況の中で始まったフィヒテのこの講義は、ドイツ人が物質的幸福への関心と利己心の発達によって自滅し、同時に自己をも失っている現状を踏まえ、人類そのものの生活のうちに真の浄福があることを主張し、[16]ドイツ国民に希望を与えることを目的としていた。フィヒテにとって、ドイツ人は、かつて宗教改革を引き起こしたことからも明らかなように、キリスト教を真摯に受け止めた民族であった。それゆえ第七番目の講義演説において、「原民族」であることは「人間自身のうちに真の根源性、神的存在を認め、自由を愛し、人類の永遠なる進化を信じること」[17]如何にかかっていることをフィヒテは語り、ドイツ人を「原民族」と規定することによって、共同体意識を目覚めさせ、失われた祖国を回復することを、フィヒテは願っていたのである。シンケルの言うところの「原民族」も、自己の自由から独自の世界を創りだす新たなる民族、理想的国民を指すと理解される。それによって、「原民族」によって担われる中世建築が、古典建築に対置されるのである。その場合の中世建築は、幅広い時代を包括しうるが、シンケルのテキストの文脈から判断して、キリスト教建築、特にゴシック建築を指すことは明らかである。[18]シンケルはこの時代の建築に、単なる物質的必要を超えて、自然の素材を自由に造形する意志を見る。もはや素材は表現の妨げとはならない。つまり古代ローマ人がかつて使いこなせなかった、あるいはその本質を認識することのなかったヴォールト構造は、「原民族」であるドイツ人によって取り上げられて、「民族の精神的思考及びキリスト教の理念[19]」の表現のために用いられる。精神の自由に根ざす中世キリスト教建築は、物質としての素材の印象を軽減する、あるいは消失させる思考を持ち、「精神は物質というマッスの完全な勝利者となる。[20]」ここに建築の第二の頂点がある。シンケルにおいて、古代建築におけるアーキトレーヴ構造と中世建築におけるヴォールト構造は、その形状において対極的なものではあるが、古代から中世に至る建築の発展は、素材の荷重を克服する連続的過程として表れるのである。

中世後について、シンケルは簡単に述べるだけで、ルネサンス建築には触れていない。それは、古代ローマ建築の延長として考えられていたからである。シンケルの時代の課題は、ドイツ人が、過去何世紀か「異国のもの[21]」をむやみに模倣することから、無性格なものを生んでいる状況を踏まえ、その試みを拒否するのではなく、その「異質な」他者を認識し、それによって一層自分自身を知り、自己の創造力を目覚めさせることにあった。シンケル前の時代における、バロック・ロココ的な装飾や、古代ギリシャ建築の考古学的な意味での再現や、新古典主義の規則性への批判がここに込められていると考えられる。そしてここにも、「異質なもの」と「固有なもの」との融合が意図されているのである。

シンケルの建築史観は、古代異教的ギリシャと中世キリスト教的ドイツという二つの創造力溢れる時代によって分節されることが、これまでの考察から明らかとなった[22]。その両者を、ローマ時代の建築が区切っている。さらに中世の後を停滞の時代が区切るという論理から、必然的に古典建築と中世建築のジンテーゼ（統合）への期待の高まりが暗示として与えられる。従って、その統合による新しい建築様式は、決して恣意的に、また性急に生まれるものではなく、合法則的な発展として捉えられるのである。

第三節　建築における理念と現実

シンケルの設計要旨の編者、ヴォルツォーゲンの註によれば、シンケルは、冒頭に述べた部分――建築は身体的必要の充足から始まった――を、後に「真の建築は真先に理念から生まれた[23]」と書き直している。その註に基づけば、建築には二つのあり方が存在することになる。第一に、機能的に必要を充たす建築であり、第二に、純粋に理念を表わす建築である。前者は、長い時間をかけてその理想のフォルムを見出すのに対し、後者はすでにその理念が理想として眼前にある。理念の反映としての建築を持った例として、シンケルはすでに「未開民族ですら、神木を選び、聖なる場をつくったり、感情表現としてのみ機能する、死者のためのピラミッドや霊廟をつくった[24]」ことを挙げている。

別の箇所の補筆によれば、シンケルはこの建築の二つのあり方を、歴史上の二つの極に対応させている。つまり、「古代の建築は、身体的なあり方の必要から始まり、……自らの内に完結した全体をつくりだすのに対し、中世の（建築）芸術は、直接精神の理念を表現するという意図から出発した。[25]」前者が実生活から出発し、必然性や法則性に従うのに対し、後者の中世建築においては、直接精神的理念を自由に表現するという意味において、それは前者の古代ギリシャ建築より高次であるが、その進歩が前段階を否定するわけではない。ギリシャ時代は歴史的にみて、物質を支配する精神の力を発揮し、その建築はそれ自体完結した最高の美の表現を持ったからである。シンケルは、それぞれの時代が、その時代に相応しい造形を築くことを重要視していた。つまり、両者ともそれぞれの時代や場所と結ばれた、歴史の現象であると同時に、それを超えて永遠に認められる芸術の本質を構成するものである。シンケルは、根源的な現象を認識することを目的としているがゆえに、両建築は、彼の時代の創作にも応用可能なものであったのである。

「真の最終目標は、建築が理想を刻印し視覚化することにある。つまりその理想とは、理念と現実が完全に融合しあい、我々人間が超地上的なもの、神と直接係っているということを建築の外面に見えるようにするということである。[26]」シンケルの一八一〇年代の建築思想は、このように宗教的なニュアンスを帯びており、建築家の倫理を問うものであった。すでに先に述べた、シンケルの一文と関連づけて考えるならば、「理念」と「現実」に、それぞれ中世建築と古典建築が対応するとも思われる。シンケルの目標は二元論的対立の統合として、一つの有機的全体を形成するものでなければならなかった。それは、創作における自由と、建築に内在する法則とのぎりぎりの調和である。その理想への到達は、建築家の日々の実践によってのみ可能となる。

ここで付言すべきは、シンケルの以下の表明である。計画案とほぼ同時期——一八一〇年九月三日付——に書かれた「テルトウの教会案設計要旨」には、塔のあり方を巡り、古典建築と中世建築の両者の関係が述べられている。「根源において、鐘を下げる高い建物を、次第に集中し溶解していく、あの先端のフォルムで終わらせるのは、物質的必要でも、構造的必要でもない。キリスト教がもたらす、高みのイデーへの、全く自由な意欲のみがそうさせたのである。古代民族にもなるほど塔はあったが、それは恣意的、物質的必要に応じた高さで水平に終わっていたから、中世のごとき象徴とはならなかった。[27]」

「様式統合」の試みにおいて、特に「塔」の造形は難問であった。「塔」そのものがキリスト教建築の要素であり、そこに古典的言語を持ちこむことが、おのずと不自然さを招くからである。シンケルによるこの教会の「塔」の解決案（図三―二）は、一見ゴシック的である。しかし、小尖塔を持たない、垂直性を強調するリブ状の装飾だけを持つ、全く質素な形態を段状に重ねることによって、中世建築の持つ上昇性と同時に、古典建築の持つ水平性の統合が意図されているのである。

第四節　人間の使命――建築の発見

建築の構造形式に象徴される自由への発展が、シンケルの建築史観に見られたが、それはこの時代のドイツ観念論における、歴史哲学の特徴を示すものである。フィヒテ、シラー、[28] シェリング[29]等、個々の考え方に相違はあっても、人間の自由の問題が常に取り扱われていた。

中でもシンケルは、イタリア旅行（一八〇三年五月から一八〇五年三月）にヨハン・ゴットリープ・フィヒテ（一七六二―一八一四）の哲学書を携え、一八〇九年から一八一一年にかけては、ベルリンでフィヒテの私的講義を聴講していた。[30] フィヒテの一八〇四―〇五年にかけてのベルリンでの私講義『現代の基本的特徴』（一八〇六）における、彼の歴史哲学の思想がシンケルに与えた影響を指摘したのはノルベルト・クノップである。[31] フィヒテの第一講義によれば、「この世での生活における人類の目的は、人類がその生活において自己のあらゆる諸関係を、自由によって理性に適合させること[32]」であり、歴史はその理想の実現へ向けての段階的歩みを意味するものであった。つまり、歴史の前進の可能性は、理性に基づいて自由へ近づくことにのみある。

この命題から出発するフィヒテの歴史観を要約するならば、まず人類史が不自由と自由とに二分される。それらは絶対的な矛盾であ

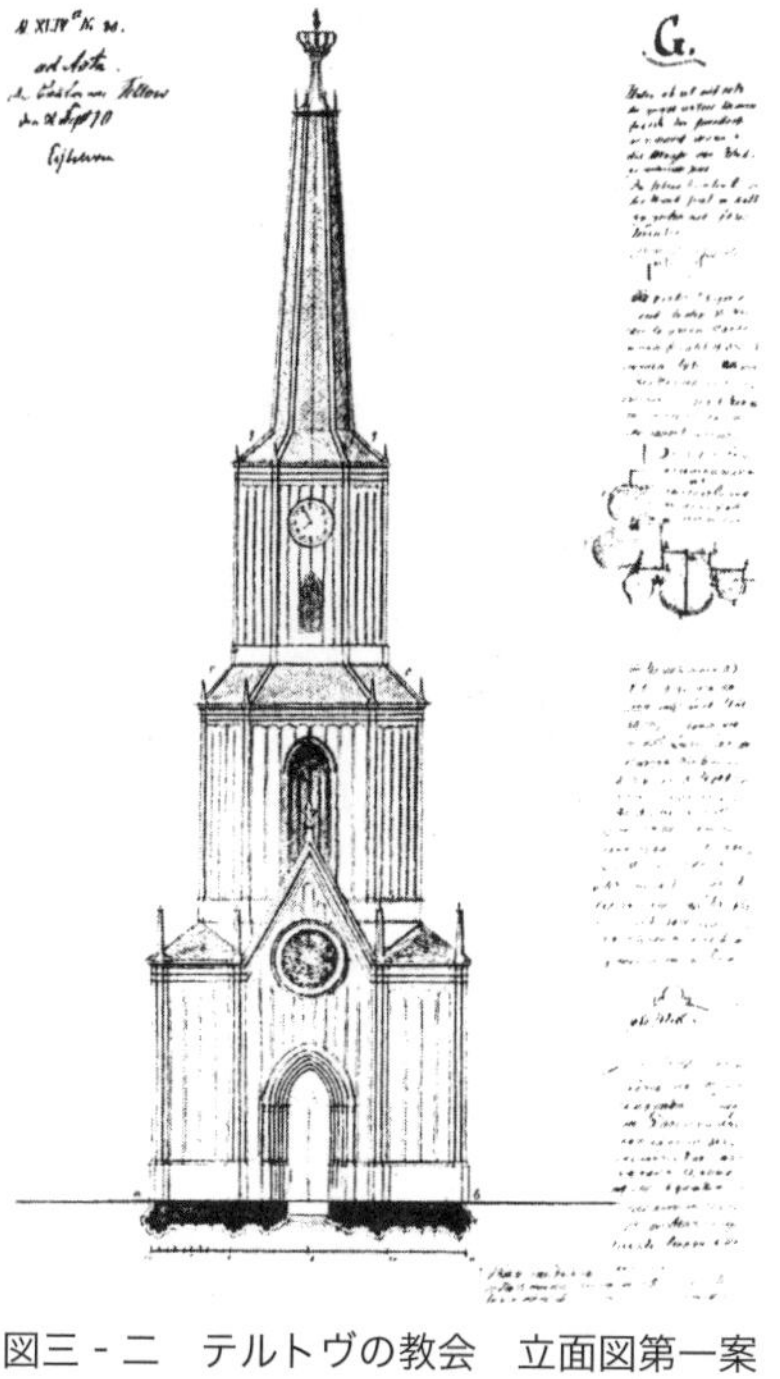

図三 - 二　テルトヴの教会　立面図第一案

るがゆえに、その両極に移行、仲介の段階を設定する。更にその移行段階と両極の時期の中間を設定し、等価的な五段階の歴史区分が生まれる。それは、自由がいかなる対立ももたない時期（第一期）から、外的権威が生じて、それに対して自由の自覚の芽生える時期（第二期）、自由を自覚し、外的権威を否定・破壊する時期（第三期）、客観的心理に対して、自己を形成する時期（第四期）、そして理性の作用する時期（第五期）に至って人類はその目標に達する。倫理的な意味において、フィヒテはそれぞれの時期を「人類の純血の状態」、「罪業の芽生える状態」、「この上ない混乱の状態」、「是正の始まる状態」、「是正と浄化の完成の時代[33]」と名付けている。これは実際の歴史上の時代に相応するものではなく、ア・プリオリな原理として立てられている。つまり、フィヒテにとって問題なのは、彼の生きる時代が人類史の中に占める位置であり、フィヒテは彼の時代を、過渡期にあたる第三期と見なしている。それは、理性がなお自然法則として支配している最後の二つの時代——「強制の世界」——と、理性が自由の法則として支配するに至る後の二つの時代——「自由の世界[34]」——の中間に位置するものであり、そこから今や自由を発動して、目覚めた理性の支配へ向かうべき時代の使命が根拠づけられるのである。

フィヒテの歴史哲学が、このようにキリスト教の救済思想と一体となっていることは明らかであるが、シンケルの「ルイーゼ霊廟」計画案の一文、「キリスト教（建築）は、人類を内的に完成させるために、彼を世界から解放する[35]」は、まさにフィヒテの意味における人間の使命を念頭においたものとして理解すべきである。キリスト教における死が「救済」を意味するのに対して、シンケルは、古典建築に宿る異教を、死をもって「終焉」し、神の摂理に従って現世を生きるという意味において「運命の宗教[36]」と呼んだ。シンケルが王妃ルイーゼの霊廟案を主としてゴシック会堂式でまとめた理由は、ここにある。しかし、同時に人類の「内的完成」のためには、古典建築をそこに融合することは不可欠であった。それこそが、建築家の使命でもあるからである。

シンケルのモットーや覚書などにおいて、人間の自由と使命について記したメモは数多い[37]。『ルイーゼ霊廟計画案要旨』の冒頭には、「法則に対する知識[38]」の必要性が述べられていた。それは、建築芸術も、自然と同様に、それによって新たな造形を無限に展開することができ、合理的に考慮されたフォルムを用いることができるような法則に対する知識である。そのためには、自然をその抽象的な法則に従って観察することが必要である。人間理性は、それによって自然の諸力を我がものとし、それを建築芸術に応用できるようにするのである。従って、シンケルにとって新たな造形を発見することは、まさに「人間の義務[39]」であった。その造形は「常に理念によって、理性の法則に従って生じなければならない。そこに、行為する人間にとっての理性の根本法則がある[40]。」この一文の中に、伝承された規則ではなく、建築に内在している法則の探求が促されていることを認めるならば、理性が基盤となって、人間の自由への発展を促すという意味において、フィヒテの歴史哲学がシンケルの中に生きていたということができる。

第五節　「クロイツベルクの戦争記念碑」（一八一五頃）

私たちはシンケルの歴史観を『ルイーゼ霊廟計画案要旨』によって考察したが、続いてほぼ同時期の、彼の「クロイツベルクの戦争記念碑」のスケッチのイコノロジー的分析から、彼の建築史観を考察する。日付はないが、一八一〇年代後半と思われる数点のスケッチ（図三―三、四）は、パウル・O・ラヴェが編纂したシンケル作品集において、一八一四年の解放戦争で亡くなった人々のために捧げられた「クロイツベルクの戦争記念碑」との関連で扱われている[41]。ラヴェはこれらを、最終的に鋳鉄を用いたゴシック的造形の記念碑（一八一八―二一）のためのスケッチと見なしている。彼はそれを「驚嘆すべきファンタジーによる創造」と呼びつつ、「度を過ごした建築思想[42]」の表れとも呼んでいる。たしかに一見して、それは十九世紀の「ポスト・モダン」とも呼べるようなものである。G・ペシュケンはこれを「階段状のモニュメント[43]」と呼び、K・K・ヴェーバーはこれをシンケルの「解放戦争記念ドーム」案（一八一三―一五）のスケッチと見なし、それを「時代精神を象徴することば[44]」と呼び、G・P・セミーノは「解放記念ドーム」案に乗じた「人類史の発展のアレゴリー[45]」と呼ぶなど、様々な解釈がある。付随するシンケル自身のコメントはない。

これらのスケッチを見ると、プロポーションの違いはあるものの、三層の構造を読み取ることができる。まず、ピラミッド的なマッシヴな基礎が力強さ、重さを表現している。下部が上部より広くて傾斜をなしているが、同様の基壇の造形をもつ「解放戦争記念ドーム」案（一八一五）において、シンケルは、この基壇が「構造上の安定のために必要であるのみならず、見る者に感情の静けさや、落ち着きを与えること[46]」を期待しており、その意図がこのスケッチからも感じられる。建物は丘の頂きに建ち、建築が地面から隆起してくるかのように見える。四周を巡るゆるやか

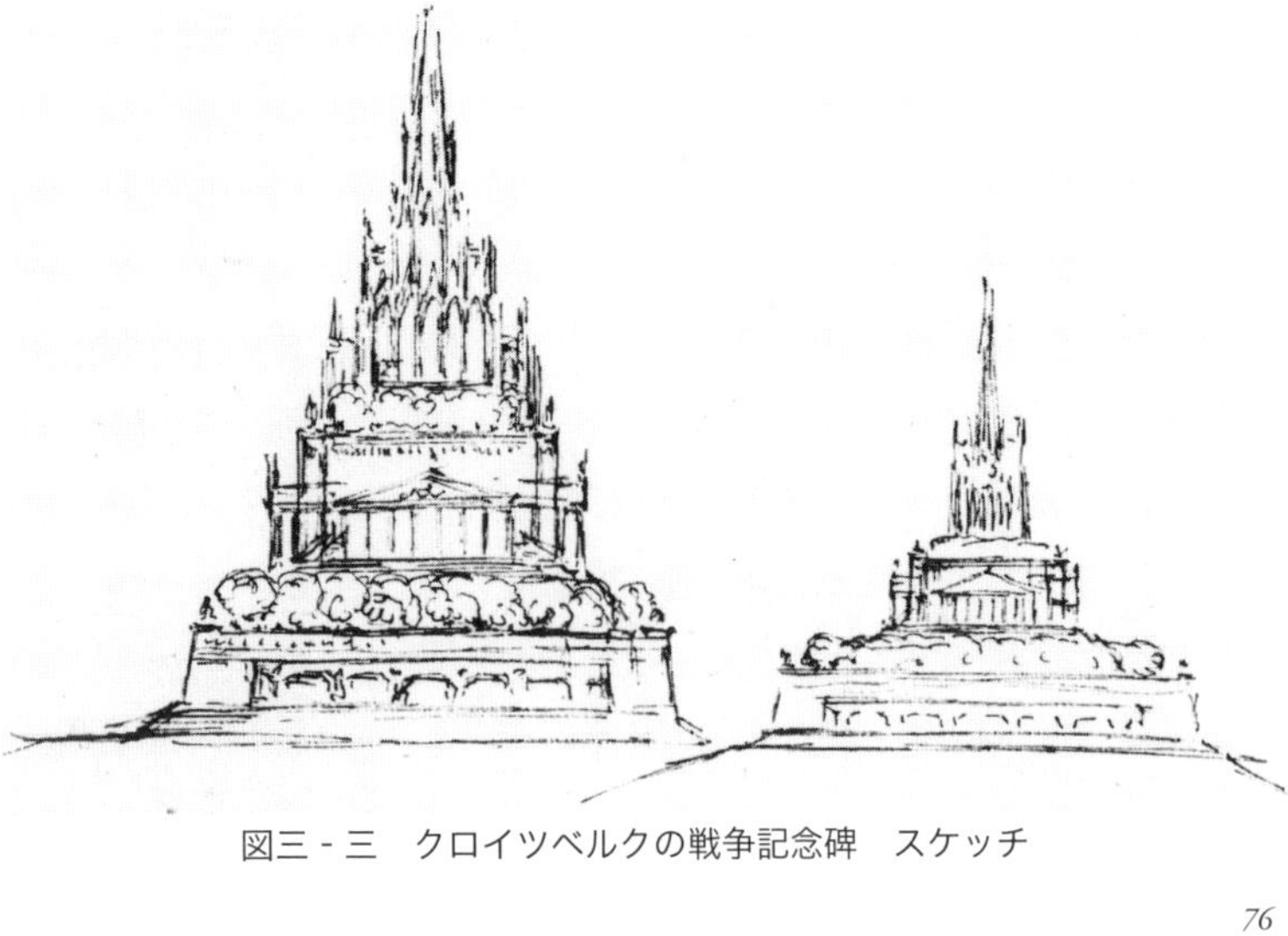

図三‐三　クロイツベルクの戦争記念碑　スケッチ

な階段を、ヴェーバーは、日常の領域からはなれるという意味において「精神の階段[47]」と呼んだ。四面に穿たれているると予想される入り口は、地下墳墓に入るかのような雰囲気を漂わせている。

その上の二層目には、八本のドリス式の柱をもつギリシャ神殿のファサード及びその前室空間が聳え、崇高性、人間の偉大さが表現される。平面的に考えるならば、正方形の基壇の上に、神殿ファサードが四方の世界に開いている。図三―三では、一層目と同様に二層目にも岩盤状のマッスがあり、そこに神殿形式が張りついているようにも見える。両面のテラスに見える植栽を、ヴェーバーは、ドイツを象徴する「オーク（Eiche）」と解釈し、基壇という「死せる」エジプト建築から新しいドイツの芽が「育つ」と述べた[48]。

三層目は、典型的なキリスト教建築、つまりゴシック建築の形式をもつ。尖頭アーチは、上下二段に分節されており、下部の方は十二角形、上部の方は八角形をしており、それぞれ小尖塔（ピナクル）によって囲まれている。その無限なるものへの高まりが、単なる合目的性には依存しない意味を担う。各部分が一点を目指して集約してゆくこの造形に、ドイツ国家という統一された姿への願望が暗示されている。その意識は、第二章で明らかにしたように、ゲーテがシュトラースブルク大聖堂をドイツ固有の建築様式として評価したことの延長にあるものであろう[49]。

このような三分節の構成のシンケルのドローイングは、次のように整理される。

第一層　エジプト建築　―　冥界的　―　物質的　―　「強固さ及び耐久性[50]」
第二層　ギリシャ建築　―　地上的　―　調和的　―　「物質を超えた精神の支配[51]」
第三層　ゴシック建築　―　超地上的　―　精神的　―　「精神の物質に対する勝利[52]」

加えて図三―四における神殿ファサードの両脇に聳える螺旋状の柱の造形を、ローマのトラヤヌス柱的なものの表現と見なすならば、これをまさに『ルイーゼ霊廟計画案要旨』に示された先の建築史観の図像化と見ることもできる。最上部にドイツ的なゴシック様式の造形があることから、ペシュケンは、「自然状態から精神的なものへの人類の進化において、ドイツこそその頂きに位置する[53]」と理解した。つまり、これを歴史のヒエラルヒアとして見たペシュケンが重要視したのは、最上部にあるゴシック建築そのものに他ならない。たしかに、一層目が鉱物的な結晶形態であるのに対し、二層目にはギリシャ神殿や植栽といういわば調和に満ちた造形が表現され、三層目には、植物のアナロジーともいえるゴシックの尖塔が天に向かう。それによって、鉱物と自然の営みと人間の芸術的営みの対比が浮かび上がる。

一方エリック・フォルスマンは、『シンケルの建築作品と建築思想』（一九八四）において、このドローイングを「様式融合の理論の象徴[54]」であると指摘した。このスケッチを、歴史を説明するものとしてではなく、対極的なものが結びつく一つの全体として見る限りにおいて、フォルスマンの指摘は正当なことである。シンケルが実際にこのスケッチをどのように描き進めていったか、特定することはもはやできないが、いずれのスケッチにおいてもやみくもに形態を積み重ねていった筈はなく、一つの大きなピラミッドをまずは薄く下書きし、それを三

図三-四
クロイツベルクの戦争記念碑　スケッチ

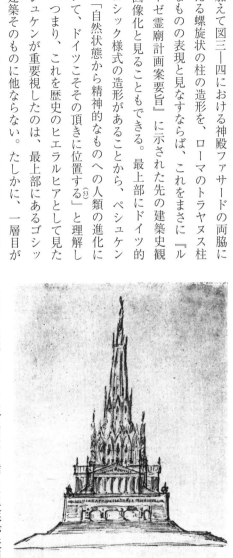

層に分節していったと考えられる。「様式統合」と単なる折衷との相違は、前者が一つの全体性に対するイデーから出発し、部分に至るのに対し、後者が部分の積み重ねを旨とするところにあると言うことができる。

第六節　歴史の継承――過去・現在・未来

「クロイツベルクの戦争記念碑」からうかがわれるシンケルの歴史観は、「構築された歴史の鎖」とでも呼べるものである。それは、歴史家でも政治理論家でもある、ヨゼフ・ゲレス（一七七六―一八四八）の歴史観によって補足されねばならない。シンケルの一八一〇年代の遺稿には、フィヒテ以外にゲレスに関する文献が残っていることを、ペシュケンが指摘しているからである。[55] それは『ドイツ民衆本』（一八〇七）の終章と、新聞『ライニッシェ・メルクーア』のなかの「ドイツ国会」（一八一四年九月十一日）と題する記事である。両文献は直接建築には関係ない。しかしゲレスは、未完成で瓦礫の山であったケルン大聖堂を、ドイツ国家の象徴とみなし、それを完成させるために尽力したことで知られているし、一八一六年にはシンケルの訪問も受けている。[56]

『ドイツ民衆本』は、一八〇六年から二年間ハイデルベルク大学で講師をしていた間に書かれた、中世の民話についての研究である。ゲレスによれば、特にヨーロッパ中世は、インドからバビロニア、エジプト、ギリシャ、ローマへと西進した文化の目標点であり終着点であった。その中世は、純粋な古典的作品は生むことはなかったものの、円熟した古典の世界を打破し、違う意味で高次のものをつくりだしていたことを、ゲレスは叙情豊かに次のように表現している。「古典彫刻の美しきトルソに対して、浪漫主義的中世のまどろむ眼差しは、彫刻の形姿を衣服の襞で覆い隠し、四肢のフォルムを象徴的に暗示することに努めた。[57]」ゲレスの場合にも、古典と中世の美的感覚は対比的に表現されている。建築におけるその対比は、ギリシャ神殿が荷重と支持の調和を余計な飾りのない、骨太の構造表現に反映したのに対し、ゴシック聖堂が構造のメカニズムを優しく繊細に覆い隠したことに表れている。それぞれの時代が、それぞれ固有の芸術を育んできたのであり、十九世紀ドイツが、中世以来のキリスト教的世界の延長線にあるとしても、中世芸術を超えたものを創作しなければならないことは、ゲレスにとっても自明のことであった。

ゲレスの歴史観は、以下の一文に明瞭に表れている。「早朝のオーロラには、過去という黄昏がなお西の空に見える。それは、いにしえのものが行使したすばらしい魔術である。……いにしえの生命は、〝下の〟ハデスに住む影にすぎない。しかし魂は〝上の〟現在に住み、引き続き活動している。内的形成力はその魂をますます育む。〝上の〟花には永遠に若き青年が住まい、〝下の〟根には沈黙せる冥界の本性が働いている。それはもはや自ら維持できぬ古びたものを引きずりおろし、新たな血液をつくりだすのだ。(58)」

過去と現在、死と生という対比が意図されているゲレスの「下と上」という表現に、シンケルの「クロイツベルクの戦争記念碑」案と共通するモチーフを見ることができる。ゲレスの主眼は、我々はいわば過去という墓丘から生まれてきたという認識に基づいて、歴史的意識を呼び起こすことにあった。それは、各時代が生んだ建築芸術は、後世の者にとって失われたものではなく、継承してゆく遺産であることを読者に訴えるものである。ゲレスにおける過去・現在・未来は、無限に循環する円環に包みこまれている。

第七節　全体性としての歴史――過去・現在・未来

ゲレスが一八一四年一月に発刊した政治新聞『ライニッシェ・メルクーア』は、打倒ナポレオンと自由なドイツ国家再建のためのアピールの場である。その中の「ドイツ国会」の記事は、戦後処理のための、ウィーン会議

（一八一四年九月）における、解放戦争後の新憲法を巡るゲレスのコメントである。シンケルはその文中の「憲法」を「芸術」に置き換えて読んでいた、とペシュケンが指摘している。[59] それは次のような内容の一文であった。

「ドイツの憲法［芸術］は、過去数十年の間に考えていたような方法ではもはや不可能である。この陰鬱な時に、心情を腐敗させるような事柄が生じたことで、人は不当にも、民族の最も内的な生活習慣に根ざした、いにしえの土台を放り出そうとした。ドイツの新憲法［芸術］への我々の要求は、そのようなものとは異なる。いにしえの立法者は、古いものの上に新しいものを建てることを、よく知っていた。人間は、自らの存在の過去の中へ手を延ばす。その根は大地の下の太古の時代にまで伸びており、人間はそこから未だに目に見えない力をもらっている。民衆が過去を放り出すならば、極めて繊細な自らの生命の中枢を、失ってしまうに違いない。我々の新しい形姿（Gestalt）が、今日の必要からのみ創造された新しさであるならば、悲しいことだ。[60]」

根本で意図されていることは、『ドイツ民衆本』と同様に、母国の歴史認識の深化とその総合である。ゲレスが歴史を一つの全体と見ていたことは明らかであろう。ドイツは地理的にヨーロッパ中央に位置し、あらゆる異なる思想、文化が流入する可能性をもつからこそ、伝統的なドイツ的特性の維持をゲレスは望んだと考えられる。そこに、ゲレスが過去を「生命の中枢」と名付けた理由がある。ゲレスの一文は、ドイツ憲法を巡るものであるが、なるほどシンケルが「憲法」を「芸術」と読み変えることによってドイツ民族固有の建築の新生を願ったことは、『ルイーゼ霊廟計画案要旨』における、中世後のドイツの状況に関するシンケルの指摘を思い出すならば了解できることである。

ゲレスが述べるところの「我々の新しい形姿」に関しては、ドイツ国会が、祖国の歴史を認識している様々な領域の人々によって構成される必要があるという、彼の主張の根拠に注目したい。「彼ら（古ドイツの歴史、流儀、言語、憲法［芸術］に関する学者たち）は、我々の偉大な過去の精神を、あたかも根源的な形式（Form）が、最新の形姿（Gestalt）をまとって再びわきおこってくるように、生き生きと表すことができるのだ。……過去・現在・未来を一つとみなすことを知る人は、過去と現在の両面から未来の有機的生産を考える。[61]」この一文を読んだ若き建築家シンケルは、キリスト教中世のヴォールト形式にドイツ民族の根源性を認識した自らの『ルイーゼ霊廟計画案要旨』に通ずるものを感じたにちがいない。その「最新の形姿」とは、決して歴史的作品の単なる模倣であってはならないし、そこにイデーが欠けているならば、長い時間を生き抜くものにはならないである。シンケルの次のメモは、ゲレスの意味において理解されるものであろう。「歴史的なものは、いにしえのものに固執したり、繰り返したりするものではない。そんなことをすれば、歴史は破壊されるだろう。歴史を扱うということは、新しいものを導いてくることである。それによって歴史は継承されるのだ。[62]」シンケルにおいて過去という継承の対象は、理想ではなく、創作の契機を意味している。それは、目的や機能のみを追求する抽象的で干からびた建築思想に潤いを与えるものであったのである。[63]

第八節　結

シンケルの『ルイーゼ霊廟計画案要旨』（一八一〇）、及び彼の「クロイツベルクの戦争記念碑」のドローイング（一八一五頃）の考察から、以下のことが明らかにされた。

シンケルは、自由へ向かう人間理性の目覚めとその発展を、建築の構造形式の展開に見る。それが、素材の荷重を受け止めるエジプト建築から、荷重と支持の調和を示すギリシャ建築を経て、荷重を克服するキリスト教（ゴシック）建築である。

一方、身体的要求と精神的理念という対極に、それぞれの建築の出発点があり、それが古典（ギリシャ）建築、中世（ゴシック）建築の質的相違であることが明らかにされた。そこに建築の二極性が表れている。この対極性はさらに、異教とキリスト教、現実と理念、法則と自由として表現されており、その両極の統合にこそ、シンケルの建築の理想がある。しかしそれは認識されても、容易に到達できない永遠の目標と言わねばならない。

特にフィヒテの歴史哲学、及びゲレスの歴史観が、シンケルに与えた影響は極めて大きい。前者は自由を発動し、理性の支配に向かうことに、彼の生きる時代の課題を見出し、後者は過去、現在、未来を一体と見なし、そこに生き生きとした関連を見ていたからである。未曾有の激動の時代に生きた若きシンケルにおいて、「様式統合」の理念が、人類史における、彼の時代と未来を見極める上で、極めて重要な役割を演じていたと結論づけることができる。

〔註〕

（1） Aus Schinkels Nachlaß, Reisetagebücher, Briefe und Aphorismen, [hrsg.] A.v. Wolzogen, 4 Bd., Berlin 1862-64,（Reprint: Mittenwald 1981）III S.153-162 "Entwurf zu einer Begräbnißkapelle für Ihre Majestät, die Höchselige Königin Luise von Preußen"

（2） 一八一〇年八月四日付、W・フンボルトの、ローマに滞在していた妻への手紙には、「彼（国王）は最初のドローイングを自ら行い、そしてファサードだけをシンケルにやらせたのだ……」とある。in; Adolph Doebber: Heinrich Gentz, Ein Berliner Baumeister, Berlin 1916, S.83

ルイーゼ霊廟の詳細な建設過程については、以下の文献がある。

Goerd Poeschken: Technologische Ästhetik in Schinkels Architektur, in; Zeitschrift des deutschen Vereins für Kunstwissenschaft, Berlin 1967, S.45-81

（3）Aus Schinkels Nachlaß, ibid., S.155
（4）M.-A. Laugier: Essai sur l 'architecture, Paris 1755, 三宅理一訳『建築試論』中央公論美術出版、一九八六年、三四頁
（5）ロージエ、前掲書三五頁。始源状態の人間が、洞窟から小屋へと住居を改めてゆくという論議において、ロージエの「原始の小屋」は、単純な自然の原理に基づく模範として規定されている。
（6）Aus Schinkels Nachlaß, ibid., S.155
（7）Karl Friedrich Schinkel: Das Architektonische Lehrbuch, [hrsg.] G. Poeschken, München-Westberlin 1979, S.22
（8）第二章第七節参照
（9）Aus Schinkels Nachlaß, ibid., S.155-156
（10）Aus Schinkels Nachlaß, ibid., S.155
（11）Aus Schinkels Nachlaß, ibid., S.156
（12）Aus Schinkels Nachlaß, ibid., S.156
（13）Aus Schinkels Nachlaß, ibid., S.157
（14）Aus Schinkels Nachlaß, ibid. , S.157
（15）Georg Moller: Denkmäler der deutschen Baukunst, Darmstadt 1815, S.7
（16）Johann Gottlieb Fichte: Reden an die Deutsche Nation（1808）Berlin, Philosophische Bibliothek Bd.204 1978[5] 第一講「緒言と全体の外観」S.11-26, 特に十七頁
（17）J.G. Fichte; ibid., 第七講「民族のドイツ性、根源性へのより深い洞察」S.106-124、引用一二一頁
（18）例えばフリードリヒ・シュレーゲルによれば、ゴシック建築は、あらゆるドイツ民族が共有するものであるがゆえに、ドイツ建築とも呼ばれる。ゴシック建築はゲルマン部族の圧倒的な影響のもとで始まったと解釈される。ゴシックの建築様式が、実はフランス起源であったことは、当時（十九世紀初頭）想像しようもなかったのである。in;

Friedrich Schlegel: Grundzüge der gotischen Baukunst（1804-1805）, [hrsg.] Hans Eichner, München 1959, S.161-162

（19）Aus Schinkels Nachlaß, ibid., S.157

（20）Aus Schinkels Nachlaß, ibid., S.157

（21）Aus Schinkels Nachlaß, ibid., S.159

（22）カールスルーエの建築家、フリードリヒ・ヴァインブレンナー（一七六六—一八二六）も、シンケルと同じように、古代ギリシャ・ローマ建築と中世ゴシック建築と今日的建築と、建築史を三期に分けていたが、彼はゴシック建築を過渡的なものとして、位置づけている。Friedrich Weinbrenner: Über die wesentlichen Theile der Säulen-Ordnungen und die jetzige Bauart der Italiäner, Franzosen und Deutschen, Tübingen 1809, S.26-27

（23）Aus Schinkels Nachlaß, ibid., S.155

（24）Aus Schinkels Nachlaß, ibid., S.155

（25）Aus Schinkels Nachlaß, ibid., S.158-159

（26）Aus Schinkels Nachlaß, ibid., S.158

（27）Hans Kania und Hans-Herbert Möller: Karl Friedrich Schinkel, Lebenswerk, Band X（Mark Brandenburg）, Berlin 1960, S.117

（28）シラーは『美的教育について』（一七九五）において、個々の人間の発展及びその契機を三段階に区別している。「人間はその自然的状態において自然の力を甘んじて受けている。彼は美的状態においてその力から自由になる。そして道徳的状態においてそれを支配する。」Friedrich Schiller: Über die ästhetische Erziehung des Menschen, in einer Reihe von Briefen, 1795, 24.Brief

（29）シェリングの『先験論的観念論の体系』（一八〇〇）においては、個人の自由な行為が、相互の矛盾対立にも係わらず、すべての人に共通の、ある客観的なものに統合され、それを通してあらゆる人間の行為が、一つの調和的目標に向かわされていることを認識している。つまり、歴史の目標は自由と必然の統合（「絶対的統合」）にあり、歴史的発展はそこに至る段階的過程として捉えられている。F.W.J. Schelling: System des transzendentalen Idealismus（1800）in; Schellings Werke, hrsg. Manfred Schröter, München 1977 S.329-634, 特に五九八頁

（30）シンケルは、フィヒテの一八〇九年から一一年における私講義『知識学』と『意識の諸事実』を聴講していた。Karl Friedrich Schinkel: Das Architektonische Lehrbuch, [hrsg.] G. Poeschken, ibid., S.24

（31）Norbert Knopp: Schinkels Idee einer Stilsynthese, in: Beiträge zum Problem des Stilpluralismus, München 1977, S.248

（32）J.G. Fichte: Grundzüge des gegenwärtigen Zeitalters,（1806）Hamburg 1978, S.11（1.Vorlesung）

（33）J.G. Fichte: ibid., S.14-15

（34）J.G. Fichte: ibid., S.21

（35）Aus Schinkels Nachlaß, ibid., S.156

（36）Aus Schinkels Nachlaß, ibid., S.160

（37）シンケルの（家族のための）箴言「我々の精神は、その表象の主人とならない限り自由ではない。自己を克服すること、外的拘束に抵抗すること、義務を果たすこと、より良いものを望むこと、その目的のために障害となるものを取り除くことによって、精神は自由となる。自由の瞬間こそ、至福の時である。」Aus Schinkels Nachlaß, ibid., Bd.1, S. xxiii

シンケルの遺稿『芸術一般に関する思想・所見』には、例えば、「人間はすべてを美しく形づくらねばならない。彼から流れ出る一つ一つの行為（Handlung）が徹頭徹尾、そのモチーフと実施によって美しくなるように。そうすれば、彼から義務の概念は取り除かれる。彼はいつも浄福感の中で行為する。それこそ、美がもたらす必然的な結果なのだ」とある。Aus Schinkels Nachlaß, ibid., S.347-348

（38）Aus Schinkels Nachlaß, ibid., S.154

（39）Aus Schinkels Nachlaß, ibid., S.155

（40）Aus Schinkels Nachlaß, ibid., S.155

（41）Paul Ortwin Rave: Karl Friedrich Schinkel Lebenswerk, Berlin III Berlin 1962, S.270-296, 特に二七四―二七五頁

（42）P.O. Rave: ibid., S.274

（43）Karl Friedrich Schinkel: Das Architektonische Lehrbuch, ibid., S.37

（44）Klaus Konrad Weber: Denkmal der Freiheitskriege von Schinkel , in: Kaleidoskop, Eine Festschrift für Fritz Baumgart zum 75. Geburtstag, Berlin 1977, S.169-173 ,

（45）Gian Paolo Semino: Karl Friedrich Schinkel, Zürich-München-London 1993, S.36

（46）P.O.Rave: K.F.Schinkel Lebenswerk, Berlin I , Berlin 1941, S.199

シンケルの『解放戦争記念ドーム設計案要旨』（一八一五）のコメントによる。シンケルの設計案は、マッシヴな基壇の上に、軒の水平性とリブの垂直性が調和する身廊を介して、北方ゴシックの高塔と南方ルネサンスのクーポラが出会うという、「様式統合」の理念の試みを示すものである（第四章参照）。

（47）K.K. Weber: ibid., S.170

（48）K.K. Weber: ibid., S.172

（49）ゲーテによれば、ゴシック建築は「枝を大きく広げた極めて崇高な神の木」であり、「永遠に続く全体」の美に満ちているがゆえに、それはフランスでもイタリアでもなく、ドイツ固有の感情に根ざした建築芸術であった。J.W.v. Goethe: Von deutscher Baukunst, D.M. Ervini a Steinbach（1773）in; Von deutscher Art und Kunst, Hamburg（1773）, hrsg. H.D. Irmscher, Stuttgart 1968, S.98

（50）Aus Schinkels Nachlaß, ibid., S.155（『ルイーゼ霊廟計画案要旨』）

（51）Aus Schinkels Nachlaß, ibid., S.156（『ルイーゼ霊廟計画案要旨』）

（52） Aus Schinkels Nachlaß, ibid., S.157（『ルイーゼ霊廟計画案要旨』）
なおシンケルの三分節の構成は、ヘーゲルの弁証法に基づく建築史観と類似するが、第二章で述べた通り、時間的にシンケルの図案の方が先行するがゆえに、それをヘーゲルと結びつけるには無理がある。

（53） G. Poeschken: ibid., S.37

（54） Erik Forssmann: Karl Friedrich Schinkel, Bauwerke und Baugedanken, München-Zürich 1984, S.78

（55） K.F. Schinkel: Das Architektonische Lehrbuch, ibid., S.24
ペシュケンは、ゲレスの文献があることを指摘するに留まっている。

（56） 一八一六年九月六日付、シンケルのS・ボワスレーへの手紙には、「コブレンツのゲレスのところで楽しい数日を過ごしました。多くの素敵な作品を見せてもらいました」とある。in; Sulpiz Boisserée: Tagebücher II, Darmstadt 1981, S.316

（57） Joseph Görres: Teutsche Volksbücher（1807）, Schlußbetrachtung S.275-293, in; Gesammelte Schriften Bd.3, Köln 1922, S.290

（58） J. Görres: ibid., S.278

（59） K.F. Schinkel: Das Architektonische Lehrbuch, ibid., S.24

（60） J. Görres: "Der teutsche Reichstag"（一八一四年九月十一日）in; Rheinische Merkur, in: Gesammelte Schriften Bd.6-8, Köln 1932,

（61） J. Görres: "Der teutsche Reichstag", ibid.

（62） K.F. Schinkel: Das Architektonische Lehrbuch, ibid., S.71

（63） シンケルは遺稿『建築芸術に関する思想・所見・覚書』において、自分の若き日を振り返り、「間もなく私は、ある建築作品に対する全体構想を、ただ通常の目的や構造から発展させるという、極端な抽象的誤謬に陥った。その場合、干からびたもの、硬化したものが生じ、それが自由を奪い、二つの本質的要素、歴史的なものと詩的なものを締め出したのだ。」と書いている。in: Schinkels Nachlaß, ibid., S.374

第四章
シンケル作品の考察（一）――対比と緊張の構成

第一節　序

本章は、前章において若きシンケルの建築史観と「様式統合」の基本理念を考察したことを踏まえて、一八一〇年から一八二〇年代前半にかけての前期シンケル作品を取り上げ、統合理念の作品への反映を考察する。シンケルにとってその期間は、節目となる一八二五年のイギリス旅行前の、三十年に及ぶ実働期間のちょうど前半にあたる。建築家の作品は、発想の単純な実現ではない。一つの造形理念が、現実の様々な与条件にもまれながらも、地上の作品へ結晶化していくプロセスをたどることによって、作家に宿る建築理念の芯の強さが捉えられよう。シンケルのどの作品にも統合の試みがうかがえると記したのは、百回目のシンケル祝祭講演に登壇したP・アルテンベルクであった（第一章第五節）。多くの研究者がシンケルの作品に「様式統合」理念の反映を指摘しているが、ここではシンケルの作品を系譜的に扱い、個別的解説を行うことは意図していない。アルテンベルクは具体的な事例について言及してはいない。しかし彼が「動きと静けさ」、「形態と形の変容」、「存在と生成」が同時に出現し、統一体をつくっていると語っていることを重視したい。「統合」理念は数値化されるようなものではない。シンケルはどの仕事においても新しいものを創造しようとチャレンジしていたこと、過去のものを繰り返すのではなく、自然を規範としつつ、起源に還ることが、「統合」理念によって浮き彫りにできるのではないかと考えた。そのために本章では、以下の作品を取り上げる。

（一）「ルイーゼ霊廟」案（一八一〇）
（二）「ペトリ教会」再建案（一八一〇―一四）
（三）「解放戦争記念ドーム」案（一八一四―一五）
（四）シュピッテル・マルクトの「ゲルトラウデン教会」案（一八一九―二四）及び一連の「塔」の造形
（五）ベルリンの公共建築

第二節　「ルイーゼ霊廟」案（一八一〇）

シンケルの「ルイーゼ霊廟」案の正面ファサード（図三―一）は、三つの尖頭アーチの開口部からなり、小尖塔で完結する六本のすらりとした植物的な束状の柱で垂直方向に分節されている。軒は水平であり、それが尖頭アーチの上昇性との対照をつくりだしている。霊廟は「暗い木々」[1]によって陰影づけられているが、ゆるやかな階段をのぼる訪問者には、「明るい、赤い朝の光に王妃が安らぐ、愛らしいパームの広間」[2]が広がる（図四―一）。その三廊形式の内部は、身廊が側廊の二倍幅をもつ（図四―二）。正面奥の、三つのアプスを構成する壁面は全面が穿たれており、壁が意識されない骨格のようなものである。窓ガラスは「赤いバラ色」[3]であり、「白い大理石」[4]でできている建築全体に、やわらかな曙の光を広げる。身廊部の「長軸性」に対して、身廊の四本の柱に囲まれて、三段あがったところに亡き王妃ルイーゼが横たわることによって、空間の「集中性」が生まれる。シンケル曰く、「二人の天上のゲニウスが羽根を広げて、手にパームの枝をもち、頭部の横の咲きほこる百合の上

図四 - 一　ルイーゼ霊廟案　内観透視図

に立っている。彼らは亡きルイーゼを見下ろし、花を振りかける。もう一人のゲニウスは足元の葉の萼に跪き、神々しい精神を見るという浄福の内に、天を見上げている。[5]」キリスト教における純潔の象徴である百合の表現は、パラダイスの印象を植え付ける。ヨアヒム・ガウスは、花とゲニウスという象徴的表現から、この計画案を「十九世紀初頭における、死の克服によるパラダイスの期待[6]」と解釈した。なるほどそこには霊廟としての重々しさは全くない。

　内部空間における自然の模像は、いわゆる「外なる自然」に対して、人工的な「内なる自然」としての建築を表現する。この「パームの広間」に関してR・ディークホフ[7]やJ・ガウスは、自然とゴシック空間の類縁性を示すロージエ（一七一三―六九）の建築論の影響を示唆している。ロージエの主著『建築試論』（一七五三）における「始原の小屋」は、円柱とエンタブラチュアとペディメントをもった古典建築の表象と結びついたものだが[8]、ここで問題になるのは、二冊目の『建築考』（一七六五）においてロージエが、ゴシックの内部空間を「始原の小屋」理論と結びつけたことである。つまり『建築試論』においては、ゴシック的な垂直性が、古典建築の円柱の連続によって生み出されると考えられていた[9]のに対し、『建築考』においては、ゴシック建築を無重力的な空間効果として捉えることによって、「パームの木[10]」をヴォールト構造の支持として選択し、新たな建築モデルを構想したのである。重要なことは、ある特定の建築様式の優位性を説くことではなく、木を一つの構造体と

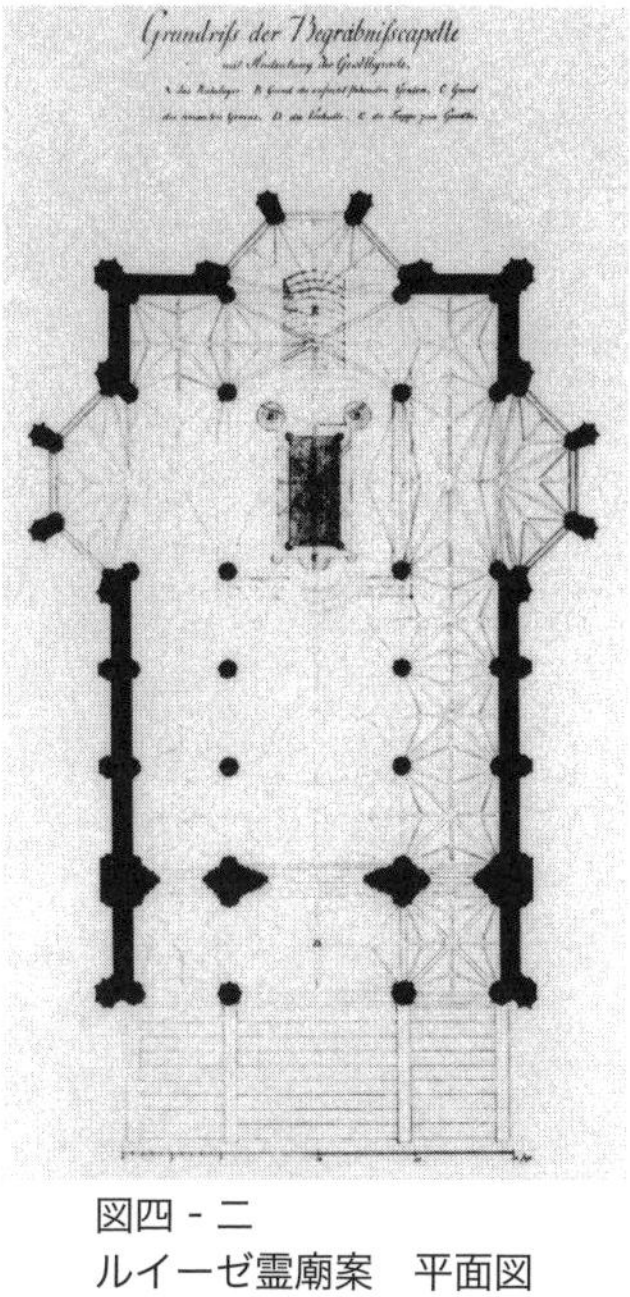

図四－二
ルイーゼ霊廟案　平面図

見立てて、普遍的な建築の理想的システムが提示されたことにある。ロージエの『建築試論』は、出版とほぼ同時にドイツ語訳されており、シンケルはロージエに親しんでいたにちがいない。

ゴシック建築をこのような原始の自然や廃墟に結びつけることは、ルネサンス期から見られ、ロージエに限ったわけではない[11]。しかし「様式統合」理念から「始原の小屋」の問題を見るとき、イタリアの建築理論家フランチェスコ・ミリツィア（一七二五—九八）は『市民建築』（一七八一）の中で、パームの木で満たされたゴシック式広間について、「ある教会を思い起こしてみよ。すべての柱が太いパームの木の幹で、その枝が左右に広がり、ヴォールト全体にのびてゆく。その幹を密に配置すれば、その量から流れ出る美と強固さがその目標を達成する[12]」と記していることを想起したい。ミリツィアの主眼はしかし、ゴシック建築の内部空間が持つ情感溢れる崇高さと、ギリシャ建築の外部空間が持つ素朴さとの融合にあった。それはギリシャ建築の強固さと、ゴシック建築の軽やかさを合わせもつことを意味し、節度をもって「中庸を歩む[13]」ことが良い建築の証しであるとミリツィアは考えていた。建築家L・v・クレンツェはミリツィアのこの理念に注目していたし[14]、シンケルがそれを精神的に消化し、「ルイーゼ霊廟」の計画案に反映させたことは充分に考えられる。ミュンヘンの河川技師カール・F・v・ヴィーベキング（一七六二—一八四二）に至っては、彼の『市民建築』（一八二一）のなかの「首都のための教会案」において、コリント式神殿の内部を尖頭アーチで造形した極めて外面的な折衷案を掲載している[15]（図四—三）。建築の内部と外部が同じ様式であることは、「建築家の足かせになる[16]」という主張は理解できるとしても、ヴィーベキングの提案はあまりに短絡的であったと言わざるを得ない。

古典建築と中世建築という対極関係は、ファサードの水平性と上昇性、換言すれば、安定感と躍動感に象徴される。またアンドレアス・ビレルトは、『若きシンケルとロマン主義建築の問題』（一九八〇[17]）において、シンケルの平面に古代神殿の図式とゴシックの三廊形式が表れている、と主張したが、ポルティコと内部空間、矩形平面と多角形の後陣も、それぞれ対比的形式である。身廊部の長軸空間と王妃を中心とする集中空間という平面形式以外にも、窓ガラスの赤と内壁の白、上と下を向くゲニウスの眼差し等、様々なカテゴリーによって対照性が表現されている。外なる自然は暗く、内なる自然は明るい。こうしてシンケルの描く空間は光り輝く中心、彼岸への「一つの道」を示す。シンケル曰く、「誰もが内部空間において未来の像を作り出す。それによって彼の本性は高められ、完成への努力を促される。[18]」外部の憂鬱な悲しみから、内部の祝祭的な喜びへの奥行き方向への道が、人間の意識変革を促している。「単に感覚的な人間にではなく、永遠なるものをすでに自らの内に担った者にのみ」、つまり自我を担った者にのみ「芸術をとおして、永遠なるものと神的なものが打ち明けられる。[19]」

前章で考察したように、霊廟建築においては、このように物質的機能以上に、精神的理念が表現されねばならなかったがゆえに、古典（ギリシャ・ロー

図四 - 三　首都のための教会案

マ）建築のモチーフを直接使うわけにはいかなかった。即ち、宗教的観点から考えれば、この地上の現世をすべてとみなし、死を終焉とみなすがゆえに、「運命の宗教[20]」と名付けられた異教（ギリシャ・ローマ）的空間は、「より地上に、目に見えるものに拘束されている[21]」ために、墓所として適当ではない。従って、ここで創作に示唆を与えるものは、中世キリスト教建築、ゴシック建築でなければならない。キリスト教における死は、単に現世の終わりであるのみならず、新しいもう一つ別の世界への始まりを意味していたからである。「キリスト教、もしくは真の宗教は、喜ばしく朗らかな死の様相を与えることを従順な者に保証する。死は地上との関係の終わりではあるが、より美しい生への移行を示す。[22]」シンケルは、キリスト教が中世から今日に至るまでドイツの地に生き続けていると考えていたがゆえに、異教的古典建築の諸要素を取り込みつつ、キリスト教的中世建築をさらに育成し、完成することを目指していたと言える。

第三節　「ペトリ教会」再建案（一八一〇―一四）

十九世紀における教会建築の設計において、歴史の浅いプロテスタント教会の造形は、カトリック教会よりも大きな問題であった。特にプロイセン王国は、プロテスタントの支配的な地であったから、一八〇九年に焼失した、バロック期に由来する「ペトリ教会」の再建では、この問題の最初の解答が要求されたのであった。

一八一〇年の第一案（図四―四）は、焼失した教会の平面や三連の半円アーチをまずはそのまま継承することで、全体的にイタリア・ルネサンス建築の様相を呈している。ミケランジェロのサン・ピエトロを彷彿とさせる巨大なクーポラは、ベルリンの景観にランドマークを与え、それによって教会建築を世俗建築から区別する。シンケルは、理想都市として、かつて訪れたローマの風景を心に描いていたにちがいない。[23]

エリック・フォルスマンによれば、一八一〇年代、半円アーチは様式としての歴史的位置が定まらず、今日でいうロマネスクとゴシックの区別すらなかったという。[24] そうであるならば当時、「中世建築」は、今日以上に、幅広い時代を包括するものであったと考えられる。逆に「ゴシック」の名の下に、半円アーチまでが含められていたといえるかもしれない。後述する「ノイエ・ヴァッヘ（新衛兵所）」の一試案においても、中央を玄関、左右を開口とする三連の半円アーチを検討していたことが知られている。「ペトリ教会」案と同様に、それは古典的なアーキヴォールトを採用し、カリアティードや内側に傾斜した外壁意匠など、エジプト・ギリシャを含めた広い意味での古典建築と中世ルントボーゲン建築の融合が見られる点で興味深い。[25]「ペトリ教会」案の場合には、

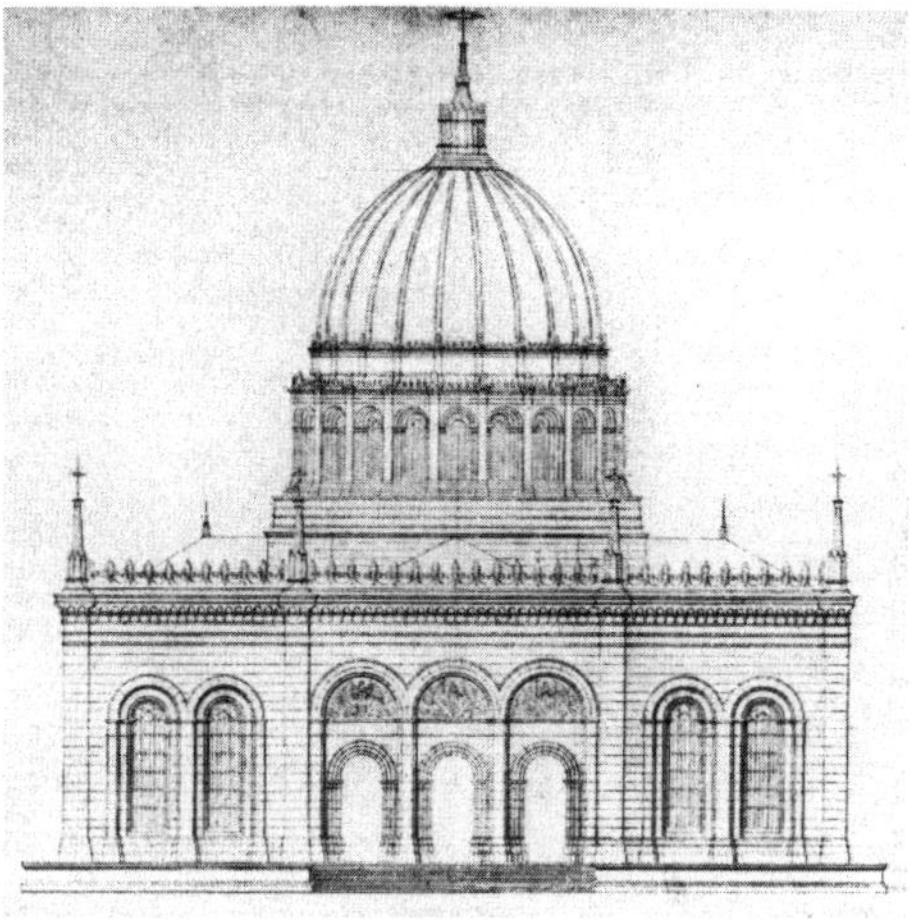

図四‐四　ペトリ教会再建案　立面図

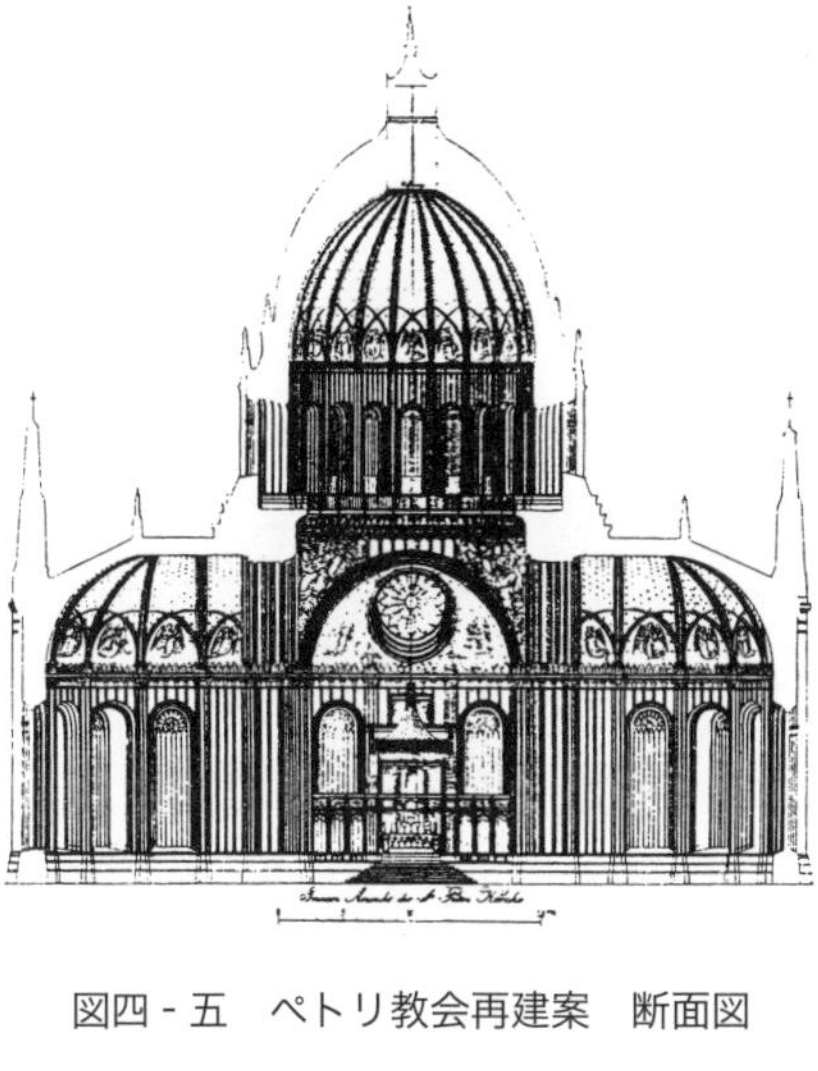

図四‐五　ペトリ教会再建案　断面図

巨大なクーポラや水平のアーキトレーヴ・システムによるファサードの完結、軒蛇腹を巡るパルメットの装飾という古典性に対して、上方に向かう四隅のピナクルや基壇まで伸びた開口部の支柱という、ゴシック的な要素が対照的である。

翌一八一一年に内部空間を描いた断面図（図四―五）を見ると、シルエットながら、端部のピナクルは大きくなり、ドラムの外周にもピナクルが描かれている。開口部は外観図に描かれた半円アーチを踏襲しているが、縦格子でおおわれており、総体として縦目地が強調されている。繊細なドラムの分節や細いリブの表現は、ゴシック的傾向を帯び、ドームの下部に描かれた交差するパームの葉飾りは、尖頭アーチの原型をほのめかしている。さらに祭壇背後のバラ窓は、ゴシック的な豊かなトレーサリーを示しているのである。

一八一四年の第二案（図四―六）では、前案以上に基壇が強調されると同時に、端部のピナクルが一層誇張され、また開口部が明らかにゴシック的に造形化されている。全体として、立面構成における、水平性と上昇性の対照が、

図四 - 六　ペトリ教会再建計画第二案　外観透視図

以前より強調されているのである。

このような再建案に伴う『灰と化したベルリンのペトリ教会再建計画案要旨』[26]（一八一一）は、シンケルの初めての出版物であり、そこに二つの極――古典建築と中世建築――とその統合理念が明確に表現されている。シンケルは次のような主旨を添えている。「キリスト教カトリックとキリスト教プロテスタントとも、キリスト教という本質を共有しており、その本質的なものだけが、中世キリスト教建築に新しい造形をもたらすことができる。それによって、建築芸術のこの部分（キリスト教建築）が古典建築についで、芸術の総体的発展の二番目に必要なものとして存在するのだから、全く新しい造形が、古典に由来する芸術原理に突然入り込むことはできない。むしろ、芸術の両極が発展して私たちの前にあるのだから、両者の対極する原理の融合が両芸術の統合（Synthese）――古代のそれは直接の現実生活から出発し、生を駆り立てるのに対し、キリスト教時代のそれは高次のものから出発し、地上の生活から高次の、深く内的に存在するものへ引き戻すよう求める――に至ることが、私たちの時代の課題である。この融合の段階的な発展は、その都度対応する、人類の総体的文化の状況から必然的に生じるだろう。[27]」このように、「ルイーゼ霊廟」案以上に、古代ギリシャ建築と中世ゴシック建築の両極が等価的なものとして認識されており、その統合が強調されていることは明らかである。古典建築を現実的、物質的とみなし、中世建築を理想的、精神的とみなすシンケルの二元論的な建築思想が、ここに明らかにされた。

第四節　「解放戦争記念ドーム」案（一八一四―一五）

ナポレオンの大陸支配に対して、一八一三年ロシア・プロイセン・オーストリアの同盟軍は解放戦争を起こし、ナポレオンはライプチヒの戦いに敗れ、没落していく。プロイセン国王フリードリヒ・ヴィルヘルム三世は、フランス軍からプロイセンが解放されたことを喜び、記念碑としてのカテドラルをつくることを発意し、シンケルに設計を委ねた。シンケルの設計案（一八一四）によれば、三つの構成要素――祭壇部と身廊部と塔――が、高い基壇の上に立つ（図四―七）。その全体は、国王が「古ドイツ様式」（ゴシック様式）を望んだがゆえに、大小様々な尖塔が天に向かう中世建築の典型を呈し、それによって統一感が与えられている。ゴシック建築へ感動は、それを無限なる自然の多様性の表現として感受するところから生まれる[28]。シンケルは中世共同体社会のように、カテドラル建設が、そこに集う多くの職人を育成する機会を提供することをも期待していた[28]。

ここでもペトリ教会案と同様に、立面構成において、上方へ向かう尖塔の上昇性に対して、屋根を緩勾配で納めることによる身廊部の水平性の完結と、水平の基壇がコントラストを生んでいることに特徴がある。屋根面を見せずに、ファサード上部の水平性を強調するシンケルの造形手法は、ここに始まる。内部空間にとって、それは「憂鬱な気分にさせる、過度に高い釣り合い[29]」を抑える意図をもってい

図四‐七　解放戦争記念ドーム案　立面図

た。空間のプロポーションの変化が、キリスト教教会に古典性を付与する。また基壇も、安定感を醸し出し、屋根上端の水平性と調和している。ゴシック的な構造を強調したリブを用いたクーポラや身廊部の円窓は、フィレンツェの大聖堂からの引用と見ることができるが、控え壁の明瞭な垂直分節は中世建築の特質をよく伝えるものであろう。古典的、中世的建築要素の併存した身廊部を介して、北方ゴシックの塔が、南方ルネサンスのドームと出会う。全体を取りまとめる、いわゆる「共通要素」は、「古ドイツ様式」としての尖塔である。それぞれの個々のモチーフは歴史的ではあるが、全体としては今日的である。

設計の翌年、一八一五年に提出されたシンケルの計画案覚書には、次の一文がある。「古ドイツ建築様式は感動を与える。しかしその全き完成は次の時代に委ねられている。その発展がその満開時に、古典への素晴らしい、快い回顧によって何世紀も遮られたからである。その中断によって世界は、この芸術の完成のためになお欠けている要素をそこに溶解させる（verschmelzen）準備を整えたのだ。[30]」今日でいうルネサンス期が、ゴシック様式の発展を妨げたにせよ、シンケルは中世建築への単なる回顧を求めるのではなく、古典建築との融合から、中世建築の完成を願っている。それゆえ、「様式統合」は、容易に達成されない目標として位置づけられる。

なおシンケルの未完の『建築教本』には、この時期の創作態度を表すメモが残っている。「古代（ギリシャ建築）は、その素晴らしい技巧性によって、物質のマッスに働きかけ、ゴシック（建築）は精神をとおして作用する。だから、わずかなマッスでも大胆な効果を上げるのだ。古代が虚栄に満ち、華麗なのは、その装飾が偶然のものだからである。（中略）すべてがイデーから生まれてくるゴシック建築は、意味のない豪華さをはねつけ、真摯と高貴と感動の必然性に満ちている。[31]」前者の装飾が偶然であり、後者のそれが必然であるとは、極端な言い回しに思えるが、ギリシャ建築の巧みな構築性に圧倒されたとするならば、その装飾が余計な付け足しに見えたとしても不思議ではない。それに対して、ゴシック建築は人間の精神に訴える理念を起点とするという考えが、

『ルイーゼ霊廟計画案要旨』（一八一〇）にも見られたことは、前章ですでに明らかにされた[32]。ナポレオンの大陸支配とドイツ解放という波瀾の時代に生きた若きシンケルは、「モニュメントとしての建築」という思想に満たされていた。建築は、ドイツ国家統一への願望や、人間の気品を訴えるメディアの役割を果たしていたのである。しかし、そのような時代において、国家財政は逼迫しており、この時期のシンケルの設計はどれも実現していない。このような時代状況を認識することによって初めて、私たちは、シンケルの、一見過激とも思える古典建築への批判の理由を理解することができる。

第五節　「ゲルトラウデン教会」案（一八一九―二四）

シュピッテル・マルクトの「ゲルトラウデン教会」案[33]は、十五世紀に建てられた傷みの激しい教会を補修し、それに隣接する「塔」を増築する構想から生まれてきた。位置的に、その「塔」は、ベルリンのライプチヒ通りからのアイ・ストップとなると同時に、既存教会を覆い隠し、町の新たなランドマークとなることが望まれたのである。シンケルは、先の「解放戦争記念ドーム」が経済的理由から実現されなかったからこそ、それと同規模の、町の象徴となる教会を建てることが必要であると考え、塔のみならず、教会全体の建て替え案を一八一九年に提出した。その際シンケルは同時に二タイプを作成していた。

いわゆる「古典様式」案は、塔と三廊形式のバシリカと祭壇のあるパンテオンのような円形空間からなる。その「塔」に注目すると（図四―八）、最下部には四面それぞれに大きな扉がつき、既存の教会を目抜き通りから隠すために、下部の壁体を突出させ、その頂部には天使に守られた子ども（聖母子像）という、キリスト教モチーフの彫像を飾る。またキリスト教の徳である信・望・愛を意図する天使像がレリーフとして刻まれている。

「塔」の主階は、コリント式柱頭をもったピラスターからなり、飾りのない矩形の開口がその間を埋める。その上にはギャラリー、さらにその上にはゴシック的な尖塔を予感させるピラミッド状の方形屋根がかかり、最頂部の智天使の彫像が全体を完結させる。全体はマッシヴな古典様式によって構成されているが、装飾的要素はキリスト教の教義に由来する。

一方いわゆる「古ドイツ様式」案は、平面構成において、「古典様式」案と同じように塔と三廊形式のバシリカと祭壇部のロトンダに三分節されているが、第一に、尖頭アーチとヴォールト構造を用いた内部空間は、「古典様式」案における角柱とアーキトレーヴ構造の内部空間よりも、信者の視線を妨げることがない。第二に、ヴォールトを金属屋根で覆うことで、耐火性が高められる。第三に、身廊と側廊を同じ幅にすることによって、適正な天井高さが確保される。第四に、煉瓦を主構造に用いることによって、単純な外観が得られる。[34] 以上のように、合目的的、経済的、美的観点から、シンケルは「古ドイツ様式」案を推奨したのである（図四―九）。シンケルにとって、主導するモチーフを変えながら複数の試案を作成することは建築家として当然の責務であった。与条件に対応しつつ、それでも今までになかったものへの憧れが、シンケルの創作心を突き動かしていた。

「解放戦争記念ドーム」案と比較すれば、平面構成において、塔と身廊部と祭壇部のマッスは、それぞれ矩形、長堂、十一角形であり、明確に分節され

図四 - 八
ゲルトラウデン教会　古典様式案

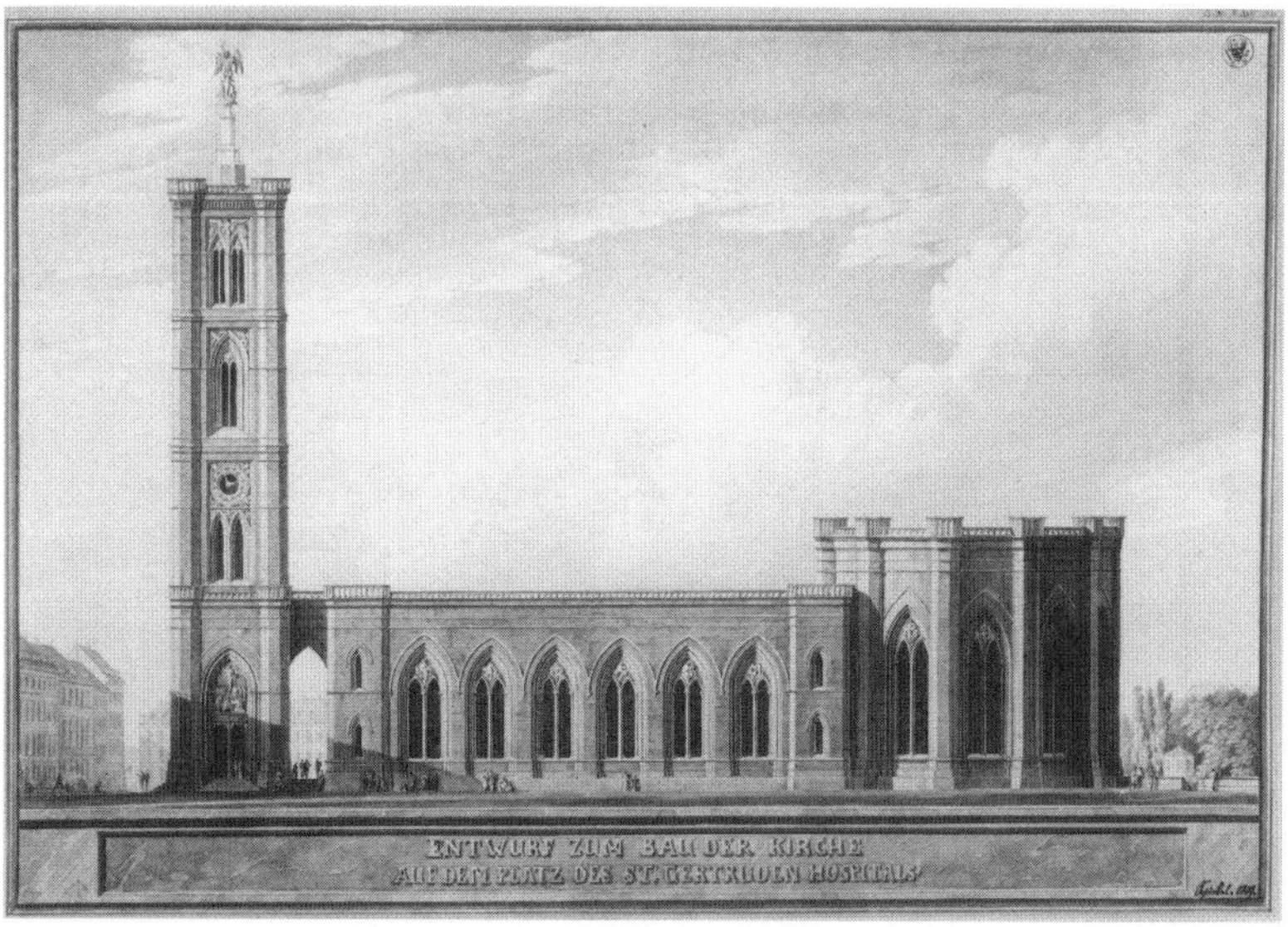

図四 - 九　ゲルトラウデン教会案　立面図

図四 - 十　ゲルトラウデン教会案　身廊部・透視図

ることによって、全体が溶解することはない。特に身廊部と塔は、塔の位置が最初から決まっていたために、飛梁だけで繋がっている。両者の間は、車寄せとして利用される。立面構成は単純であり、マッスのプロポーションに意識的である。「古ドイツ様式」の尖頭アーチの開口と、古典的なコーニスが、全体を総括する「共通要素」として作用し、分節された三つのマッスを結びあわせる。それによって全体は、対比と緊張の構成にありながら、統一性が付与される。内部は、崇高さ溢れる、上方に放射するヴォールト空間（図四―十）であり、身廊部と側廊部は等価的である。突きあたりは光り輝いている。つまり高祭壇のある最奥の空間は、キリスト像を設置する中心の一本の柱によって支持されており、象徴的である。総じて、F・ミリツィアの言うところの、外部空間の古典的「美」と、内部空間を支配する中世的「崇高」との統合の試みと呼ぶことも可能である。

四層に分節された「塔」の造形には、フィレンツェの「ジオットの鐘楼」が明らかに念頭にあったと思われる。最小の面積で、ある程度の高さを獲得するためには、イタリア中世建築が模範となったのであろう。ところが、この案を見た国王フリードリヒ・ヴィルヘルム三世は、塔の上のミヒャエル像に難色を示し、鋳造費もかかるだろうから、むしろゴシック的な尖塔で完結すべきではないかと、シンケルに検討を促した。それに対してシンケルは、建設費はどちらもほぼ同じであること以外に、れんがを主材料とする限り、尖塔は技術的に困難であること、尖塔で終結するためには、ケルン大聖堂のように、足元から少しずつ減少させてゆく造形が相応しいが、そのための空間的余地がないこと、さらに尖塔上部に展望台が設置できないことを挙げ、国王の要望を退けている。[35]

「ゲルトラウデン教会」案も、経済的に実現されなかった。『作品集』（一八二四）に図版と共に掲載された設計要旨において、シンケルが、中世建築がもつ見る者に生成と崇高の感情を呼び起こす美的効果は尊重に値するが、あらゆる過剰なもの、些細な装飾の繰り返し、輪郭を不明瞭にする葉型装飾や窓枠装飾を避け、内部における不安定なプロポーションや、外観の調和をくずす、高すぎる屋根を回避すべきだ、と主張していることは注目に値する。[36]「解放戦争記念ドーム」案と同規模のモニュメントをつくりたい、という願いから始まった設計案であるが、解放戦争から十年を経て、シンケルはゴシック建築の長所のみならず、避けるべき欠点をも客観的に捉えているからである。

なお、「塔」の造形に関して付言する。教会建築の象徴的な造形要素である「塔」は、都市のランドマークでもある。「塔」にはせいぜい時計や鐘が付くだけであり、機能的制約が少ないだけに、建築家の腕の見せどころでもある。「ゲルトラウデン教会」案における塔と明白に関連づけられうる「ラーテノヴの教会」[37]における「塔」の計画案（一八二二）の場合、「塔」にゴシック的造形を付与することは、経済的、素材的な面から意識的に避けねばならなかった。つまりゴシック建築は、「それ以前のいわゆるビザンチン様式を過度に繊細に造形したもの」[38]であり、地元のれんが材にもかなっていない上に、建設費がかかりすぎる。また、基壇部分を大きくとる面積的余裕もない（図四―十二）。一層ごとに半円アーチの開口が大きくなってゆくさまは、闇から光へ向かう上昇性の表れであり、ここでも、「ジオットの鐘楼」が模範となっていることを示している。尖頭アーチの繊細な開口と、明快な壁面の分節は、シンケルにとって、「様式統合」の良き手本でもあったにちがいない。シンケルは、「塔」の四隅に溝付きの円柱を五層に重ね、蛇腹と柱頭によって各層を分節する。そのような積み重ねられた古典建築の要素と、半円アーチの開口が融合した「塔」は、その頂において、巨大な円柱と聖ミヒャエルの彫像をもって完結する。柱と梁の「支える・支えられる」関係を脱し、円柱を積み上げることは、当時考えられないことであっただろう。スケッチには四隅の円柱の頂部にも天使像が据えられ、天使の群れが舞っているようにも見える。古代神話の世界とキリスト教世界との競演に、シンケルの自由な創造精神が見える。このシンケル案はしかし、既存のゴシック建築本体に対して、あまりにも異質であるという理由で、町当局から拒否されるに至っている。

「ストララウの教会」[39]の新しい塔（一八二二）は、上部が水平であり、れんがにより構築される点で、前年に考案されたラーテノヴの意匠と類似している（図四—十二）。しかしストララウの塔は四層構成であり、各階にジャロジーのつく半円アーチの開口部をもち、蛇腹が階のみならず開口部をも水平に分節する。ラーテノヴの頂部がミヒャエルの彫像であるのに対し、ストララウのそれは松かさであり、全体的には控え目な表現になっている。これらの塔はいずれも単純な矩形平面をもち、ゴシック的な尖塔を用いることはなく、水平分節が垂直的な塔と対照関係をもつ。

第六節　ベルリンの公共建築

前節までに考察した計画案は、いずれも宗教建築であり、感情に訴える崇高性が求められていた。しかしだからといってゴシック建築の再現という

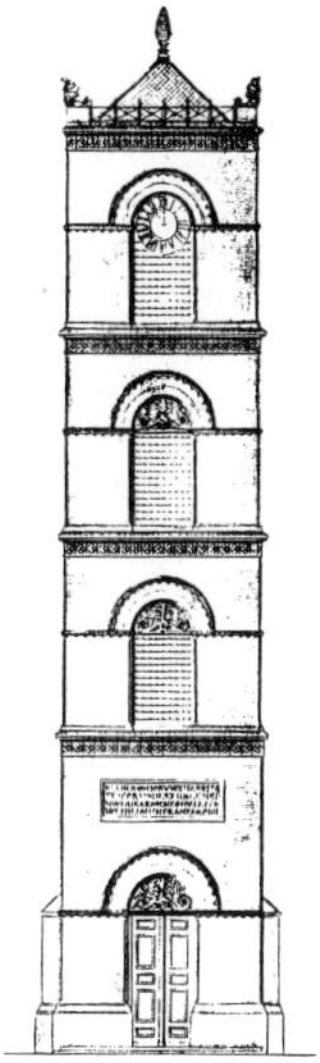

図四 - 十二
ストララウの教会
の塔立面図

図四 - 十一　ラーテノヴの教会の塔　スケッチ

わけでは全くない。しかし、経済的貧窮にある時代状況から、それらはほとんど実現に至っていない。それに対して、解放戦争後の一八一五年に、シンケルが建築顧問官に昇進するとともに、「ノイエ・ヴァッヘ（新衛兵所）」（一八一六―一八）、「劇場（シャウシュピールハウス）」（一八一八―二一）、「アルテス・ムゼウム」（一八二四―三〇）のような公共建築が都市の美化のために次々と実現される。

「ノイエ・ヴァッヘ」は、ベルリン市再開発の一環として、公共建築の皮切りとなったものである。シンケル自身のコメントによって、「ローマのカストルム（砦）」[40]に似せて、平面を構成したことが知られている。それは単純な矩形平面であり、四隅には外部に突出した塔門をもつ。「ローマ建築に果たしてこのような建物があっただろうか」とヘルマン・ベエンケンは述べて、この小品を評価し、それを「ギリシャ的なものとプロイセン的なものとの統合」[41]と呼んだ（図四―十三）。ドリス式六柱ポルティコと、それを挟むパイロン（塔門）のマッシヴな軀体の対比にベエンケンは瞠目したのであろう。「ルイーゼ霊廟」案と比較すれば、内部空間とポルティコ空間も、「空き」をもたない直截明瞭なコンポジションのなかで、緊張感をもって自己を主張しあっている。シンケルの設計図には諸案があり、中央を三連の半円アーチとする案、破風はあるが正面六本の柱はただ四角い、無装飾の柱とする案などシンケルの苦心を感じる。砦として正面性を強調して、簡潔に重厚感を表現することが最終的な目標であった。

現代の目で見る限り、擬古典主義建築の典型と思える「劇場」や「アルテス・ムゼウム」について、当時の美術史家ヴィルヘルム・リュプケは、「劇場」を「シンケルのイフィゲーニエ」[42]と名付け、ドイツ精神とギリシャ精神の幸福な結婚から生まれた子どもと認識した。同様に、同世代の美術史家ヘルマン・グリムも「アルテス・ムゼウム」に関して、「私がここのポルティコに入るたびに、自由となったアテネの生命の息吹が私に向かって吹きつける」[43]と記し、それをゲーテの『イフィゲーニエ』の建築的表現と見なしている。彼らはシンケルをゲーテと同格に据えて、「ドイツの大地でのギリシャの復活」[44]と見なし、彼の作品をギリシャの視覚的造形とドイツ精神の融合と見なしていた。その際、ドイツ的なものは、リュプケやグリムには、感じ味わうことはできても、説明したり認識できるものではなかったのであろう。

一九三八～三九年ベルリン滞在時の思い出を綴った『雪あかり日記』は、建築家谷口吉郎（一九〇〇―九九）の一種のシンケル論である。ナチス兵士がノイエ・ヴァッヘの前を行進するさまを谷口は目撃しており、古典主義の美意識を主張しつつ、「ギリシャ的なものとプロシア的なものをしっかり結びつけた」[45]と谷口も記していることは興味深い。それは何を意味するのか。構造の明快さ、比例の端正さゆえに、ギリシャ的な形態そのものではなく、その精神が湧き出ている。それを古典主義にひそむ「プロシア精神」と谷口は呼んだ。

「ノイエ・ヴァッヘ」に見られる、対比と緊張が生みだす表現のコンポジションを両作品に照らしあわせてみると、「劇場（シャウシュピールハウス）」（図四―十四）の場合、ポルティコは、外側に取って付けたごとく、主建築のマッスから飛び出し、「アルテス・ムゼウム」（図四―十五）の場合、ポルティコは、むしろ内部にくいこんでいるものとして理解される。「劇場」の主玄関はポルティコの下部にあり、大階段も神殿風ファサードも、物理的機能のためではなく、舞台と客席のある内部空間を暗示する精神的象徴として作用する。アーキトレーヴ、フリーズ、そして基壇が建物全体を巡る「共通要素」であるとはいえ、イオニア式六柱ポルティコと量塊的な壁体とは、あくまで対照的である。全く刳《くり》形をもたない支柱によって区切られた縦長の窓は整然と並び、簡素ながら、古典的な明快さ、秩序をつくりだしている。一方、「アルテス・ムゼウム」における、キュービックなマッスに挿入された一八本のイオニア式円柱を挟みこむ端部の角柱は、側壁の小口面でもある。「ノイエ・ヴァッヘ」におけるパイロンが「アルテス・ムゼウム」における角柱に凝縮された、と考えるならば、円柱群が角柱によって挟まれているという対照性にこの建築造形のすべてがある、といっても過言ではない。イタリアでパラーディ

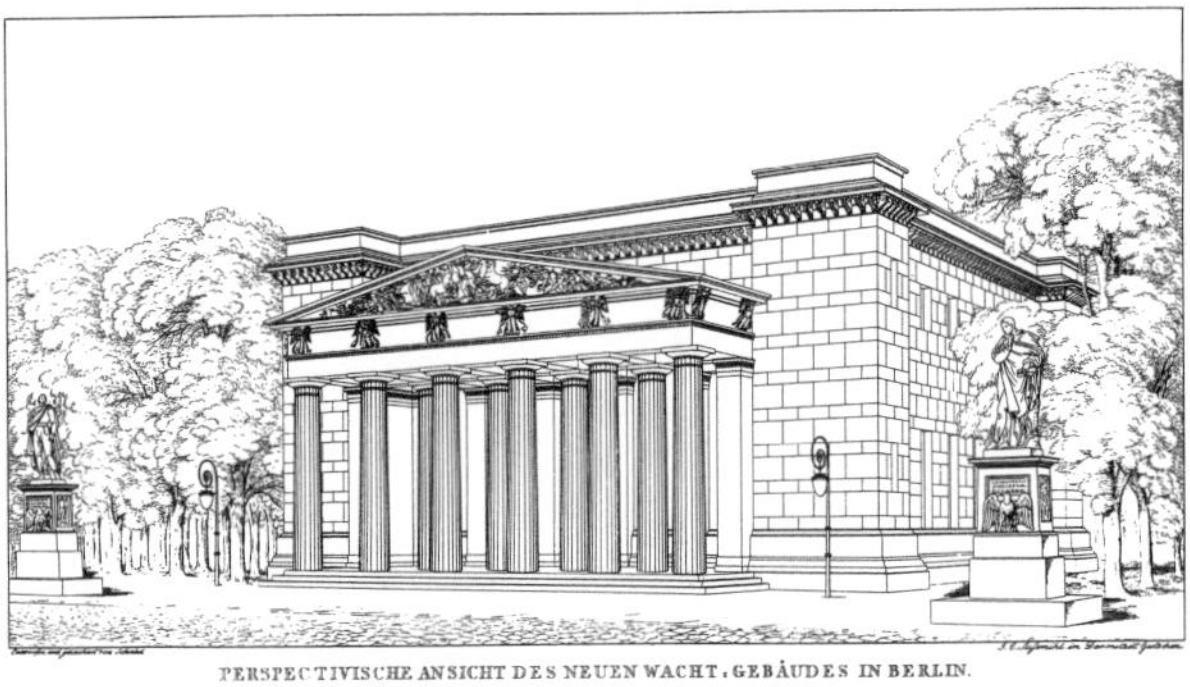

図四 - 十三　ノイエ・ヴァッヘ最終案　外観透視図

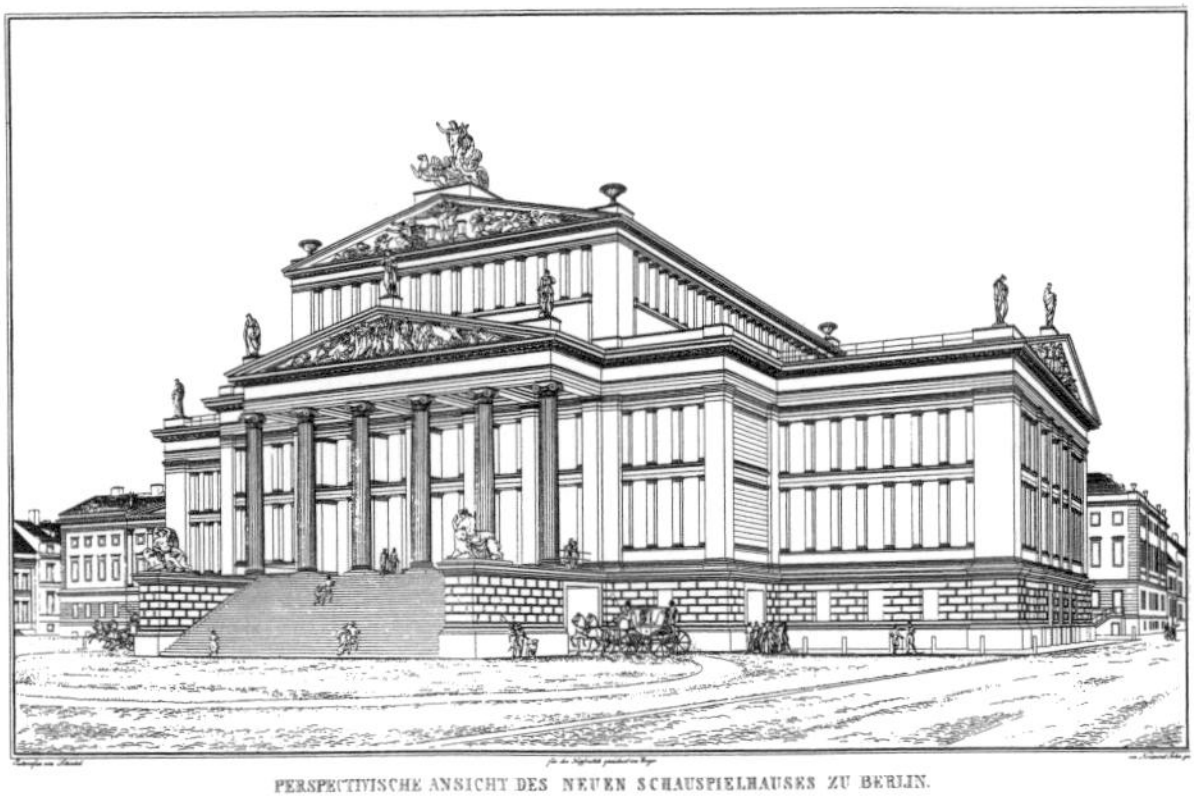

図四 - 十四　劇場（シャウシュピールハウス）外観透視図

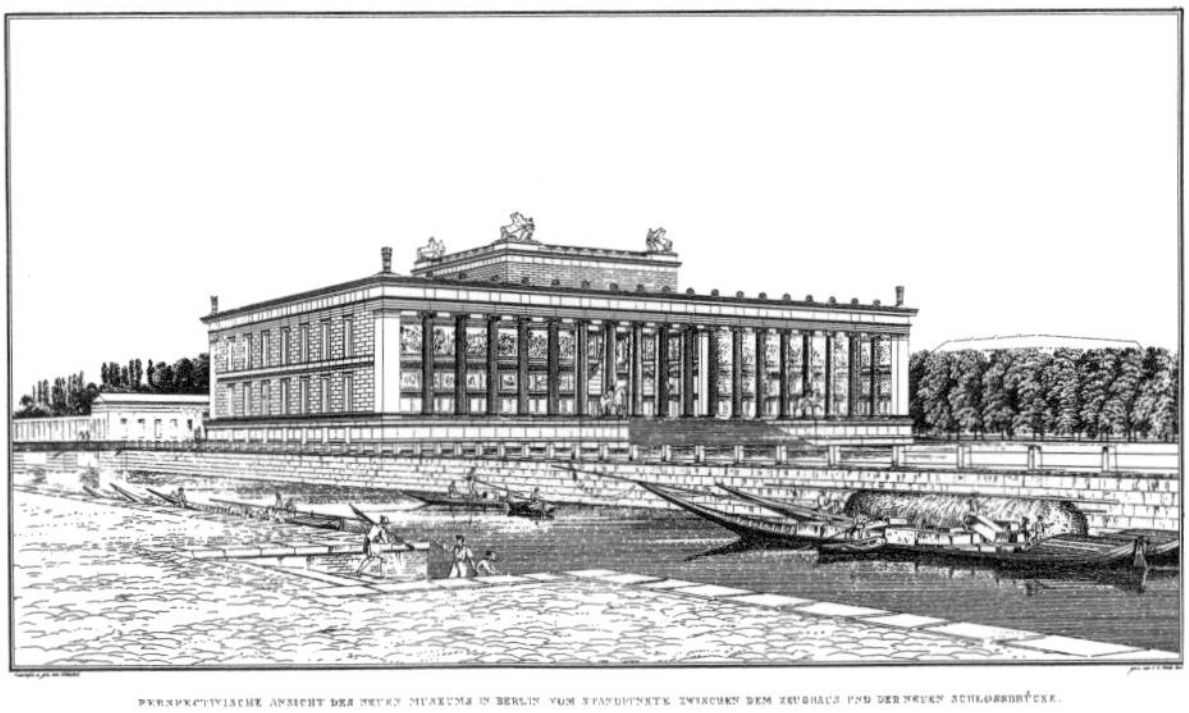

図四 - 十五　アルテス・ムゼウム　外観透視図

オの建築をじっくり観察したゲーテは『詩と真実』（一八一三）において、円柱と壁を建築の根源的構成要素と認めた上で、前者を「ギリシャ的」造形、後者を「ドイツ的」造形と対比的に表現した。「彼ら（ギリシャ人）が、恵まれた天空のもとで円柱の上に屋根をかければ、それだけで穿たれた壁（Wand）が生じた。我々（ドイツ人）はしかし、天候から身を守るために、壁（Mauer）で囲う必要がある。[46]」視覚に強烈に訴えるギリシャ的円柱を「穿たれた壁」として見るならば、そして壁体をそれとの対比として意識するならば、これらの作品に擬古典主義建築の烙印を押すことはできないのである。過去のギリシャ時代の形態から、強い表現力が発揮されているギリシャへの憧れと自己性がせめぎあっている。

第七節　結

本章では、前期シンケルの主要建築作品における「様式統合」の理念の反映を考察することから、以下の結論を得るに至った。

「ルイーゼ霊廟」案では、シンケルの歴史観を裏付けるように、キリスト教的中世建築が造形主体となる。しかしその立面構成や平面構成には、水平と垂直、外部の暗闇と内部の明るさ等、様々な対極的表現が隠されていることが明らかにされた。要素の対立の間に、内的なものは生き、躍動する。「ペトリ教会」再建案では、古典建築と中世建築の対極的関係が意味づけられ、両者の統合が時代の課題として明確に表現されていた。「解放戦争記念ドーム」案では、国王の要請によって、ゴシック建築に重点を置いた統合が意図される。この三つの計画案はそれぞれ設計要旨に「様式統合」の目的を表明しており、ゴシック様式をより完成の域に導くために、古典建築の力を借りたと言うことができる。「ゲルトラウデン教会」案では、「解放戦争記念ドーム」案と類似の平面構成であるが、ゴシック様式の特性の客観的認識を踏まえた末に、過度の装飾を排した単純な外部空間と、信者の視線を遮らないように配慮したヴォールト構造による、崇高な内部空間との統合が創出された。その教会案と関連する、一八二〇年前後の「塔」の造形は、キリスト教建築の「象徴」に古典的要素を浸透させる方法を巡って、シンケルが特に情熱を注いだ部分であった。これら礼拝建築に対して、公共建築である「ノイエ・ヴァッヘ」や「アルテス・ムゼウム」等においては、古典的な円柱ポルティコと中世的な量塊的壁体の対照が直截に表現された。

一八一〇年代のシンケルの初期作品では、ドイツ国家のモニュメントとなるべきゴシック様式の発展と完成を、古典建築の諸要素との統合から導くことが目指されている。しかし古典的な要素の浸透とともに、作品は単純、明瞭になっていく傾向を帯びる。対極の融合による有機的全体の創出を目指しつつ、対比と緊張の構成が造形を主導している。若きシンケルにおける「様式統合」理念は、現実の課題と呼応しつつその実践において極めて重要な役割を果たしていた。

〔註〕

（1）Aus Schinkels Nachlaß, [hrsg.] A.v. Wolzogen（1863）Berlin, 3Bde., "Entwurf zu einer Begräbnißkapelle für Ihre Majestät, die Hochselige Königin Luise von Preussen"III .S.153-162 引用一六二頁

（2）Aus Schinkels Nachlaß: ibid., S.162

（3）Aus Schinkels Nachlaß: ibid., S.162

（4）Aus Schinkels Nachlaß: ibid., S.162

（5）Aus Schinkels Nachlaß: ibid., S.161

（6）Joahim Gaus: Schinkels Entwurf zum Luisenmausoleum, in: Aachener Kunstblätter（1971）S.254-263, 引用二六二頁

（7）Reiner Dieckhoff: Vom Geist geitloser Zustände, Aspekte eines deutschen Jahrhunderts in; Der Kölner Dom im Jahrhundert seiner Vollendung, 2. Essays, Köln 1980, S.63-105, S.86ff.
J.Gaus: ibid., S.259

（8）Marc-Antoine Laugier: Esai sur l'architecture, Paris 1753, deutsche Übers.: Frankfurt u. Leipzig 1756, 1758, 1771 三宅理一訳『建築試論』中央公論美術出版、三四頁以下　第一章「建築の一般原理」参照　第二版（一七五五）に、「原小屋」の挿絵が挿入された。テキストでは切り倒された幹が柱となるのに対し、挿絵では自生している木がそのまま柱となっている。古代の衣をまとった女性が、古代神殿の廃墟にもたれ、座っており、建築を擬人化している。左手にはコンパスと曲尺を持ち、右手が「原小屋」を指し示す。画面左には、翼を持ち、髪の毛が炎と化すゲニウスが腕を拡げて立つ。それによって、「原小屋」の発見の瞬間の驚きを表しているかのようである。

（9）上掲書一五七頁
今日の教会建築においては、ギリシャ人の建築と同じであった方が、即ち「独立柱を用に供すれば、軽快さが得られる」とある。

（10）M.-A. Laugier: Observations sur l'Architecture, Paris 1765, S.117

（11）恐らくブラマンテによる、法王ユリウス二世への請願（一五一〇）によれば、ドイツの建築（tedeschi）は、「愛想のない木々から生まれてきた。その枝はたわみ、結ばれて、尖頭アーチが生じた」とある。（なおこの資料は一七三三年に印刷、出版された。）R. Dieckhoff: Vom Geist geistloser Zustände, ibid., S.86

（12）Francesco Milizia: Principi di architettura civile 3Bde., Finale 1781, 参照したドイツ語版は、Grundsätze der bürgerlichen Baukunst, von C.L. Stieglitz, Leipzig 1824, 2.Teil S.316

（13）F. Milizia: ibid., S.318

（14）「幻想的なロマン的芸術の魅力と、ギリシャ芸術の本質的な美との内的融合は、成就するに不可能ではないだろう。」これをクレンツェは「敬うべきミリツィアの予感」と呼んでいた。Leo von Klenze: Der Tempel des olympischen Jupiter zu Agrigent, Stuttgart und Tübingen 1821, S.8

（15）Carl Friedrich von Wiebeking: Theoretisch-practische Bürgerliche Baukunst durch Geschichte und Beschreibung der merkwürdigsten Baudenkmale und ihre genauen Abbildungen bereichert, 4Bde., München 1821-26, 2.Buch S.81ff

（16）C.F.v. Wiebeking: ibid.,

（17）Andreas Billert: Der junge Schinkel und das Problem der romantischen Architektur, in; Kunstgeschichtliche Gesellschaft zu Berlin, Sitzungsbericht,（1980）S.6

（18）Aus Schinkels Nachlaß; ibid.,S.161

（19）Aus Schinkels Nachlaß; ibid.,S.160

（20）Aus Schinkels Nachlaß; ibid.,S.160

（21）Friedrich Eisenlohr: Rede über den Baustyl der neueren Zeit und seine Stellung im Leben der gegenwärtigen Menschheit, Karlsruhe 1833, S.14

（22）Aus Schinkels Nachlaß; ibid.,S.160

（23）一八〇三年のローマ滞在時、シンケルは町を見下ろすモンテ・ピンチオに宿を定める。「何千もの宮殿、クーポラ、塔がひしめき合い、眼下に広がる。そして遠方のサン・ピエトロとヴァチカンによって町が完結する」と手紙に記されている。Karl Friedrich Schinkel: Reise nach Italien, Tagebücher, Briefe, Zeichnungen, Aquarelle, [hrsg.] G. Riemann, Berlin 1979, S.52

（24）Erik Forsmann: Karl Friedrich Schinkel, Bauwerke und Baugedanken, München u. Zürich 1984, S.70, フォルスマンは、シンケルが自ら「ルントボーゲン様式」と定義することはなかったと記している。

（25）堀内正昭「カール・フリードリッヒ・シンケルのルントボーゲンシュティールについて」、日本建築学会論文報告集第三四六号、昭和五十九年十二月、二一〇―二一七頁
堀内氏は、シンケルのルントボーゲンを用いた建築――ペトリ教会案、新衛兵所案、ヴェルダー教会案、ハンブルク市立劇場案、ニコライ教会案――を取り上げる中で、それらを古典と中世建築の様式融合の例と位置づけた。

（26）K.F. Schinkel: Architektonischer Plan zum Wiederaufbau der eingeäscherten St. Petrikirche in Berlin, Berln 1811, in: Paul Ortwin Rave: Karl Friedrich Schinkel, Berlin I（1941）, S.167-186

（27）P.O. Rave: Karl Friedrich Schinkel, Berlin I, ibid., S.176

（28）K.F. Schinkel: Ueber den Projekt des Baues einer Cathedrale auf dem Leipziger Platz zu Berlin, als Denkmals für die Befreiungskriege. in; Aus Schinkels Nachlaß, ibid., S.188-207, ヴォルツォーゲンはこれを一八一九年に帰しているが、一八一四年の誤りである。in; Paul Ortwin Rave: Karl Friedrich Schinkel, Berlin I, S.187-202
職人育成が大聖堂建設の一つの目標であり、それゆえシンケルはそこに「生けるモニュメント」を帰着させている。

同一九二頁

（29）P.O. Rave: Karl Friedrich Schinkel, Berlin I, ibid., S.248（シュピッテル・マルクトの「ゲルトラウデン教会」案に関してのシンケルのコメントである。）

（30）P.O. Rave: Karl Friedrich Schinkel, Berlin I, ibid., S.196

（31）K.F. Schinkel: Das Architektonische Lehrbuch, [hrsg.] Goerd Poeschken, München-Westberlin 1979, S.36

（32）第三章を参照されたい。

（33）「ゲルトラウデン教会」案については、P.O. Rave: Karl Friedrich Schinkel, Berlin I, ibid., S.237-253

（34）P.O. Rave: Karl Friedrich Schinkel, Berlin I, ibid., S.241-242

（35）P.O. Rave: Karl Friedrich Schinkel, Berlin I, ibid., S.246

（36） P.O. Rave: Karl Friedrich Schinkel, Berlin I, ibid., S.248
（37）「ラーテノヴの教会」案については、Hans Kania u. Hans-Herbert Möller: Karl Friedrich Schinkel, Mark Brandenburg Berlin 1960, S.148ff. 引用一四九頁
（38） H. Kania u. H-H. Moller: ibid.,
（39）「ストララウの教会」案については、Hans Kania u. Hans-Herbert Möller: Karl Friedrich Schinkel, Mark Brandenburg ibid., S.154ff
（40） C.F. Schinkel: Sammlung architektonischer Entwürfe, theils Werke ausgeführt sind theils Gegenstände deren Ausführung beabsichtigt wurde, Berlin 1819ff, Bl.1-4, Zwei Entwürfe zu einem neuen Wachtgebäude in Berlin,
（41） Hermann Beenken: Schöpferische Bauideen der deutschen Romantik, Mainz 1952,
（42） Wilhelm Lübke: Studien über Berlin's bürgerliche Baukunst, in; Deutsches Kunstblatt, 1854, S.355-358, 引用三五六頁
（43） Herman Grimm: Schinkel als Architekt der Stadt Berlin,（Schinkel-Festrede, 1874）, in; Schinkel zu Ehren 1846-1980, [hrsg.] J. Posener, Berlin 1981, S.158
（44） Ernst Curtius: Die Kunst der Hellenen（Schinkel-Festrede, 1853）, in; Alterthum und Gegenwart, Berlin 1875, S.78-93
（45） 谷口吉郎『雪あかり日記　せせらぎ日記』中公文庫、二〇一五年（初版一九四二年）、例えば九四頁に、「シンケルが古典主義の美意識を主張し、それによってギリシャ的なものとプロシャ的なものを、しっかり結びつけた」とある。
（46） J.W.v. Goethe: Dichtung und Wahrheit（1814）, 3.Teil, 12.Buch, in; Goethes Werke 25, München 1912, S.171

第五章
シンケル作品の考察（二）――調和と風景の創出

第一節　序

本章は、シンケルの一八二〇年代後半の、いわゆる後期の以下の主要建築作品を取り上げる。

（一）「ハンブルクの市立劇場」案等における構造的「様式統合」（一八二五―三〇）
（二）「建築アカデミー」（一八三一―三六）他
（三）「アテネ王宮」案（一八三四）と、それに関連する、バイエルン皇太子マクシミリアンへのシンケルの書簡（一八三三）に述べられた、シンケルの「様式統合」理念について。
（四）「君主の宮殿」案（一八三五）

そして、前章と本章の考察を締めくくる意味で、皇太子マクシミリアンへのシンケル最晩年の書簡に述べられた「様式統合」理念について考察したい。

第二節　シンケルとギリシャ建築（一八二五頃）

シンケルが実務経験を重ねると共に、造形主体はゴシック様式からギリシャ様式の極に傾き、その結果「様式統合」の理念は破棄された、あるいは「様式統合」は、元来古典主義者であるシンケルにおける創作の過渡的状態を指すものだ、と指摘する批判があることは、第一章に述べた通りである。(1) たしかに、G・ペシュケンの編纂によるシンケルの未完の『建築教本』の第Ⅲ期（一八二五年頃）、第Ⅳ期（一八三〇年頃）の草稿を見ると、彼の意識は、建築の構造や技術に向かっている。シンケルは一八二四年のイタリア旅行においては、北部イタリアのれんが造建築に注目し、一八二六年のイギリス建築視察においては、産業革命で工業化された都市と建築の姿から刺激を受けた。(2) シンケルが、イギリスの工場建築から、耐久性のあるヴォールト天井とグリッド・プランを学んだことは、G・リーマンの研究に詳しい。(3) 建築の技術的進歩へのシンケルの関心は、鉄や化粧れんがの使用と共に、洗練されたデザインへ向かっていったとも思われる。一例を挙げるならば、シンケルの「オラーニエンブルクの教会」第三案（一八二八）に見る、端部の四本の塔は、鉄骨造をれんがで被覆することによって、今までにない、繊細なプロポーションを獲得した（図五―一）。いやがうえにも建築面積が大きくなるゴシック様式の塔に比して、それは機能的であり、洗練された美がそこにある。ゴシック的なヴォールト天井をもつ内部の二階席、三階席も鉄骨梁によって側壁と接合されて、床厚が薄くなる分、半円アーチの開口から十分に外光が内部空間に差し込む。二階席、三階席を支持する鉄骨による角柱も、繊細に造形されることによって、祭壇への信者の視界を遮らないことに役立っている。(4) 構造から付与される印象に関して、シンケルは荷重と支持の平衡に、「安らぎ」(5) としての美を見る。その観点から、最も静かなのは、「アーキトレーヴと円柱の建築」(6)、即ちギリシャ建築であり、半円アーチは多少不安定であり、尖頭アーチは最も騒がしいと、シンケルは述べる。(7) ゴシックの内部空間における上昇性、崇高性がもたらす感動は、一八二〇年代後半のシンケルにはもはや問題にならない。それはむしろ、くつろぐことのできない過剰の集積とみなされる。ここにシンケルの視覚そのものの変化がある。

本論との関連で特に興味深いことは、『建築教本』第Ⅳ期（一八二五―三〇）に記された、「ヨーロッパの建築は、ギリシャ建築の延長上にあることによってそれと同義である[8]」という表現をもって、シンケルがギリシャ建築を基盤において、そこから中世建築との統合を述べていることである。ヨーロッパの建築原理はそもそもギリシャ時代にその端を発していることをこの一文は意味しており、ギリシャ建築は「天才的なもの、根源的なもの、自然なもの」として、また「我々の最高の啓示」として示される[9]。それに対して中世建築は、「ギリシャ精神によって浄化されることによって、我々に継承され、かつ使用に耐えうる芸術となる[10]」とさえシンケルは言う。シンケルには、当時

図五-一　オラーニエンブルクの教会第三案　外観透視図

のドイツ建築が、歴史様式の勝手気儘な選択、折衷と見えたがゆえに、「建築家は、その精神をギリシャ時代の本質で貫き、その行為においてあのギリシャ時代の精神によって」――そして、ここがシンケルらしいところだが――「自由に継承し、新たな関係の中から真に美しいもの、個性的なものを生むこと[11]」を促している。このことは、根源的なものからの新たな始まりであり、作家の創作の自由が尊ばれていることを意味する。キリスト教中世建築は、否定されないものの、ギリシャ建築の発展の一段階として捉えられている。つまり、「中世の最高の諸現象は、ギリシャ的と呼ぶことができる。[12]」ここでの「ギリシャ的」とは、ギリシャ時代の造形原理、「安らぎ」を指し、ギリシャ建築の形態モチーフのことではない。ギリシャ建築を一つの軸として、過去のあらゆる建築を統合の対象とすることが、後期シンケルが目指すところであった。

第三節　構造的「様式統合」（一八二五―三〇）

前節の考察を踏まえて、シンケルの一八二五年頃のドローイングの中から、アーキトレーヴと半円アーチの構造方式の組み合わせ（以下「コンポジット式[13]」）と、「漏斗型ヴォールト（Trichtergewölbe）[14]」を、構造的「様式統合」の試みとして注目したい。

「コンポジット式」構造は、例えば二千人を収容する「ハンブルクの市立劇場」案（一八二五―二七）に展開された。公共建築の代表たる劇場において、四面すべてにアーチとアーキトレーヴが結合する、リズミカルで軽やかなファサード（図五―二）は、正面性を消し、一つの均質なヴォリュームを形成する。多様な諸室を納めながら、各部屋に充分な日照を与えるために、半円アーチの開口部を二層分に対応させ、支柱間を水平に走るアーキトレーヴを床梁に用いるという、合理的な工夫の成果であった。加えて、同一階では、一つの窓が支柱によって、二部屋に分割されている。つまり一つの開口で四部屋が採光される。見かけは三階建てだが、地上階はホワイエのために二層分の高さを持ち、実際には四階建てである。その造形を生んだものは、外部を「一つの総体」とみなすシンケルの眼差しである。[15]古代ギリシャと演劇空間というイメージの連関からシンケルはまったく自由である。ここではアーキトレーヴとアーチの両構造形式が一体となっている。この「コンポジット式」構造は、同時期の「古典的バシリカ案」[16]（一八二五頃）や「オラーニエンブルクの教会」案第一案[17]（一八二八）等に繰り返し用いられている。

「漏斗型ヴォールト」のモチーフは、かつてF・ジリー（一七七二―一八〇〇）が興味を抱いた、西プロイセンの城館マリーエンブルクからの影響[18]に端を発すると考えられる。ドリス様式復興に傾倒したジリーではあるが、ドイツ・ゴシック建築の重厚さに対する感動は抑えきれず、一七九四年の城館訪問の際に、この城を十点ほど描いた。若きシンケルは、ジリーのスケッチを再描写している（図五―三）。一八一九年にシンケルは、文

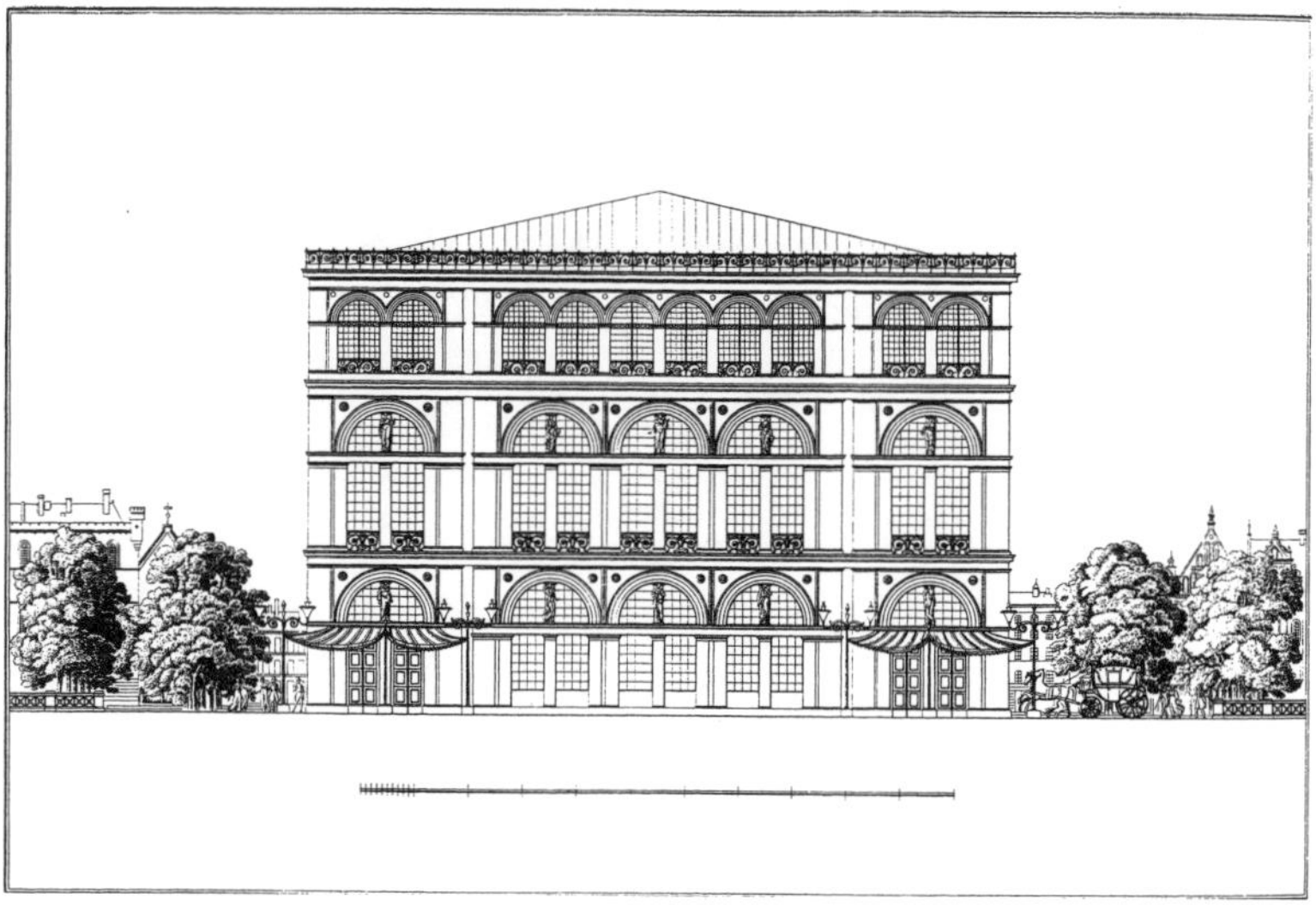

図五‐二　ハンブルク市立劇場案　立面図

化財保護の委託を受けて、実際にマリーエンブルクを訪れ、ジリーの絵だけからではわからなかった、「釣り合いの美しさ」と「ヴォールトの大胆さ」の稀有の調和を感じ取った。(19) 中世建築の大胆な構造美に、古典的秩序が融合された姿をシンケルはそこに発見したにちがいない。

シンケルのマリーエンブルク城に対する感動は、そのままシュピッテル・マルクトの「ゲルトラウデン教会」案（一八一九）における、三廊形式の内部空間の造形、特に高祭壇のある最奥の空間に流れこんだと考えることは自然である（図五―四）。それは、キリスト像を設置する中心の一本の柱によって支持されており、象徴的である。

図五 - 三　マリーエンブルク城
ジリーのスケッチの模写

図五 - 四　ゲルトラウデン教会案　内陣部透視図

シンケルの一八二七年頃のスケッチ（図五―五）を見ると、円形平面の中心にコリント式円柱が立ち、そこからリング状に、トンネルヴォールトが放射している。外周にも二列のコリント式円柱が立ち、開放的な空間である。関連のスケッチには壁面ピラスターの分節と開口部が描かれており、王宮の庭園内のティーサロンのようなものとして考えられていた可能性がある。あえて空間の中心に構造体を配することによって、荷重と支持の平衡による「安らぎ」が視覚化されている。「ルイーゼ霊廟」案（一八一〇）がそうであったように、パームの装飾がリブに描かれている関連スケッチから、自然のアナロジーとしての建築が表現されている。

「漏斗型ヴォールト」は、その形態の固有性から、ライン河沿いの十三世紀の古城を再建した、「シュトルツェ

図五 - 五　漏斗型ヴォールト　スケッチ

図五 - 六　カメンツ城大広間

ンフェルス城」の「夏の広間」(一八三六―三九)や、シンケル晩年の実作として知られ、一八七三年に竣工した「カメンツ城」の円柱によって支えられた「大広間」(一八三八)(図五―六)のように、マリーエンブルク城の釣り合いの美しさに霊感を受けたゴシック空間の発展とみなすことができる。[20]

第四節　「建築アカデミー」(一八三二―三六)他

「ヴェルダー教会」(一八二一―三〇)では、直方体に近い身廊部と角形の双塔、リブ・ヴォールトの上昇する内部空間と尖頭アーチの縦長の窓の列が一つの全体を形成している(図五―七)。O・F・グルッペはシンケルの統合の手法を、(一)水平線の強調、(二)屋根のマッスの抑制、(三)装飾の制限、と適切に整理した。[21] これらの手法をもって、ゴシック様式の過度な垂直性が抑制されたことはいうまでもない。

「ヴェルダー教会」におけるピナクルの造形や四葉式フリーズには、初期シンケルの名残りが感じられるのに対し、「建築アカデミー」(一八三一―三六)(図五―八)は、れんがを主構造とし、四層からなるグリッドプランに基づいた直方体の建物であり、ゴシック的な控え壁と、古典的な壁面分節とがリズミカルに溶け合って、一つの総体を創り出している。[22] つまり、各ベイは、中世的な付柱によって分節されており、二階と三階の大窓は、セグメント・アーチのペディメントをもつ。セグメント・アーチは、半円アーチ以上に、水平のアーキトレーヴに歩み寄っている。勿論セグメント・アーチそのものは新しいフォルムではないが、歴史上、ゴシックからルネサンスの移行期に生じたところから考えるならば、それを、中世的なアーチにヘレニズム的な傾向が加わった形態と見なすことができる。[23] G・リーマンは「建築アカデミー」に十九世紀の歴史主義の克服を見た。[24] たしかに、歴史的な形態の盲目的な選択の次元にはない。

図五 - 七　ヴェルダー教会　外観透視図

図五 - 八　建築アカデミー　外観透視図

カール・H・クラーゼンは、『シンケルと伝統』（一九五二）において、「建築アカデミー」のファサードの分節を「ルネサンスとゴシックの統合」[25]と呼んだ。立ち上がる付柱を、クラーゼンは、シンケルが一八一九年以来再建に関わっていた城館マリーエンブルクからの影響と見なし、その付柱の扱いに、「シンケルにおける様式の第三の方向」[26]を見る。その意味において、「建築アカデミー」の建設と並行して進められた、老朽化した王宮図書館（一七七四―八〇）に代わる「図書館」計画案（一八三五）でも、その立体構成にはド・プランに基づいた矩形平面をなし、中庭を二分するように円形の階段室と管理室をもつ。機能性と耐火性、照度の問題からこのような平面形状が決定されている。[27]「建築アカデミー」が正方形平面に対して長方形の中庭をもち、その中庭に向かって片流れの勾配屋根をもつのに対し、「図書館」案の屋根は折れ屋根であり、雨水は中央の円形階段室の中心に位置する竪樋と、円筒形の塔に見せかけた四隅の階段室に仕組まれた竪樋から排水される。一つの階は基本的に一室空間であるが、各棟は二列の柱によって三分割され、外周側と中庭側に配される書架によって部屋を自由に区切ることができる。柱間には、構造体として半円アーチが架かり、天井には、緩や

図五-九　図書館案　外観透視図

かなセグメント・アーチが架かる。三連の半円アーチの入口が、長手方向中央にあるが、窓はすべて同じ大きさの矩形であり、ファサードの四面とも同じ構成である。即ち四隅に円筒形の階段室が張り出し、スカイラインの水平性と、窓ごとに区切られ、最上部にまで伸び上がる半円アーチのリズミカルな垂直分節が融合し、公共建築でありながら、モニュメンタルな個性を獲得している。

第五節　「アテネの王宮」案（一八三四）

バイエルンの皇太子、後の国王マクシミリアン二世（一八一一―六四、王位一八四八―六四）は、弟オットーが二十一歳の若さで一八三二年五月にギリシャ国王に選ばれた後、自らアクロポリスにおける「アテネの王宮」[28]建設の陣頭指揮をとる。シンケルは一八三二年十一月に、ミュンヘン芸術アカデミーより名誉会員に選ばれている。[29]そしてほぼ同時期に、皇太子マクシミリアンは、シンケルに書簡を送り、王宮建築のあるべき姿を問うている。マクシミリアンは、建築家、画家である家庭教師ドメニコ・クワグリーノ（一七八七―一八三七）の影響を受けて、自然を愛し、中世ゴシック建築に親しみをもっていた。他方ゲッティンゲンでの学生時代には、歴史が好きで、それを「人生の教え」[30]と呼んでいたほどである。その二つの嗜好は十八歳で廃墟ホーエンシュヴァンガウ城を発見して結びつき、三年後にはそれを取得し、自らの居城とすべく、ゴシック様式による増改築を行うに至る。[31]そのようなマクシミリアン二世の青年期の様子を多少なりとも認識しておくことが、以下の考察にとって重要であろう。

一八三三年一月二十四日付のシンケルの返書によれば、皇太子の「建築に理想は存在するか」という問いかけに対し、シンケルは次のように答えている。「建築における理想は、ある建物が、あらゆる個々の部分においても、全体においても、精神的、物質的に考慮され、建物の目的に完全に対応しているときにのみ達成されます。[32]」この一文は、建築が「物質的」にも「精神的」にも合目的的であることの重要性を告げている。功利的な機能の充足だけで満足することなく、ゲーテの表現を借りれば、建築は「感覚的、調和的部分」、ひいては「詩的部分」という、より高次の目的をも満たさなければならない[33]。

シンケルは、建築の理想を目指す上で、「過ぎ去った、完結した歴史的なものが繰り返されてはなりません。それによって歴史は生まれないからです。むしろ、真の歴史の継承を育み、認めることのできる、新しいものが創造されねばなりません[34]」と言う。このシンケルの言葉は、後に皇太子によってたびたび繰り返される[35]。それは歴史を自分自身が完結し、同時にそれぞれの芸術作品が、新しい歴史の一ページを飾るものであることを意味している。過去に遡りつつ、未来を志向する、ヤヌスの頭の如き現在という立地点が意識されており、それは「無からの創造」と呼ぶことができる。それを可能にするためには、歴史的認識とともに、「未来を予知する能力[36]」が必要である。そしてそれを一つの作品に結晶させるのは、作家のファンタジーのたまものであろう。

「アテネの王宮」のあるべき建築様式を問うた皇太子マクシミリアンに対して、シンケルは注意深く仮定法を用いつつ、「古代（ギリシャ）建築を、その最も精神的な原理を核として、私たちの時代の条件に基づいて拡大できるならば、同時に、ギリシャ期から現在に至る間の最高のものと、ギリシャ建築との調和的融合（harmonische **Verschmelzung**）ができるならば、この建築の課題の解決が見つかることでしょう。ゲニウスであれば達成できるかもしれません[37]」と答えている。この一文における「古代ギリシャ建築」は、規範でありながらも、完結した歴史的なものではなく、変化可能なものとして理解される。建築はあらゆる意味において合目的的でなければならない、という先のシンケルの言葉を踏まえるとき、「アテネの王宮」計画の理想的解決を探す上で、統合の対象を古典建築と、それと対極的な中世建築に限定する必要は必ずしもないのである。

一八三四年に提出された「アテネの王宮」案においてシンケルが重視したことは、建築が建てられる場の霊、「ゲニウス・ロキ」であった。王宮はプロイセン皇太子フリードリヒ・ヴィルヘルムの提案から、アクロポリスの丘が選ばれた。当時まだ要塞として使われていたその丘は「世界史上、最も輝かしい場」(38)であり、大胆にもそこに建設することは、いにしえのものと新しいものとの対比を否応なく浮かび上がらせる。シンケルの計画案（図五―十）においては、競馬場（Hippodrom）が、新旧のプロピライアを繋ぎ、既存の神殿には一切触れずに、それに従属するかのように、丘の東側の余白に王宮が配置される。王宮は地上一階建てであり、パルテノンを越えない高さに抑えられ、水平に広がる（図五―十一）。プロピライアから接見室を経て、建物の中心である「代表の間」に向かい、その都度中庭に挟まれながら、更に東南部に配置された国王と王妃の住居空間へ至る空間の流れは、ヒエラルヒアをもった統一体として、合目的的に組み合わされた結果である。そこでは、「虚栄に満ち、退屈な、あらゆる詩的なものと絵画的なものが欠如するシンメトリー」(39)が避けられている。形態の規則性以上に、「倫理的感情の上に立つ自由」(40)が尊ばれているからである。その「自由」とは、トルコ軍との戦禍をくぐり抜けたギリシャに、今や再び訪れた「自由」と理解されよう。その「自由」に基づき内的秩序をもって形成される造形は、壁面を相前後させ、高さに変化をつけることによる不規則な多様性、光と影、フォルムと色彩という強烈な対比をもって、見る者に感動を与える。それが「絵画的」(41)造形の一つの醍醐味であると言うことができる。

シンケルは一度も見ることのなかったギリシャの地に思いを馳せながら、ギリシャやローマ、ポンペイ等の古典建築に関する知識を総動員しているが(42)、一八三三年のシンケルの書簡の中で言及された「様式統合」理念に関して、西南の角に設けられた礼拝堂が特に注目される。新国王オットーはカトリック教徒であったために、このような施設は必要不可欠であった（図五―十二）。古代異教世界とキリスト教世界との建築的融合は、まず第一に古典的造形の骨格に、キリスト教のイコン――十字架上のキリストや、天使像等――という装飾を配すること

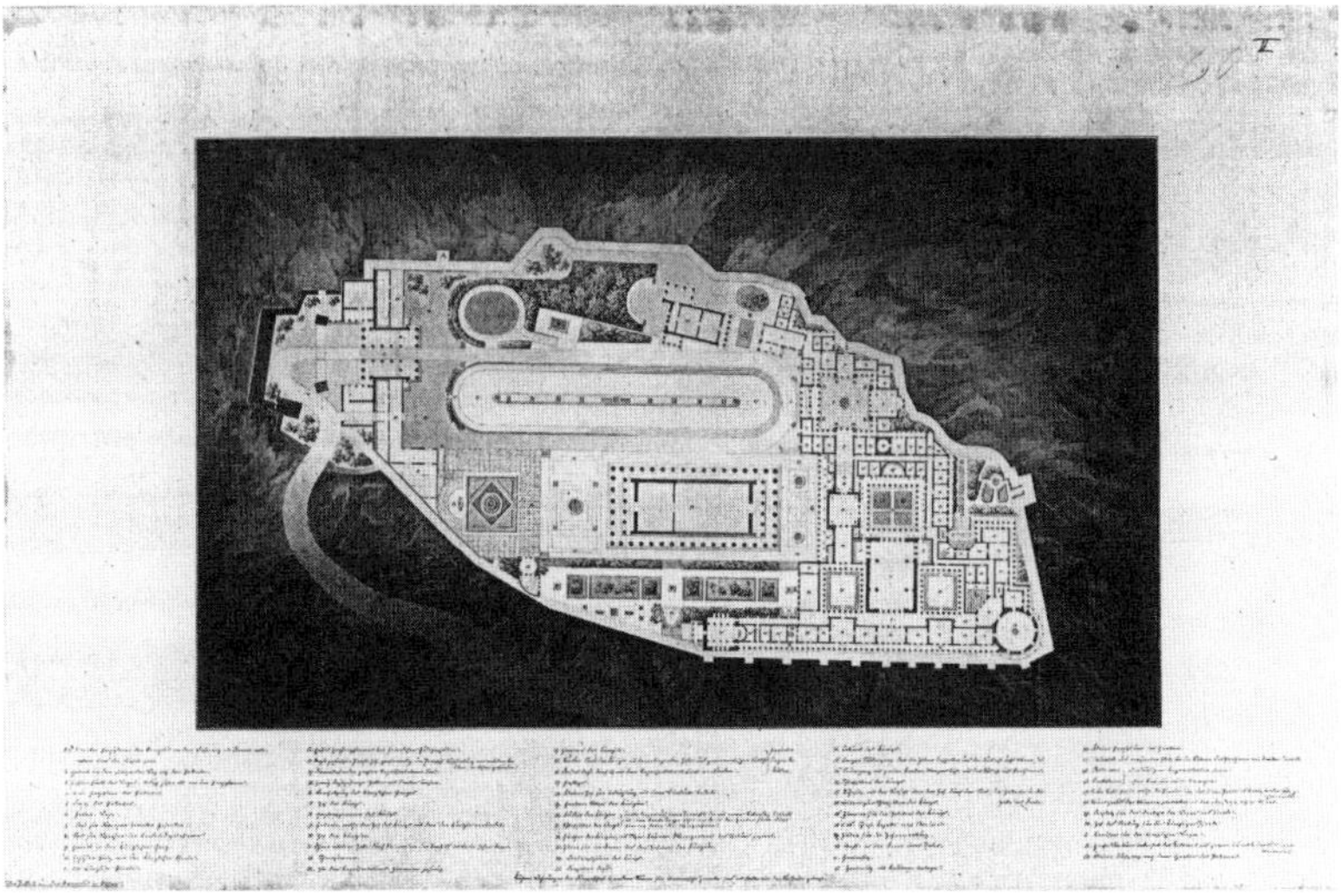

図五 - 十　アテネのアクロポリスの王宮案　全体平面図

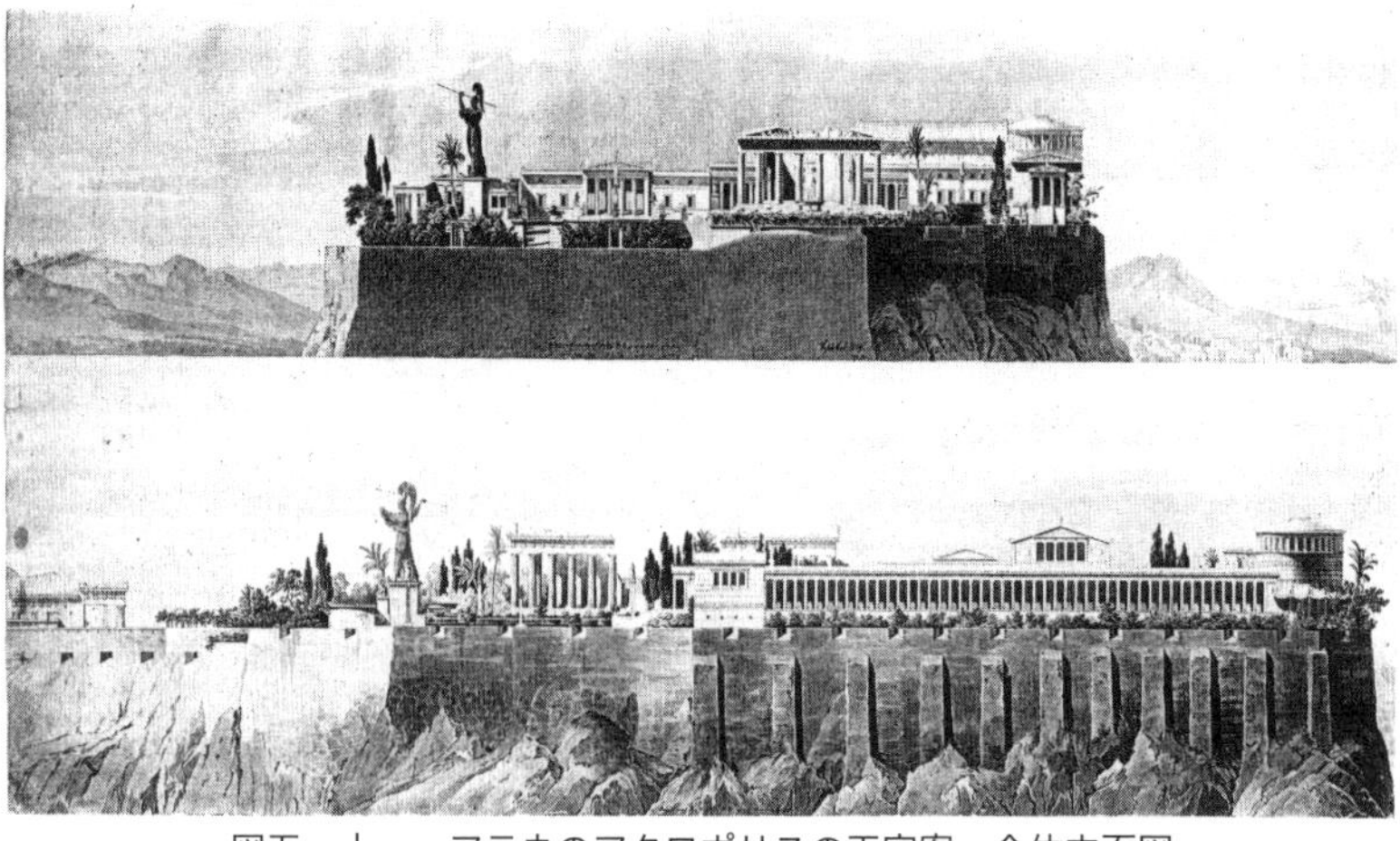

図五 - 十一　アテネのアクロポリスの王宮案　全体立面図

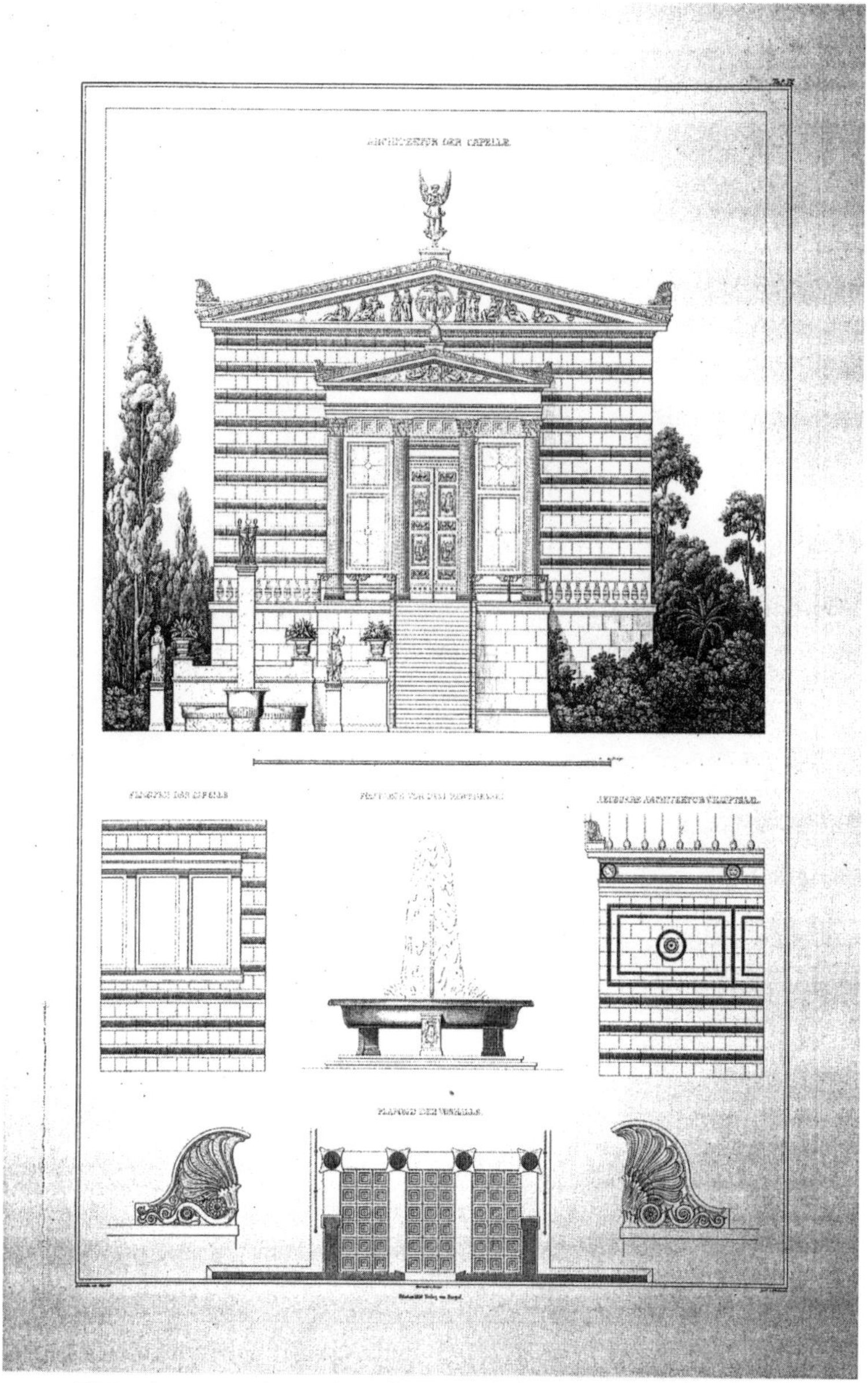

図五 - 十二　アテネのアクロポリスの王宮案　礼拝堂立面図・詳細図

によって試みられる。第二に、切石積に見せかけた、彩色された平滑な壁面は、シンケルによれば「ビザンチン建築[43]」の典型として、つまり「ギリシャ期から現在に至る間の最高のもの」として取り入れられ、古典的造形の骨格と一体となった表現を獲得している。政治的、歴史的にも、古代ギリシャの都市国家に相対するのは、ビザンチン帝国であり、両者は、西洋世界と東方世界の縮図でもあった。両者の融合は、新しい王制と君主に輝きを与えるためにも望まれたことであったにちがいない。

建設地に国王オットーが難色を示したために、実現に至らなかったとはいえ、ギリシャのアテネに立つ王宮のために、ギリシャの建築様式を基本モチーフに据えるというシンケルの構想は、ごく自然であったと言わねばならない。王宮計画以前、一八三二年の皇太子マクシミリアンの日記には、「ミュンヘンのイーザル河の高みに国家的建築をつくる[44]」という漠然とした思いが記されていた。シンケルは、彼の書簡のなかで、具体的な建築課題から出発してのみ、建築の理想に到達できる、ということを記している。それゆえシンケルの「アテネの王宮」の基本構想は、元来ゴシック建築を好む皇太子マクシミリアンに、次のような霊感を与えたと考えられる。〈ドイツの、バイエルンの地に立つ「国家的建築」は、我々のゴシック様式に基づき、「ミュンヘンのアクロポリス[45]」即ち「イーザル河沿いの高み」に建てられる〉と。その「国家的建築」が意味するものは、当時まだはっきりしてはいなかった。それが後に考察する「マクシミリアン様式」の中心建築、「マクシミリアネウム」となって実現するまでには、なお数十年の時が必要であった。ちなみにシンケルの書簡の内容を巡って、皇太子マクシミリアンは、この後ただちに、学識者（L・ショーンと、S・ボワスレー）に意見を聞いており[46]、シンケルの書簡を真摯に受けとめ、自らの建築観を育んでいったのである。

第六節　「君主の宮殿」案（一八三五）

プロシア皇太子フリードリヒ・ヴィルヘルムの委託による、商工業に栄える町を見おろす高台に立つ「君主の宮殿」[47]案は、具体的な敷地が想定されているのではなく、つまり実現することよりも『建築教本』の考察、及び日々の仕事の総決算として考えられている。全体配置図と立面図（図五―十三）は壮大な計画を物語っている。立面図の画面左から、クレンツェの「ヴァルハラ」を彷彿とさせる、国家的モニュメントとしてのギリシャ風神殿、一番の高さをほこるゴシック様式の集中式礼拝堂、正面を飾る半円アーチのピラスターが連続する図書館、中央には前室空間を持つ主入口が口を開け、そこをくぐり上ると、見晴らしの良い庭園、そして謁見の間・祝祭の間のための神殿、右端に馬蹄形状の劇場が配置される。それらを司祭館、絵画や古代遺品のギャラリー、植物園、君主の住居、ゲストハウス、厩舎、管理棟などの小建築が結んでいく「アテネの王宮」案と同様に、「絵画的」原理に基づき、中心軸に位置する祝祭の間を頂点とするヒエラルヒアをもった、「多様の統一」が形成されている。あたかも様々な様式が集う建築博物館の様相を呈し、イコンによって後世に技を

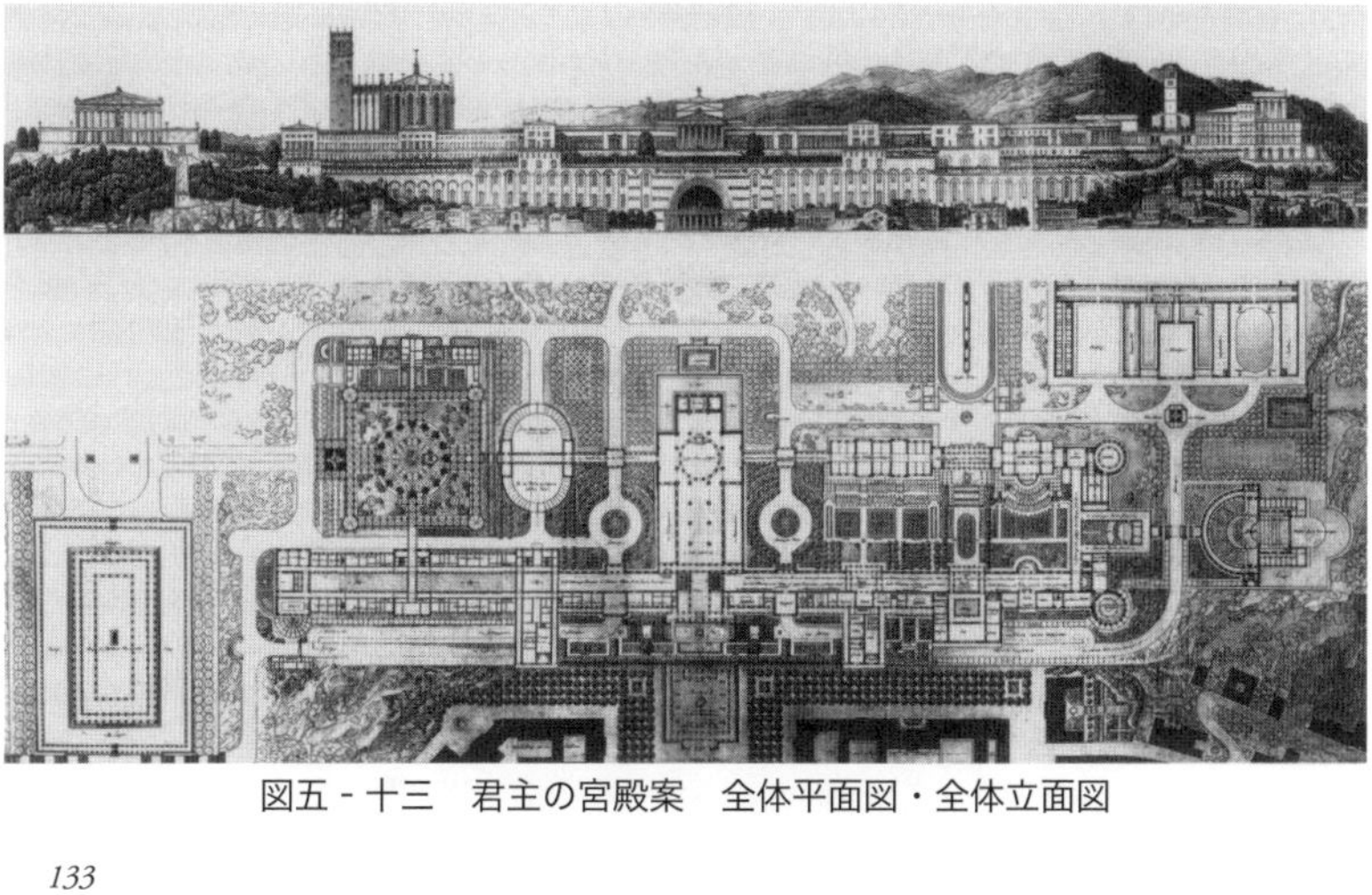

図五－十三　君主の宮殿案　全体平面図・全体立面図

伝授しようとするシンケルの遺言のようにも思える。

興味深い造形の一つは中心軸をなす、入口の巨大な半円アーチとその前室空間のコリント式柱頭をもつペリスティルの組み合わせである（図五―十四）。前者はくり抜かれた洞窟を連想させ、後者は柱梁の始原的小屋組を想起させる。岩盤をくり抜いた半円アーチのニッチの上に謁見の間、宴会の間をもつ神殿が聳えることから、G・P・セミーノは洞窟の上に立つ神殿という古典的モチーフの再現[48]とみなしているが、それはむしろ建築構造における、木造と石造との原初的な融合と理解されるべきである。G・ペシュケンがシンケルの『建築教本』第I期（一八〇四年頃）に分類している草稿には、建築の起源の問題が記述されている。それによれば、「民族がいかなる条件で、いかなる自然条件で初めて建築をもったかは本質的な問題である。初めに木で建てたとすれば小屋。初めに石で建てたとすれば細工された洞穴[49]」とある。たしかに十八世紀後半から十九世紀初頭には、自然状態への回帰とともに建築の起源を求める動きがあり、シンケルもそれに関心を寄せていたことは明らかである。

「洞窟」建築の根拠については、次のようなシンケルのメモがある。「インドや上部エジプトの洞窟神殿の成立。神性を崇めるために、自然の中の祝祭的な場に粗野な国家が集結する。共同体的な崇拝がこれら国家を束ねる。そのために最も適った場は森や山岳の洞穴であり、芸術を通してそこをますます際立たせた[50]。」一方「木造」建築の出発についてシンケルは、「力学の知識に乏しいにせよ、自然の森が豊かな国では、木造が石造より早く生じた[51]」と述べている。さらに「木造」建築の場合には、それが生じるやいなや「理性」が加わり、それがファンタジーと結ばれるのに対し、「洞穴」建築の場合、「自然が呼び起こす自由なファンタジーを追求する[52]」という。このようにして木造建築が「小屋」と「理性」、石造建築が「洞穴」と「自由なファンタジー」という対極性として置換されていることは明らかである。さらにその相違を「柱梁構造」と「ヴォールト構造」と換言するならば、勿論それによって古代建築が木造で、中世建築が石造であることを規定するわけではないにせよ、古典と中

図五 - 十四　君主の宮殿案　エントランス部分透視図

世の建築の基本形式の相違とみなすことも不可能ではない。

建築形式の根源を暗示する「小屋」と「洞窟」の構造原理の対比が、「君主の宮殿」の「入口」に存在することは単なる偶然ではない。最晩年の作品でありながら、この対照的な二元論的造形は初期シンケルの一手法である、と言うことができる。

第七節　「様式統合」理念の拡大（一八四〇）――「マクシミリアン様式」へ

バイエルン皇太子マクシミリアンは、一八三八年八月イギリスを訪れ、ヴィクトリア女王の戴冠式に参列し、九月にベルリンに寄り、シンケルと「新しい建築様式の可能性」について会談している。マクシミリアンはその後、会談内容を確認するために一八三九年十二月一七日付でシンケルに書簡を送り、一八四〇年一月九日付のシンケルの返書が、本章の考察を締めくくる意味で取り上げられる。(53) ハーンもそれを引用したホエーも、シンケルの返書を確認できなかったが、筆者はヴィッテルスバッハ・アルヒーフでシンケルの書簡を再び見出すことができた。つまり最晩年にあたるシンケルの一八四〇年一月九日付の返書は、皇太子の手にたしかに届いていた。このシンケルの書簡を契機として、F・v・ティエルシュに『アテネウム、乃至は完全な学術的教育機関』のプログラム作成が委託された。(54) この書簡が皇太子マクシミリアンに与えた影響は、それゆえ大きい。

皇太子マクシミリアンの第一の問いは、一八三三年のシンケルの書簡内容を再確認すべく、「既存の様々な建築様式から最も美しいものを選びとって、調和的全体へ融合（vereinigen）すべきかどうか」であり、第二の問いは、それに対して「むしろ一つの様式を取り上げて、可能な限りそれを高次な完成に導くべきかどうか」であり、続く第三の問いは、皇太子の好みを反映させつつ、「その場合ゴシック的なものが現代の要請に最も適応するのかどうか、もし他の様式だとしたら何か」であった。[55]

皇太子の誘導尋問めいた理論的課題に対して、シンケルは建築創作の三つの道筋を客観的に提示しており、筆者は以下のように要約する。

第一に、既存のもののなかから、最も美しいものを総括して（zusammnenfassen）、その純粋性の中で建築を表現してゆく道。

第二に、ギリシャ建築が醸し出す繊細さや根源性、あるいは中世建築のもつ崇高さや多様性、どちらかを特に作品に注ぎ込む道。

第三に、諸様式のどれか一つを重点的に取り上げることは、知識がものを言うだけであるから、そのような一元性から解放され、個性に応じて諸様式の融合（Verschmelzung）を考える道。そのさいには構造や素材や釣り合いを考慮しなければならない。[56]

これらの諸観点は並列的に記されており、シンケルはどれが好ましいか答えてはいない。

第一の道は、様々な建築から純粋な良い部分をかき集めることであり、部分の並列的な集合を意味するにすぎない、と理解される。その創作方法は、現象的には太古の昔から選ばれてきた。一例をあげれば、ソクラテス曰く、「自然の中に、完全な身体を見つけるのは至難の技だから、芸術家はいくつかの身体から最も美しい部分を選べばよい」と。それに対して、プリニウスは、「ツォイクシスは、ヘレナの絵を描く時に、クロトンの最も美しい五人の娘をモデルに選び、その身体の完全な部分を選び取り、組み合わせました」とソクラテスに報告する。[57]つまり、それぞれの様式の純粋性を取り上げる折衷的な造形は、一見似ていようとも、「様式統合」の理念とは元来無関係である。

第二の道に関して、皇太子は、ゴシック芸術のもつロマン的な叙情性を好んでいたわけだが、この一元論的な造形手法を自ら乗り越えようとした。「国王は、一方的な党派（ギリシャ、ビザンチン、ゴシック等）を互いに融合しようとする崇高な考えをもっていた[58]」とルドルフ・ゴットゲトロイが『ミュンヘンの新しいマクシミリアン通りのためのファサード』（一八五五）において記しているからである。シンケルがここで、ギリシャ建築に「繊細さ」を、中世建築に「崇高さ」を見ることによって、両建築の相違が端的に表れており、シンケルにとって、なおこの両様式が創作の鍵を握るものであった。

第三の道は、既往の歴史的要素を勝手気儘に取り出してくる第一の道から区別される。その第三の道は、各時代が生みだしたものを、「構造や素材や釣り合いの下に」合目的的に使うことを意味する。歴史的モチーフを用いるにせよ、建築家によってそれが精神的に消化され、命が吹き込まれるならば、作品の総体は非歴史的なものとなる。それゆえ、この造形手法は、単なる組み合わせではなく、二元論から多元論へと拡大された「様式統合」理念と見なすことができる。シンケルが「歴史的なものを、私たちは未来に委ねなければなりません。未来が、建てられた作品をもとに、さらなる育成と完成によって歴史的なものを初めて生みだすのです[59]」と述べることによって、統合の理想を、フィヒテの倫理的意味において、はるか未来に設定していることが理解される。新しい建築様式が明日にでもすぐできるものではないことを、誰よりもシンケルは知っていた。シンケルにおける統合の理念は、理想に向かう一つの道標である。「ある民族の芸術は、何世紀も経て次第に発展してゆくことを考慮しつつ、人が成したことに満足しなければなりません。先のことは次世代に委ねようではありませんか。人間の精神は自由であり、その力は不滅だからです[60]。」シンケルのこの一文には、ゲーテの意味における「永遠なる新しさ[61]」を求める態度が生きている。それぞれの芸術作品は、たとえ既成の様式で創られたとしても、新しい要素を内にもっていなければならない。シンケルの場合のその新しい要素とは、「見る者に、既成のものに対する関心を与え、生き生きとした精神の魅力をそこに注ぎ込んで、既成のものが新しい色合いと融合し、今すでにあるものにより何かを出現させること」[62]であった。それは過去への回帰ではなく、未来への「エンテレキー」である。

E・グールは、一八五九年のシンケル祝祭講演で、晩年のシンケルが、歴史様式を分け隔てなく採用し、「総合的な方向」[63]に進んでいったと指摘し、ヴォルツォーゲンは一八六四年の講演において、シンケルが晩年において、あらゆる歴史様式の精神的消化を、新しい建築の契機としていた、と述べている。[64] たしかに愛国心に燃えて、キリスト教的中世ゴシック建築に光をあてた若きシンケルの姿は、晩年にはない。むしろ母国の建築の自立を踏まえた上で、各時代、各民族と交流し、刺激しあうような生産的状態の成立をシンケルは望んでいたのではないか。このような建築創作の主体性の尊重が、対極の融合に対して、「多様の統一」を促進したのである。十九世紀ドイツに固有な建築を創造することは、ドイツの歴史を遡ることによってではなく、過去から現代に継承されているものとの自由な交互作用によってのみ促進されることを、最晩年のシンケルは認識するに至っている。シンケルのこの返書でさらに指摘すべきことは、第一に具体的な建築のテーマを選んで、新しい建築を発展させることが必要であること、第二にゲニウスはなかなか出現するものではないから、「才能ある個」を集めて競わせつつ、新しい建築様式の可能性を実際に吟味したらどうかと、皇太子に助言をしていることにある。建築の理想をめぐる考えがはっきりしたとしても、実践しなければ問題はなにも進展しない。実験的な建築こそ、未来の指針となりうるのであり、シンケルにとって理論と実践はいつも表裏一体のものであった。

第八節　結

一八二六年のイギリス建築視察において、技術革新著しい機能的な工場建築から刺激を受けながら、ギリシャ建築に宿る構造原理である、荷重と支持の平衡としての「安らぎ」が理想的な美として尊重された。それが「コンポジット式」構造、あるいは「漏斗型ヴォールト」という構造形式に表れる。「建築アカデミー」や「図書館」案では、グリッドプランに基づく単純な立体構成が、ギリシャ的リズム感と端正さ、ゴシック的扶柱を融合する枠組みとして与えられている。ここではもはやコントラストが問題ではなく、対照的要素の調和的一体化が問題であった。

一方「アテネの王宮」案や「君主の宮殿」案では、建築の合目的性の追求から、シンメトリーをくずした「絵画的」配置をもとに、異質な造形要素が互いに関係しあいながら、調和的表現に導かれる。「絵画的」造形は建物が自然環境と調和することで、建物そのものも風景の一部になる。

バイエルン皇太子マクシミリアンへの最晩年のシンケルの書簡は、シンケルの後世への遺言と見なすこともできる。そこでは、未来に達成されるべき「様式統合」理念が語られる。それは単なる部分の組み合わせではない。合目的性という内的必然性に支えられた一つの全体を創造する理念である。その全体は、部分の総計以上の質をもつ。そのプラスアルファこそ、作家が全力を傾けるところの「真の創作（Fiktion）」である。それによって作品は豊かな詩情をもつことができる。

シンケルの「様式統合」理念は、現実の課題と常に呼応し、対極の融合から多様の統一へ、対比と緊張の構成から調和と風景の創出へと変化しつつも、彼の造形意欲の深層に息づいている。それが皇太子マクシミリアンの心をも動かした。統合理念の本質は、対極の融合、多様の統一、既成形態の変容、歴史の発展的継承に要約される。作品全体は、それによって現在的になる。「様式統合」は、建築の理想へ向かう作家の「ゲニウス」に発し、現実を直視するなかで過去に遡りながら、未来を志向する一つの生きた建築思想であった。

〔註〕

（1）第二章（二―二）を参照されたい。

（2）例えばシンケルの一八二六年七月十七日の日記に、マンチェスターの町について、「とてつもない建築のマッス。たった一人の技師による。全て建築とはいえず、ただ最前の必要のために赤れんがからなる。大変すさまじい印象を呼び起こす」とある。Aus Schinkels Nachlaß, [hrsg.] A.v. Wolzogen（1863）Berlin, III. S.114

（3）Gottfried Riemann: Frühe englische Ingenieurbauten in der Sicht Karl Friedrich Schinkels. Zu Forschungen und Berichte der Staatlichen Museen zu Berlin. Bd.13. Berlin 1971, S.75-86

（4）C.F. Schinkel: Sammlung architektonischer Entwürfe, theils Werke ausgeführt sind theils Gegenstände deren Ausführung beabsichtigt wurde, Berlin 1819ff, Bl.97-99, Dritter Entwurf für den Bau einer evangelischen Kirche in der Oranienburger Vorstadt von Berlin

（5）K.F. Schinkel: Das Architektonische Lehrbuch, [hrsg.] Goerd Poeschken, München-Westberlin 1979, S.70

（6）K.F. Schinkel: Das Architektonische Lehrbuch, ibid., S.71

（7）K.F. Schinkel: Das Architektonische Lehrbuch, ibid., S.71

（8）K.F. Schinkel: Das Architektonische Lehrbuch, ibid., S.114

（9）K.F. Schinkel; Das Architektonische Lehrbuch, ibid., S.114

（10）K.F. Schinkel; Das Architektonische Lehrbuch, ibid., S.114

（11）K.F. Schinkel; Das Architektonische Lehrbuch, ibid., S.115

（12）K.F. Schinkel; Das Architektonische Lehrbuch, ibid., S.148

（13）「コンポジット式」については、例えば以下の図版を参照したAbb. 41, 59, 60, 61, 66, 119, in; K.F. Schinkel: Das Architektonische Lehrbuch ibid.,（テキスト）S. 80-82, 89ff. なお「漏斗型ヴォールト」とあわせて、N・クノップ教授か

ら示唆を得た。

（14）「漏斗型ヴォールト」については、例えば以下の図版を参照した。Abb. 42, 54, 133, 214-217, in; K.F. Schinkel: ibid., （テキスト）S.74-77, 132-133. なおイギリスの垂直式ゴシックの一特性として知られる、ファン・ヴォールト（扇型ヴォールト）の名称を使うことも考えたが、形状から鑑み、直訳である「漏斗型ヴォールト」と本書では呼ぶ。

（15）シンケルの『作品集』には、「劇場や舞台空間を巡って建物の前面を分割する多くの部門に合目的的に日照を与えるために、建築の秩序は外部の総体において選ばれなければならなかった」とある。C.F. Schinkel: Sammlung architektonischer Entwürfe., ibid., Schauspielhaus in Hamburg, Heft 12, S.73-77

（16）「古典的バシリカ」案は、『建築教本』の実例として構想されていた。in; K.F. Schinkel: ibid., S.74-77, 102-103（テキスト）, Abb. 118,119

（17）C.F. Schinkel: Sammlung architektonischer Entwürfe., ibid., Bl.93-94, Erster Entwurf für den Bau einer evangelischen Kirche in der Oranienburger Vorstadt von Berlin

（18）食堂の素晴らしいヴォールトについて、ジリーは次のように記している。「ヴォールトはそれぞれの円柱からいわば花火のように立ちのぼり、頂部で閉じる。……趣味の悪い装飾は皆無であり、この広間全体は、この建物の各部分と同様、朗らかで偉大な印象を与える。」（一七九六）Friedrich Gilly（1772-1800）u. die Privatgesellschaft junger Architekten, [Ausst.] Berlin 1987, S.112

（19）「実際の印象は、かつてスケッチをとおしてのみの印象をはるかに上回るものであった。……このマリーエンブルクほど、単純性、美、独創性、一貫性が調和して結ばれている例を私は知らない。……釣り合いの美しさ、騎士の間や食堂のヴォールトの大胆さを他に探すのは無駄であろう」とシンケルは記している。Schinkel's Bericht an den Staatskanzler, Fürsten von Hardenberg, d.d. Berlin, den 11. November 1819, über die Wiederherstellung des deutschen Ritterschlosses zu Marienburg, in; Aus Schinkels Nachlaß; ibid., S.208-216, 引用二一三頁

（20）「漏斗型ヴォールト」は、シンケルの弟子の一人である、アウグスト・シュトューラーの設計になる、フランクフルトの「証券取引所」（一八四〇―四四）の大広間に採用されている。in; Tilman Mellinghoff, David Watkin: Deutscher Klassizismus, Architektur 1740-1840, Stuttgart 1987, Abb. 144, 145

（21）Otto Friedrich Gruppe: Karl Friedrich Schinkel, in; Allgemeine Bauzeitung, 7.Jg., 1842, S.147-170, S.275-286, 引用二八三頁

（22）建築アカデミーについては、以下の文献が詳しい。Paul Ortwin Rave: Karl Friedrich Schinkel, Berlin Ⅲ , Berlin 1962, S.38ff.（Allgemeine Bauschule）

（23）セグメント・アーチについては、例えば以下の図版を参照した。Abb. 42, 200, 201, 212, 213, テキスト S.73-74, 130-132 in; K.F. Schinkel: Das Architektonische Lehrbuch, ibid.,

（24）Gottfried Riemann: Karl Friedrich Schinkels Reise nach England im Jahre 1826 und ihre Wirkung auf sein architektonisches Werk, Phil. Diss. Halle 1967, S.89ff

（25）Karl Heinz Clasen: Schinkel und Tradition. in: Über Karl Friedrich Schinkel. Berlin 1952, S.29-52

（26）K.H. Clasen: ibid.,

（27）P.O. Rave: Karl Friedrich Schinkel, Berlin Ⅲ , ibid., S.24ff.

（28）シンケルの「アテネの王宮」計画案の過程は以下の文献に詳しい。Entwurf für den Palast des Königs Otto von Griechenland auf der Akropolis [hrsg.] M. Kühn, C.v. Lorck, in; K.F. Schinkel, Ausland, Bauten und Entwürfe, Berlin 1989, S.3-45

（29）Adolph Doebber: Schinkel in Weimar, Jahrbuch der Goethe-Gesellschaft 1924, S.102-130, 特に一二一頁以下

（30）Michael Dirrigl: Maximilian II., Konig von Bayern 1848-64, München 1984, S.464

（31）後に、廃墟の城を買ったことについて、「私は、沈黙せる、人の触れぬ自然を捜し求めた。森の静けさが私をこ

こに引き寄せたのだ。私の若いころには、夢の如き自然の生命が我々を引きつけ、完全に満足させるものだったから」、とマクシミリアンは語っていた。Augst Hahn: Der Maximilianstil in München, Programm und Verwirklichung, München 1982, S.9ff.

（32）Bayerisches Hauptstaatsarchiv, III , Geheimes Hausarchiv,（以下 BGHA.）Nachlaß König Max II. 72/5/11, Nr.49 Aus Schinkels Nachlaß, Hrsg. A.v. Wolzogen（1863）Berlin, III S.333-335 "Ein Schreiben Schinkel's an Seine Königliche Hoheit, den Kronprinzen, jetzigen König Maximilian II.von Baiern, den Bau eines Königspalastes in Athen betreffend." 引用三三三頁。ヴォルツォーゲンはこれを一八三四―三五年に帰したとあるが、一八三三年の誤りである。

（33）第二章第七節参照

（34）Aus Schinkels Nachlaß, ibid., S.334

（35）例えば、マクシミリアンは、師である哲学者シェリングに「アテネウム」設計競技（一八五〇）の要項を同封し、その意図を次の如く書き送っている（一八五二年四月十四日）。「目的は、可能ならば、新しい建築様式を呼び起こすことです。それは私が何十年も関わってきた思いです。すでにあるものを繰り返してはならないのです。」König Maximilian von Bayern und Schelling, Briefwechsel, Stuttgart 1890, S.219-221, 引用二二一頁

（36）Aus Schinkels Nachlaß, ibid., S.334

（37）Aus Schinkels Nachlaß, ibid., S.334

（38）一八三四年六月九日付シンケルの皇太子マクシミリアンへの手紙 BGHA., 73-5-11 上述した下記の文献に掲載されている。Entwurf für den Palast des Königs Otto von Griechenland auf der Akropolis, [hrsg.] M. Kühn, C.v. Lorck, in; K.F. Schinkel, Ausland, Bauten und Entwürfe, Berlin 1989, S.5-6

（39）K.F. Schinkel: Das Architektonische Lehrbuch, ibid., S.118

（40）K.F. Schinkel: Das Architektonische Lehrbuch, ibid., S.119

（41）「宮殿全体は、適度の広がりをもち、様々な建築の部分や中庭、ポルティコが庭園と多様に混ざり合い、絵画的な配合のもとに、元来古典的な建物と、アクロポリスの丘の不規則な形状に結びついてゆく」とある。一八三四年六月九日付シンケルの皇太子マクシミリアンへの手紙 BGHA., 73-5-11

（42）例えば、シンケルは中心に位置する祝祭的な「社交の間」を、ヴィトルヴィウスやパラーディオの、ギリシャ人やラテン人の古代住宅における「四柱式広間」のモデルをもとに造形した。Andrea Palladio: I quattro libri dell'architettura, Venedig（1570），アンドレア・パラーディオ『建築四書』桐敷真次郎編著、中央公論美術出版、一九八六年。特に第二書一八〇—一八一頁

（43）ドイツ最古の都市トリーアで、四世紀頃の皇帝の宮殿、浴場を見たシンケルは、一八二六年四月二十三日付、妻マリーへの手紙に次のように記した。「石積の層をもつ壁面のマッスは巨大であり、風変わりな建築（殆どビザンチン的）であった。」Schinkls Nachlaß: ibid., II. S.143

これは、必ずしも否定的ニュアンスで語られてはいない。ギリシャ・ローマ建築に比べて、ビザンチン様式の自由な造形が、当時見慣れないものであったにすぎない。-Entwurf für den Palast des Königs Otto von Griechenland auf der Akropolis in; K.F. Schinkel, Ausland, Bauten und Entwürfe, ibid., S.25

（44）August Hahn: Der Maximilianstil, ibid., S.11

（45）フリードリヒ・ビュルクラインによる、マクシミリアン街の計画配置図概要（一八五一年三月四日）に、「「アテネウム」」は、いわば、町にとってのアクロポリスとして表れる」とある。Friedrich Bürklein: Erörterungen über die angefertigten Situationspläne, in; A. Hahn, ibid., S.30

（46）シンケルの手紙を受け取った後、一八三三年二月に皇太子は、前述のL・ショーンに意見を求めている。それは、シンケルの理念を確認するかの如く、「優れた建築を創造するためには、いつも一つの純粋な様式に従うべきかどうか、あるいは創造的精神には、様々な様式から最高のものを選びつつ、オリジナルなものを形成することができるか

どうか」という問いだった。ショーンは、それぞれの建築様式は、その時代や国家の「個性」を表すがゆえに、「様式がもつ純粋な個性の混合（Mischung）は、野蛮な醜い形象に至る」、と答える。ショーンはそれを否定的な意味における「折衷主義」と呼んだ。ショーンは、要素の混合と作品の独創性とは相いれないと考えている。

Gutachten von Ludwig Schorn,（1833.2.24）BGHA., 73-2-3, Nr.19

一八三九年九月二十八日に提出された、美術史家ズルピッツ・ボワスレー（一七八三―一八五四）の皇太子への所見、『建築史概観』では、六つの代表的な建築様式が列挙された。それは、「古代」建築としての「エジプト、ギリシャ、ローマ」様式と「キリスト教」建築としての「ロマネスク、ドイツ、イタリア」様式である。その内最初の二つの様式は、自然から生まれ、「根源的」であると名付けられた。一方「ドイツ（ゴシック）様式」は、「（エジプト、ギリシャ建築とは反対に）それ以前の芸術形象から生まれてきた。それはあらゆるフォルムが変容され、全く新しいものに造形されたのである。」つまり「ドイツ様式」は、それ以前の建築のあらゆる長所を融合したものであり、祖国の芸術を活性化するために有効と見なされたのである。

Gutachten von Sulpiz Boisserée, "Flüchtige Übersicht der Geschichte der Baukunst",（1839.09.28）, BGHA., 81-6-349 und 73-1-3 Nr.8

（47） K.F. Schinkel: Das Architektonische Lehrbuch, ibid., S.147-162

なお杉本俊多『ドイツ新古典主義建築』（一九九六）の第三編第二部第二章のⅡ「王宮」案の分析に詳細な形態分析があり、計画内容を詳しく知ることができる。

（48） G.P. Semino: Karl Friedrich Schinkel, Zürich/London/München 1993, S.180

（49） K.F. Schinkel: Das Architektonische Lehrbuch, ibid., S.22

（50） K.F. Schinkel: Das Architektonische Lehrbuch, ibid., S.22

（51） K.F. Schinkel: Das Architektonische Lehrbuch, ibid., S.22

（52）K.F. Schinkel: Das Architektonische Lehrbuch, ibid., S.23
（53）Gutachten von K.F. Schinkel, über die "Möglichkeit eines neuen Baustils" 一八四〇年一月九日、BGHA., 73/2/3 Nr.19
（54）Heinz Gollwitzer; Vorgeschichte und Anfänge des Maximilianeums, in: 100 Jahre Maximilianeum 1852-1952, München 1953 S.50ff
（55）Gutachten von K.F. Schinkel, ibid.,
（56）Gutachten von K.F. Schinkel, ibid.,
（57）Norbert Knopp: Schinkels Idee einer Stilsynthese, München 1977, S.245 in; Beiträge zum Problem des Stilpluralismus, [hrsg.] W. Hager, N. Knopp,
（58）Rudolf Gottgetreu: Fassaden für die neue Maximilian-Straße in München in: Zeitschrift für praktische Bauwesen（1855）, S.353-362, 引用三五八頁
（59）Gutachten von K.F. Schinkel, ibid.,
（60）Gutachten von K.F. Schinkel, ibid.,
（61）例えば「自然は永遠に新しい形態を生み出す。そこにあるものは、かつて無かったもの。かつてあったものは、再びやってこない。すべては新しくしかしいつも古きもの」を指す。J.W.v. Goethe: Die Natur, in; Schriften zur Naturwissenschaft（Auswahl）, Stuttgart 1990, S.29
（62）Gutachten von K.F. Schinkel, ibid.,
（63）Ernst Guhl: Schinkel-Festrede（1859）in: Zeitschrift für Bauwesen, S.431-439 引用四三九頁
（64）A.v. Wolzogen: Schinkel als Architekt, Maler und Kunstphilosoph, Berlin 1864, S.11

第Ⅱ部

「様式統合」理念の展開
——二十世紀近代建築へ

第六章
「様式統合」と古典建築の「保持」
――クレンツェにおける新古典主義建築の展開について

第一節　序

南ドイツのミュンヘンを中心に活躍した宮廷建築家、レオ・フォン・クレンツェ（Leo von Klenze, 一七八四―一八六四）は、新古典主義建築の代表と見られている。統合される一つの対象・極としての古典建築を普遍的真理として継承し、それを創作の基礎に据える作家の多くは、「様式統合」を折衷的な試みとして拒む。しかし本章は、クレンツェの著作やドローイングを考察することによって、「様式統合」の理念にクレンツェが実は無関心ではいられなかったこと、むしろその理念と向き合い、抵抗勢力とすることによって、クレンツェ自身の建築思想が展開されることを明らかにするものである。

第二節　建築と自然の融合――様式多元性への序奏

クレンツェの初期作品に「汎ヨーロッパ平和神殿」計画案（一八一四）[1]（図六―一）がある。それは、解放戦争後のヨーロッパの秩序回復のために一八一四年九月に開催されたウィーン会議に提出された。クレンツェは、ナポレオンの兄ジェロームのもと、カッセルの宮廷建築家を務めていたが、ナポレオン没落と共にその職を失い、新たな職を求めるなかで、パリ、ウィーンを経て一八一四年二月二十六日にミュンヘンで皇太子、後のバイエルン国王ルートヴィヒ一世（在位一八二五—四八）と出会っている。[2] その後皇太子が、自ら列席するウィーン会議にクレンツェを招いており、この計画案は恐らくルートヴィヒ一世へのクレンツェのアピールと考えるべきであろう。モニュメンタルな階段状の台座のフリーズには、戦争の場面を描いたレリーフが四面をめぐり、四箇所に半円アーチの門があり、そこから英雄をまつる内部の霊廟へ導かれる。トスカーナ風神殿が聳える外観は、F・ジリーによる、「フリードリヒ大王記念碑」（一七九七）を彷彿とさせるが、内部はデュラン風トンネル・ヴォールトにより、幾何学的にシンプルなその全体には、フランス革命期の建築の雰囲気が漂よう（図六—二）。

シンケルが、一八一四〜一五年にかけて、「解放戦争記念ドーム」[3]（図四—七）を計画し、「様式統合」理念を表明するなかで、古ドイツ（ゴシック）建築の完成のために、なお欠けている古典建築の要素をそこに溶解（verschmelzen）することを目指したのに対して、クレンツェの作品の何と異なることか。その相違は、シンケルが一八〇三年イタリアに旅立ち、ヴェネチアン・ゴシックを「サラセン様式」と呼び、東方建築と古代建築の「混合様式（Mischstil）」[4]として注目したのに対し、クレンツェが一八〇一年から二年間シンケルと同じくベルリンの建築アカデミーに学びながら、一八〇三年にパリに旅立ち、合理的な設計手法を展開したデュランに教えを請うたことに端を発しているといえよう。ジリーのモニュメントが純粋なドリス式神殿の再現であり、都市の構成体の一部として構想されていたのに対し、クレンツェのモニュメントはヨーロッパ大陸の広野に立つ。背後にはヨーロッパを貫くドナウであろう大河の流れが、対岸の森の高みには廃墟の古城が見える。ゲルマン的な森の風景と中世を暗示する建築要素に対して、古典的神殿形式が浮かび上がる。

ここで注目すべきことは、自然と建築の対応、古典的神殿形式と中世的古城との自然風景における対比である。

図六－一　汎ヨーロッパ平和神殿案　外観透視図

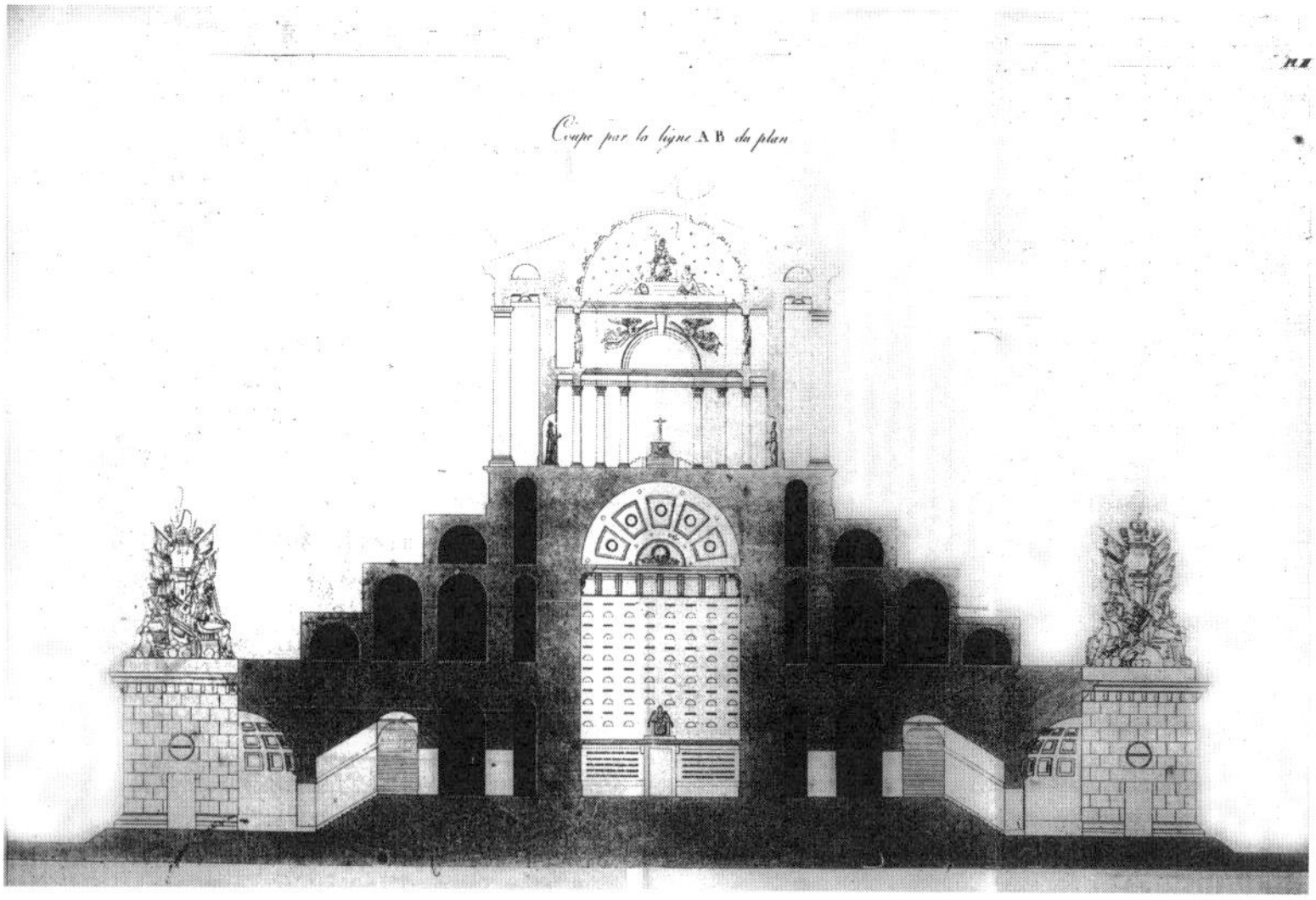

図六－二　汎ヨーロッパ平和神殿案　断面図

それは、広大なランドスケープ（景観）の枠組みのなかで、空間を演出するために、様々な様式形態をもつ建築が意図的に自然の内に分散配置される、十八世紀の風景庭園論の延長に位置づけられよう。例えばドイツにおけるこの問題の先駆者、C・C・L・ヒルシュフェルト（一七四二―九二）の『庭園芸術論』（一七七九―八五）が、一九世紀ドイツ建築における、歴史様式の多元的利用を促進したことは疑いえず、クレンツェもその影響を受けた一人であったと考えられる。ヒルシュフェルトによれば、そもそも庭園とは「人々が郊外での生活のあらゆる利点を、四季を通じて快適に、静けさのなかで楽しむことができる場所」[5]である。たなびく雲も、森も、川の流れも、神殿も、古城も、庭園の構成要素なのである。

クレンツェの代表作「ヴァルハラ（Walhalla）」（一八三〇―四二）の配置を想起しよう。[6]当時は皇太子だった後のバイエルン国王ルートヴィヒ一世の命による、ドイツの英雄たちの胸像を納める「ヴァルハラ」は、マッシヴな基壇が大地から盛り上がり、パルテノンを模した堅固な神殿として、ドイツ中世の町並みが残るレーゲンスブルクからほど遠くない、ドナウ河を見おろす高台に立つ。[7]「神殿によって祝祭空間が強調される」[8]という、ヒルシュフェルトの理論の反映がここにある。「ヴァルハラ」の設計競技は一八一四年二月四日に公布されており、設計時期から判断すれば「汎ヨーロッパ平和神殿」計画案が「ヴァルハラ」の練習台であったとしても不思議ではない。似ているのは外観の構成だけではない。内部空間においてもクレンツェは当初、「汎ヨーロッパ平和神殿」案と同様に、トンネル・ヴォールトを構想していた。しかしそれは実施直前（一八三六年頃）に装飾を伴う、剝き出しの鉄骨造と真鍮板の格天井に変更され、より外観に対応した内部表現を得ることになった。[9]

一八三九年に描いたクレンツェの油絵（図六―三）は、東方より朝日が「ヴァルハラ」を照らし、ギリシャ復興に未来があることを暗示する構図、という一つの解釈が成り立つ。しかし、遠近法によって「ヴァルハラ」よりも、前方のサルヴァトール教会が誇張されている。加えて、その教会が「ヴァルハラ」と同一消点の下に描かれることによって、両者の関係性が暗示されているのである。形態に宿る素朴さは両者に共通だが、構造形式が対極的であることはいうまでもない。十四世紀末に創建されたサルヴァトール巡礼教会は時代と共に改修を重ね、十九世紀初頭にはバロック・ロココの様相を呈していた。実はクレンツェは「ヴァルハラ」の竣工直前に、教会の過剰な装飾を取り除き、「ビザンチン様式」、今日でいうロマネスク様式に改修しているのだ[10]。半円アーチの開口、付柱による壁面分節、ロンバルティア帯、八角形の平面をもつ塔がその改修の成果である。礼拝堂は高貴で単純でなければならない[11]、というヒルシュフェルトの理論にクレンツェが忠実であったと考えられる。それによって教会は、「高貴さ」を神殿建築と共有できた。ちなみに図六―三には表れていないが、教会の左手の高台には、「対極的なものによって畏怖の念を起こさせる……三十年戦争で破壊された砦の絵画的廃墟[12]」がある。ヒルシュフェルトによれば、廃墟は完全ではないがゆえに、創造力を喚起する作用があるという[13]。それぞれの建築形態は、他者と関係をもちながらも、一つの建築体に包含される

図六 - 三　サルヴァトール教会とヴァルハラ

のでもなく、近接するのでもなく、雄大な自然の中に点在することによって調和に至る。風景を含めた全体を視野に納めたとき、「ヴァルハラ」の神殿形式は本来の機能から解放されて、多様な意味合いをもつのである。

第三節　クレンツェにおける古典建築

クレンツェにおいてなによりも注目すべきことは、彼の古典建築観である。ギリシャ建築は、クレンツェにとって建築における出発点であると同時に、それ以前の建築がすべてそこに収斂し、それ以降の建築がすべてそこから放射する一つの中心点、人類史の頂点の表現であった。クレンツェは言う、「ただ一つの建築芸術が存在したし、存在し、また存在するだろう。つまりギリシャの歴史、造形の時代にその完了をみた建築である[14]」と。

クレンツェは比例や寸法体系に宿る精神性を讃え、それぞれ個性的な比例美をもったドリス式、イオニア式、コリント式オーダーという僅かな形式から、無限に多様な造形が生み出されることに駆り立てられた。その形式に潜む建築の基本原理とは、「美の感覚によって、対象の要請や構造法則や経済性から言葉の真の意味において発展した特性[15]」を指す。さらにその「特性」とは、「荷重と抵抗の平衡にあり、その気分がフォルムと釣り合いによってすばやく魂に呼び起こされること[16]」にある、とクレンツェは言う。この感情は、シンケルが荷重と支持の調和に「静けさ[17]」としての美を見出したこと、あるいはショーペンハウエルが「重力と剛性の戦い[18]」に建築の美のテーマを見出したことと共通するものであり、基本的に現代においても通用するギリシャ建築のライトモチーフであると言うことができる。

クレンツェはギリシャ建築の単なる模倣を望まず、その特性を「継承」しつつも、必要に応じて「変形」することを自分自身の課題と考える。彼はその継承と変形の関係を「類比（Analogie）」と「配合（Syntaxis）」と名付けている。[19]「類比」とは、時代や場所を越えて有効な規範的要素であり、狭義にはギリシャ建築を指す。「配合」とは、時代や場所にその都度対応する個々の要素の組み合わせであり、実質的に歴史全体を指す。それによってクレンツェは、古典建築の枠組を拡大しているのだ。その好例が、初期クレンツェのトスカーナ神殿の復元に関する研究であろう。[20]ギリシャ神殿に比して奥行きは浅く、その前半分を吹き放しの柱廊とするトスカーナ神殿の平面形式は、ギリシャからローマへの移行期にあるものだが、クレンツェはヴィトルヴィウスの記述（『建築書』第四書第七章）を吟味し、エトルリア建築とレティア（今日のスイス地方）の建築に宗教的、民族的、言語学的な関連性を見出し、神殿復元に際して、チロルの農家の、特にその屋根構造を利用するに至る（図六―四）。ルネサンス以降のヴィトルヴィウス解釈の多くは、その翻訳者の精神を、あるいは時代精神を物語るものであるが、クレンツェの解釈は、古典建築が透けて見える部分を建築史の中に発見し、あらゆる時代が古典建築と結ばれていること

図六－四　トスカーナ神殿復元案

の証明に向かっているのである。

クレンツェが用いる「ギリシャ建築」という名称が、価値概念として特別の意味をもつことはすでに記したとおりである。クレンツェによれば、それは具体的に、二重の発展期を持つ。すなわち、「ひたすら開口と柱間に対して水平の架構を用いた建築と、同様の機能と目的に対してヴォールトを使用した建築[21]」である。既知のごとくローマ時代には、建築用途の拡大に伴うヴォールト構造の発見によって、建築表現が豊かになったのであり、クレンツェはそれを「必要悪[22]」と呼び、当時の時代の要求に対して、全く使わないわけにはいかないにせよ、適材適所に用いるように促している。中世に花開いたヴォールト構造を、ここであえてギリシャ建築の名の下にくくることによって、クレンツェが重視したことは、古典建築と中世建築の類縁関係である。クレンツェ曰く、「ギリシャ建築の二重の発展を、その原理において探究し、把握するならば、ギリシャ建築は世界の、あらゆる時代の建築である。天候や素材や習慣の相違は、その普遍的な使用に対して何ら抵抗するものではない[23]。」天候や素材や生活習慣が、ギリシャの地とドイツの地とでは異なるから、ギリシャ建築をドイツでそのまま使うわけにはいかないという弁明が、「ルントボーゲン様式」支持者の論理であった。しかしクレンツェからすれば、気候や素材が建築造形に影響を与えることがあっても、それを規定することはあってはならなかった。その意味で、クレンツェにとっての古典建築、すなわちギリシャ建築はまさに「世界建築」と呼べるものだったのである。

第四節　『キリスト教教会建築指針』（一八二四―三四）と古典建築

一八二二年に書かれたクレンツェの『キリスト教教会建築指針』（以下『指針』）は、一八二四年に百部印刷され、バイエルンの公共機関に送られた。それはバイエルンの教会再興政策の一翼を担うものであり、三十九の図版を含むキリスト教教会建築の指針である。第二版は一八三四年に出版され、図版、文章に若干の修正が加えられている。

中世建築としての教会建築の模範を示すという課題において、異教の神殿形式は不適切であることを、クレンツェは認識していた。しかしながら彼は、「特にギリシャ宗教の内的精神は、キリスト教と多くの関連をもっているにちがいない。両者の礼拝上の必要は、一つの、同じ建築によって充足されうるはずだ[24]」と自分自身を納得させ、キリスト教教会建築に相応しい基盤形成のために、古典建築と中世建築の接点を探す。そしてクレンツェが創作の拠り所にしたのは、ローマのバシリカ形式であった。コンスタンティヌス帝のキリスト教公認後、初めて作られた教会は、古代の形態を借りて、これに新しい信仰内容を象徴せしめることから出発した。ギリシャ語で「王の広間」の意で、ローマ時代には集会所、法廷であったバシリカこそ、異教的なものと、司祭が信者を招き入れるキリスト教信仰の場との「調和的融合形式」であると、クレンツェは解釈したと考えられる。バシリカに関して、すでにアルベルティが『建築書』(一四八五)の第七書第十四章において「その性質から神殿に近いものである」と記したことをクレンツェは指摘しており[25]、また皇太子ルートヴィヒが、一八一八年にイタリアの初期キリスト教教会を訪れ、ドイツにおけるキリスト教建築は「バシリカのようなものになるだろう」という手紙[26]をクレンツェに送っていたという伏線があるにせよ、バシリカは古典建築の継承を求めるクレンツェにとって、許容できる一つの建築形式にほかならなかった。

クレンツェは教会建築の基本形式としてのバシリカを軸に、『指針』第四章[27]においてはクーポラや塔を組み込むことによって、より豊かなものに転じようとし、同第五章[28]においては内部の列柱を除去することによって、より簡素な一室空間を提案する。特に西方のバシリカ形式と東方の集中堂形式が融合した「ハギア・ソフィア」に代表されるビザンチン建築を、『指針』第二版において「再生に値する[29]」と改訂したことは見逃せない。

一八二〇年ミュンヘンのアカデミーに招聘された建築家、F・ゲルトナーは、円形アーチを意味する「ルントボーゲン様式」を支持し、一八二九年に建設委員会のメンバーとなって発言力を増すに及んで、ルートヴィヒ一世の寵愛を一身に受けていたクレンツェは、もはやギリシャ建築の場に安住していられなくなったのである。

クレンツェによれば、ビザンチン建築の教会は、古典建築がもつ高貴さを共有し、ゴシック建築よりもはるかに健全な構造原理と、絵画及び彫刻と共働できる内部空間を持っている。[30] クレンツェは躍動感にあふれ、敬虔な感情を呼び起こすゴシック建築を評価するものの、不明瞭な構造分節と釣り合いの悪い内部空間は、常に退けられるべき対象であった。従ってクレンツェは、ルネサンス建築を、直前のゴシック建築以上に、ビザンチン建築と結びつける。クレンツェのいうビザンチン建築が、十二世紀前にヨーロッパの広範囲に及んだ建築様式を指し、今日でいうロマネスク様式をも包含することは、ここに明らかである。具体的に「ハギア・ソフィア」の他に、「ヴェネチア、トルチェッロ、パドヴァ、パヴィア等の大聖堂」が、初期ルネサンスの「オル・サン・ミケーレ、ロジア・ディ・ランツィ、ジオットの鐘楼等」がそれぞれ創作規範として列挙されている。[31] ここで「ヴァルハラ」に関連して「サルヴァトーレ教会」をクレンツェが改修していたことを想起するならば、ビザンチン様式への改修は、神殿形式との対比としてみるよりも、古典建築との連続性、類縁性を一なる風景の内に配置することを目的としていたのでないかと考えられる。

ゴシック建築を「幻想的な魅力を持つ驚くべき中世の造形[32]」と呼ぶクレンツェのゴシック解釈は、『指針』第一版において、「美と真実に代わって、誠実な感情と敬虔な感覚、個的な生動性が現れた。しかしこの芸術の道は、それが支配的であったときには、自然で賞賛に値するとしても、私たちの時代には孤立し、不充分である[33]」と批判的であった。しかしルートヴィヒ一世が、古代ギリシャ以外の芸術をも愛好し、ミュンヘン近郊アウに、厳密なゴシック様式に基づく教会（一八三一―三九）を、建築家オーミュラーに委ねたこともあり、クレンツェは『指針』の第二版において、このような外的状況の変化から、ゴシックに対して肯定的な立場に転じざるをえなかったと思われる。すなわち、「主体的芸術とみなされる、この神秘に満ちた建築様式の偉大な価値を認めないわけにはいかない。この様式を修正しつつ使うことは正当化されうるのだ。」[34]しかしクレンツェにとって、繰り返すが、不明瞭な構造の分節と、高すぎる内部空間をもつゴシック建築は、結局は「様式統合」における一方の極、古典建築の極に対する、ネガティヴな他方の極を形成するものであった。

『指針』におけるクレンツェの古典建築は、バシリカ形式を皮切りに、ビザンチン建築を経て、プロト・ルネサンス建築にまで拡大する。そのプロト・ルネサンス建築を、クレンツェは中世から近世への「移行様式」として位置づける。「古さと新しさ、重さと軽さ、円と直線の間を揺れ動くこと。この種の折衷は快楽的であり、なにかしらの魅力を発するものだ。この移行様式には常にフォルムの造形に影響を与える二重の原理が現れる。つまり中世から継承された習癖と、古典の純粋性と彫塑性への志向である。」[35]プロト・ルネサンスを「移行様式」と見る一方、筆者はこれを古典建築と中世建築の「統合」として理解することも可能と考える。実際のところクレンツェの関心は、「二重の原理」の内、どちらの極に身を置くべきかに向いているからである。すなわち、「古典の意味において」対処するならば、「美しい造形を呼び起こし、十五―十六世紀の如く、古典に立ち帰れるだろう」とクレンツェは言う。その反面、「物珍しさから中世の意に沿って」対処するならば、その造形は「不備なもの」であるがゆえに、「中世のまったき荒廃に立ち戻り、陳腐な罪深き作品を後世にさらすことだろう」[36]とクレンツェは言う。この時期の作品、「新王宮」(一八二六―三五)や「アルテ・ピナコテーク」(一八二六―三六)はルネサンス建築を範とすることによって、新古典主義建築からの脱皮を示している。

『指針』における三十九枚の図版から一例を挙げる。教会案(図版XXV―XXⅦ)は、バシリカ形式をヴォールト空間として再構成し、身廊と翼廊が交差する暗くなりがちな内陣に光を導く上で、外観と調和するクーポラ

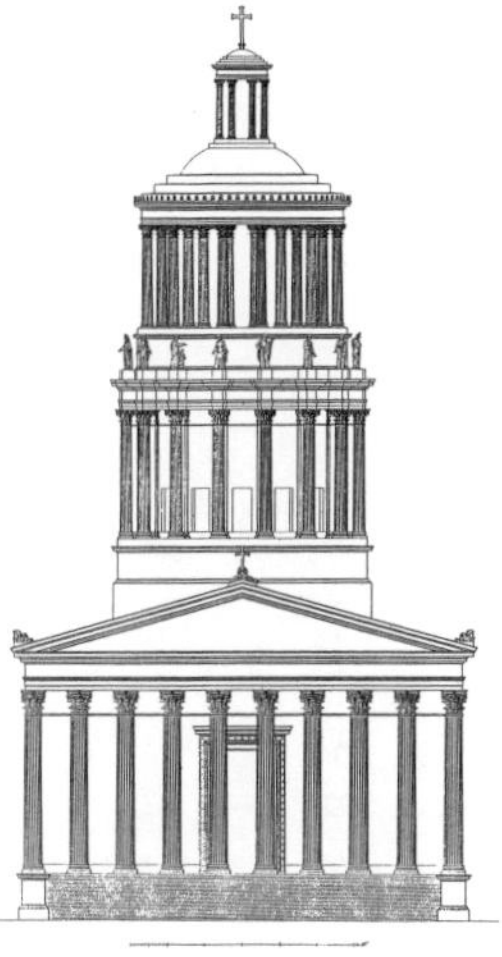

図六 - 七　同　立面図

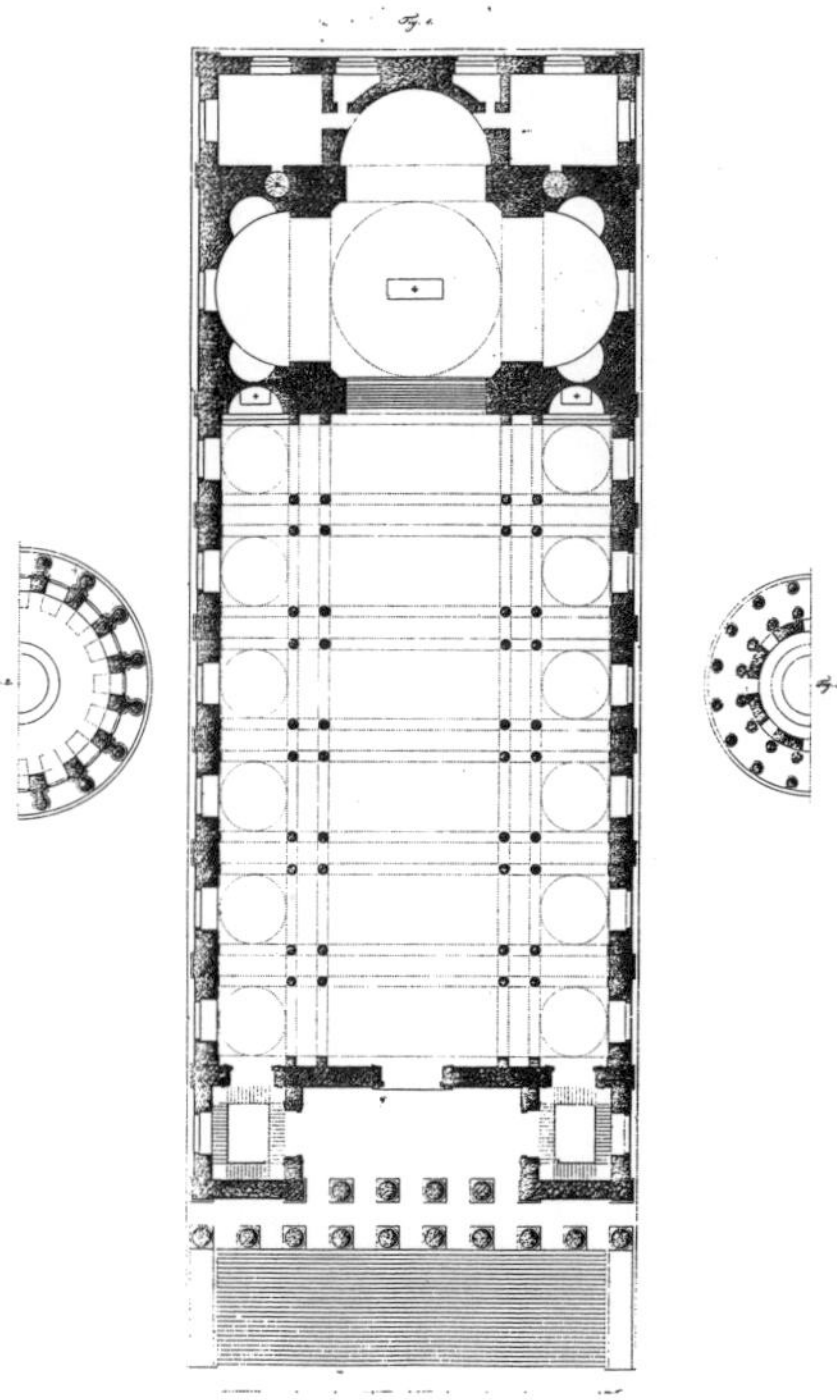

図六 - 五　キリスト教教会案　平面図

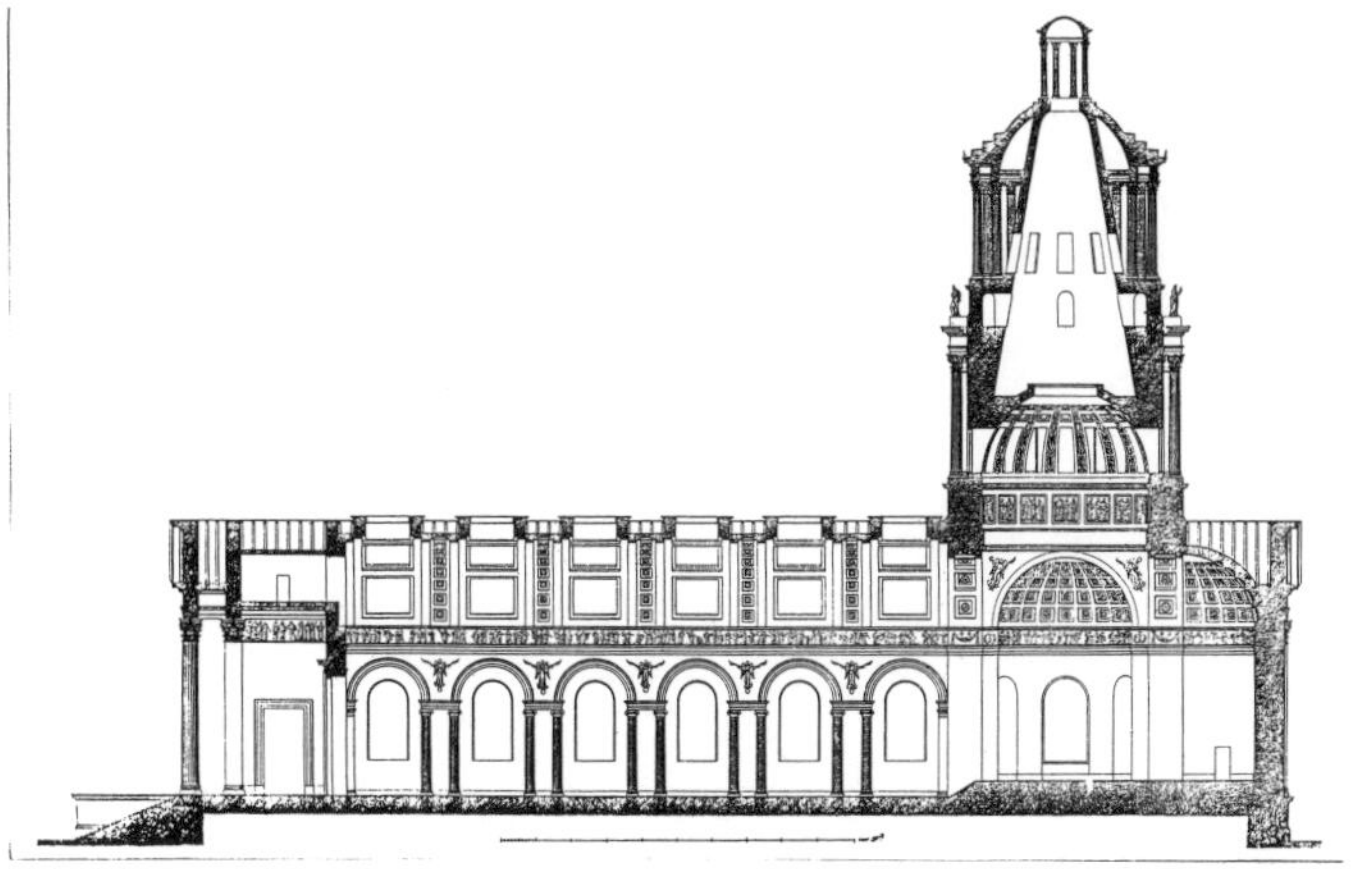

図六 - 六　同　断面図

を造形することを課題とする[37]（図六—五）。身廊はトンネル・ヴォールトからなり、ガラスをはめた七つの天窓から明るい日差しが差し込む。クレンツェは、「ほとんど恣意的といえる混合様式を自由に扱うことは困難ではない。ほんの少しの趣味の良さと、フォルムの知識、組み合わせたり重ねたりする手先の器用さがあれば十分。手本などいらない[38]」と豪語しているが、四本一組のイオニア式円柱がアーキトレーヴを支え、それが更にアーケードを支える構造形式は、なるほど小手先の操作に留まっている。内陣を覆う二重のクーポラは、内側の円蓋の小開口を通して、細長い円錐形のクーポラを覗き見ることによって、水平的な身廊部と対極的である（図六—六）。しかしクーポラの外部造形は、二段重ねのコリント式列柱に囲まれた円筒をなし、内部造形とは全く無関係である。最上部のランタンから二段に分かれたクーポラを経て、ファサードに至る四段階のコリント式オーダーのデザインは、あくまで図面上で考えられたものにすぎない（図六—七）。本試案を見る限り、コリント式オーダーとバシリカ形式を「類比」として採用しつつ、「古典の意味において」対処した「様式統合」は、作家クレンツェの感情が自由に展開された、「アルルカンの上着[39]」の如き、折衷に留まっているのである。

第五節　「アテネウム」計画案（一八五二）

クレンツェのパトロンであったルートヴィヒ一世は一八四八年に退位し、息子のマクシミリアンが王位を継承する。父親に相反して、マクシミリアン二世はロマン的心情をもって中世建築を愛したが、同時に、一八三〇年代にシンケルとの交流を通して、「様式統合」による新しい建築様式の発見を望み、有能な若者を国家の要職につけるための教育施設、「アテネウム」建設のために、一八五〇年国際設計競技を催す。当時六十六歳のクレンツェはこの設計競技の審査員を務める一方、競技に招待されていたが、一八五二年六月一日の期限をすぎても案を出さず、八月二十一日付のマクシミリアン二世の要請から、翌々日の二十三日に案をようやく提出する。

提出案は「アテネウム」が要求する多彩な諸室（資料二参照）に対し、もはやデュラン的システム設計が対応しきれず、未完成である。二階平面図もなく、敷地の高低さに伴うアプローチの問題も解決されていない。平面図（図六―八）を見ると、アプローチをはさんで左右に体操場とプールが振り分けられている。対称形の平面配置そのものに無理があるが、あえてそれを押し通すのは、そこに「安らぎ」を感じるクレンツェの古典的感性にほかならない。高台に立つ主建築は、教会の背後にあるがゆえに、クレンツェは教会だけ外観透視図を描き、全体立面図（図六―九）には正面テラスにあるべき教会を意図的に描いていない。教会の誇張は、建築課題からは主客転倒だが、新建築はいつでも、神殿や教会というモニュメントから生まれてくるという意識を、クレンツェはもっていたのである。

その教会（図六―十）は、側廊の二倍幅の主身廊と、半円のアプシスをもつバシリカ平面であり、八角形のクーポラと、ファサードと一体となった控えめな鐘楼を持つ。その構成には、『指針』の理論が生きている。トスカーナ風ルネサンスの規則的な石積を意図した、鏡面の如き平滑な面の造形が、いかにも古典的である。外観の特徴は、教会や二層の主建築の開口、左右に広がる歴史画を飾る半円形平面のアーケードにもセグメント・アーチを採用し、統一性を表現していることにある。それは競技要項に記されていた「ある基本フォルム（リズム）を発見すること」[40]への対応と考えられる。しかしそのモチーフは、消去法的に選びだされたものだった。

「精神的、宗教的影響はひとまず置いて、建築のフォルムはただ力学的、構造的根拠にのみ根ざしている。それぞれの建物はまずは屋根をもつ空間であり、屋根架構がもつ線、入口や窓の開口の線がそれぞれの建築の個性の中心モチーフである。古代エジプトの三角形や段状の線、ギリシャの水平線、ローマ建築の半円形、ゴシックにおける尖頭アーチ、中国やヴェネツィアやイギリス中世建築の揺れ動く波の線。大なり小なり、すべての構造

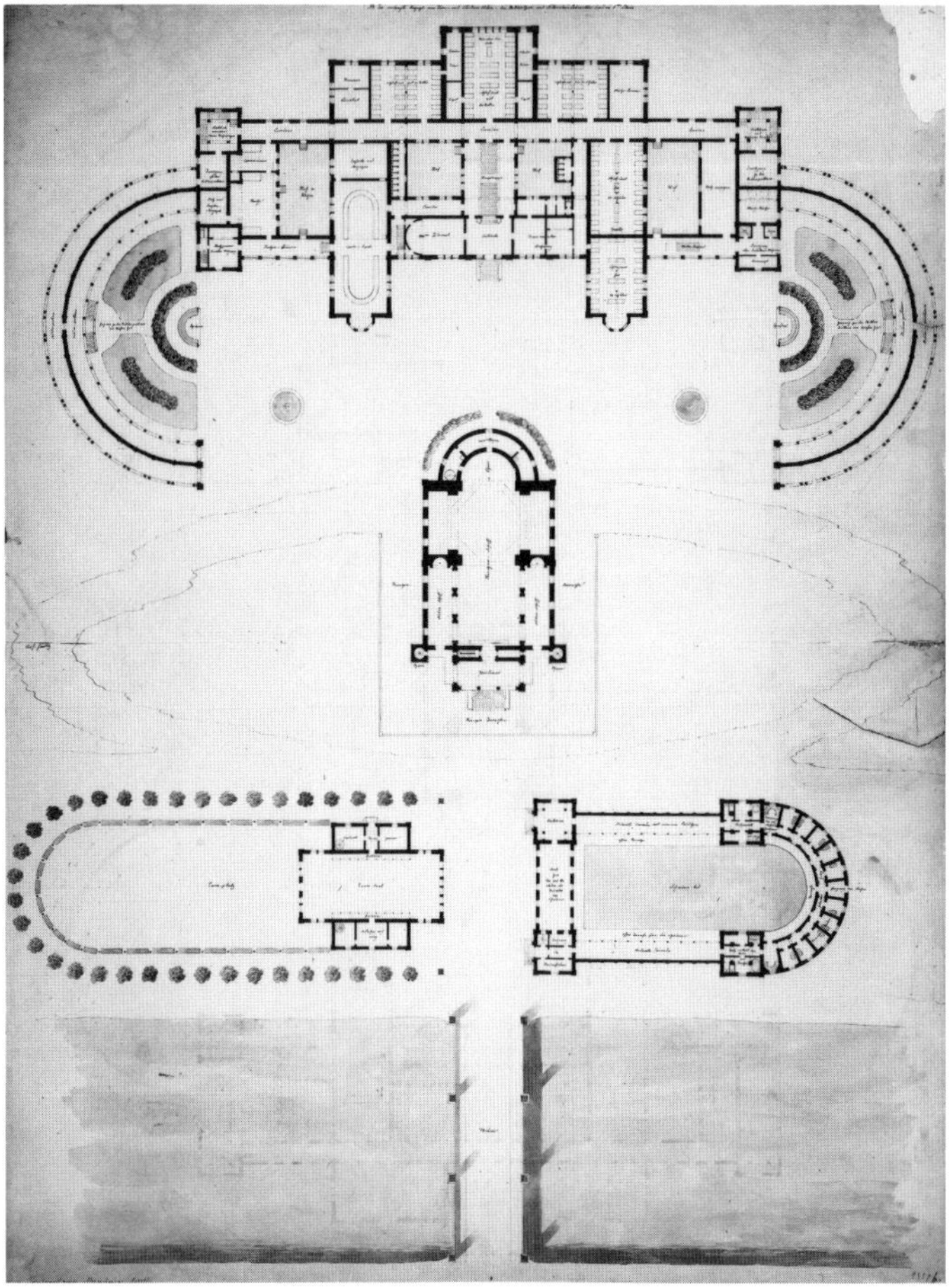

図六－八　アテネウム案　平面図

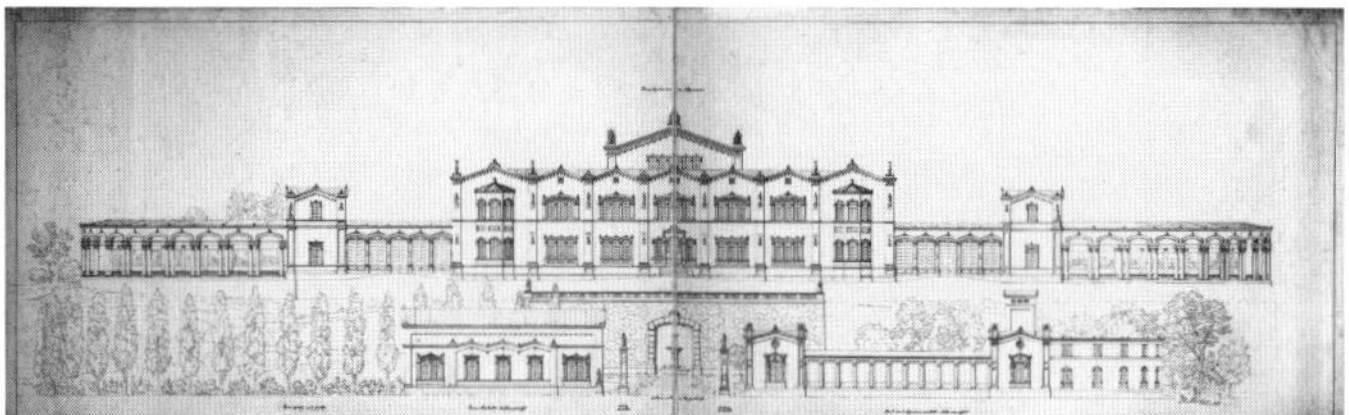

図六－九　アテネウム案　立面図

図六 - 十　アテネウム案　教会外観透視図

的根拠をもつ覆いの線は造形され尽くされており、あとに残っているのはセグメント・アーチだけである。この線はしかしシンプルで純粋に構造的であり、しかもれんがを合目的に使える。建築のフォルムや装飾は建築の新たな造形のために今や、あの構造的な基本線、セグメント・アーチによって組み合わすことが可能である。」[41]

セグメント・アーチを、古典建築におけるアーキトレーヴ・システムの水平性と、中世建築におけるヴォールト・システムの垂直性という、対極的な形式を止揚した構造形態と見なすことも可能ではあるが、フォルムそのものが新しいわけでは全くない。ちなみにクレンツェの図面遺稿を調査するなかで、クレンツェが事前に半円アーチを用いたルネサンス風のファサード（図六―十一）を完成させていたこと、それを破棄して、新たにセグメント・アーチによる案を作り直したことが明らかになった。[42] このルネサンス案自体は、『指針』に書いていた頃のクレンツェの思想の延長上にある。その案を破棄したこと、提出期限を過ぎた後に、セグメント・アーチを用いた代替案を提出したことが、「様式統合」をめぐるクレンツェの苦悩の証なのである。

一方立面図を詳細にみると、セグメント・アーチと連動しつつ、アクロテリオンや古代ローマ的な連続する切妻屋根、ロマネスク

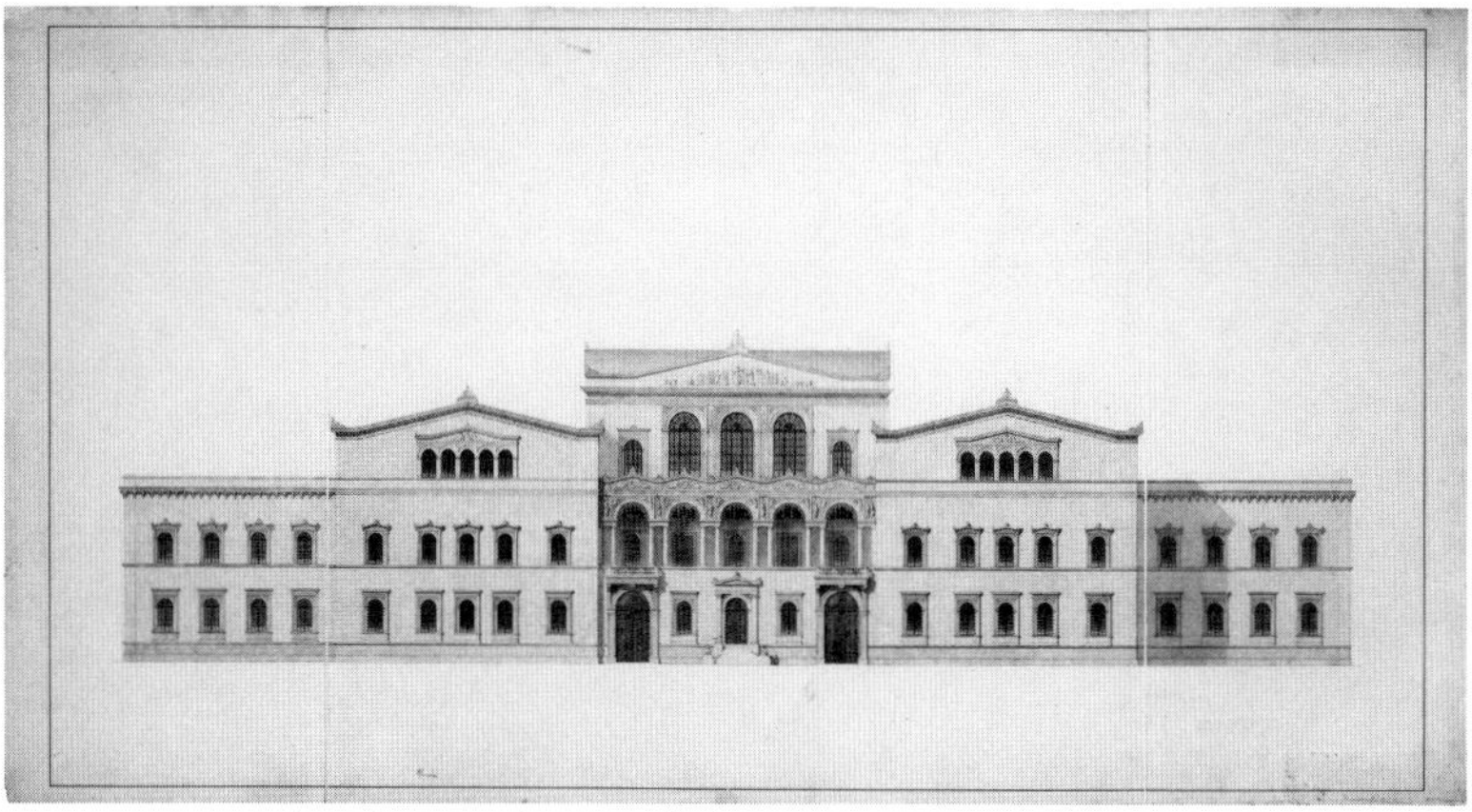

図六 - 十一　ルネサンス様式によるアテネウム案　立面図

的付柱、四つ葉の飾り窓やコンソール等が、多元的造形を示している。「ヴァルハラ」の計画に仕掛けられていた、マクロの自然における異質な建築要素の対立と緊張は、今やミクロの「アテネウム」に封じ込まれる。しかしクレンツェは、図面に添付した設計要旨に、新しい建築様式の創造を試みたものの、それが不可能であることを、マクシミリアン二世に告白する。「国王陛下が私に要求なさったこと、――宗教的、歴史的、内的、外的に全く異なる建築様式を、熟考の力と意図によって融合し、新しいもの、オリジナルなものを造形すること――その事柄の可否はともかく、私の精神力は遠く及ばず、それを充分になし遂げることはできません。[43]」クレンツェの謙遜をどこまで真実として受けとめるかは難しい。歴史様式を用いた造形の多元性を、並列した要素の単なる集積としての〈折衷〉と見るか、全体性のイデーに支えられた、部分の有機的連関としての〈統合〉と見るかは、最終的には観者に委ねられているのである。

第六節　「融合」と「保持」――クレンツェの『ファウスト』第二部解釈

クレンツェ最晩年の草稿『建築的返答と論及――ギリシャ的と非ギリシャ的なものについて』（一八五九―六三）に、ゲーテの『ファウスト』第二部と関連づけた、「様式統合」の理念に関する所感があり、本章の考察を締めくくる意味において、それを取り上げることは重要である。

クレンツェは、「我々の美術評論家は、中世的哲学者ファウストとギリシャ人ヘレナとの結婚の場面に、近代ドイツ精神と古代ヘレニズムの形態との融合という興味深い比喩を見るが、それは決して『融合（Verschmelzung）』ではなく、純粋で、『聖なる古典の保持（Bewahren）』が問題になっているのだ[44]」と記している。該当の箇所は、『ファウスト』第二部の、死に向かうヘレナが愛するファウストを抱きしめるが、その肉体は消え、ただ彼女の洋服とヴェールのみがファウストの腕に残る場面を指す。メフィストフェレス扮するフォルキュアスがファウストに語りかける。「あなたの手に残ったものをしっかりつかまえなさい。その衣装をはなしてはいけません。悪霊たちがその裾をつまんで、冥界へ奪い去りたがっています。しっかりと、つかまえておいでなさい。女神はもう、あなたが失って無くされたけど、これだって神々しいのです。測り知れぬ貴重な気高い恵みの力をかりて、上へのぼりなさい。それは、あなたのからだの続くかぎり、速かに、すべて卑俗な物を超脱し、大気の中を引き連れていきます。[45]」

このファウストとヘレナのテーマは、「様式統合」理念の代名詞として定着しているが、クレンツェはこれを次のように解釈している。「詩人（ゲーテ）がこの箇所で、古典的芸術形式の真の継承を、死にゆくギリシャ人の衣装という映像によって考えていたのならば、それはしかし、『融合』ではなくて、その純粋性における『保持』である。ヴェールと洋服に添えられた高い価値は、我々とヘレニズムに対する関係を適切に表している。どれほどその内的本質が、我々にとって死したものとして表れようとも、その外的形態は我々の建築芸術において、本質的に人間化された、美と構造の不滅の法則に基づくものである。従ってギリシャ人でもキリスト教徒でも、その不滅なものへのこだわりは、裾をつかむ悪魔に対する抵抗であり、建築家が最も努力すべきことである。[46]」

ヘレナの「ヴェール」を建築の装飾的要素と理解した時、そこから連想される「骨格フォルム」と「芸術フォルム」の一致を目指す十九世紀の「被覆芸術論[47]」は、クレンツェには無縁であった、と言わねばならない。クレンツェは、装飾的な「ヴェール」と建築の構造的骨格との呼応を問うていないからである。クレンツェは、色大理石の石積みと同様の質感を出すために、れんがを上塗りして彩色することを躊躇なく行っているし、図六―五から図六―七の教会案のように、外部のコリント式オーダーによるファサードやクーポラの造形を、内部空間の骨格と切り離して考えているのである。従って、クレンツェが手放そうとはしない「ヴェール」は装飾ではなく、むしろ古代ギリシャの美の象徴として理解すべきである。

クレンツェは、『ファウスト』第二部の解釈から以下の結論を導き出す。「中世建築とギリシャ建築との融合は、現代の理想を実現する上で誤った道として表れる。単純な真理とは、現代建築の課題の充足のために、唯一そして永遠に有効なヘレニズムの形式原理を、至る所そして可能な限り多く、引き立たせるよう努力することなのである。」[48] クレンツェにおける古典建築の「保持」は、それ以外の要素が二義的であることを意味するものである。換言すれば、古典建築の「保持」が、歴史様式の「統合」と交差する場は、「保持」された古典的要素と、そこに組み合わされた様々な歴史的要素が、有機的関連のもとに一つの全体を形成しているときに限られるのである。

第七節　結

建築家クレンツェの個性は、あくまでギリシャ建築をとおしてのみ発露するものであった。しかし彼が実働した十九世紀前半ドイツの時代精神は、施主であるルートヴィヒ一世とマクシミリアン二世、またライバル建築家を遣わして、クレンツェの自我を揺さぶり、彼を古典建築の場に安住することを許さなかった。それゆえクレンツェは、古典建築を継承する立場を貫きながらも、「様式統合」理念に踏み込んでゆき、バシリカ形式の採用による教会建築の「指針」をはじめ、「アテネウム」計画案等、実践にそれを反映させていった。そしてそれらの営みが古典建築の「保持」の概念に集約されたのであり、そこに建築家クレンツェの本質を理解する鍵がある。

〔註〕

（1）　Leo von Klenze: Projet de Monument à la Pacification de l'Europe. Dédié Aux Souverains Alliés pour la Pacification de l'Europe, Vienne 1814 平、立、断面図の三枚の図版を含む。本論では立面図のみ掲載した。

（2） クレンツェの経歴については、以下の資料を参照した。

Die Kunst des 19. Jahrhundert von Rudolf Zeitler, Berlin 1966, S.306 / Glyptothek 1830-1980 [Ausst.] München 1980, S.134ff

Leo von Klenze, Architekt zwischen Kunst und Hof 1784-1864. [Ausst.] hrsg. Winfried Nerdinger, München 2000

Adorian von Buttlar: Leo von Klenze, Leben-Werk-Vision, München 1999

（3） K.F. Schinkel: Ueber den Projekt des Baues einer Cathedrale auf dem Leipziger Platz zu Berlin, als Denkmals für die Befreiungskriege. in; Paul Ortwin Rave: Karl Friedrich Schinkel, Berlin I, S.187-202 図版 一九三頁

（4） シンケルの一八〇四年十二月にパリで書かれたD・ジリーへの手紙。Karl Friedrich Schinkel: Reise nach Italien, Tagebücher, Briefe, Zeichnungen, Aquarelle, Berlin 1979, S.118

（5） Christian Cay Lorenz Hirschfeld: Theorie der Gartenkunst, Nachdruck der Ausgabe Leipzig 1779-85, 5 Bde. in 2 Bden. Hildesheim/Newyork 1973, 1.Bd. S.154

（6） ヴァルハラの建設過程については以下の文献を参照した。

L.v. Klenze: Sammlung architektonischer Entwürfe welche ausgeführt oder für die Ausführung entworfen wurden, H.7: Walhalla in artistischer und technischer Beziehung. München 1842

Veit Loers: Walhalla zwischen Historie und Historismus, Verhandlungen des Historischen Vereins für Oberpfalz und Regensburg 119.Band, 1979, S.345-371

（7） クレンツェは、「ギリシャのフォルムを奴隷的にまねたのではない。ただ偉大な教えに従っただけである」と自己弁護している。L.v. Klenze: Sammlung architektonischer Entwürfe, ibid., Walhalla in artistischer und technischer Beziehung. München 1842

（8） C.C.L. Hirschfeld: Theorie der Gartenkunst, ibid., 1, S.220ff

（9）十八世紀フランス建築にみる、内部空間のトンネル・ヴォールトから、ギリシャ的な構築性に基づき、構造体を露出し、外観の形状と一致した切妻天井への変更は、バイエルン国王ルートヴィヒ一世とプロイセン皇太子フリードリヒ・ヴィルヘルムとの交友を通じて、シンケルからの提案に基づくことが明らかになっている。
　Adrian von Buttlar: „Ein feuriges Wollen", Klenzes Verhaltnis zu Schinkel in; Aufsätze zur Kunstgeschichte, Festschrift für Hermann Bauer zum 60. Geburtstag, [hrsg.] K. Moseneder, A. Prater, Hildesheim/Zürich/New York 1991, S.304-317, 特に三一〇頁

（10）Veit Loers: Walhalla und Salvatorkirche, Verhandlungen des Historischen Vereins für Oberpfalz und Regensburg 118.Band, 1978, S.137-171

（11）C.C.L. Hirschfeld: ibid., 3, S.109

（12）L.v. Klenze: Sammlung architektonischer Entwürfe, ibid., Walhalla in artistischer und technischer Beziehung. München 1842

（13）C.C.L. Hirschfeld: ibid., 3, S.110-118, 特に一一八頁
　ちなみに手前に見える煙たなびく農家は、「才ある詩人に、穏やかで牧歌的な羊飼いの生活を真似ることを命じる」ために、風景庭園の構成上欠かせぬものだった。

（14）L.v. Klenze: Sammlung architektonischer Entwürfe welche ausgeführt oder für die Ausführung entworfen wurden, München 1830ff（1847^{2}）S.1

（15）L.v. Klenze: Der Tempel des olympischen Jupiter zu Agrigent, Stuttgart und Tübingen 1821, S.8, なおこの一文は次の文献にも繰り返されている。
L.v. Klenze: Anweisung zur Architektur des christlichen Cultus, München 1824^{1}（1834^{2}）, S.7

（16）L.v. Klenze: Anweisung zur Architektur des christlichen Cultus, ibid., S.15

（17）K.F. Schinkel: Das Architektonisches Lehrbuch, [hrsg.] Goerd Poeschken,（1979）, München-Westberlin, S.71（一八二五年頃の草稿）

(18) Arthur Schopenhauer: Die Welt als Wille und Vorstellung, Bd.1, Leipzig 1819, S.309

(19) L.v. Klenze: Anweisung zur Architektur des christlichen Cultus, ibid., S.7

すでに初期の著作にもこの用語は用いられている。「どれほど個々のフォルムがギリシャのそれから離れているように見えても、建築の〈統語〉は、次世代に影響を与えるに十分なものをもっていた。ある内的〈類似〉によって、枠組みが与えられていたからである。」

(20) L.v. Klenze: Versuch einer Wiederherstellung des toskanischen Tempels nach seinen historischen und technischen Analogien, München 1824

L.v. Klenze: Der Tempel des olympischen Jupiter zu Agrigent, ibid., S.7

(21) L.v. Klenze: Sammlung architektonischer Entwürfe, ibid., S.1

(22) L.v. Klenze: Sammlung architektonischer Entwürfe, ibid., S.1

(23) L.v. Klenze: Sammlung architektonischer Entwürfe, ibid., S.1

(24) L.v. Klenze: Anweisung(1824) ibid., S.3

(25) Leon Battista Alberti: De Re Aedificatoria, Florenz 1485, アルベルティ『建築論』相川浩訳、中央公論美術出版、(一九八二)二三頁 in; Klenzeana, I/9. S. Xviii(クレンツェ晩年の草稿)

(26) Klenzeana, XIV, 1(一八一八年二月十一日付の皇太子からクレンツェへの手紙)

(27) L.v. Klenze: Anweisung(1824) ibid., S.8-17, 特に九頁

(28) L.v. Klenze: Anweisung(1824) ibid., S.17-23, 特に一七頁

(29) L.v. Klenze: Anweisung(1834), ibid., S.13

(30) L.v. Klenze: Anweisung(1834), ibid., S.13

(31) L.v. Klenze: Anweisung(1834), ibid., S.21

（32）　L.v. Klenze: Der Tempel des olympischen Jupiter zu Agrigent, ibid.,S.7
（33）　L.v. Klenze: Anweisung（1824）, ibid., S.6
（34）　L.v. Klenze: Anweisung（1834）, ibid., S.15
（35）　L.v. Klenze: Anweisung（1834）, ibid., S.21
（36）　L.v. Klenze: Anweisung（1834）, ibid., S.21
（37）　L.v. Klenze: Anweisung（1824）, ibid., S.32-33, 図版ＸＸＶ－ＸＸⅦ
（38）　L.v. Klenze: Anweisung（1834）, ibid., S.21
（39）　Rudolf Wiegmann: Der Ritter von Klenze und unserer Kunst, Düsseldorf 1839, S.10,「アルルカン」とは、イタリア喜劇の男性道化師のこと。ヴィーグマンは、クレンツェの折衷的造形を皮肉っているのである。
（40）　Erläuternde Bemerkungen in Bezug auf das architektonische Preisprogramm, BGHA（Bayerische Geheimes Hausarchiv）77/6/90, 24-2-2
（41）　L.v. Klenze, BGHA 77/6/90, 24-2-5（註四三と同日に提出されている。）"Nothwendige Erläuterungen zu den Entwurfen für ein Athenäum" 図版は Staatliche Graphische Sammlung（München）が所有する。Inv.Nr.26007（平面図）, Inv.Nr.27124（教会外観透視図）, Inv.Nr.35057（立面図）
（42）　二〇〇〇年のミュンヘンでのクレンツェの展覧会カタログでは、この立面図の成立を一八四八－四九年頃とみなしており、設計競技以前の試作と位置付けている。セグメント・アーチがマクシミリアン様式における様式統合を象徴する形式とみなされたという考えに基づいており、半円アーチはそれ以前のフォルムとして位置付けられる点で本論とは矛盾しない。Leo von Klenze, Architekt zwischen Kunst und Hof 1784-1864. [Ausst.] hrsg. Winfried Nerdinger, München 2000, S.479-480
（43）　L.v. Klenze, BGHA 81-6-349（一八五二年八月二十三日付の国王マクシミリアンへの手紙）

（44）Klenzeana I/9, Architektonische Erwiderungen und Erörterungen über Griechisches und Nichtgriechisches（1860-63）S.109

（45）J.W.v. Goethe: Faust, zweiter Teil, 9945-9954
ゲーテ『ファウスト』第二部　相良守峯訳　岩波書店（一九五八）、三五四―三五五頁

（46）Klenzeana, I/9, Architektonische Erwiderungen und Erörterungen, ibid., S.112

（47）カール・ベティヒャーは、「骨格フォルム」を「力学的に必然なシェーマ」と、「芸術フォルム」を「機能を解明する覆い」「象徴的な添え物」と定義し、両者の一体化を理想としてのギリシャ建築に見る。
Karl Bötticher: Die Tektonik der Hellenen, 2Bd., Potsdam 1843-52, S.XV

（48）Klenzeana, I/9, Architektonische Erwiderungen und Erörterungen, ibid., S.113

第七章　古典建築と中世建築との内的融合
――ヒュプシュにおける「ルントボーゲン様式」の展開について

第一節　序

本章は、一八三〇年代から一八六〇年代にかけてドイツに広まった、「ルントボーゲン様式」の特性を考察し、「様式統合」の理念との関係を明らかにする。「ルントボーゲン様式」とは、半円アーチを用いた建築をその対象とする曖昧な概念であるため、時代や場所が特定されず、十九世紀前半には「ビザンチン様式」[1]（クーグラー）、「古（初期）キリスト教建築」[2]（ヒュプシュ）、「ロンバルディア・ドイツ様式」[3]（ショーン）、「ロマネスク様式」[4]（ロンベルク）などの特長として、「ルントボーゲン様式」が語られた。[5] 建築史家クラウス・デーマーは、起源が曖昧なこのフォルムを、ギリシャ建築とゴシック建築の中間の時代に位置するものとして、ラディカルにも「総合的様式モデル」[6]と名づけている。「ルントボーゲン様式」の理論と実践の代表は、カールスルーエの建築家ハインリヒ・ヒュプシュ（Heinrich Hübsch, 一七九五―一八六三）であり、本章では、彼の建築論を中心に、その考察がすすめられる。

第二節　古典芸術とキリスト教芸術

ヒュプシュは、ダルムシュタットのギムナジウムを経て一八一三年からハイデルベルクで数学、哲学を学んでいる。当時ハイデルベルクには、中世絵画の収集家であったボワスレー兄弟や、『古代民族の象徴と神話学』（一八一〇―一二）を著したフリードリヒ・クロイツァーがおり、クロイツァーのゼミナールにヒュプシュが参加していたことがわかっている。(7) クロイツァーは、建築を、巨大なマッスによって作用する信仰形式の表現と理解した上で、ヘーゲルの弁証法的歴史観を先取りするかのように、インドの洞窟神殿やエジプトの霊廟の如き素材そのものを造形原理とする東洋主義、そしてギリシャ神殿の如き人間化されたフォルムが素材にまさるヘレニズム、そしてゴシック聖堂の如き人間精神が新しい高次なものを求めるキリスト教主義の三段階の発展思想を唱えていた。(8) ヒュプシュが、クロイツァーの発展的歴史観について、ある程度の認識をもっていたであろうことは、以下の考察において重要な意味をもつ。

ヒュプシュは、その後ダルムシュタットの建築家ゲオルク・モラー（Georg Moller, 一七八四―一八五二）との交友を通して、一八一五年に、カールスルーエでフリードリヒ・ヴァインブレンナー（Friedrich Weinbrenner, 一七六六―一八二六）に師事し、建築家を目指した。(9) 解放戦争後の高揚感漂うこの時期に、ヒュプシュはゴシック建築に関心を持ち、「あっという間に極端なものへ気持ちが移るように、ゲーテやシュレーゲルの影響もあって、当時模範としてみなされた、古典様式による単純なファサードから、生き生きとした豊かなゴシック建築へ転じた」(10) 一青年であったが、彼の師、ヴァインブレンナーは、シンケルと同じくジリーに学び、当時の新古典主義建築を代表する建築家であったから、まずは師に従い、古典建築の基礎を学ぶことが要求された。

ヒュプシュはそうして、一八一七年からローマをはじめ南欧を旅行し、特にローマには同年から二年間、加えて一八二二年から二年間滞在している。当時ローマに芸術を学ぶドイツ人は多かったが、トーアヴァルセンやラフォホのような古典芸術を支持する「古典派」と、シャドーやオーヴァーベックのようなキリスト教芸術を支持する「ナザレ派」に分かれていた。(11) ローマはいうまでもなく古代芸術の都であり、またカトリックの総本山サン・ピエトロを抱え、両派の主張には根拠がありながら、前者が美的感覚の充足を尊重したのに対し、後者は芸術を情感の言葉とみなすことによって、その対立の溝は埋めがたいものであった。その対立の構図は、一八三〇年からドイツに生じる、建築の「様式論争」の前兆と呼べるものであった。つまり、ギリシャ建築を永遠の真理とみなす古典派と、ゴシック建築をキリスト教的、ゲルマン的なものとみなすキリスト教中世派である。

しかし、キリスト教芸術を支持する「ナザレ派」は、イタリア・ルネサンスに、特にラファエッロにその範を求める一方、それと同時に、祖国への愛情をもって、ルネサンス期の巨匠、アルブレヒト・デューラーの再評価へも向かうことになった。その伏線は、例えば初期ロマン派の詩人ヴィルヘルム・H・ヴァッケンローダー（一七七三―九八）の『芸術を愛する一修道僧の心情吐露』（一七九七）の内に見出され、「ローマとドイツは同じ大地の上にあるのではないか(12)」という彼の言葉から、「ナザレ派」は勇気付けられていた。ドイツロマン主義に固有の、全体性への憧憬が、ここでは同時代の画家、ラファエッロとデューラーを結び付けようとする。ヨハン・F・オーヴァーベック（一七八九―一八六九）の『イタリアとゲルマニア』（一八二八）は、ヴァッケンローダーから霊感を受けたものである。イタリア芸術とドイツ芸術を象徴する二人の女性が、手に手を重ねあい、二つの理想的な美の融合として描かれると同時に、ローマからドイツ芸術の再生が可能であることを暗示している(13)（図七―一）。ローマ滞在時のヒュプシュは、後年カトリックへ改宗したように、(14) キリスト教の真理を芸術の真理とするナザレ派に共感していた。若きヒュプシュが、ドイツロマン主義の精神を吸収していたこと、発展的歴史観の知識を獲得していたこと、さらに古典主義建築の基礎を身につけつつも、それだけでは満たされぬものを

図七-一　イタリアとゲルマニア

持っていたことの内に、シンケルの青年期との類似性があると考えられるのである。

第三節　「ルントボーゲン様式」の特性

ヒュプシュは最初の二年間のローマ滞在ののち、一八一九年にギリシャを訪れることがかない、遺構を直接体験することによって、再びローマに戻る時には、一つの確信をもつに至った。今日的な建物への要求に対して、機能的な観点からギリシャ建築は充分ではないことと、美的観点からは、ヒルトやヴァインブレンナーによる新古典主義が、ギリシャ建築によらず、むしろローマ建築の盲目的復興にすぎないことである[15]。その確信から、一八二八年に、初期ヒュプシュの代表的著作である『いかなる様式で我々は建築すべきか』（以下『様式』）が生まれた。これは師匠のヴァインブレンナーの逝去から二年後であり、一八二七年にはカールスルーエに招聘され、宮廷建築家の職についていたことも時節をとらえた点で重要である。オーヴァーベックが『イタリアとゲルマニア』を描いたその年は、デューラー没後三百年にあたり、ニュルンベルクで盛大な祝祭が催され、祖国ドイツに対する気分が高揚した年でもある。一八二八年復活祭第二週目にあたる四月六日「五時半にはザンクト・ヨハネスーゴッテスアッカーへの道を歩んだ。曇天で寒く、雪も舞っていた。朝六時に一同、デューラーの墓前に集い、大きなキヅタの花冠をお墓に飾り、祝祭の静けさが生まれた」と、ルートヴィヒ＝エミル・グリムの銅版画はその厳粛な情景を今日に伝えている[16]（図七―二）。

ヒュプシュの書は、デューラーの墓前に集った芸術家たちに献呈された。つまり、「今日の要求に対してその（古典）様式では不十分であると、かなり一般的に認められているにしても、（中略）より良い代替策を提示できないがゆえに、（中略）古典様式による建設を疑いながらも継続している[17]」という冒頭の一文から明らかなように、

「古典様式」という足かせからの解放がその書の目的であった。それは、自身のヴァインブレンナーからの解放ではなかったか。『いかなる様式で……』という表題は、歴史様式の自由な選択を問題とすることから、それが結果的に「様式論争」の皮切りともなった。ヒュプシュは、「様式は普遍的なものである」という観点に立って、構造的には二つの基本型、すなわち「水平的・直線状の架構」と「ヴォールト的・アーチ状の架構[18]」を挙げる。両者がそれぞれ古代ギリシャの神殿と、中世の大聖堂に対応することはいうまでもなく、ここに構造的見地から、建築の二つの極が枠組みとして設定されたと考えられる。

ヒュプシュはさらに、「様式は、私たちの自然な形成要因の今日的な性格から生じなければならない[19]」と述べることによって、四条件――建築材料、静力学的（tekno-statisch）経験の立場（構造）、天候（耐久性）、必要性――から、ドイツにふさわしい建築様式を、柱梁構造の古典建築にではなく、ヴォー

図七－二　デューラーの墓前にて

ルト構造の中世建築に求めている。建築材料としての石は、ドイツでは強度の弱い砂岩が主に使われるがゆえに、大理石を用いたギリシャ建築と同等の水平梁は構築できない。従って、それと同程度のスパンを望むならば、アーチ構造しかないことが指摘されている。構造に関しては、石を用いる限り、大胆に構築されうるヴォールトとアーチを用いた建築が優勢であり、ギリシャの列柱架構以上に経済的なアーチ架構を洗練していくことが可能である。天候に関しては、南方ギリシャに比して厳しい北方の気候にふさわしい、それなりの勾配をもった屋根と、雨に対する細部の納まりが必要である。さらに大人数を収容する大空間への必要に対応するためには、アーチ架構が俄然有利である。

上記の如く、今日的な目的にとって、各項目においてヴォールト架構が列柱架構より優れていることをヒュプシュは示した。しかし、ヒュプシュはギリシャ建築を否定はせず、それを「配置における偉大な単純として、つまり厳格に、徹底的に実施されたあらゆるフォルムの均質と、分別ある装飾の慎み[20]」と性格づけ、畏敬の念をこめて「真実[21]」と呼ぶ。アーキトレーヴは屋根の支えのために必要なところにのみ表れ、装飾もあくまで要素を飾るためのものである。壁は切石から立ち上がり、継ぎ目は見事な規則性をもって交互に組まれる。「真実」とは、つまるところ内的必然性をもった造形にほかならない。それに対してローマ建築は、「マルケルスの劇場やローマのコロセウムのように、エンタブラチュアはここでアーチによってのみ支えられているのであり、半円柱によってではない。（中略）一ヶ所で両者を同時に用いることは、考えられる最も不幸な重複として認識する必要がある[22]」と退けられる。「様式統合」に対するヒュプシュの否定的な一所見がここにある。またヴォールト構造の発展したゴシック建築の尖頭アーチは、ルントボーゲンと同じ構造原理からなっており、その有機的な構造形式は讃えられるが、それは芸術「作品（Werk）」ではなく芸術「断片（Stuck）[23]」にすぎず、「ジグザグ」の装飾の過剰さと、内部空間の釣り合いの悪さからやはり退けられている。

シュピッテル・マルクトの「ゲルトラウデン教会」案（一八一九—二四）においてシンケルが指摘したゴシック建築の短所は、ヒュプシュも同意するにちがいない欠点であった。それに対して、「ルントボーゲン様式」の平滑な壁面は「慎み深い美しい切石構造によって畏怖の念をおこさせ[24]」、装飾は「本質的な部分を覆うのではなく、花壇の飾られる部分に対して抑制的に用いられる[25]」がゆえに、ローマはゴシックの造形に比すれば、ギリシャ建築の「真実」が息づいていると、ヒュプシュは言う。「ルントボーゲン様式」を推奨する若きヒュプシュにおいて、対極的な構造形式そのものの統合は単なる結合であり、「最も不幸な重複」であるから退けられるにせよ、中世建築の構造形式にギリシャ建築の「真実」が宿ることは不可欠であった。ヒュプシュは、古典建築への奴隷的なコピーからも、狂信的な中世ゴシック建築への過剰評価からも退かねばならないと考え、現代にふさわしい建築様式を、唯一、ルントボーゲン建築に見出す。「古典建築の足かせ」からの解放を求め、ゴシック様式の復興をも許さない、いわば二極の中庸を歩むヒュプシュの立場がここにある。

「ナザレ派」が絵画において試みた、古典古代の単なる作品模写からの解放を、ヒュプシュは建築において試みたことから、ゲオルグ・デヒオは、ヒュプシュを「ナザレ派建築家[26]」と呼んだ。ヒュプシュが『様式』で挙げている「ルントボーゲン様式」の模範としての、ドイツのライン河近くに建つマリア・ラーハ修道院聖堂（一〇九三年定礎）は、なるほどロンバルディア・ロマネスク様式の典型として知られ、南方の爛熟した文化の北方への影響の結果と見ることもできる（図七—三）。しかし少なくともヒュプシュの戦略は、構造的、合理的観点に割り切って、古典建築に対するドイツ建築の固有性を求めることにあった。比較的小割りにした砂岩を主材料とし、広い空間のために ヴォールト架構を用いて、広い印象をもたせるために、角柱を用いつつ細く見せる分節を施すことが実践の一手法である（図七—四）。ヒュプシュが「ルントボーゲン様式」を選択したことは、結果的に中世回帰にすぎないが、選択する観点は革新的であったといわねばならない。それゆえデヒオと相反して、

図七 - 三　マリア・ラーハ修道院聖堂

図七 - 四　ツィリアクス教会　外観・内観透視図

アンデルス・オーマンが彼を「厳格な合理主義者」[27]と呼んだことも、また一つの真実なのである。

第四節　「感覚的美」と「個性的美」の融合

『様式』を著した後、ヒュプシュはカールスルーエを中心に、「工科大学」(一八三三―三五)、「ツィリアクス教会」(一八三五―三六)、「鉱泉堂」(一八三七―四〇)、「美術館」(一八三八―四六)などを建築し、カールスルーエの建築家として知られるようになった。今日においても町はヒュプシュの建築を大切に使っている。一八四七年に出版された『建築――現代の絵画、彫刻とその関係』(以下『建築』)の序文には、次のように記されている。「二十年前、『いかなる様式で我々は建築すべきか』という問いに対する解答を求めて以来、公共建築の実施を重ね、旅行によって見聞を広め、私はこの問題をより鮮明に認識できるようになった。[28]」つまり『建築』は『様式』の続編として、様式選択の問題を再び取り上げたものとして理解すべきである。

『建築』において、ヒュプシュは建築の美を「(精神的個性と感覚的形式という)対極の内的融合(innige Verschmelzung)である[29]」と規定し、「真なる美は、この両方の世界の幸福なる中心に息づいている[30]」とも表現している。建築芸術は人間の精神をうるおす存在であるが、感覚知覚の仲介がまず必要である。この美の両極性を、ヒュプシュはそれぞれ「本質的な面」と「装飾的な面[31]」あるいは「個性的な美の側面」と「感覚的な美の側面[32]」と呼び、そのどちらも欠けてはならない、互いに補いあうものと見なしている。主に装飾として表れる「感覚的美」に対して、「個性的美」は、もっぱら「空間の用途、及びモニュメンタルな構造」によって生じる。従って、この二つの美の特性の内に、ヴィトルヴィウスにおける建築の三要素、「用・強・美」がこめられていることは明白であろう。

ヒュプシュの関心は特に教会建築にあり[33]、建築の「個性的美の側面」はキリスト教精神によって表現される。つまり主空間は物質的必要を超えた高さをもち、キリスト教の信仰を倫理的に表現した、素材を大胆に支配するヴォールト構造で表現される。ここには、シンケルが『ルイーゼ霊廟計画案要旨』（一八一〇）に表明した、素材を克服した精神の勝利としてのキリスト教建築という理念[34]が生きている。ヒュプシュにとってのアーチ構造は、あくまでキリスト教精神の映しであった。一方で建築の「感覚的美の側面」は、古代ローマ建築の「荒々しい」ディテールでもなく、中世初期（ロマネスク建築）の「粗野な」ディテールでもなく、また中世後期（ゴシック建築）の「熱狂的で繊細な」ディテールでもなく、ギリシャ建築のオーナメントやコーニスがもつ「豊かさ、明晰性、品位[35]」によって表現される。『様式』を書いた頃の若きヒュプシュは、消去法的に古典建築でもゴシック建築でもなく、両者の中庸の「ルントボーゲン様式」を、ドイツ固有の建築に仕立てる論理に意義を見出していたが、壮年のヒュプシュの美の定義は、古典建築と「広い意味での」中世キリスト教建築におけるそれぞれの長所を摂取することに向かっている。その長所とは、様式的な形態そのものを指すのではなく、上述したように、形態に宿る性格を指す。つまり、様式的形態を組み合わせる「外的」融合は、ここでは問題とされていない。あたかもローマのドイツ人コロニーにおける二大派閥を仲介するように、両建築を「内的に融合する」意志を明言している点に注意すべきであろう。ヒュプシュの建築思想には、明らかに「様式統合」の理念が生きている、と言うことができる。

ヒュプシュの『建築』における「ルントボーゲン様式」の模範は、ロッジア・ディ・ランツィの如き、「古典的・新キリスト教的時代[36]」の建築にあったが、晩年の著作『建築記念碑と古代の記述による古キリスト教教会――古キリスト教様式の後世の教会建築への影響について[37]』（一八五八―五九）では、「古典的・キリスト教的時代[38]」の初期キリスト教バシリカ建築へ変化する。あたかも半円アーチのルーツを求めるかのように思えるヒュプシュの意識の変遷においては、キリスト教を信仰しつつも、知性と教養は「私たちの内に鳴り響く古典的なもの[39]」であるという認識は不変であった。ヒュプシュの思想は、以下の一文に集約される。「〈芸術の個性的側面と感覚的側面の双方をみたす〉この方向を折衷的と呼ぶならば、――かのギリシャ人の静謐で完全な、単純明快な芸術と比較して――これを少なくとも折衷主義の通常の悪い意味にとってはならない。それはただ普遍的な美の方向に関わるだけであり、それは結果として二つの文化の内的融合に至る。倫理的表現なくしてギリシャ芸術は存在せず、感覚的本性なくして中世キリスト教芸術は存在しなかった。[40]」この文章から理解するならば、中世キリスト教建築からゴシック建築は排除されえない。ゴシック建築こそ「心情の芸術」と呼ぶにふさわしいからである。K・E・O・フリッチュは、『様式の考察』（一八九〇）において十九世紀を回顧し、ルントボーゲンを主な特徴とするロマネスク様式を、「ゲルマン的な感受性と古代世界からの継承との融合[41]」と呼んだ。ここにも「二つの文化の内的融合」の一つの表現がある。

ここで注目すべきことは、ヒュプシュが、自らの立場を悪い意味での折衷主義から区別していることである。ヒュプシュのいう悪い折衷主義とは、「建築は、一つの様式に縛り付けようとする宗教や慣習との密接な関係を持たない、という観点から、様々な建物を様々な様式で施し、建築のカーニバルを生む無性格な没時代的見解[42]」を意味する。異文化の「内的融合」という〈高次の〉折衷に対して、ヒュプシュは恣意的な多元論的造形を、〈低次の〉折衷として峻別するのである。

第五節　「ルントボーゲン様式」の展開（一）――セグメント・アーチ

『様式』と『建築』の二冊の内容の考察から、ギリシャ建築でもゴシック建築でもなく、その中庸としての

「ルントボーゲン様式」という観点から、ギリシャ建築の装飾性とヴォールト建築（ゴシック建築も含む）の崇高性との融合としての「ルントボーゲン様式」という観点へのヒュプシュの意識の変化が明らかにされた。その変化の根拠は、建築家ヒュプシュの作品の内に求められるべきであろう。ヒュプシュは、無意味な装飾を元来認めていないが、『建築』において、構造のあり方を補足し、助長する限りにおいて、れんがやテラコッタの使用によるポリクロミー（彩色学）[43]を容認している。第四節で考察した「個性的美」と「感覚的美」の関係は、いわば「骨格」と「皮膚」の関係であった。「骨格」は有機的構成体の基盤となり、形姿を規定するにしても形姿そのものではない。「皮膚」の形姿は恣意的に骨格に張り付いたものではなく、「骨格」を外部に投影するものである。

　このヒュプシュの思想の典型を、例えばバーデン・バーデンの「鉱泉堂」（一八三七—四〇）に

図七 - 五　鉱泉堂　外観透視図

見出すことができる（図七―五）。列柱廊とホールがT字形の平面をなし、前面が開放された列柱廊は、切石積の基壇上にある。正面中央の三ベイが僅かに突き出し、ペディメントをもつ玄関を形成する。円柱は、手摺の高さに合わせた柱台の上に立ち、柱頭の上からセグメント・アーチがかかる。「感覚的美の側面」から見れば、列柱廊後部の壁面において、ピラスターが前面の円柱と対応し、彩色タイルによって壁面と付柱が明瞭に分節される（図七―六）。台座や円柱、手摺には白砂岩、アーチやヴォールト天井にはれんが、壁面にはテラコッタや彩色タイルなど、豊富に材料が用いられている。上塗りせずに、構造体のれんがの持ち味を活かし、装飾が構造分節をグラフィカルに視覚化する。「主なるフォルムは、規則的に縁取りする多彩な枠組みや装飾の充足によって、完成された豊かさとして表れる。特に装飾は、多様な平行線や数学的図形、あるいは動植物の形象から成る(44)」というヒュプシュの「感覚的美の本性」の説明から明らかな如く、ギリシャ建築の「真実」は、欠くべからざるものであった。構造的機能を有してはいないがゆえに、それがなくとも建築としては機能するが、それがあることによって、建築はより豊かになるのである。

「個性的美の側面」から見れば、セグメント・アーチを採用したことが注目される。ヒュプシュは『作品集』（一八三八）において、「合理主義者」として「鉱泉堂」の構造的特性を説いている。つまり、軽やかな空間

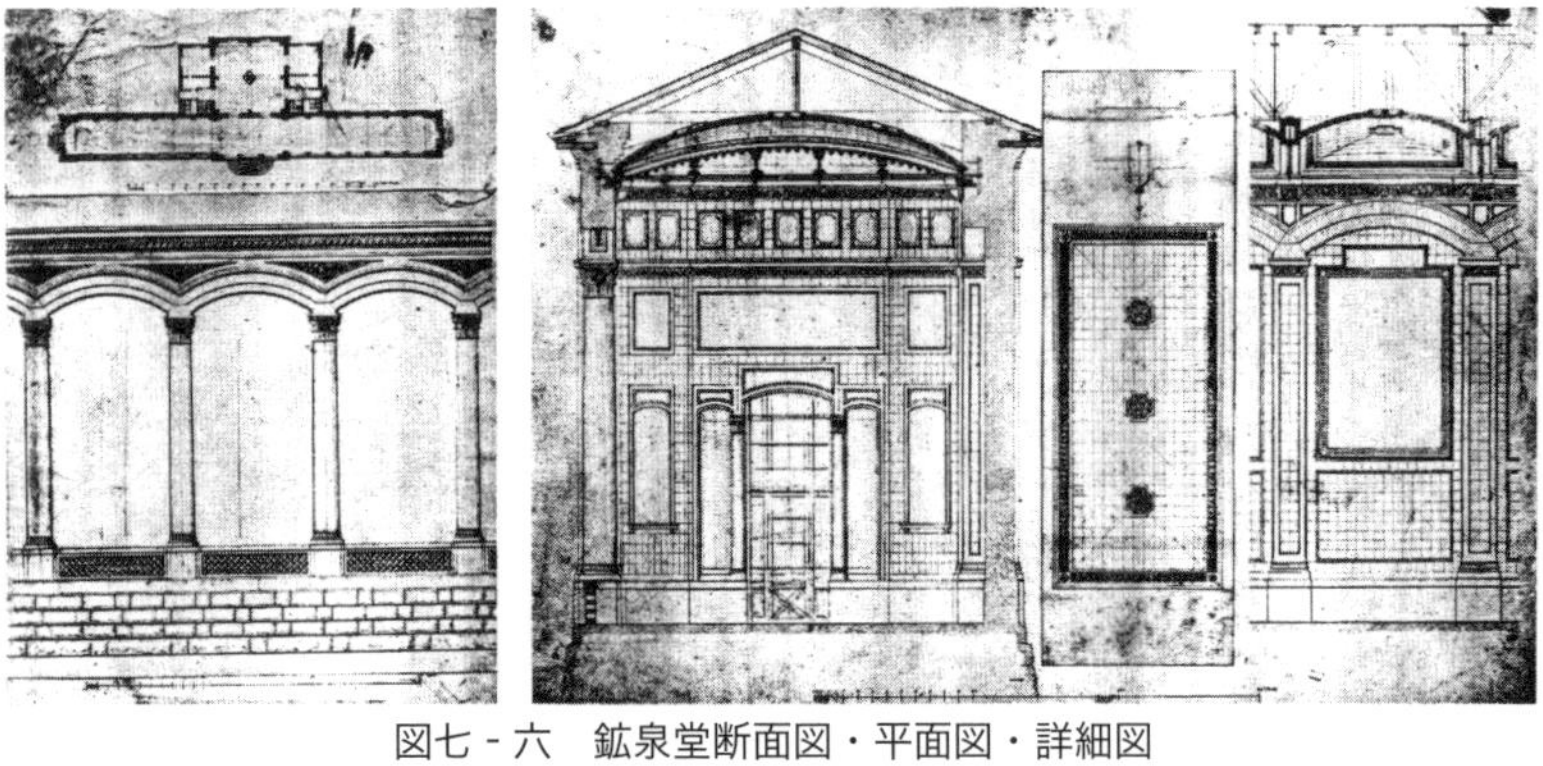

図七-六　鉱泉堂断面図・平面図・詳細図

をつくる上で、柱を可能なかぎり細くし、柱頭の上にくる水平の「醜い鉄のタイ・ビームを目立たなくする」ために、ヴォールト曲線を緩やかにし、半円アーチを偏平にしたというのである。[45]シンケルも「建築アカデミー」（一八三二―三六）において、開口部や内部の梁にセグメント・アーチを用いたが、ヒュプシュの「鉱泉堂」の場合、セグメントが波を描くように連続していることに形態上の特長がある。平面的な長さのわりには、アーチの横力に対する構造的「押さえ」として効力をもつ両端部のマッスが少ないのは、セグメントのおかげでもある。平面短手方向も、緩やかなヴォールト天井によって、タイ・ビームを意識させない。この種の平面形式をもったロッジアの先駆的例として、初期ルネサンスのF・ブルネレスキの「捨子医院（オスペダーレ・デリ・イノチェンティ）」（一四一九―四五）が挙げられる。しかしそれは半円アーチであり、セグメント・アーチを採用したことにヒュプシュの独創性があり、マンフレート・クリンコットは、この形態に関して「半円アーチにヘレニズム的方向が加わった[46]」と評した。それは、半円アーチよりも水平性が強調されたことから、「ルントボーゲン様式」の一つの発展形態を示しているとともに、弁証法的には、アーキトレーヴ（テーゼ）とアーチ（アンチテーゼ）を止揚した、第三のフォルム（ジンテーゼ）と言えなくもない。その意味で、「ヒュプシュは、緊張感あるエレガンスを生み出した。もしあらゆる建築家がそのルントボーゲン・アーチで、ギリシャ建築と中世建築の統合（Synthese）を目指していたならば、そのアーチは彼らを魅了したにちがいない[47]」とクリンコットは記した。

一方『建築』の最終章である「今日的建築に固有の造形」においては、柱間距離が同じ場合、円柱と水平の梁構造よりも角柱とアーチ構造のほうが、構造的、経済的に有利なことは自明であるが、美的観点から「軽やかな空間」を目指す場合には、円柱とアーチという、元来矛盾する組み合わせこそ好ましいことが指摘されている。[48]かつて『様式』において、ローマ建築におけるアーチと柱梁構造の組み合わせを「最も不幸な重複」と批判していたのに対して、そこにヒュプシュの意識の変化を読み取ることができよう。それは、若きゲーテが、円柱の壁面への融合を矛盾として批判したのに対して、後に、建築の「詩的部分」の形成の上では許容されると、自らの態度を修正したのと同じことである。ヒュプシュは、「このフォルムの組み合わせを、最近シンケルやクレンツェのような厳格な古典主義者ですら取り入れている」[49]と述べている。具体的に何を指しているかは明らかではないが、例えば、クレンツェの『キリスト教建築指針』の図版Ⅲ（図七―七）は、まさに円柱とアーチを組み合わせた例であり、クレンツェは、ヒュプシュと同じ主旨の一文を添えている。「支持点が少なく、アーキトレーヴを用いるには柱間距離が大きい場合には、円柱と半円アーチを結びつけ、端部には現実的にも、見かけ的にも十分な堅牢性を確保する。そうすれば、釣り合いと美に対する感覚は、この組み合わせを、古典的古代のレベルにまで高めることができる。[50]」

結論として、円柱とセグメント・アーチとを組み合わせた「鉱泉堂」の意義は、以下の一文に表現されている。「調和的アンサンブルのために、個人的な趣味を犠牲にする建築家は、それゆえアーキヴォールト（迫縁）をセグメントにする。それによってポルティコは可能な限り高くなり、軽やかに形成されるからだ。[51]」ヒュプシュにとって、セグメント・アーチは理性からだけでは規定できない、感性の要請にも基づく形態である。それによって、人間の心に訴える豊かさが建築に付与されたのである。潔癖な合理主義者になりきれないヒュプシュの姿のうちに、「様式統合」の理念の存在意義がある。

なおこの「鉱泉堂」の形式が、晩年の「宮廷劇場」（一八五一―五三）のロッジアにも展開されているがゆえに、付言を要する（図七―八）。ここでも僅かに張り出す正面中央の三ベイが、ペディメントをもつ玄関を形成して

図七‐七
キリスト教教会案　立面図

いる。一層目には、角柱と半円アーチをもって、堅牢さを表現し、二層目には、コリント式円柱とセグメント・アーチをもって、軽快さを表現する。下階の角柱幅に視覚的に対応するために、上階はダブルの円柱を設け、それによって構造的には横力は軽減される。ゴシック建築の如く、垂直方向の壁柱が蛇腹を超えることなく、ローマ建築の如く、ピラスターが蛇腹の手前で終わることもなく、ヒュプシュの「ルントボーゲン様式」においては、プラスターの垂直分節は、蛇腹の水平分節とともに、一つの調和的な「有機的全体[52]」を形成しているのである。

第六節　「ルントボーゲン様式」の展開（二）

これまでの考察をもとに、ヒュプシュ以外の「ルントボーゲン様式」支持者の、「様式統合」理念との関係を以下に指摘しておきたい。

第一に、「ルントボーゲン様式」支持者は、歴史的観点から、ロマネスク様式が「ゴシックという風変わりな狂信によって、その発展の中断を余儀なくされた[53]」と

図七 - 八　宮廷劇場　外観透視図

いう論法を用いる。そこから、ルントボーゲンが今日なお発展可能な造形であるという結論を導くのである。一例を挙げるならば、ゴットフリート・ゼンパー（一八〇三―七九）は、一八四二年に焼失したハンブルクのプロテスタント教会「ニコライ教会」再建のための競技設計（一八四四）に、半円アーチを用いた案を提出し、一等に入選する（図七―九）。ゼンパーの設計趣旨によれば、半円アーチを用いるロマネスク様式は、ゴシック様式と対極にあり、「古ドイツ（ゴシック前）の教会建築様式は、新しい尖頭アーチの要素とホーエンシュタウフェン朝のバットレスの導入によって、その進化を妨げられた[54]」と記す。しかしこの半円アーチの形態は、ギリシャ・ローマ建築の円柱の要素と同様、「建築の表現を繊細なものへ高めることができる[55]」という。シンケルが「ペトリ教会」再建案（一八一一―一四）で提案したように、ゼンパーは、礼拝における説教を重視するプロテスタント教会にふさわしく、交差部に信者席を設け、東側内陣に祭壇を配置した平面構成を考える。それが立面にもおのずと反映され、交差部にかかる巨大なクーポラは、高いドラムの上にのり、小さいランタンによって完結する。ブルネレスキのクーポラ（フィレンツェの大聖堂）からの影響は明らかであるが、縦長に引き伸ばされたプロポーションに特長がある。四隅の塔にもクーポラの相似形がデザインされ、部分と全体の有機的関連性が生み出されている。垂直方向に強調された窓のプロポーションはゴシック的ニュアンスを感じさせるが、ロンバルディア帯や半円アーチや付柱、及び水平の切石積は、総じて十三―十四世紀のト

図七-九　ニコライ教会案　外観透視図

スカーナ建築を想起させるものの、ゼンパー案は総体として十九世紀の建築である。この案に、ゴシック的要素と古典的要素の統合をもって、「ルントボーゲン様式」の展開を見ることも不可能ではない。

第二に、「ルントボーゲン様式」支持者は、ギリシャ建築とゴシック建築の対極関係を明確にし、ルントボーゲンを両極の融合形態をみなす。C・L・スティーグリッツは、「理性が支配的に作用するギリシャ様式、絵画的な魅力をもつルントボーゲン様式、ファンタジーが支配的に作用する尖頭アーチ様式」を三大建築様式と呼び、構造システムからみて、ギリシャ様式を水平方向への広がりをもったもの、尖頭アーチ様式を垂直方向へ上昇するものとみなし、連続する半円アーチをもつ「ルントボーゲン様式」を「両建築様式の融合」と位置づけた。(56)スティーグリッツにとって、「融合」とは、同時に様式上の過渡的な状態をも意味したために、いずれの様式も等価的であり、建築の課題に応じて自由に使うことは可能であった。その意味において、建築家アントン・ハルマン（一八一二―四五）は、「ルントボーゲン様式（ビザンチン様式）」を「ヴォールト・アーチ線と、水平・垂直線との完全な浸透、もしくは融

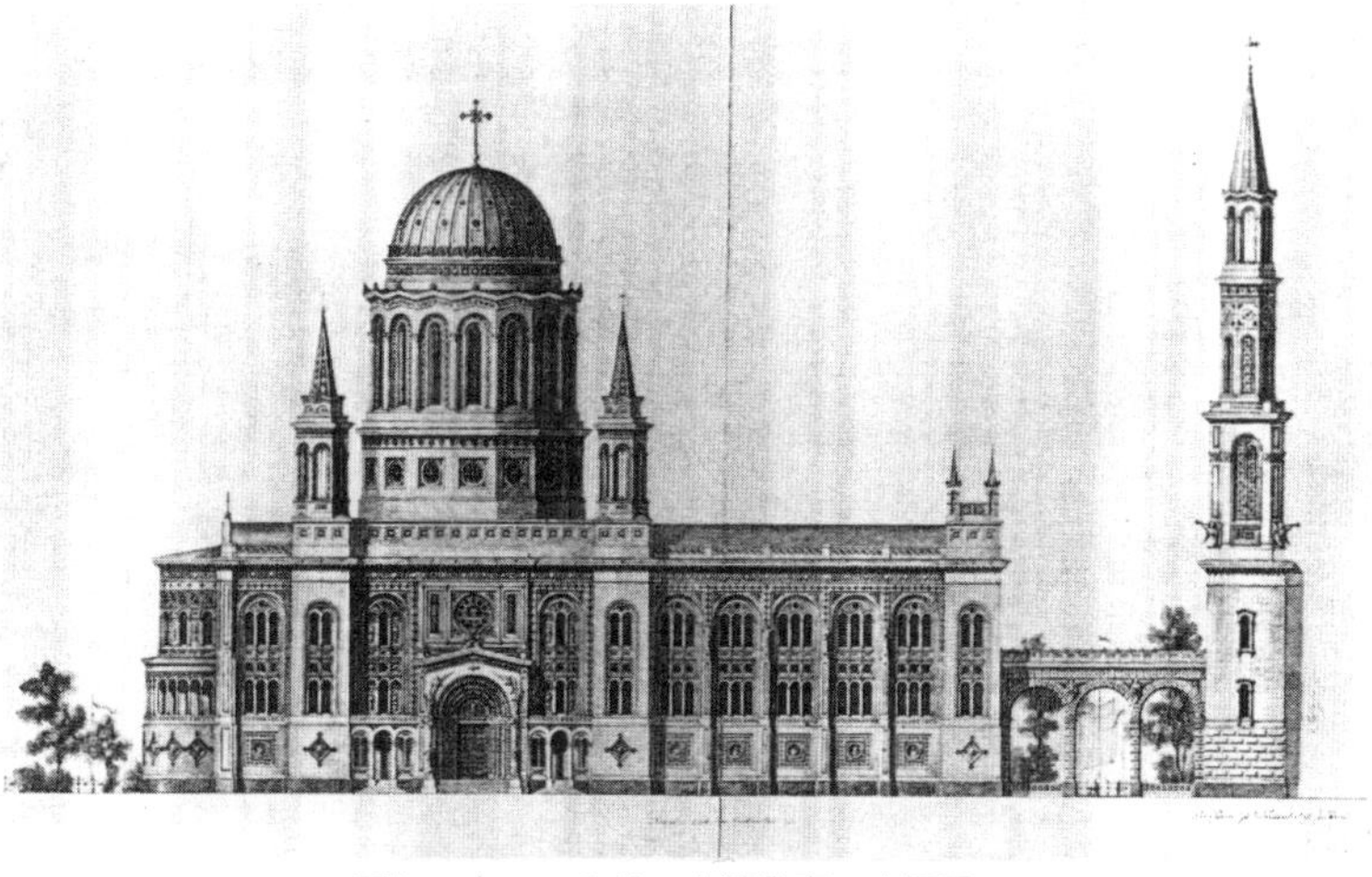

図七-十　ベルリン大聖堂案　立面図

合（Verschmelzung）[57]」と認め、機能的観点から、特にプロテスタント教会にふさわしいと考え、「ベルリン大聖堂」計画案（一八四〇）において、ビザンチン的な華麗さをもって、ルントボーゲンを採用している（図七―十）。

また、デュッセルドルフのアカデミー教授であるルドルフ・ヴィーグマンは、「ルントボーゲン様式」を推奨する上で、以下の理論を提唱している。彼は、コンスタンティヌス大帝のバシリカ以来十三世紀のゴシック建築に至るまで、建築は古代世界から離れていった。つまり、「ゴシック建築は完成したロマン主義として、古典主義の対極に位置する[58]」と考える。その場合、ヴィーグマンは、古典建築を「外面的・感覚的」なものとして、ゴシック建築をそれとは対極的な「内面的・精神的」なものとして性格づける。「外面的」とは、古代神殿において、外部空間は祝祭の場であり、神殿内部はプロナオスのほかに神の像を設置するためのケッラがあったことを意味する。「内面的」とはそれに対して、教会建築が信者の集う内部空間に比重をおき、その内部が建築の「本来の核[59]」であるのに対して、外部は「付随物」であったことを指す。その対比をもって、ギリシャ建築とゴシック建築の質の違いが性格づけられた。加えて、「古典建築の使命が、感覚的なものを精神化すること、現実的なものを理想化することにあるとすれば、キリスト教建築は、精神的なものを感覚化すること、理想的なものを現実化することに向かっていった[60]」と言う。つまり、古典建築が自らの原理に固執する限り、「物質主義」という病に至るように、キリスト教建築も「精神主義」という病的状態に至る危険をもつ。それゆえヴィーグマンは結論として、ギリシャ建築とゴシック建築との調和と和解（Versöhnung）を求め、ロマネスク的な「ルントボーゲン様式」を支持したのである。

第三に、ミュンヘンの建築家、フリードリヒ・ゲルトナー（一七九一―一八四七）は、シンケルの「様式統合」理念と同様に、未来を志向しつつ、「ルントボーゲン様式」を、古典建築と中世建築との統合として位置づけている。ミュンヘン近郊アウの「マリアヒルフ教会」の設計競技に関連して、ゲルトナーは友人マルティン・ヴァーグナーにあてた一八二八年一月二十八日付の手紙のなかで、教会建築のあり方を次のように記している。「前年夏のイタリア旅行は、多くの点で、私にイデーを呼び起こしてくれました。私の場合には中世建築から、また初期キリスト教時代の人々の場合にはバシリカから感動を得たのですが、ギリシャのフォルムをキリスト教的なものへ翻訳しても、良い趣味を引き出すことはできません。思うに厳格で、几帳面なギリシャ建築の規則と、中世（建築）の純粋で心情的なもの、幻想的なものとの間には何かがあり、もしそれらが統合されうるならば、カトリック教会（建築）にとって、最高のものがあるにちがいありません。」[61]「ギリシャのフォルムを翻訳する」という表現は、ライバルの建築家であるクレンツェの創作態度を念頭においたものである。ゲルトナーの関心は、古典建築の「翻訳」ではなく、古典建築と中世建築はそれぞれ一面的であるがゆえに、あくまで両者の「統合」である。ただしシンケルの場合には、中世建築をもって、主にゴシック建築を意味していたのに対して、ゲルトナーの場合には、ヒュプシュと同様、広い意味での中世建築を指している。ゲルトナーは、設計競技の応募案に不満をもち、上記の内容を国王ルートヴィヒ一世に訴えたのであるが、その後、国王の要請に基づいて、自ら対案を提出していた。それに該当する案は三案あるが、第一案、第二案は類似しており、三案とも三廊式バシリカにアプシスをつけ、その背後に塔を設ける平面構成は同じであり、クレンツェの『キリスト教建築指針』（一八二四）の影響下にあることは明らかである。[62]意匠上の焦点は、ロッジアを形成する玄関部にある。第一案（図七―十二）は、ファサードが三分割され、コリント式柱頭をもつピラスターとエンタブラチュア、及び半円アーチのアーケードが結びついている。左右の壁面には、彫像を納めるための小さな半円アーチ状のニッチが設けられている。アーケードの半円アーチと上部の開口部との釣り合いは極めて悪く、付け足しのピラスターは、ヒュプシュのいう「最も不幸な重複[63]」にとどまっている。第三案（図七―十二）では、コリント式オーダーをもつ角柱の上に半円アーチがかけられ、端部の付柱がエンタブラチュアと結びつき、合理的造形を示している。

身廊と側廊の比が延長され、三ベイに相当する入口と五ベイのアーチをもつことによって、ファサード全体は内部の反映としての調和を得ている。第三案に「様式統合」を志向する上での進歩が見られるとはいえ、新しい宗教建築を表現するには至っていない。

第七節　結

若きヒュプシュは「ルントボーゲン様式」を、合理的、構造的観点から、ギリシャ建築復興でも、ゴシック建築復興でもない、両極の中庸として位置づけ、十九世紀ドイツにふさわしい建築様式とみなした。その際、「様式統合」の理念はあまり大きな意味をもたず、中世回帰が問題になるばかりである。その様式が、「ギリシャかそれともゴシックか」、という一元論的建築論に基づく「様式論争」の第三の選択肢として一八三〇—六〇年代に隆盛を極めたことは、ここにその根拠がある。しかし一八四〇年代のヒュプシュは、「個性

図七 - 十一
マリアヒルフ教会第一案　立面図

図七 - 十二　同第三案　立面図

的美」と「感覚的美」の融合、すなわち中世的ヴォールト構造がもつ倫理性と、古典的装飾がもつ明晰性の「内的融合」として「ルントボーゲン様式」を評価するに至る。そのヒュプシュの統合の理念は、特に「鉱泉堂」の計画に見られたことを明らかにした。そこでは、装飾による明快な壁面分節と、構造的合理性からセグメント・アーチを採用したのみならず、空間の「軽やかさ」を呼び起こすために、円柱とアーチという元来矛盾した要素の統合が試みられている。晩年のシンケルが、「構造や目的から建築を計画したときには、干からびたものが生じ、歴史的なものと詩的なものが締め出された(64)」と、若き日々を回顧したように、ヒュプシュは壮年に至って、「歴史的、詩的なもの」をもって建築を豊かなものにするためには、合理性からは切り捨てられてしまう「様式統合」こそ重要であることを理解し、「ルントボーゲン様式」のさらなる展開を試みたのである。

〔註〕

（1）Franz Kugler, Museum. Blätter für bildende Kunst, Berlin 1835, S.191 in: Klaus Döhmer: In welchem Style sollen wir bauen?, Architekturtheorie zwischen Klassizismus und Jugendstil. München 1976, S.23

（2）Heinrich Hübsch: "Sollen wir heute unsere Kirchen im gothischen oder im altchristlichen Styl bauen?", Beilage der Augusburger Postzeitung, Nr.26, vom 6. Feb. 1855

（3）Ludwig Schorn, Kunstblatt, 10. Tübingen und Stuttgart 1829, S.393 in; K. Döhmer: In welchem Style sollen wir bauen, ibid., S.23

（4）「該当する様式を人はロマネスクと呼ぶ。なぜなら、ルントボーゲンのシステムは、根本的にローマ的なものであり、イタリアの古キリスト教建築は、ルントボーゲンをバシリカに取り入れたからであり、それは結果的にローマからゲルマン民族に移植されたものである。」

"Die byzantinische Baukunst", in: Romberg's Zeitschrift, 4. 1844, S.213-229

（5）ヒュプシュは、十世紀の西ヨーロッパにおける建築をルントボーゲン様式と併記して、「古ビザンチン様式、薪ギリシャ様式、前ゴシック様式」とも呼んでいる。in; H. Hübsch: In welchem Style sollen wir bauen?, Kahlsruhe 1828, S.34

なお本書の巻末に上記ヒュプシュの著作を全訳し掲載した。

（6）K. Döhmer: In welchem Style sollen wir bauen?, ibid. , S.22

（7）当時ハイデルベルクには、中世絵画収集家ボワスレー兄弟もいた。Joahim Göricke: Die Kirchenbauten des Architekten Heinrich Hübsch, Karlsruhe 1974, S.13

（8）Friedrich Creuzer: Symbolik und Mythologie der alten Völker,（1810-22）, 4Bände, nach der 3. Auflage（1836-45）,1 Bd., S.172ff

（9）ヒュプシュの経歴は以下の文献に詳しい。Heinrich Hübsch 1795-1863, Der grosse badische Baumeister der Romantik, [Ausst.] Karlsruhe 1983, 特に Ein biographischer Aufriß（Heinz Schmitt）S.10-21

堀内正昭『ハインリヒ・ヒュプシュのルントボーゲンシュティールについて――ヒュプシュの理論と建築作品の検討』（日本建築学会計画系論文報告集第三五八号、昭和六〇年十二月）、堀内氏のルントボーゲン様式に関する一連の優れた研究があることを付言しておきたい。

最近の研究として以下の論文を参照した。

Silke Walther: "In welchem Style sollen wir bauen ?" -Studien zu den Schriften und Bauten des Architekten Heinrich Hübsch（1795-1863）, Stuttgart 2003

（10）H. Hübsch: Bauwerke, Carlsruhe 1838, S.1

（11）シンケルは自らの芸術観を形成する上で、一八〇三―〇五年のイタリア滞在中に、ローマのドイツ人コロニーにおける議論から、影響を受けた。グルッペによれば、カールステンスを中心とする古典派と、オーヴァーベックを中心とするキリスト教中世を志向する「ナザレ派」がその対立を形成していたが、彼らは「繊細で固有な自然の優雅さ、その個性豊かで新鮮な美を求めること」では共通していた。シンケルにとっては、対立の構図よりも、「有機的なもの、美的なもの」への普遍的希求が重要であった。Otto Friedrich Gruppe: Karl Friedrich Schinkel, in: Allgemeine Bauzeitung, 7.Jg., 1842, S.147-170, 275-286, 特に一五一－一五三頁

（12）　Wilhelm Heinrich Wackenroder: Herzenergießungen eines kunstliebenden Klosterbruders, Berlin 1797, S.59

（13）　オーヴァーベックの一八二九年の友人への手紙には次のように記されている。「二人の女性、ゲルマニアとイタリア。両者の要素は、いわば異質なものとして互いに向かい合うが、それを融合（verschmelzen）することが私の目的である。一方には故郷の思い出が、他方にはありがたいことに今日私が享受できるあらゆる華麗で美的なものの魅力がある。」Johann Friedrich Overbeck 1789-1869, [hrsg.] Andreas Blöhm und Gerhard Gerkens [Ausst.] 1989 Lübeck, S.142

（14）　ヒュプシュの五度目のイタリア滞在は、一八四九年秋から約一年間に及ぶ。彼は一八五〇年にローマのカトリック教会で改宗する。前年の母の死、ローマ・カトリックの荘厳な祭式、そして教会建築研究等が改宗の理由に挙げられる。in; Arthur Valdenuire: Heinrich Hübsch, Eine Studie zur Baukunst der Romantik, Karlsruhe 1926, S.45

（15）　「ギリシャのモニュメントを見て、すぐにある確信をもった。その建築は当世ギリシャ的という名の下に行使されている建築とはかけ離れていることと、ヴィトルヴィウスやローマのモニュメントに従って整えられた建築ともかけ離れていることである。……思うに、ギリシャ建築を正しい観点から評価するために、絶対的な美や規則性等の概念から訣別し、純粋な目的にのみとどまらなければならない。」H. Hübsch: Über Griechische Architectur, Heidelberg 1822[1],（1824[2]), Vorwort
なおこの書が、一八二八年の『いかなる様式で我々は建築すべきか』を用意したといえる。

（16）　Alfred Neumeyer: Albrecht Dürers Grab, Eine Dürererinnerung aus der Romantik, in: Kunst und Künstler; illustrierte Monatsschrift für bildende Kunst und Kunstgewerbe, 26,1928, S.260

（17） H. Hübsch: In welchem Style sollen wir bauen?, Karlsruhe 1828, S.1

（18） H. Hübsch: ibid., S.8

（19） H. Hübsch: ibid., S.13

（20） H. Hübsch: ibid., S.18

（21） H. Hübsch: ibid., S.19

（22） H. Hübsch: ibid., S.21, 22, ヒュプシュは同書二〇頁で、ローマ建築を「陳腐な嘘」、同三〇頁では「両性建築（Zwitter-Architektur）」とも呼んでいる。

（23） H. Hübsch: Bauwerke, ibid., S.3

（24） H. Hübsch: ibid., S.38

（25） H. Hübsch: ibid., S.38

（26） Georg Dehio: Geschichte der deutschen Baukunst, Berlin und Leipzig 1930, S.120

（27） Anders Aman:（Artikel）"Heinrich Hübsch", in; Rudolf Zeitler: Die Kunst des 19. Jahrhunderts, Berlin 1966, S.311

（28） H. Hübsch: Die Architectur und ihr Verhältniß zur heutigen Malerei und Sculptur,（Stuttgart und Tübingen 1847）, Neuausgabe, Berlin 1985, Vorwort

本書は十六章からなる。一章：建築と他の美的芸術との関係、二章：建築の美、三章：建築の分節、四章：建築様式の規定、五章：建築の史的発展、六章：ギリシャ建築、七章：ローマ建築、八章：古キリスト教建築、九章：ロマネスク建築、十章：後ロマネスク建築、十一章：ゴシック建築、十二章：古イタリア建築、十三章：ルネサンス建築、十四章：現代における建築様式についての様々な見解、十五章：現代絵画と彫刻の方向性とそれに応じた建築の方向性、十六章：現代の建築様式の固有の形態について

（29） H. Hübsch: Die Architectur, ibid., S.35 三五〜四〇頁は二章「建築の美」についてである。

（30）H. Hübsch: Die Architectur, ibid., S.36

（31）H. Hübsch: Die Architectur, ibid., S.36

（32）H. Hübsch: Die Architectur, ibid., S.37

（33）「私は教会建築を、建築家の最高の課題とみなす。私はどんな金持ちの豪華な家をつくるよりも、ささやかな村の教会をつくることに喜びを感じる」とある。in; H. Hübsch: Bauwerke, Carlsruhe 1838, S.18

（34）第三章を参照されたい。

（35）H. Hübsch: Die Architectur, ibid., S.205

（36）H. Hübsch: Die Architectur, ibid., S.194

（37）「初期キリスト教のモニュメントと、異教のローマのものとを較べると、初期キリスト教建築は決して古代のフォルムの思想のない模倣ではなく、非有機的な折衷主義でもないことを確信する。」H. Hübsch: Die Altchristlichen Kirchen nach den Baudenkmälen und älteren Beschreibungen und der Einfluß des altchristlichen Baustyles auf dem Kirchenbau aller späteren Perioden, Carlsruhe 1858-1863

（38）H. Hübsch: Die Architectur, ibid., S.193

ヒュプシュはシュパイアー大聖堂正面ファサードの修復（一八五三—五五）に関して、次のようにも記している。「シュパイアー大聖堂は、我々の教会建築に大きな影響を及ぼすことだろう。それはロマネスク（あるいはビザンチン）の建築様式が、大変気品ある教会を建てた元来四世紀から八世紀にかけての、通例の古キリスト教建築様式の継承にすぎないことを示すものだろう。」H. Hübsch: Erklaerung zu den Restaurations -Plane des Kaiser-Doms zu Speyer, 1855

（39）H. Hübsch: Die Architectur, ibid., S.195

（40）H. Hübsch: Die Architectur, ibid., S.203

（41）K.E.O. Fritsch: Stil-Betrachtungen, in; Deutsche Bauzeitung. Jg.24（1890）S.417-431, 434-440, 引用四三六頁

（42） H. Hübsch: Die Architectur, ibid., S.184-187
この一文は、特にヴィルヘルム・シュティアーを指すと考えられる（第十章参照）。

（43） H. Hübsch: Die Architectur, ibid., S.228

（44） H. Hübsch: Die Architectur, ibid., S.38
「個性的美」に関して、ヒュプシュは「建築の空間の使命を、真なる個性として把握することにある。その際、可能な限り耐久的な表現を考慮することによって、個性的・特殊的な建築の秩序、並びに個性的・普遍的な構造形態、及び有機体に属する構成部位の結合が生まれてくる」と言う。H. Hübsch: Die Architectur, ibid. , S.38

（45） H. Hübsch: Bauwerke, Carlsruhe 1838, Zweite Folge, Carlsruhe 1852, Bl.1-4

（46） Manfred Klinkott: Der Rundbogenstil von Heinrich Hübsch und sein Einwirken auf die Berliner Profanarchitektur, S.140-151, 引用一四七頁

（47） M. Klinkott: ibid., S.147

（48） H. Hübsch: Die Architectur, ibid., S.211-212, S.218

（49） H. Hübsch: Die Architectur, ibid., S.218

（50） Leo von Klenze: Anweisung zur christlichen Cultus, München 1824^{1} ,（1834^{2}）S.25

（51） H. Hübsch: Die Architectur, ibid., S.219

（52） H. Hübsch: Die Architectur, ibid., S.221

（53） Rudolf Wiegnann: Über den Ursprung des Spitzbogenstils, in: Allgemeine Zeitung（1842）S.37f

（54） Gottfried Semper: Ueber den Bau evangelischer Kirchen, Leipzig 1845, S.12

（55） G. Semper: ibid., S.25

（56） Christian Ludwig Stieglitz: Beiträge zur Geschichte der Ausbildung der Baukunst, 2.Bd., Leipzig 1834, S.179

（57）Anton Hallmann: Kunstbestrebungen der Gegenwart, Berlin 1842, S.80

（58）R. Wiegnann: Über den Ursprung des Spitzbogenstils, ibid., S.37-38

ヴィーグマンは別の論文で次のようにも記している。「この様式（ロマネスクのルントボーゲン様式）が古代と中世という両極端の方向の中心にあったのならば、我々は常軌を逸した精神主義から、真に人間的キリスト教的な神や芸術に対する直観への歩みをすすめたのだから、その様式は今日考慮に値する。」in; R. Wiegmann: Gedanken über die Entwicklung eines zeitgemäßen nazionalen Baustyls, in: Allgemeine Bauzeitung（1841）S.207-214, 引用二一三頁

（59）Gottfried Semper: Vorlesungen über Lehre der Gebäude（1840-41）Manuskript Nr.25, S.212（in; Semper-Archiv an der ETH Zürich）

（60）R.Wiegnann: Über den Ursprung des Spitzbogenstils, ibid., S.37ff

（61）Friedrich von Gärtner, Ein Architektenleben 1791-1847, [Ausst.] [hrsg.] W. Nerdinger, München 1993, S.309（Die Briefe F.v. Gärtners an Johann Martin Wagner）ちなみにゲルトナーは、一八三五年十月に初めてベルリンでシンケルと会った。

なおクラウス・エッゲルトは、一九六三年にこの計画案（図七―十一、十二）を「ルートヴィヒ教会」のための計画としていたが、フランク・ビュットナーの後の研究に従い、本書でも「マリアヒルフ教会」案としている。

（62）ゲルトナー案は、クレンツェの『キリスト教建築指針』の図版Ⅲに極めて似ている。L.v. Klenze: Anweisung zur christlichen Cultus, ibid., Tab.III

（63）本章の註（22）の引用を参照

（64）Aus Schinkels Nachlaß, [hrsg.] A.v. Wolzogen, Berlin 1863, III. S.374

第八章　「様式統合」と「マクシミリアン様式」
――マクシミリアン二世と新しい建築様式の発見について

第一節　序

バイエルン国王マクシミリアン二世は皇太子当時、晩年のシンケルと交流をもち、二通のシンケルの書簡がミュンヘンのヴィッテルスバッハ・アルヒーフに残されており、「マクシミリアン様式」の形成に、シンケルが影響を及ぼしていたことはすでに第五章で明らかにされている。その結果、一八五〇年に開催された設計競技の萌芽は、すでに一八三〇年代に生まれていたことが明らかになった。本章では、マクシミリアン二世（一八一一―六四、王位一八四八―六四）の命による、新しい建築様式の創造を命題に掲げた、一八五〇年の「アテネウム」設計競技に着目し、競技要項、及びいくつかの現存する応募案を考察する。マクシミリアン二世が、シンケルの「様式統合」理念に敬意を払った結果、どこにその決着点を見出していったのかを明らかにしたい。

すでにW・ネルディンガー(1)やE・ドリュッケ(2)、N・クノップ(3)らによる「マクシミリアン様式」に関する研究が知られている。ハーンの研究は第二次大戦前になされた、初期の包括的な建築史的考察であり、原典に値する貴重な資料を含む。ホェーの論文はマクシミリアン街の形成過程の史的研究を軸にアテネウム設計競技を考察したものであり、「様式統合」の問題を重視していない。ドリュッケの建築論的研究は、上記研究とは逆に一切図版を用いることなく、「マクシミリアン様式」に求められた新様式を十九世紀における美学、かつ政治的イデオロギーの面から考察している。ドリュッケは統合の思想を、ヘーゲルを促したほどに、時代の発展思想の基盤として重視した。またネルディンガーの研究は、「マクシミリアン様式」における「様式統合」の試みが実を結ばず、それが、この理念に引導を渡すに至ったことを強調している。それがネルディンガーの論文タイトル『誤った様式統合と建築発展の後退』の意味である。但しネルディンガーの論稿はG・ノイロイター研究の一環としてなされたものであり、いわば外からの眼差しでマクシミリアン様式を論じたものである。筆者の調べた限り、十九世紀後半に、「様式統合」理念は、新しい建築様式の創造のためのプログラムとしては表れてこない。ゴシックのフランス起源説は一八四〇年代から指摘されていたし、歴史様式とその形態の選択以上に、ガラスや鉄といった新素材や構造が注目されはじめ、設計競技[4]と同時期のイギリスでは鉄とガラスの建築（クリスタル・パレス）が生まれた。存在の根底にイデーを据える立場は、実証的な唯物論や近代産業主義によって、批判、克服されなければならなかった。十九世紀のちょうど折り返し地点に開かれた設計競技と、その前後の期間の建築家たちやマクシミリアン二世の言説を考察することによって、「様式統合」理念の変質をたどることができるであろう。

第二節　競技要項の特性（一）施設計画について

「マクシミリアン様式」とは、一八七四年に竣工した「マクシミリアネウム」[5]（旧名称アテネウム）と、そこに至る道路（マクシミリアン街）沿いの建築群を指す。一八五〇年にミュンヘン芸術アカデミーより「アテネウム」建設のための国際設計競技[4]（参考資料二）が公布されたが、競技の結果とは無関係に、ミュンヘンの建築家フリードリヒ・ビュルクライン（一八一三—七二）がその仕事を得る。ビュルクラインは、鉄骨アーチを大胆に用いたホームが評判をとったミュンヘン中央駅（一八四九年竣工）の設計者として知られているが、国王の信頼を得た経緯は不明である。またマクシミリアン街に立ち並ぶ商業施設、公共建築の計画は、一八五一年三月四日にビュルクラインにより提出された「ミュンヘンの美化計画」に始まり、「アテネウム」に遅れて一八五三年に「建築指針」[6]（参考資料三）が公布され、一八五四年にやはりビュルクラインの設計によって一作目（ハウス・ロレンツ）が完成している。[7]「オーバーバイエルン庁舎」、「聾学校とギムナジウム」、「キールロイトナー邸」（図八－一）などがビュルクラインによる。アイ・ストップのアテネウム建築計画に始まり、そこに行き着く街路計画が後続するという史的事実がここにあるが、結果的にビュルクラインが「マクシミリアン様式」を主導する建築家であると言うことができる。しかしマクシミリアン二世はミュンヘンの建築家たちに意識的に公共の仕事を振り分けており（フォイトの「ガラス宮」、リーデルの「国立博物館」、ツィープラントの「ホーエンシュヴァンガウ城」増築等）、かつてのルートヴィヒ一世とクレンツェのような親密な関係は見出せない。また、「アテネウム」や街路計画という現実の課題をめぐって、建築家と国王が入り乱れる形で

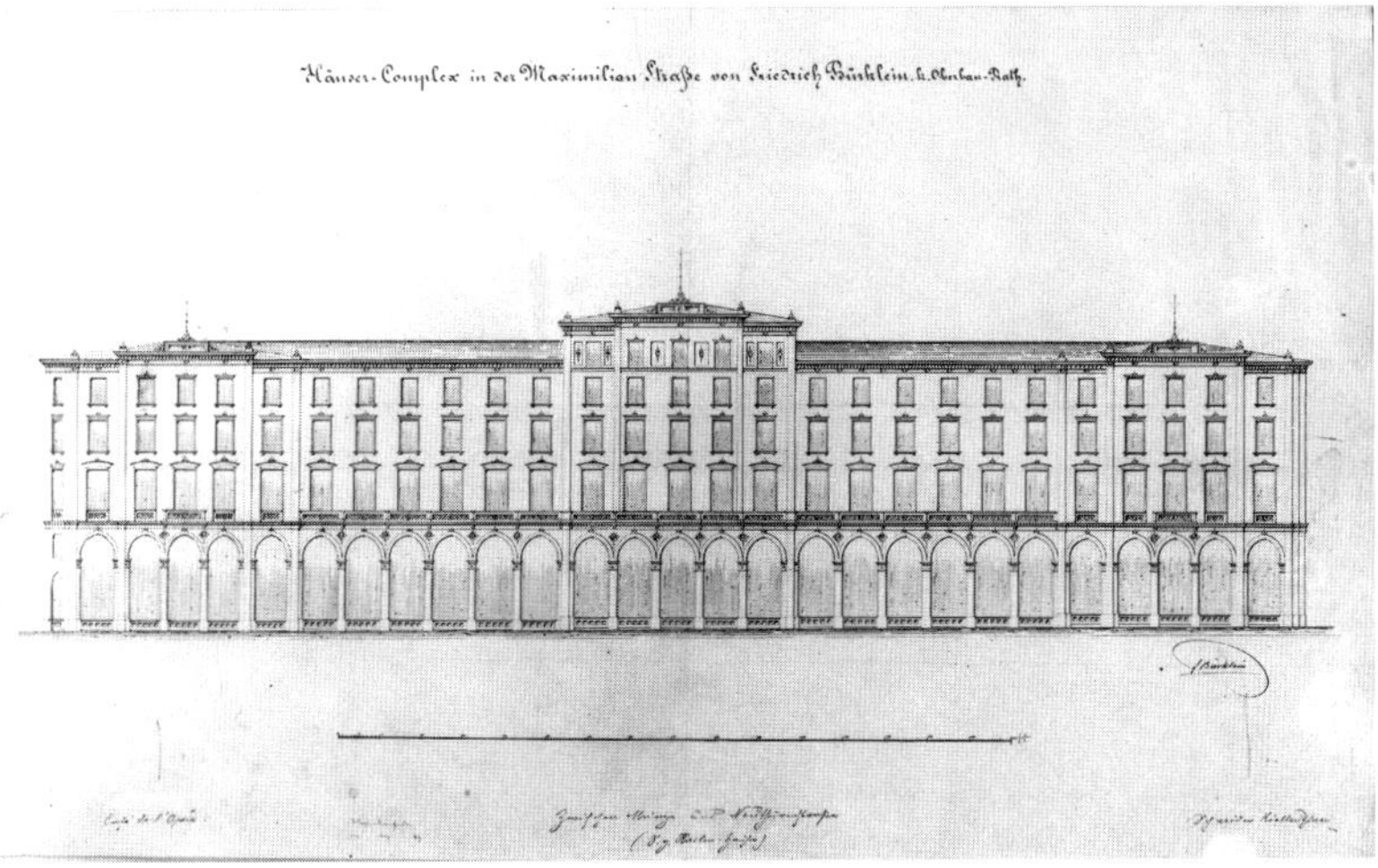

図八－一　キールロイトナー邸　立面図

新建築が模索された構図は複雑である。当時、父親の国王ルートヴィヒ一世は、中心部にある王宮を起点として、ミュンヘン北部の拡張に取り組んでおり、新たに敷設されるマクシミリアン街によって、イーザル河畔に建つ「アテネウム」と中心部の王宮を結ぶことは、地盤が悪いために手付かずであった、街の東部の開発を促進する意味をもっていた。

ギリシャ神「アテナ」の神殿の意をもつ「アテネウム」は、ギムナジウムから大学の間の才能ある青年を国家の要職につけるための教育施設である。建築設計競技要項は『前書』と『プログラム』からなり、加えて『建築設計競技要項に関する覚書』（以下『覚書』）によって、『前書』が補足されている。『プログラム』によれば、一クラス二十人から二十五人で構成され、五クラスからなり、それぞれの教室と寝室、講義室、音楽室、講堂、図書館、食堂、教官室、プール・体育施設という学校施設に加え、大小八十の油絵を飾る展示空間をもつ。油絵は主にバイエルン史や世界史を表す歴史画を指し、生徒の歴史教育と共に一般公開される予定であった。郷土への愛を育むことが意図されていたのである。また経済的理由から後に実現が断念されることになった、付近の住民も使える千人収容の教会も当初要求されていた[8]。今日でいう多目的な複合施設であり、複雑なプログラムから正解を導き出すことは、当時至難の技であったにちがいない。

多目的な施設計画自体がまず注目に値しよう。競技要項が公布されるやいなや、特にジャーナリズムが好奇心をもってその企画を取り上げた。一例を挙げれば、一八五一年五月十日付の芸術雑誌『ドイッチェ・クンストブラット』には、新しい建築が生まれる背景としての内容、すなわち「時代精神」に注目する記事が掲載されている。その筆者（不明）には、ギリシャ建築の内実が「宗教」であり、ローマのそれは「権力」、中世のそれは再び「宗教」であり、私たち十九世紀の精神は「国家」と「人間社会」にあると指摘する[9]。競技要項の一文、「建築へ影響を及ぼす純粋に精神的な要因として、真先に時代精神があり、それによって建築が成立する。我々の時代の基本理念としては、自由への希求、自由な発展への望み、拘束されることのないあらゆる物質的、道徳的諸力の育成への望みが表記されよう。（中略）（一八四八年の王制派と共和派の対立に由来する革命を経て）政治的、社会的関係は、（中略）過去とは全く異なる建築作品を生じさせるであろう[10]」を、上述の雑誌記事の著者はそれゆえ正当とみなし、「アテネウム」という施設計画を時代に適ったものと判断する。

同様の意見を、マクシミリアン二世によって一八五二年にミュンヘンに招聘された国家学教授のW・H・リールも表明している。リール曰く、「他の支配者であれば、恐らく周囲を見おろす最も美しい場所に、城や営舎を建てたことだろう。ルートヴィヒ二世は、あのイーザルの高みにオペラ劇場を考えていたではないか。マクシミリアン二世はしかし、それとは反対に学問の殿堂を望んだのだ。[11]」リールの手放しの賛辞とは裏腹に、この競技設計の企画の背景を考える必要がある。当時のドイツ連邦は、プロイセン王国とオーストリア帝国が、領土面積、人口のみならず、政治的にも二元的ヘゲモニーを形成しており、西南ドイツ、特にバイエルン王国がいわば第三のドイツとして台頭する上で、文化的な側面からのアピールは欠かせぬものだったと、ネルディンガーは指摘する。[12]それによれば、新しい建築様式の希求はスローガンとして掲げられたのであり、その意味で建築は政治的に利用されたということができよう。しかし、時代が王宮や教会ではなく、明らかに公共建築を要求していたことは事実なのである。ミュンヘンの建築家アウグスト・フォイト（一八〇一―七〇）は、一八五一年十一月二十五日の講演『現代建築の状況』において、かつての中世共同体や（宗教的）感動もない現代においては、建築は、「国家の誇りと、共同体への愛と、公益のための個人の利益の犠牲を呼び起こさなければならない[13]」と述べて、「アテネウム」建設計画を支持したことは、彼一人の意見に留まるものではなかった。そこには、建築が国家の象徴となることはもちろんのこと、より崇高な意味において、建築が人間を教化する使命を担う価値があることが暗示されているのである。

第三節　競技要項の特性（二）新しい建築様式への道

設計競技について、マクシミリアン二世は、学問上の師である哲学者シェリングにあてて、「目的は、すでにあるものを繰り返さず、可能な限り新しい建築様式を呼び起こすことです。[14]」と書いている。その表現は一八三三年のシンケルの皇太子への返書の同語反復であり、シンケルがマクシミリアン二世に与えた影響の大きさを物語る。しかし要項にはマクシミリアン二世の性格を反映して、新しい建築様式を「呼び起こす」方向が一つに限定されることなく、中立的に複数書かれており、読者は国王が一体なにを望んでいるのか予測できなかったと考えられる。加えて要項『前書』に対して、要項『覚書』は、『前書』と一部重複しながら、建築表現の可能性を広げた記述がみられ、それが混乱を助長している。筆者は、競技要項から三つの創作手法が展開できると考える。それはドイツ民族に固有な建築様式を唯一ゴシック建築に求める、いわば一元論的視点と、若きシンケルの意に沿った、ギリシャ建築とゴシック建築という二元論的対立の統合の視点と、作家の自由を尊重し、そこから様々な歴史様式を融合する多元論的造形の視点である。以下にそれぞれの特性を考察するが、シンケルの書簡に見られた、理論と実践は表裏一体のものであるという意味において、現存する数少ない応募案を、要項の特性を裏付けるものとして考察することは許されよう。

（三―一）ゴシック様式の展開

マクシミリアン二世のゴシック趣味、特にイギリス・ゴシックへの嗜好は、「ホーエンシュヴァンガウ城」の購入とその改築（一八三二～）に始まり、自らの住居としての「ヴィッテルスバッハ宮殿」をイギリス・ゴシックのモチーフで（F・ゲルトナー設計、一八四三―四八）建設したことに明らかである。[15] 要項『前書』にも、また

『覚書』にも繰り返し「古ドイツの、いわゆるゴシック建築の形式原理を、（中略）できるかぎり目から離さぬこと[16]」とある。さらに時代は自由と進歩を望んでいるからこそ、「冷たさ、鈍重さ、陰鬱さ、厳格さ」を避け、「フォルムと釣り合いにおける軽やかな躍動[17]」を生かすことが求められている。つまり、古典建築を避けることを応募者に暗黙の内に強いているのである。この一元論的視点は一八三〇年代の皇太子のシンケルへの問いかけの延長線上に位置づけられるものであり、国王が最も固執した点であると考えられる。それはまず標的をゴシック一本に絞り、そこから自由に展開することこそ、確かな道であるという考えに基づいている。

要項『前書』において、「装飾に際してはドイツの動植物の形式の使用[18]」が望ましいとあるように、特に民族性は細部のディテールに刻印されると見られており、ゴシックの発展のために、新技術や鋳鉄という新素材を活用しつつ、植物のモチーフからの装飾が要求されている。この視点には、ズルピッツ・ボワスレーがかつてマクシミリアン二世に提出した『建築史概観』（一八三九）が反映されていると考える。ボワスレーは、「生き生きとした植物の世界から作者の自由に基づいて、導き出され

図八 - 三　同墓石　全体図

図八 - 二
ケシを用いた装飾、及び墓石への応用　詳細図

る装飾[19]」をガラス絵画のような新技術によって多様に造形することが、当世の課題であると提言していたからである。E・メッツガーが一八四一年に出版した『ドイツの植物に基づく装飾図版集[20]』は、ケシやホップや馬鈴薯といった在来種をモチーフとした、自然主義的模倣による装飾を掲載し、ボワスレーの論旨を具体化したものと考えることができる（図八―二）。図八―三はケシをモチーフにした装飾によって飾られた墓石である。方形屋根にケシが絡まり、永遠の休息（眠り）が象徴化されている。絡んだケシから聳える頂きの十字架は、眠りからの復活の印でなければならなかった。

（三―二）対極の融合

ゴシック様式の展開という一元論的観点に対して、二元論的な「様式統合」理念も要項に見られる。「才能あるバウマイスターであれば、既存の建築形態を、古典的建築とロマン的建築形式を、また直線と半円アーチ、尖頭アーチを、（中略）全く自由に使うことができる。そして、それらを独創性溢れる、美しい有機的全体に結び付けることができるであろう[21]」という一文がそうであり、具体的には、「水平的なギリシャのフォルムをもつ単純で穏やかな性格と、高みに向かうゴシックの建築様式の要素との結合を考慮すること[22]」を要求している。この一文が、若きシンケルの一創作手法であったことは明らかである。古典建築とゴシック建築との統合から生じる造形の緊張感と躍動感は、要項から判断すれば、構造形式の融合から達成されると理解される。一八五一年四月三〇日付の新聞『アルゲマイネ・ツァイトゥンク』に掲載された『新しい建築運動』と題する批判文では、「建築の歴史的発展から離れないこと、しかし原理に欠けた、既成のフォルムの恣意的混合に陥らないこと[23]」が重要であると「様式統合」理念の原点を踏まえている。この著者（不明）は、ミュケナイ建築の内に渾然一体となっていた、後のギリシャの円柱、アーキトレーヴ建築と、エトルリアのアーチ・ピラスター建築が、ローマ人によって統合され、そこに「新しい全体」が創造された歴史的前例を挙げ[24]、ローマ建築が必要以上に華美に造形し、不純な混合に至った誤りがあったにせよ、今回のミュンヘンでの試みも、成就するに不可能ではないと書いている。

要項における「様式統合」理念に関して、シェリングはマクシミリアン二世に宛てて、次のことを記している。「古代の建築芸術は完結し、ゴシック建築は極端なそれとの相違を示す。あらゆる他の可能性は、その両者の間にのみあるように思える。新しい建築様式は、かつてそれだけで使われていた原理を、今までにない形で、組み合わせることからのみ生まれてくるだろう。[25]」シェリングの一文は、歴史の継承内容が様々な層をなしていることを教えてくれる。要項における、構造形態の統合の示唆は明瞭でわかりやすいが、表面的で陳腐な造形に終わる危険性を孕むものである。

(三—三) 多様の統一

要項の冒頭には、「様々な様式の要素や固有性を融解 (Verschmelzung) し、今までに存在しなかった新しい建築様式を築こうとする[26]」ことが目的として掲げられている。さらに要項には「選ばれた建築様式が既知の建築様式にとりわけ属さぬように、彼らが提示された課題を合目的的に解くために、様々な建築様式やその装飾を全き自由において用いることが望ましい[27]」、あるいは、「建築家は既知の建築様式の一つをさらなる発展にもたらすか、また全く自由に、あらゆる既存の建築様式とその装飾を使うこともできる。課題は、オリジナルに溢れた、美しく有機的な全体を造形することにある[28]」とある。要項の意味することは、歴史上の様式言語を課題に対して正しく選択、活用して、一つの多元論的全体をつくることに他ならない。しかも短い要項文に「自由」という単語は四回も繰り返されている。一元論的視点とは逆に、まず自由があり、そして自由の目覚めた、深められた力によって、未来の統一を期すという考えに、この多元論的視点は基づいている。しかしその自由な振る舞いは、折衷を招くことは容易に予想されるところである。もはやこの観点においては、融合される要素が、対極的であるかどうかは全く意味をもたない。

本設計競技において、この多元論的造形が注目を浴びたことは、一八五〇年代から生じた批判からも明らかである。「（マクシミリアン街の建築に関して）新たに組み合わされた家のデコレーションができるだけで、真に新しいものではない」[29]というW・H・リールの批判をはじめ、「人は新しい建築様式を化学の問題を解くが如く、実験によって生み出すことができると思いあがっている」[30]（J・マイヤー）や、「美的感情は、全く異なる建築様式の不自然な結合に抵抗を覚える」[31]（G・ノイロイター）や、「新様式として装う様式の混合は極めて非芸術的になされた」[32]（C・グルリット）等、批判の多くが恣意の折衷という観点から行われている。G・ゼンパーが晩年の講演で、「ミュンヘンでは国王の願望と指示のもと、あの有名なマクシミリアン様式が生まれた。その根底には次の如き深い理念があった。私たちの文化は、あらゆる過去の文化の要素から組み合わされたものだからこそ、私たちの現代の建築様式は、あらゆる時代や民族の建築様式の、あらゆる要素の可能な混合（Mischung）でなければならない」[33]と述べたことは、アイロニーとして理解すべきである。ゼンパーにとって建築様式は「世界史的理念」から合法則的に発展するものであり、知的操作の所産としての「混合」は許容できないものだった。

第四節　「アテネウム」案の特性

応募案が集まらなかったこと等の理由から、設計競技の提出期限は二度にわたり延期された[34]。そして一八五二年六月一日の最終期限に集まったのは十七案であった。マルクグラーフのメモによると、一八五二年四月十五日に審査員が公表されている。要項発表時点で審査員が決まっていなかったことは勿論のこと、応募者と審査員の重複は問われていない。クレンツェ、ツィープラント、ビュルクラインのミュンヘン在住の建築家のほかに、ニュル、シュトゥーラー、ヒュプシュ、ツヴィルナー、ハイデロッフ、ガウ、イットルフといった審査員が招聘されている。審査日時やその経過を示す記録は残っていないが、一位に選ばれたのは、ベルリンの建築家ヴィルヘルム・シュティアー（一七九九―一八五六）であった(35)。応募者の提出図面のほとんどが未発見であり、かつフォイトとクレンツェの審査員評が残っているだけである。残存する何点かの図面遺稿から判断するならば、前節で明らかにしたように矛盾に満ちた要項から、必然的に混沌とした作品が提案されており、それが以下に整理される。

(四―一) ゴシック様式の展開

一八四七年に、ティエルシュによる「アテネウム」の企画の妥当性を問うために(36)、芸術アカデミーの所長カウ

図八-四　アテネウム試案　立面図

ルバッハの推薦[37]から、同アカデミーの建築家であり、ゲルトナーの後継者に位置づけられるルートヴィヒ・ランゲ（一八〇八―六八）に「アテネウム」の試案作成を命じている。[38] ランゲは、「知識にものをいわせて」様々なゴシックのモチーフを「注ぎ込んだ」。皇太子が「あらゆるロマン的建築様式の魅力ある要素を融合すること」[39]を望んでいたことを知っていたにちがいない。正面左のカテドラルの内陣をはじめ、後期ゴシックの市民建築のファサード、正面中央に単塔式の聖堂を思わせるバラ窓と時計を付けた前室空間や尖頭アーチのアーケードなど、教会建築と世俗建築の要素が入り乱れている（図八―四）。ランゲ案の提出は一八四八年一月二十四日であるが、皇太子の反応は知られていない。自由主義の台頭による同年の「三月革命」から、父ルートヴィヒ一世の退位とマクシミリアン二世自身の国王即位が生じ、ウィーンやベルリンに対して流血の惨事には至らなかったミュンヘンではあるが、政治的混乱に伴う二年の空白期間を経て、一八五〇年に入って「国王」マクシミリアン二世として設計競技が開催されるに至ったのである。

イエナの建築家、エルンスト・コップは、主催者に無許可で自ら編集する雑誌、『単純で純粋な建築表現への貢献』（一八五二）に自案を掲載していた。[40] 平面（図八―五）はコの字形の棟が、奥行き方向に三つ重なり、それぞれが中庭で結ばれている。前面の棟の正面には主機能（寝室、講義室、食堂等）が、右翼部に教会が、左翼部に歴史画を納める絵画館がレイアウトされ、基本的に対称形をなしている。全く異なる機能が左右に同じ外観（図八―六）を呈しているのは不自然である。断面図から、それぞれの棟に鉄骨のヴォールト構造を用いていることが読み取れる。要項『覚書』の一文「鋳鉄を扱うことによる新しい構造的要素の可能性」に対して、コップは軽快な構造表現に意識的であるが、石から鉄へ材料が置換されるのみで、力学的な解析によるゴシック的展開がなされたわけではない。チューダー・アーチを用いたという意味でイギリス・ゴシック的なコップ案は、ライヒェンスペルガーと同様に、尖頭アーチの建築様式こそ調和ある全体を作り上げることができる、と信じているかの

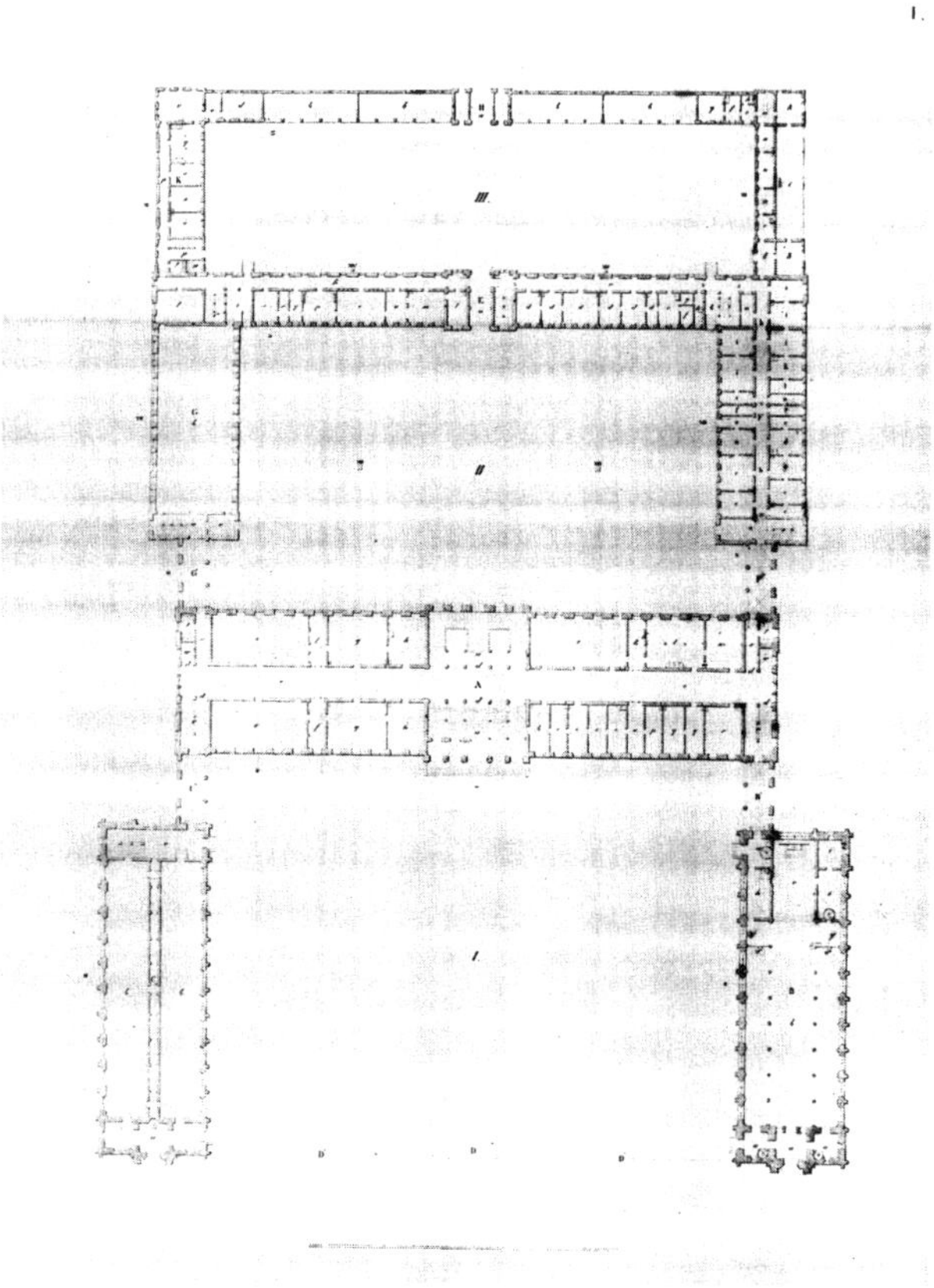

図八 - 五　アテネウム案　平面図

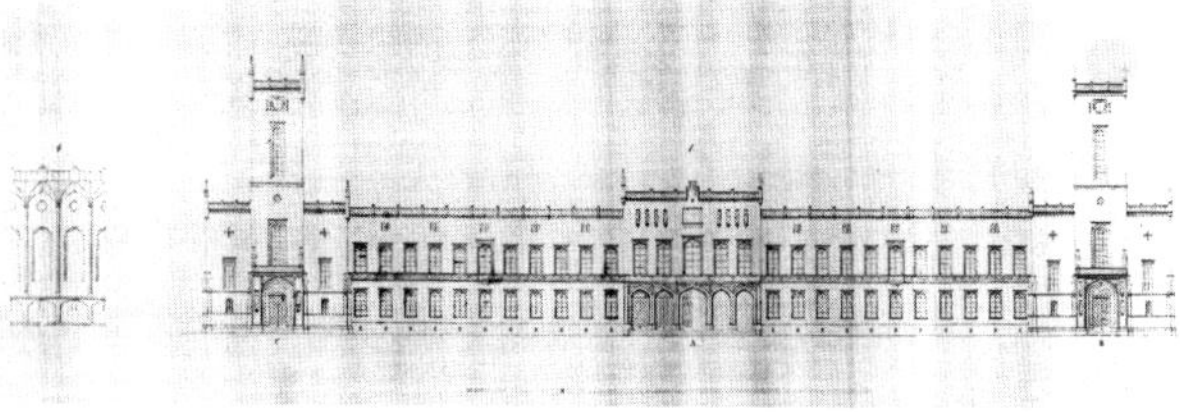

図八 - 六　アテネウム案　立面図

ようである。しかしブロックの配置や輪郭はむしろ重厚で厳格であり、「単純」ではあるが、「純粋な建築表現への貢献」とは呼べないであろう。コップは設計主旨のなかで、「シンケルは様式を低俗に混ぜ合わせ、芸術の堕落への扉を開いたのだ[41]」と厳しく糾弾しており、「様式統合」に対する一元論的な見方からの典型的な批判として特記される。しかし、宗教建築（教会）ならともかく、多目的な世俗建築をゴシックの「純粋」な表現によって展開すること、すなわち、最晩年のシンケルのいう「第二の道」は、コップ案においてその限界を呈示しているのである。

（四―二）対極の融合

『覚書』には美の規範として「基本形（詩のリズムのようなもの）を見つけること[42]」とうたわれており、クレンツェがセグメント・アーチを用いたことはすでに第六章に述べたとおりである[43]（図六―九）。体操場、水泳場など多目的な施設に統一性をもたらすために、消去法によって導き出されたセグメント・アーチ（図八―七）を、ヘーゲル的な意味でギリシャ的水平性とゴシック的上昇性という二元対立を止揚する第三のモチーフとして見ることも可能であるが、フォルムそのものが新しいわけではない。

同様にミュンヘンの建築家ゲオルク・F・ツィープラント（一八〇〇―七三）も、セグメント・アーチによる左右対称の立面を提案していた[44]。下書きと思われる平面図（図八―八）と立面の左半分（図八―九）が残っている。中央部のみ三階建てで、左右の翼部は二階建ての全面に、ほぼ同じプロポーションの開口部が連続し、壁体から突き出た円柱にセグメント・アーチがかかる。第二章で問題とした、円柱の壁面への融合のテーマがここにも表れているが、意識的に円柱を壁面から離し、両要素の間に「空隙」を設けることによって、全体としては穏やかで彫りの深いファサードが形成されている。「新しい幾何学的な線はもはやない[45]」、つまり構造形式は出

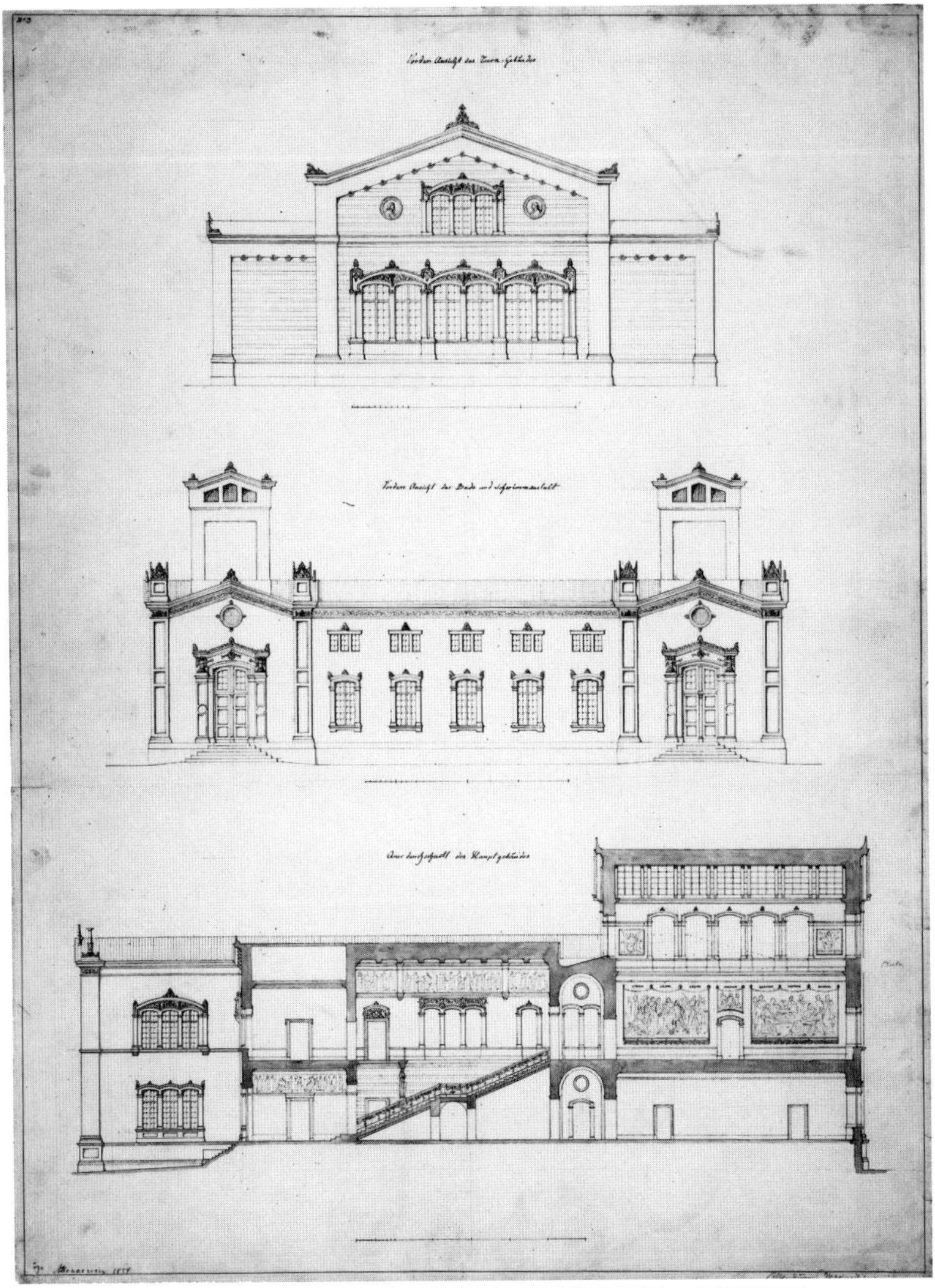

図八 - 七　アテネウム案　体操場、水泳場立面図、主屋断面図

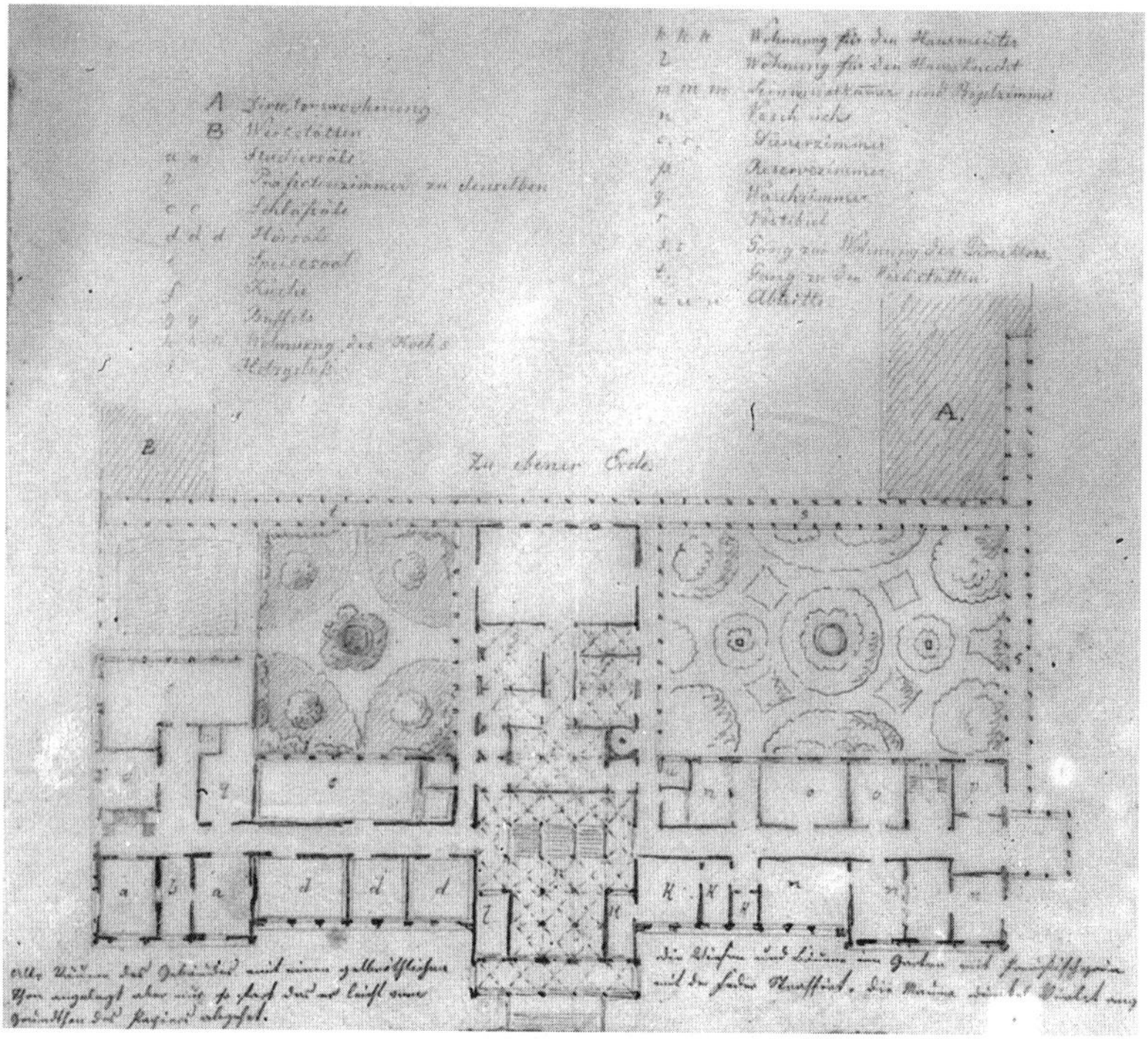

図八 - 八　アテネウム案　平面図スケッチ

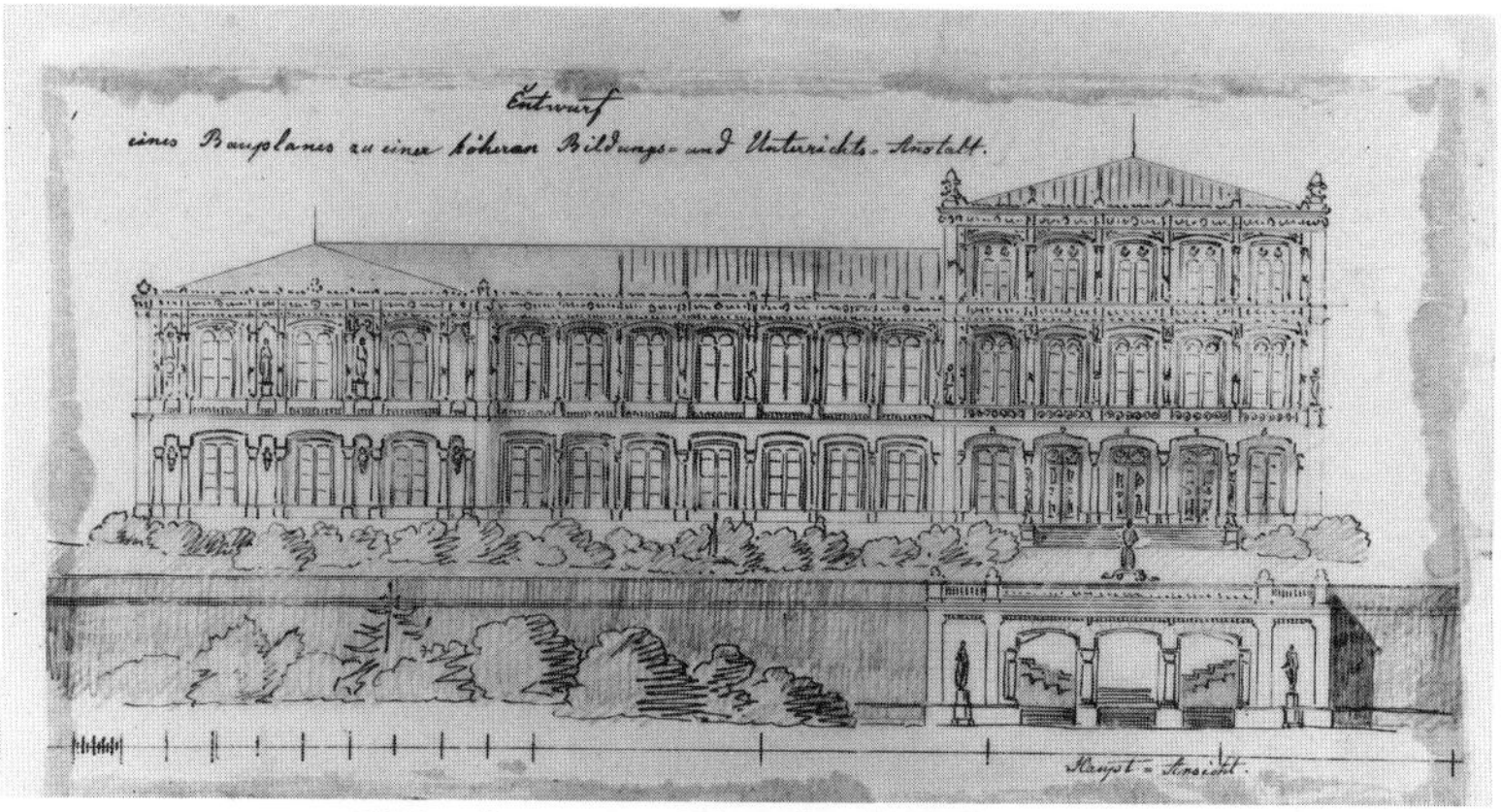

図八 - 九　　アテネウム案　立面図スケッチ

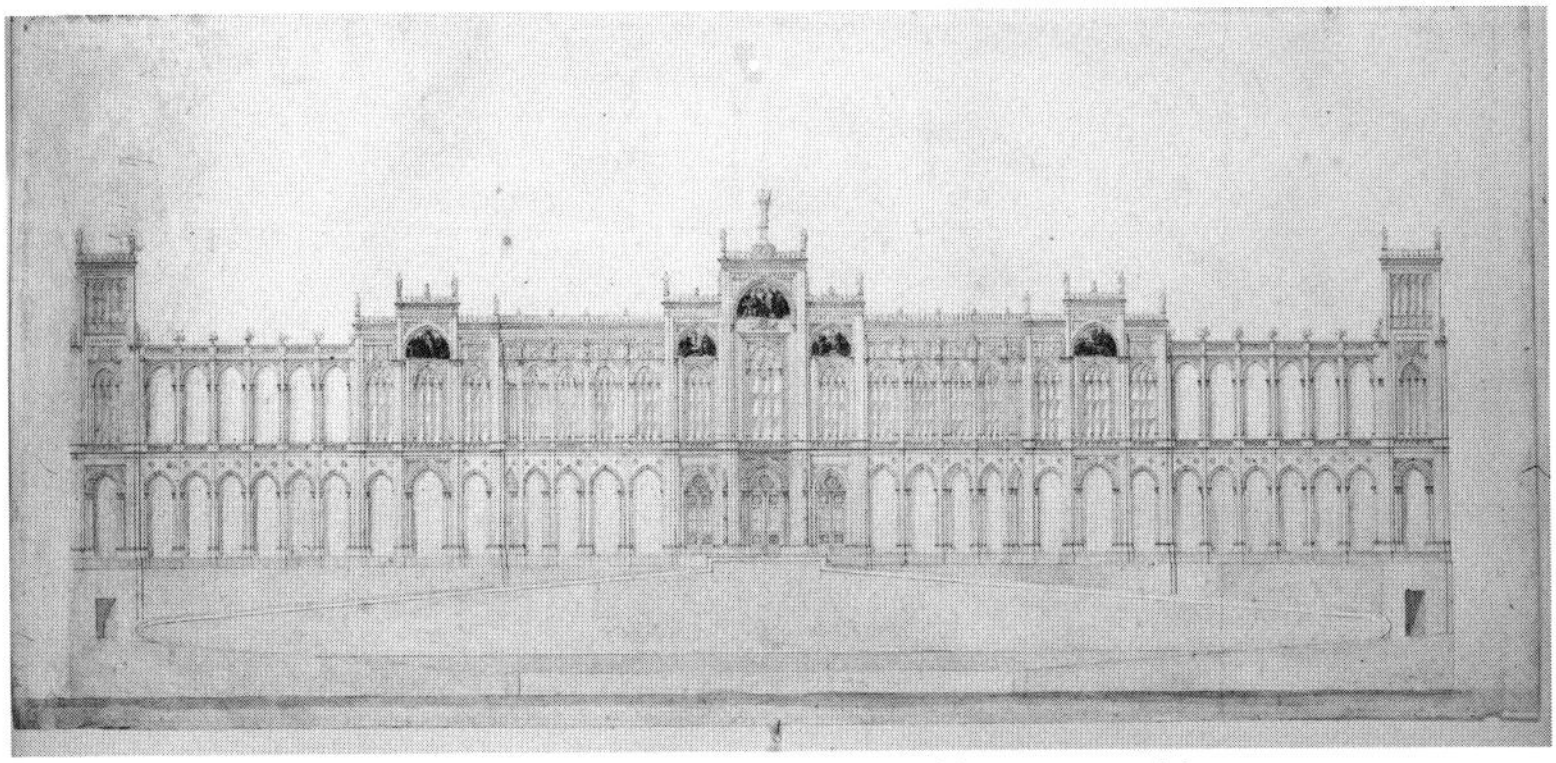

図八 - 十　アテネウム　立面図（尖頭アーチ案）

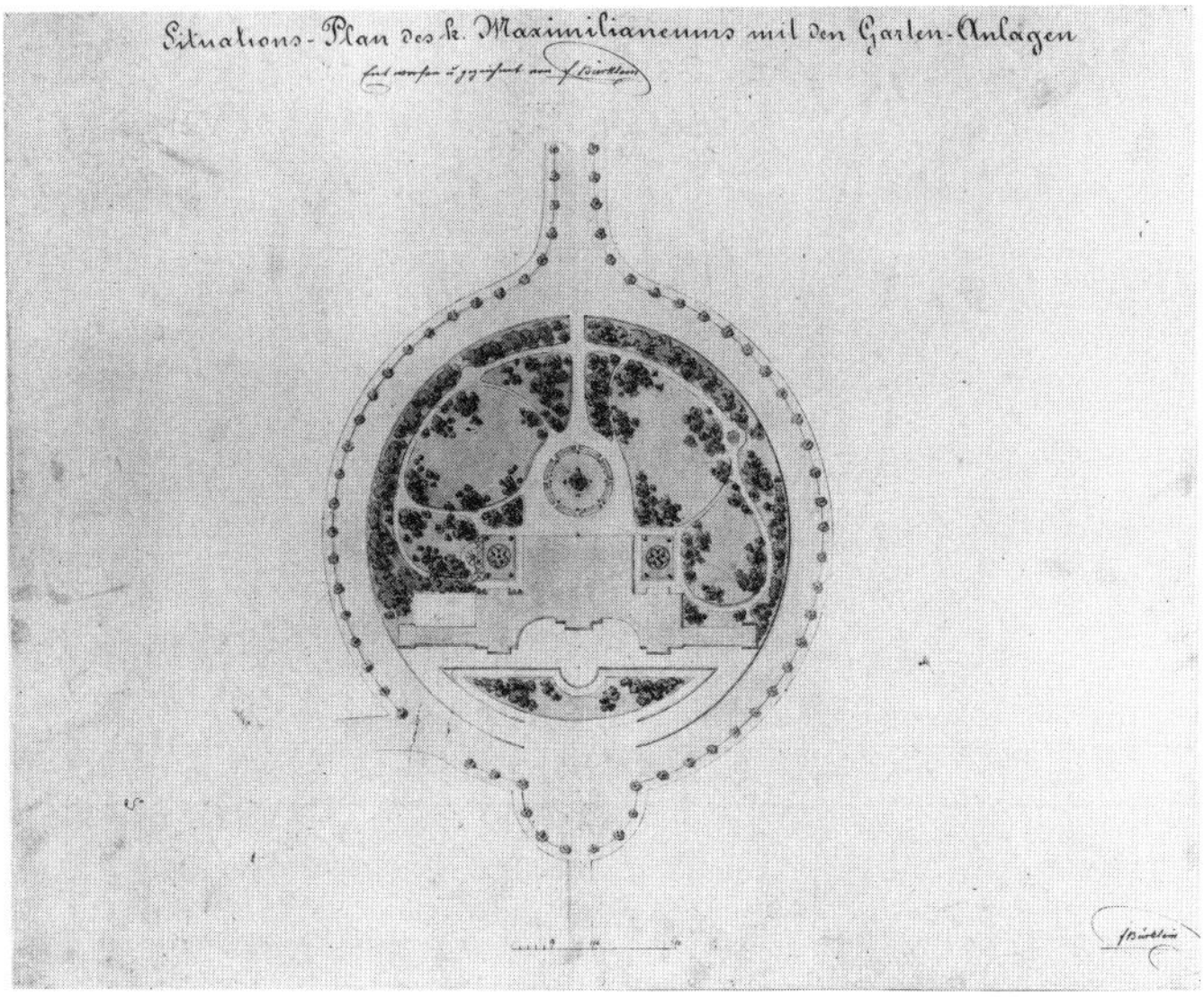

図八 - 十一　アテネウム　配置図

尽くしたとツィープラントは諦める中で、セグメント・アーチが唯一残った形態として採用された。

クレンツェ案、ツィープラント案に対し、ビュルクライン案（図八―十）に、二元論的視点の素直な反映を見ることができる。但しビュルクラインが実際に競技に参加したかどうかは明らかでなく、またこの案をいつ描いたかも確定できない。アーケードの連続による水平方向へのリズミカルな広がり、また水平帯による水平分節に対して、尖頭アーチの軽やかさ、ゴシック風の束柱による垂直分節に特徴がある。配置図（図八―十一）からは、ファサードの微妙な凹凸が単調さを避け、陰影の効果を狙っていることが読み取れる。総じて国王の好感と信頼を得るのも納得できよう。

（四―三）多様の統一

様々な機能に対応した造形をほどこす様式の多元論は、フォイトの審査評によれば、ゴッデ案は不調和に組み合わされ、メッツガー案は非構造的に組み合わされ、シェンク案は異質なフォルムの結合から自由になっていない[46]、というように、多くの応募案に見られたようである。しかしこの点に関しては、それを目の当たりにした人々の記録から判断するに、一等のシュティアー案が突出しているように思われる。詳細は第十章に記すが、「アテネウム」の図面は現存していないものの、ルートヴィヒ・ハウフが引用したメモ（著者不明）によると、「それ（シュティアー案）は過去のあらゆる美しいフォルムの流出である[47]」とシュティアー案が高く評価されている。一等に推薦した審査員クレンツェの評は批判が同居しており、「全体構成と配合は、絵画的で美しい。しかし窓及び開口部を覆う造形は無限にあり、恣意的ですらある。半円アーチ、セグメント・アーチ、尖頭アーチ、馬蹄形アーチ、ヴェネチアン・アーチ等が互いにとなりあう[48]」とある。統一された様式の美を旨とするクレンツェには耐えられない折衷案であったと思われる。

様々な歴史様式の造形要素が、「アテネウム」の各機能から想起される気分の表出として理解され、純粋にイコンとして再利用されていたことは、後にシュテイアーが国王に提出した設計概要から確認できる。教員住宅や工房にはアーキトレーヴ・システムを用いる一方、競技要項への配慮から、教会には純粋な尖頭アーチ様式を適用する。そしてそのような混沌とした全体の統合役は、古典建築とゴシック建築を仲介する半円アーチによる「北方ルネサンス」が担う。シュティアー自身は「作家が行使する自由と、個々の分節のフォルムのあらゆる相違や開口部の大きさの相違を、秩序と融合と調和にもたらすこと」[49]を意識しており、文意から判断すれば、いくつもの造形要素から一つの全体を作り出す、多元論的な「様式統合」として理解される。しかし自然界とのアナロジーから考えて、多様さを生み出す単純な原型が、この場合半円アーチであると仮定しても、視覚的にそのフォルムが全体を仲介し、統合するとは考えにくく、カオスが見る人を圧倒するほどの折衷案であった可能性は高い。

これら応募案の特性は厳密に分けられるものではなく、三重に絡み合うものである。コップ案やランゲ案では、様々な地域に発展したゴシック形態を集積して造形したともいえるし、シュティアー案では教会だけ純粋な尖頭アーチを保持したといえるし、クレンツェ案ではセグメント・アーチのみならず、装飾においては様々な様式言語を駆使している。応募案から判断する限り、建築家は歴史的要素の折衷、もしくはゴシック様式の継承に注意をはらっており、新しい建築様式の創造の課題は、忘れ去られているかのようである。

第五節　「絵画的」造形とマクシミリアン街

マクシミリアン二世は、一八三九年以来ミュンヘン市の美化計画を練っており[50]、「アテネウム」建設を契機として、王宮から「アテネウム」に至る約一・七キロメートルの道路（マクシミリアン街）敷設と、それに沿った建築群の計画を実現に移す。具体的な草案作成は、ビュルクラインにより一八五一年に始まっており、一八五三年十月八日には、通りの中心部の四百メートルに及ぶフォーラムの計画（図八―十二）が許可されている[51]。加えて、この時点までには「アテネウム」を含む全体計画図（図八―十三）も描かれている[52]。しかしビュルクラインの計画案が、設計競技の結果と関連するかどうかは明らかではない。

ビュルクラインのフォーラム計画図から読み取れることは、新街路と直交する道路上空にもアーケードをかけることによって、見かけ上、ファサードを連続させていることに注意したい。都市スケールにおいて単調な窓は、連続感が失われてしまう。そこで、フォーラムに建つ聾学校とギムナジウム、工業学校と芸術家会館の複合建築案（図八―十四）においては、アーケードによってファサードが連続し、水平への伸びが生まれ、「アテネウム」案と同様に束柱によって垂直分節が強調される。それが、重々しさを避けてくれるからである。緩やかな弧を描く尖頭アーチ、また水平帯でファサードが上下に二分されることによって、マルクグラーフが意図した、ギリシャ的水平性の「穏やかさ」と、高みに向かうゴシック的上昇性との「統合」は、ビュルクライン案に視覚化されている。

ビュルクラインが街路沿いの建築デザインの検討を重ねる一方、ツィープラントによって作成され、一八五二年九月三日に公布されたのは、『国王が求める、時代に即した、芸術的な建築形態に対する指針。建築の主要形態の根拠と、それに従って創造されるファサード。新しい街路に並ぶ新建築のために。』（以下『指針』資料三参照）である。それは、一八五〇年の設計競技要項に次ぐ、主催者からの建築理念の表明である。要項『前書』のなかの、ゴシックを旨とする一元論的視点は、『指針』においては弱められているのに対し、二元論的視点は「高貴なるギリシャ精神による、上方への伸びと軽やかさ[53]」という一文をもって繰り返されている。また要項か

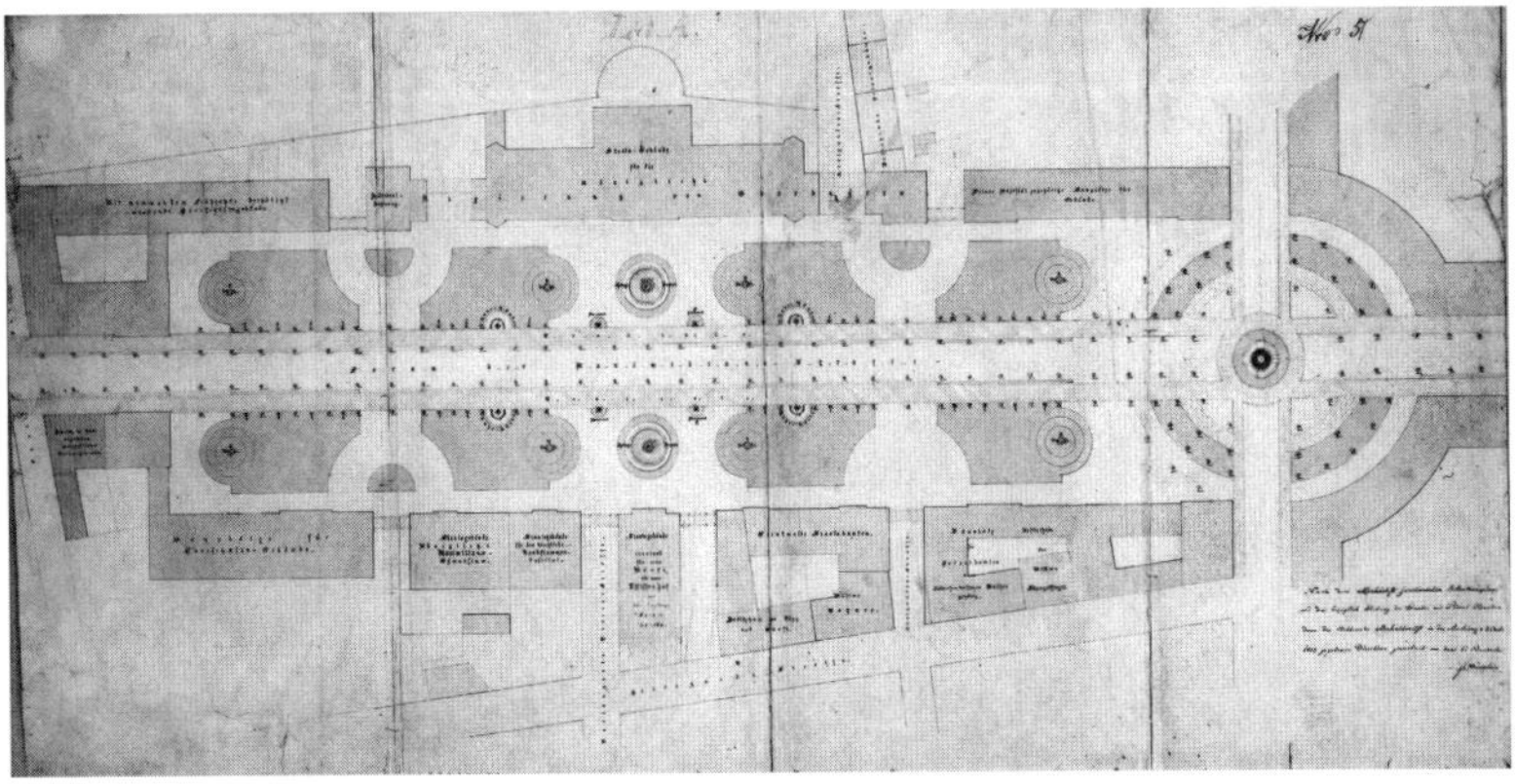

図八 - 十二　マクシミリアン街のフォーラム配置図

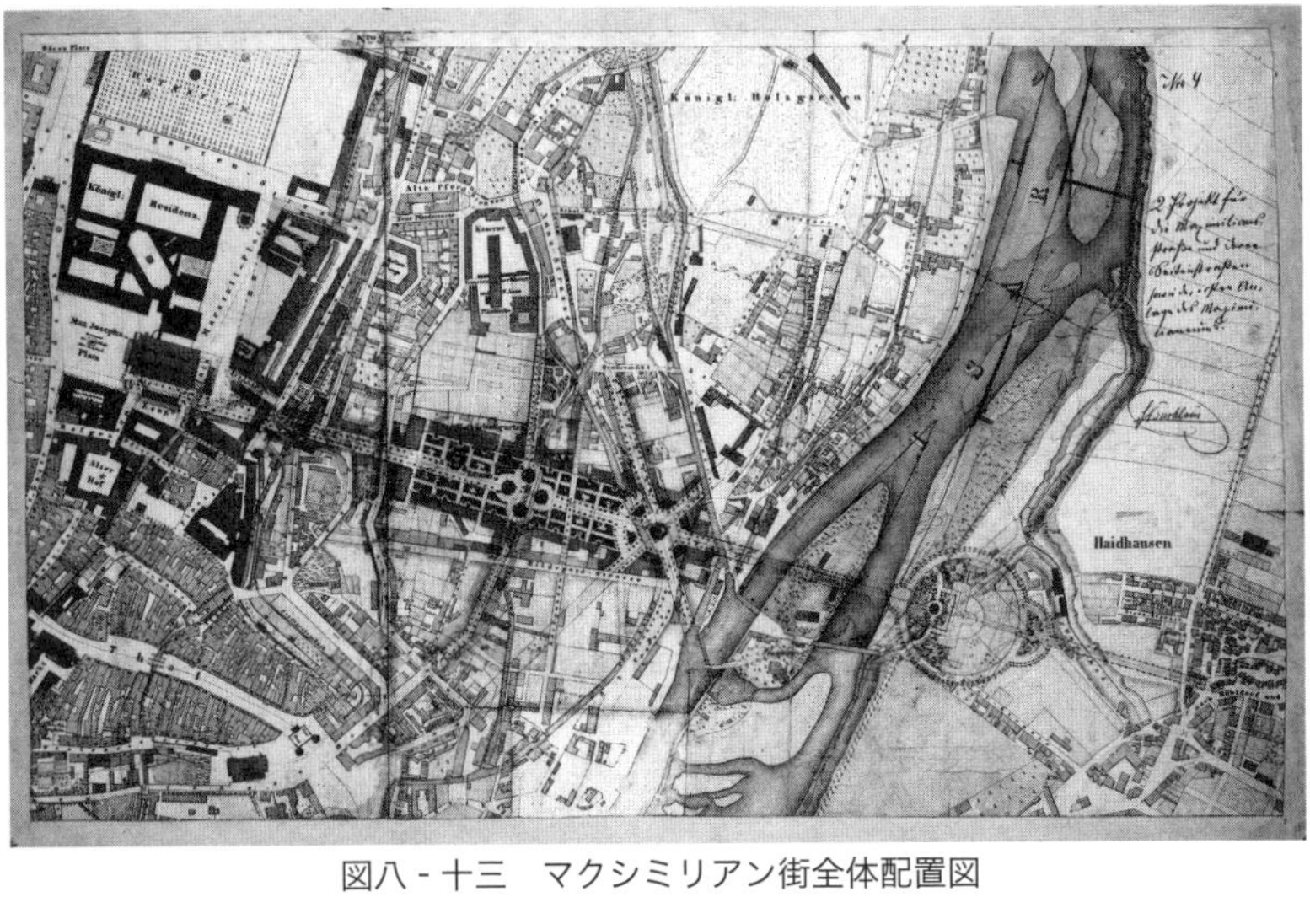

図八 - 十三　マクシミリアン街全体配置図

らさらに発展し、新たな装いをもった視点は、建築の機能を反映した上での多元論的な造形の重視である。それは同年八月に作成された、ツィープラントによる『指針』の最終草案に見られる「絵画的」というキーワードに象徴される。すなわち、「建物内部の目的がファサードに視覚化されること。それによって通りに面する建築群が、多様に、絵画的に造形される[54]」とある。終始一貫して力学的、幾何学的な線としての建築様式は出尽くしたと考えるツィープラントは、快適性や合目的性の面で欠落している問題を改善し、機能性重視に方向を転換しようとしているのだ。『指針』においては「絵画的」という表現の代わりに、「光と影の交錯が引き起こされるであろうし、生命が呼び覚まされるだろう[55]」という表現が補われている。

　市民が楽しく散策できる空間演出を考慮する上で、「長くて平坦なファサードの単純性[56]」はなんとしても打開したい。リールはルートヴィヒ一世によるルートヴィヒ街を「硬直したアカデミーのモデル」と評したように、明らかに、古典的主義的な建築がもつ画一性を退屈で虚栄に満ちたものとして退けている。『指針』によれば、角地の住居には多角形の塔や張り出し、バルコニーを設け、そこにベランダやロッジアを付ける。また彫刻（カリアティード）や壁画を配し、装飾には「ギリシャ的なものの主特性を基本形として用いつつ、ドイツの動植物のフォルム（ゴシック的葉型装飾[57]）」を用いる。「メタル」のような新素材を活用して屋根を葺く。その屋根には、バイエル

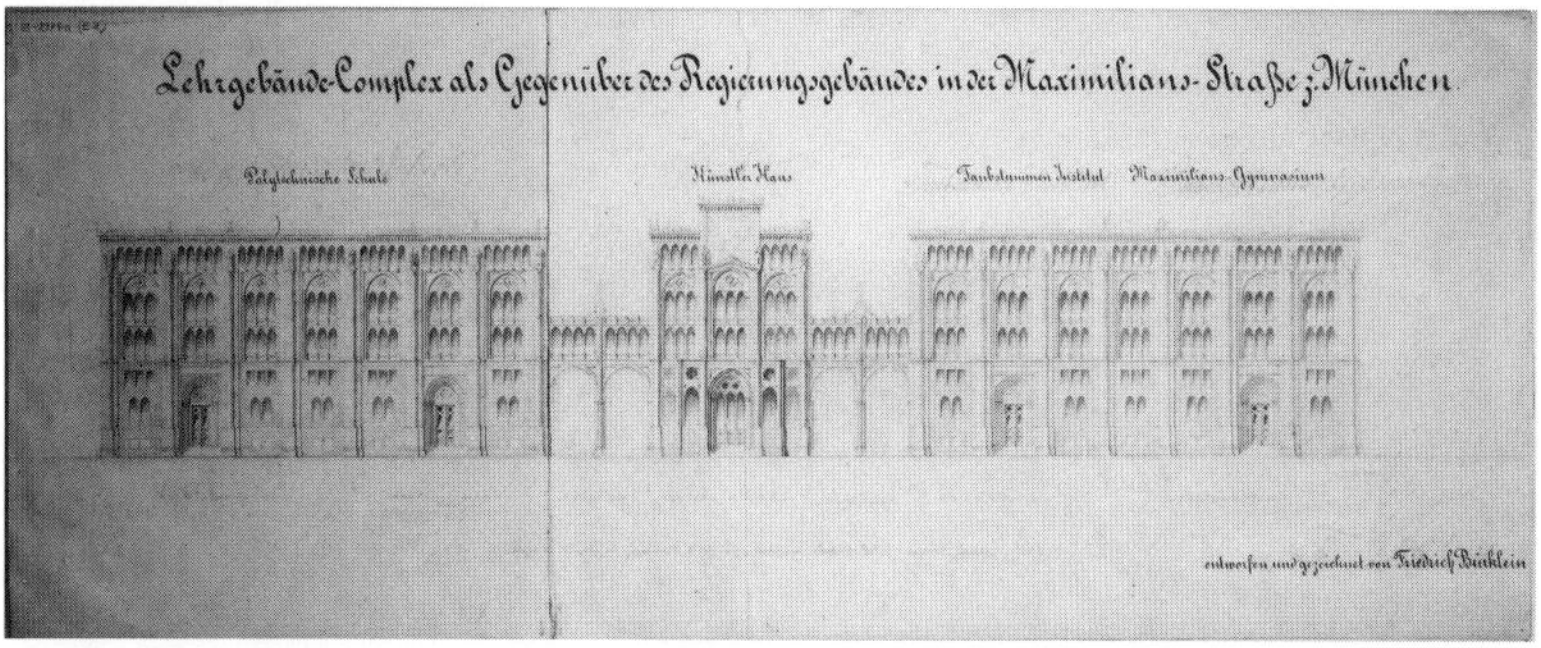

図八 - 十四　マクシミリアン街の庁舎の向かいに建つ教育施設　立面図

ンの農家に特有の切妻形を採用し、母屋の桁に装飾を施す。ツィープラントによれば、屋根こそが、地域性の表現であるとともに、ルートヴィヒ街との差別化をはかるためのモチーフとして重要であった。こうして考えられるもの全てを、ファサードに張りつけようとする背景に、関連する各種産業の活性化に伴う経済効果への期待があったことは想像に難くない。一八五〇年の競技要項に比して、「自由」という言葉は「指針」にはないにもかかわらず、あらゆる可能性を提示して、多様な形象、多様なあり方を受けとめる寛大な姿勢がここにある。ビュルクラインのスケッチ（図八―十五）においては特に縦長で、上部が山型の開口部や、付け柱などのゴシック的な造形が、自らを強く主張している。

この「指針」と並行するかのように出版されたリールの『家族』（一八五五）を見ると、彼は張出部を「家庭に対する個人の存在の建築的象徴[58]」と呼び、「絵画的」造形に欠かせぬものとみなしている。張出部は本来居間に付随し、居間に開きながらも、そこから「間」を置き、家族の中の個を確認する場所であったという。リー

図八 - 十五　マクシミリアン街に建つ建築のファサード雛形スケッチ

ルにとって、家族は最小の共同体であり、個と家族の関係性が、同様に社会の共同体の基本とならなければならなかった。つまりリールは、「絵画的」造形の本質を内からの造形と理解していた。[59] ファサードが様々な要素によって前後に揺れる襞となるところに、内なる生活の外部への反映がある。

新しいマクシミリアン街には、都市計画的に住宅地の目抜き通りとして、緑化計画とプロムナード計画も準備されていた。それは外部空間の多様性を表出するはずであったが、実際には土地の所有者が敷地を有効利用したく、アーケードはほとんど実現されていない。「私は民との平和を望む[60]」とマクシミリアン二世は語ったが、マクシミリアン街は結果的に、イーザル河の緑の丘の高みに聳える「アテネウム」を王政のモニュメントとして引き立てる、巨大なアプローチと化したのである。

第六節　ゴシック的古典建築としての「初期ルネサンス」

ビュルクラインによる「マクシミリアネウム」の起工式が行われたのは、一八五七年十月六日であった。設計競技を終えても、国王マクシミリアン二世は、新しい建築様式の理論的吟味を飽くことなく継続しており、アルヒーフに現存する書簡、書類の考察から、国王の繊細な精神が浮かび上がるとともに、「様式統合」理念の収束点が明らかになる。

一八五八年四月二十三日にビュルクライン、シュプルンナー、ツィープラント、リーデルというミュンヘンの建築家たちとの間で懇親会がもたれた記録が残っている。それによると、「国王によれば、古代建築には静けさと明晰性が、ゴシック建築には品格と祝祭性が漂っている。国王の望みは、今まで以上に垂直と水平の作用を調和に導くことである。[61]」マクシミリアン二世が本心で、この二元論的視点を支持しているのか、今までの経過から考えると違和感が残るものの、一八五八年のこの時点でなお、二項対立による「様式統合」への憧れを示していることは、史的事実としてとらえておきたい。国王に同調した形で、そのレジュメには次のように報告されている。「両様式の融合とは、尖頭アーチに、ギリシャの蛇腹をのせることではない。しかし両者を有機的に浸透させることはそれでも可能である。[62]」この話し合いの中から、ギリシャ、ゴシック両建築が統合にふさわしい二大要素であることが再確認されている。

一方この懇親会では、二大様式が取り上げられた反面、ルネサンス建築は否定的に扱われている。なぜなら、それは、「退廃したローマ、もしくはギリシャ様式であり、その最良のエレメントであっても、正当とみなされる古代建築の原点に我々を連れ戻すだけである[63]」からである。この話し合いの記録から判断すれば、新しい建築様式の創造より、どの過去の地点に自己回帰するかに、意識が向かっている。

先の話し合いにおいて取り上げられなかったルネサンス様式に関して、リールと王宮大臣H・v・d・ヴーブランクは、「十六世紀後半に復活した古典様式ではなく、ルネサンスの始まりと中心部分[64]」が継承され、発展されるべきだと主張する。彼らの言うルネサンスとは、「尖頭アーチに従いつつも、同時に古代の古典的フォルムを受容することを手探りし、結果的に両者が結ばれていた[65]」初期を指し、今日の様式区分からすれば、むしろオルカーニャやカンビオの活躍した、イタリア十四世紀のプロト・ルネサンスを意味していると思われる。マクシミリアン二世はこの見解を聞いて仲介者となり、ルネサンスを推奨するヴーブランクとリール、それに対してゴシック建築を推奨するフォイトとツィープラントと話し合うことを促し、当時のいわゆる「初期ルネサンス」を妥協点として選ぶように勧めた[66]。一八五八年十月のことである。

一八五八年十一月のフォイト、ツィープラント、リールとの話し合いにおいて、それゆえルネサンスはまったく肯定的に評価されている。「新しい建築様式のためにルネサンスに接続することは、建築ファサードに力強い輪郭、光と影といった絵画的効果が考えられる限り望ましい。[67]」内実を考えるならば、時代や民族の相違こそあれ、それはシュティアーのいう「北方ルネサンス」と重なっている。加えて、「ルネサンスの概念は、現代の必要に応じて内から自由に展開できる構造において、古ドイツ（ゴシック）建築と古典的建築のフォルムを内包し、建築家に新しい固有の姿を発展できる余地をもつ[68]」というのである。突然といってよいほどに、ルネサンスは模倣に値する建築様式として奉られる。当時の彼らの初期ルネサンスは、ヴァザーリの影響から、今日の歴史解釈によるトレチェント（十四世紀）を指しており、微妙な様式区分の相違があるものの、新しい有機的造形への可能性を秘めたモデルとして、それは肯定的に理解されたのである。この話し合いにリールが加わり、マクシミリアン街の絵画的造形を推奨して以降、彼の影響力は増しており、リールの存在は、バイエルン王制の中から、民主主義が台頭してきたことをも物語る。

マクシミリアン二世が念願していた古典建築とゴシック建築の融合、及びゴシック建築のさらなる展開が、ここに至って当時の「初期ルネサンス」に集約されたというべきであろう。その結論へ至るプロセスこそが、「思考の時代、研究と熟慮の時代[69]」を反映している。「様式統合」の歴史モデルとしての「ゴシック的初期ルネサンス」は、ルントボーゲン様式を主要モチーフとするものの、自由を予感させるその多様な造形は、教会建築のみならず、マクシミリアン街における公共建築にこそ有効であった。

新しい建築様式への起点としての、「ゴシック的初期ルネサンス」は、一八五九年九月九日のマクシミリアン二世と、ミュンヘンの建築家たちとの懇親会においても確認された。個人秘書ロェールの報告書によれば、ギリシャ建築は快活で、感覚的すぎるとあり、逆にゴシック建築も神秘的すぎるとあり、残ったのは、古代建築とゴシック建築の有機的統合が試みられた「ルネサンス」であった。[70] この方向は、「マクシミリアン様式」に関する最後の文書であり、国王自身によるメモ、一八六一年四月十四日付けの『新しい建築様式の課題』に繰り返される。「初期ルネサンスは新しい建築様式への起点となろう。そこには古典的フォルム、初期キリスト教建築、尖頭アーチ、ロマネスク様式、初期ヴェネチアン様式をも認めるからである。(71)」この一文は、「初期ルネサンス」を最も寛容的なものとして、つまり競技要項に表れた三重の創作態度を包括する歴史モデルとして解釈されうる。

マクシミリアン二世は一八六〇年の末に再度、新しい建築様式の可能性について、T・ハンセン(ヴィーン)、K・シュナーゼとF・ヒッツィヒ(ベルリン)、H・ヒュプシュ(カールスルーエ)、A・フォイト(ミュンヘン)から所見を要請したが、以下のように要約された彼らの回答には、失望だけが残った。「ハンセンやシュナーゼ、フォイトにせよ、時の流れとともに、(様式形態や造形原理)の新しい結合から、『新しい建築様式』が発展する可能性を疑ってはいない。しかし、誰もが建築の構造形式は出尽くした、と認めている。私たちの時代は、建築においても折衷主義の時代であり、現代の文化段階ではそれを駆逐することはできない。(72)」具体的にハンセン曰く、「国家の建築様式の造形は不可能である。なぜなら、私たちの生活様式、習慣、生活欲求は、ヨーロッパ中似たり寄ったりだからである(73)」と答え、ヒッツィヒも、「今日の折衷主義ですら、その正当性をもち、未来がそれにある特別な様式名称を与えるであろうことを、誰が疑うことでしょう(74)」と述べている。自由な折衷主義こそ、民族と時代の精神に対応している、と解釈していることが

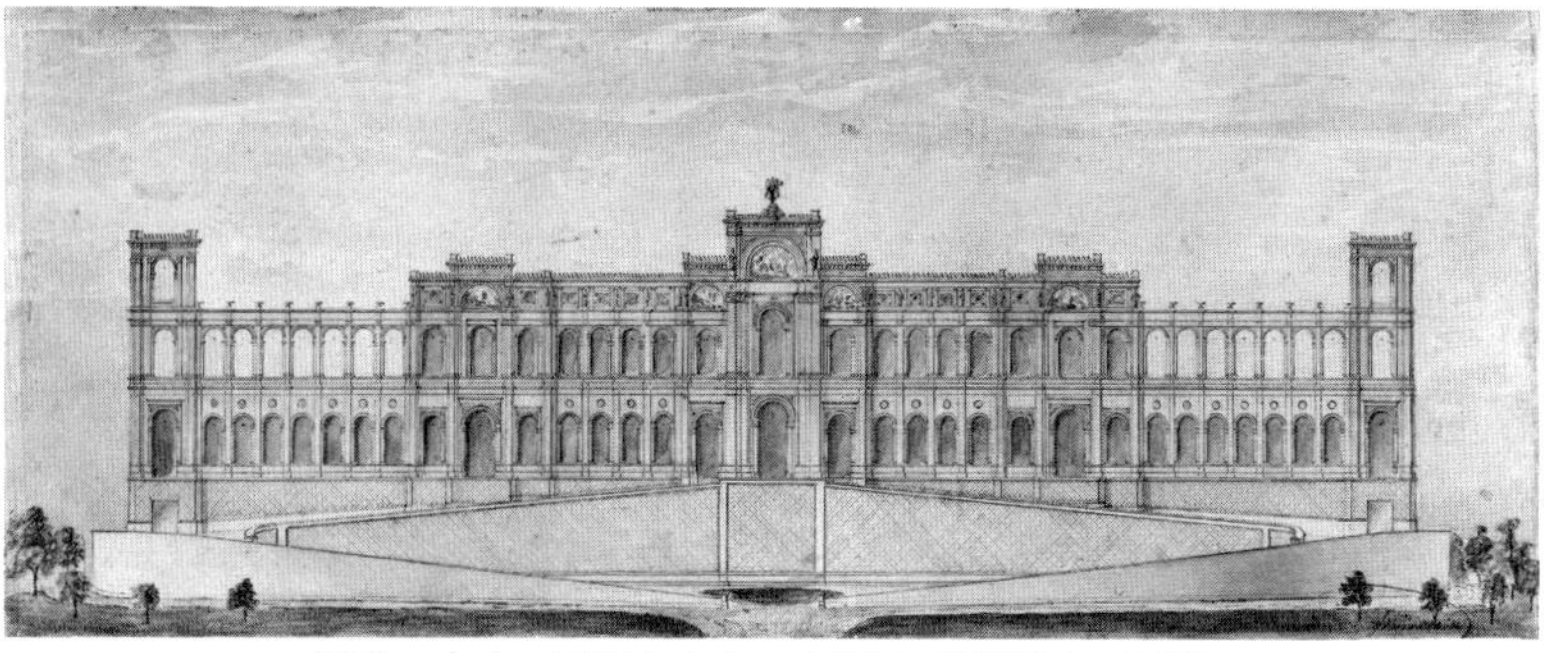

図八‐十六　アテネウム　立面図(円形アーチ案)

特徴的である。

ビュルクラインは「マクシミリアネウム」のファサードを、当初尖頭アーチで設計していたが、マクシミリアン二世が亡くなる直前の一八六四年二月五日に、今日見る半円アーチ（図八―十六）をもつルネサンス様式への変更を命じた。理由は明らかではない。[75] しかし一八六一年のレジュメに「初期ルネサンス」が道標として提示されてから、マクシミリアン二世がファサード変更を指示するまでのおよそ三年は、いわば迷いの時期ではなかったか。ゴシック建築を嗜好するマクシミリアン二世の性分が、生涯変わらなかったとしても、時代精神はそれに優ったことを示している。

第七節　結

本章の考察範囲は、一八三〇年代のシンケルの書簡から一八六一年の国王のメモまで約三〇年に及ぶ。「様式統合」理念を軸として、多様な論理の展開に一つの道筋をつけることができた。

一、施主及び企画者であるマクシミリアン二世は、「国家的」なゴシック様式を支持しつつも、シンケルとの二度の書簡による思想交流をとおして、諸様式の融合としての新しい建築様式の創造を発意し、設計競技を主催したことを明らかにした。皇太子の善良な意志と弱き洞察によってすべてが始まった。シンケルはダイナミックな「統合」を理想への道と考えていたのに対し、皇太子マクシミリアンは仲介者的な「統合」として、「過去の芸術を精神的に消化することに欠け[76]」、新しい建築を「意図的に性急に導こうとした[77]」。ネルディンガーの論文名称『誤った様式統合……』はその意味で正当である。シンケルとマクシミリアン二世の決定的な意識の相違がここにある。

二、競技要項には、中立的に様々な情報がこめられており、そこに三重の見方が可能となる。それはドイツ固有の建築様式を唯一ゴシック建築に求める一元論的視点と、ギリシャ建築とゴシック建築との二元論的対極から統合を目指す視点と、様々な歴史上の建築要素を取り込み融合を試みる多元論的視点であり、混沌とした「要項」の内容から、応募案にもその混乱の反映が見られることを明らかにした。

三、国王の真意が最も強く反映された一元論的視点は、ゴシック様式を民族固有の統一様式とみなす前提のもとに、そこから自由に展開する考えであった。しかし「アテネウム」という多目的な施設にゴシックを純粋に展開すること自体に無理があり、二元論、もしくは多元論的視点へ必然的に移行せざるをえないことが明らかにされた。

四、多元論的視点が最も純化された二元論的視点は、対極的なものの統合による一つの高次なる全体の創出を目指すものとして、若きシンケルを支えた建築理念でもあった。それが一八五〇年に至っても息づいており、ビュルクラインによるギリシャ的水平性と軽快なゴシック的垂直性との統合の試みは、「マクシミリアン様式」の一つのライトモチーフとなった。様式形態を高昇しつつ、ファサードのコンポジションがそこで問われたのである。

五、新しい建築様式の発見を望まず、また過去の形態を否定することも、「一つ」の様式に限定することもまた不可能であるから、建築家が自由な造形を楽しみ、眼前に広がる歴史がもたらすあらゆる可能性を試しつつ、統合を理想として目指す多元論的視点は、晩年のシンケルの書簡内容が直接的に反映された結果である。その理想への過程においては「折衷」の様相を呈するとしても、その混沌を時代の必然としてとらえることによって、それは「マクシミリアン様式」のもう一つのライトモチーフとなった。つまり内部の機能の外部への反映としての、ファサードにおける陰影を伴う「絵画的」造形であり、当時の様式区分におけるゴシック的な「初期ルネサンス」を、最も様式上の寛容性をもった歴史モデルとみなすに至った。

六、合目的的な方法による建築のコンポジションの模索、また内部空間と外部空間の関係性の意識化を、二十世紀近代建築の萌芽と見ることによって、また「成されたことに満足しなければなりません」という最晩年のシンケルのことばの意味において、ネルディンガーの論文タイトル『誤った様式統合　建築発展の後退』に反して、「様式統合」は試みとして正当であり、時代は内的に前進しているのである。

〔註〕

（1）Winfried Nerdinger: Der Maximilianstil, Fehlgeschlagene Stilsynthese und Rückschritt der Architekturentwicklung, in; Gottfried Neureuther [Ausst.] München 1978 S.51-60　なお、ネルディンガー編纂による、マクシミリアン二世時代のミュンヘンの都市と建築を包括的に記した展覧会カタログが刊行された。Zwischen Glaspalast und Maxinilianeum, Architektur in Bayern zur Zeit Maximilian II. 1848-1864 [Hrsg.] Winfried Nerdinger, München 1997

（2）Eberhard Drüeke: Der Maximilianstil, Zum Stilbegriff der Architektur im 19. Jahrhundert, Müncheu 1981

（3）N. Knopp: Schinkels Idee einer Stilsynthese, ibid., S.245

（4）競技要項はミュンヘンの芸術アカデミーの秘書R・マルクグラフによって準備された。マルクグラフ（一八〇五―八〇）は、アカデミーの美学の教授でもあった。テキストは英語、フランス語にも訳された。ミュンヘン在住の建築家、クレンツェ、フォイト、ツィープラント、ランゲ、メッツガー、クロイター、ビュルクラインのほか、ドイツに三十六通、フランスに三十八通、イギリスに十五通、スイス、デンマークにそれぞれ二通、計百通送られた。一八五〇年暮れのことであった。参考資料二に全文を訳出した。

（5）一八五七年九月三十日付のF・ティエルシュのマクシミリアンへの手紙に、「アテネウム」から「マクシミリアネウム」への名称変更が推奨されている。Gerhard Hojer: München - Maximilianstraße und Maximilianstil, in: Die deutsche Stadt im 19. Jdt, [Hrsg.] L. Grote, München 1974 S.33-65, Anm.18

（6）〈Erläuterungen zu der von S.M.（……）angestrebten kunst- und zeitgemäßen Bauform nach den hiebey zu Grunde gelegten Bau-Hauptformen und danach gefertigten Musterfassaden zum Zwecke der Errichtung der neuen Bauwerke in der zu gründenden Straße〉（一八五二年九月三日）in; E. Drüeke: ibid., S.104. 参考資料三に全文を訳出した。

（7）第一作は Haus Lorenz（マクシミリアン街三十二番地）

（8）Die Programmschrift, ibid.,

（9）“Ein neuer Baustyl“, in: Deutsches Kunstblatt, 一八一五年五月十一日、S.145-147

（10）Die Programmschrift, ibid.,

（11）Wilhelm Heinrich Riehl: Kulturgeschichtliche Charakterköpfe, Stuttgart 1891, S.285

（12）Die Programmschrift,（Erläuternde Bemerkungen）ibid., ネルディンガーは、プロイセンとオーストリアについで、バイエルンを文化国家として三番目の地位にしたいという発想を、シェリングに由来する三位思想（Triasgedanke）に帰している。W. Nerdinger: Der Maximilianstil, Fehlgeschlagene Stilsynthese und Rückschritt der Architekturentwicklung, ibid., in; S.56

（13）August Voit: Über den gegenwärtigen Standpunkt der Architektur, in; Zeitschrift des Vereins zur Ausbildung der Gewerke, München 1851, S.17-20, S.28-32, S.31 フォイトの一八五一年十一月二十五日の講演『現代建築の状況』

（14）König Maximilian II. von Bayern und Schelling, Briefwechsel, Stuttgart 1890 S.281-283, 引用二八一頁

（15）ルートヴィヒ一世は「ヴィッテルスバッハ宮殿」に関して、M・ヴァーグナーに宛てて次のような手紙を送っている。「尖頭アーチ様式による宮殿は、建築家の選択でもなければ、私の希望でもない。私の長男（マクシミリアン）の仕業だ。教会にはこの様式がふさわしいとは思う。でも私たちには合わない。」A. Hahn: Der Maximlianstil in

München, München 1936, Wiederabdruck 1982, S.14
（16）　Die Programmschrift, ibid.,
（17）　Die Programmschrift, ibid.,
（18）　Die Programmschrift, ibid.,
（19）　Sulpiz Boisserée: Flüchtige Übersicht der Geschichte der Baukunst, BGHA 81-6-349 und 73-1-2（８）, S.20
（20）　E. Metzger: Ornamente aus deutschen Gewächsen zum Gebrauch für Plastik und Malerei entworfen, zur Anwendung auf Architektur und Gewerke, München 1841
（21）　Die Programmschrift, ibid.,
（22）　Die Programmschrift, ibid.,
（23）　Ueber die neue Bewegung auf dem Gebiet der Baukunst II, in; Augusburger Allgemeine Zeitung, 一八五二年四月二〇日、S.1914
（24）　Ueber die neue Bewegung auf dem Gebiet der Baukunst II, ibid., S.1913
（25）　König Maximilian II. von Bayern und Schelling, Briefwechsel, Stuttgart 1890 S.281-283, 引用二八一頁
（26）　Die Programmschrift, ibid.,
（27）　Die Programmschrift, ibid.,
（28）　Die Programmschrift, ibid.,
（29）　W.H. Riehl: "Die Familie", bes. 3.Kap. "Die Familie und die bürgerliche Baukunst", Stuttgart und Augsburg 1855, S.178
（30）　Julius Meyer: Die Münchner Maximilianstraße und der moderne Baustil,（1863）in: Zur Geschichte und Kritik der modernen deutschen Kunst, Gesammelte Aufsätze, Leipzig 1895, S.3
（31）　ゴットフリート・ノイロイターの一八五六年頃の講演草稿断片による。 in; W. Nerdinger: Der Maximilianstil, ibid.,

S.60

（32）Cornelius Gurlitt: Befreiung der Baukunst,（1902）Berlin 1968, S.91ff

（33）Gottfried Semper: Ueber Baustyl（1869）, in: Kleine Schriften, hrsg. H. Semper und M. Semper, Mittenwald 1979, S.399

（34）最初の提出期限は一八五一年七月三十一日であり、二度目の期限は同年十二月三十一日であり、三度目の期限が翌一八五二年六月一日であった。

（35）一八五二年四月十五日に審査員が公表されている。クレンツェ、ツィープラント、ビュルクラインのミュンヘン在住の建築家のほか、ニュル、シュトューラー、ヒュプシュ、ツヴィルナー、ハイデロッフ、ガウ、イットルフという錚々たる顔ぶれが並ぶ。しかし審査記録は一切なく、本当に審査されたか疑問である。in: BGHA., 77/6/90, 24-2-19

（36）一八四〇年にティエルシュに「アテネウム及至、完全たる学問的教育施設についての計画」が委託されている。F.v. Thiersch: Plan zu einem Athenäum oder einer vollständigen wissenschaftlichen Erziehungsanstalt, in: H. Gollwitzer: Vorgeschichte und Anfänge des Maximilianeums, ibid., S.50ff

（37）芸術アカデミーの代表、W・v・カウルバッハの一八四五年七月七日付手紙では、カウルバッハが、「アテネウム」の施設の理念がしっかりしたものかどうか、建築家に案をつくらせることを、マクシミリアン二世に提案している。カウルバッハは、建築家ランゲを推薦した。競技要項の署名はアカデミーのマルクグラーフとカウルバッハによるものの、筆者の調べた限りでこの件以外に、カウルバッハは設計競技関連書類に登場しない。in; A. Hahn, ibid., S.13

（38）一八四七年九月九日付でマクシミリアン二世の設計委託に対するランゲの礼状がある。in: BGHA, 73-2-3（19）なおランゲの図面提出は一八四八年一月二十四日である。ランゲの図版は in: Nerdinger, S.57

（39）一八三七年三月五日付クレンツェの皇太子マクシミリアンへの書簡、BGHA., 82-6-357

（40）Ernst Kopp: Entwurf zu einer Erziehungs-Anstalt sowie ein Plan zur Anlage einer neuen Haupt-Straße von dem Hoftheater nach den Gasteig in München, Jena 1852 Kopp の図版は E. Kopp: Beitrag zur Darstellung eines reinen einfachen Baustyls 17.

Heft, Jena 1852

（41）A.Voit: Gutachten zu eingereichten Projekten, BGHA., 78-2-113, 27/2/4

（42）Die Programmschrift,（Erläuternde Bemerkungen）ibid.,

（43）第六章第五節を参照のこと。

（44）ツィープラントの「アテネウム」案の図面は、一、二階平面図、立面図と断面詳細図の二枚からなり、現在市立博物館（Stadtmuseum）が保有する。Bitgitt-Verena Karnapp: Georg Friedrich Ziebland 1800-1873, München 1985, 特にZieblands Beiträge zum Maximilianstil, S.95ff

（45）G.F. Ziebland: Vorschläge zu einer neuen Bauart,（一八五二年六月十八日）, BGHA., 78/3/128, 28-6-2

（46）A. Voit: Gutachten zu eingereichten Projekten, ibid.,

（47）Ludwig Hauff: Maximilian II., Leben und Wirken, München 1864, S.336

（48）L.v. Klenze: Gutachten zu eingereichten Projekten, Klenzeana III 4/9

（49）Wilhelm Stier: Welcher Baustyl wird in Zukunft die Herrschaft gewinnen?（1853）BGHA., 77/6/90, 24-2-40, S.140

（50）一八三九年七月二十四日付のミュンヘンの美化計画「ミュンヘンで実行されるべきこと」に、すでにマクシミリアン街の予兆がある。すなわち「項目四〈町の王宮からレールを越えて、イーザルと町とを結びつけること〉」とある。BGHA., 78/3/143, 73-9-1

（51）マクシミリアン二世は一八五三年十月八日に命じる。「フォーラムには噴水の他に、モニュメンタルな円柱の上に立つ彫刻が、マクシミリアン街の建築に並んで、対称的かつ絵画的効果をもって配置されること。」「彫刻の配置によって、街路の終点となる、アテネウムという頂点に達するまで、芸術的な効果が高まる。」in: Hahn, S.34

（52）『マクシミリアン様式』の都市計画的観点からの考察は以下の文献に詳しい。Gerhard Hojer: München - Maximilianstraße und Maximilianstil, in: Die deutsche Stadt im 19. Jdt, [Hrsg.] L. Grote, München 1974, S.33-65, A.

Hahn: Der Maximilianstil, ibid., S.29ff

（53）〈Erläuterungen zu der von S.M.（……）angestrebten kunst- und zeitgemäßen Bauform nach den hiebey zu Grunde gelegten Bau-Hauptformen und danach gefertigten Musterfassaden zum Zwecke der Errichtung der neuen Bauwerke in der zu gründenden Strasse〉（一八五二年九月三日）in; E. Drüeke: ibid., S.104

（54）G.F. Ziebland: Die Fixierung zu der verbesserten Bauform für sämmtliche nun zu errichtende Gebäude der Maximilian=Straße, 一八五二年八月十三日、BGHA., 78/3/128, 28-6-3

（55）Erläuterungen……, ibid.,

（56）Erläuterungen……, ibid., マクシミリアン二世曰く、「それ（ルートヴィヒ街）は、あらゆる美しさをもっているが、個々にみると硬直したアカデミーのモデルを示している。」W.H. Riehl: Familie, ibid., S.185

（57）Erläuterungen……, ibid.,

（58）W.H. Riehl: Die Familie, ibid., S.176-178

（59）W.H. Riehl: Die Familie, ibid., S.179

「家」についての新しい、しっかりした習慣がもてるようになって初めて、「新しい有機的建築様式」が生まれる。「建築家が建築様式に至ったのではない。建築様式が彼のもとにやってくるのだ。」とある。

（60）Michael Doeberl: Entwicklungsgeschichte Bayerns, 3.Band, München 1931, S.285

（61）Ueber einen neuen Baustyl, Unterredung von Spuruner, Ziebland, Bürklein und Riedel, BGHA., 77/6/90, 24-2-30（一八五八年四月二十三日）

（62）Ueber einen neuen Baustyl, ibid.,

（63）Ueber einen neuen Baustyl, ibid.,

（64）Den neuen Baustil betr., BGHA,. 77/6/90, 24-2-32（前述の話し合いの続き）

（65）Den neuen Baustil betr.,ibid.,
（66）Den neuen Baustil betr.,ibid.,
（67）BGHA, 77/6/90, 24-2-31（フォイトとツィープラントとリールの話し合い、一八五八年十一月八日のレジュメ）
（68）同上のレジュメ
（69）Die Programmschrift, ibid.,
（70）Über den neuen Baustyl（Resumé; Abendunterhaltung Max. II., betr. Gedanken über den Kirchenbaustyl, wie er zu unserer Zeit natürlich wäre）、一八五九年九月九日付、Löher, BGHA., 74/6/17 6-4-3
（71）Aufgabe des neuen Baustyles, und "Über den Ausgangspunkt eines neuen Baustyls": BGHA, 77/6/90, 24-2-34（一八六一年四月十四日付）
（72）Gutachten über die moglichkeit eines neuen Baustyls（Resumé）, BGHA., 77/6/90, 24-2-38,（一八六一年一月）
（73）T. Hansen: Gutachten über die moglichkeit eines neuen Baustyls, 1860 BGHA., 77/6/90, 24-2-42
（74）F. Hitzig: Gutachten über die moglichkeit eines neuen Baustyls, 1860 BGHA., 77/6/90, 24-2-44
（75）A. Hahn: ibid., S.88
（76）C. Gurlitt: Befreiung der Baukunst, ibid., S.91ff
（77）K.E.O. Fritsch: Die Architektur auf der internationalen Jubiläums-Kunstausstellung in München, in: Deutsche Bauzeitung 1888, S.366 フリッチュは「古典建築と中世建築の有機的溶解」は方法としては正当であるが、それは時とともに次第に発展するべきものであると述べている。

第九章
「様式統合」と鉄骨造の可能性
——ベティヒャーと「有機的」造形について

第一節　序

シンケルと一世代離れたカール・ベティヒャー（Karl Bötticher, 一八〇六—一八八九）は、一八三九年より七五年まで、ベルリンの建築アカデミーで教鞭をとり、建築装飾、建築描法を担当したが、建築家としての実作をもたない[1]。シンケルの遺稿は一八六二—六四年にかけて出版されたが、シンケルの「様式統合」理念は、それ以前にも口伝によって広まっていたと考えられる。しかし一八六九年のシンケル祝祭講演で、建築家フリードリヒ・アードラーは、「様式統合」理念をシンケルにではなくベティヒャーに帰した[2]。一八四六年の同講演において、ベティヒャーが「様式統合」理念について語っており、それを聞いたアードラーの思い込みが、その発言の真相である。本章は、建築アカデミーにおけるシンケルの後継者の一人であったベティヒャーの建築論の考察から、ベティヒャーの「様式統合」の理念の現代的意味を明らかにする。

第二節　有機的全体――「軀体フォルム」と「芸術フォルム」

ベティヒャーの主著である『ギリシャ人の構築術（Tektonik der Hellenen）』（一八四三―五二）[3]（以下『構築術』）は、シンケルと、ゲッティンゲンの考古学者K・O・ミュラーに献呈された。ギリシャ語やラテン語の多用と論理の難解さから、創作を旨とする建築家、工芸家からは敬遠され、むしろ考古学や哲学の分野では好意的に受け入れられた。[4]ベティヒャーの初めてのギリシャ訪問は一八六二年のことであり、ほとんどがベティヒャーによって描かれた四十五枚の図版は、それゆえ当時の古典建築に関する資料（スチュアート&レヴェット、インウッド、ピラネージなど）の集大成の意味をあわせもつ。[5]ベティヒャーは、ギリシャ建築における構造分節や装飾のあり方、及び両者の関連に時代を超えた理想的システムを看破し、その創作行為の総体を「構築術（Tektonik）」[6]と名づけた。つまり『構築術』の目的は、建築形態の獲得のために、素材にまどろむ可能性を力学的力として明示し、それによって建築の技術面と芸術面との一致点を探し求めることにあった。

ベティヒャーは便宜上分けた建築における技術的現象と芸術的現象を、それぞれ「軀体フォルム（Kernform, Körperform）[7]」、及び「芸術フォルム（Kunstform）[8]」と名づける。「軀体フォルム」とは、「物質的、力学的な必然性をもつ、静力学に基づくシェーマ[9]」である。「芸術フォルム」とは「機能を表す特性[10]」であり、「分節の覆い[11]」、もしくは「象徴的な添え物[12]」とも呼ばれている。シンケルが『ルイーゼ霊廟計画案要旨』において記した、建築における「身体的」必要と「精神的」必要の別様の表現がここにある。[13]つまり、「軀体フォルム」が物体の必然性から生じるのに対し、それが満たされた上で「精神的、倫理的要求と呼応する芸術フォルム」[14]が表れる。「芸術フォルム」を形容する「倫理的」という言葉は、作品に宿る真理を指す。さらにその真理とは、「類比（Analogie）において形成される、建築の普遍的な言語[15]」を意味するものであり、主体的な感情に基づく個の発露のことではない。すなわち、「芸術フォルム」を装飾として理解する時、それは勝手気儘な飾りからは区別されねばならない。ジョン・ラスキンが言うように、装飾は建築の主要部分だからである。[16] 建築の道徳的意味内容を、「装飾的シンボル」[17]として視覚化することが、建築における「芸術フォルム」の使命なのである。

建築は「芸術フォルム」がなくとも「軀体フォルム」だけで成立するが、それだけでは美しくも醜くもない、単なる「硬直した機械装置」[18]にすぎない、とベティヒャーは言う。ちょうど人間の身体の表皮が、骨格を覆うと同時にそれを表しているように、「芸術フォルム」は建築の機能が外面的により生き生きと視覚化される「精神生活の刻印」[19]であり、それによって建築はより豊かになるという。J・G・ヘルダーは、『啓蒙の人類学』（一七六九）において、建築がある抽象化された美の特性をもつことから、それを美化された「機械としての芸術」[20]と呼んだ。ヘルダーにとって、建築の美は簡潔明瞭に表れるものであり、「機械」は必ずしも否定的な意味をもってはいない。そこから一歩進んで、A・W・シュレーゲルは『芸術論』（一八〇一）において、建築は死した素材を扱うものであり、生きた自然の対象を直接模倣するのではなく、その普遍的法則や手法を用いるものであるがゆえに、まずは「幾何学的・機械的」[21]に建てざるをえない、と言う。それがしかし建築の建築たる所以であり、ベティヒャーのいう「軀体フォルム」と同義であると理解される。シュレーゲルによれば、建築はこの段階を経て、初めて自由な装飾を付与され、「有機的なものの暗示」[22]となる。こうしてシュレーゲルの建築論の内に、ベティヒャーのいうところの「軀体フォルム」と「芸術フォルム」という二つの様態が実質的に表れている。さらにシュレーゲルの半世紀後、F・クーグラーは、『建築書簡』（一八五六）において、ベティヒャー同様に、「機械」を否定的な意味に理解する。すなわち、なんらかの歴史様式を復興する建築家に対して、構造原理を拠り所にする建築家を、クーグラーは「合理主義者」[23]と呼び、「彼らの作品は注目に値するが、もっぱら身体的感覚に働きかけるだけで、精神的感覚には働きかけてこない。それは硬化した冷たい機械でしかなく、暖かい生命の鼓動に欠けている」[24]と言う。クーグラーにとっての「機械」としての建築は、「軀体フォルム」が剝き出しになった功利的建築である。クーグラーも「建築が真の芸術となるためには、生命の見かけ（Schein）がフォルムに刻印されることが必要である」[25]と表現することによって、間接的にベティヒャーの「芸術フォルム」の意義を認めているのだ。建築の美は、無機的な材料を、有機的なものの本質として表現することにある、と言うことができる。

クーグラーの「生命の見かけ」や、シュレーゲルの「有機的なものの暗示」という表現から明らかなごとく、「芸術フォルム」は動植物の自然主義的模倣のことでは全くない。ベティヒャーにおける建築の美は、「芸術フォルム」という自然の象徴的な模倣を介して、「軀体フォルム」という純粋に合目的的な形姿を、芸術の意味性の領域に引き上げることとして理解される。両者の交互作用に建築造形の醍醐味があり、両者の調和と統一にこそ、建築の理想がある。特にギリシャ建築は、ベティヒャーにとっての理想を示すものであった。

第三節　ドリス式建築とイオニア式建築

ベティヒャーによれば、キリスト教以前の時代の最後を飾る建築芸術であるギリシャ人の「構築術」は、先行するエジプト人やフェニキア人などの芸術的成果を担い、その名残をとどめはするものの、それらを精神的に消化し、有機的にまとめあげたものだという。[26]つまり、ベティヒャーは、ギリシャ建築がギリシャ以前の民族からの影響ではなく、あくまで彼ら自身の高度な精神的能力から生まれてきたことを強調している。[27]また、ベティヒャーは建築様式を「一人の個人の行為の結果ではなく、民族総体の精神的発展の結果である」[28]と定義する。ギリシャ建築の場合、それは根本的に二つの集団に基づく形態から出発し、展開し、完成に至ったものであると考えられる。二つの集団とはドリス人とイオニア人であり、彼らの建築は「二つの自立した根源的様式」と名づけられている。[29] 両集団は、内陸部（ペロポネソス）に居住する集団と湾岸部に居住する集団、個が全体に奉仕する社会と個が尊重される社会、男性的と女性的など、対極的な関係にある。従ってその建築も、全体性のもとに個的要素が分割され、単純で象徴的なオーダーをもつドリス式と、部分の自律的な造形による、繊細で丸みを帯びたフォルムをもつイオニア式とに区別される。そして時代と共に、それぞれの性向を展開させてゆき、それぞれ支配的な一時期を持つが、「統合」という形をもって両建築は再会する。この点に関して、「芸術行為は折衷的複合体でしかない[30]」とベティヒャーが述べることの真意は、第三のオリジナルな様式は可能であっても、第三の根源的な様式を展開することは、ギリシャ建築ですら不可能であったことを意味し、常に芸術は「定立、反定立、統合」という形で発展していくことが示唆されている。しかし対極の融合にも二種類あるとベティヒャーが述べて、ドリス式バージョンとしての「コリント式」と、イオニア式バージョンとしての「アッティカ＝イオニア式」を区別していることは極めて興味深い。

イオニア人の性向や造形を取り入れつつも、ドリス人の植民地に根差す、ドリス式バージョンとしての「コリント式」は、ドリス式とイオニア式の組み合わせ、「折衷（Mischung）[31]」と位置づけられている。その融合には思想的な根拠はなく、その外部空間を飾る円柱オーダーは、特にローマ時代に発展したものであるとして、ベティヒャーは詳細な考察をしていない。少女の繊細さを模したといわれるその柱頭は、一見イオニア式の渦巻き装飾からの発展を想起させるものの、ベティヒャーはアカンサス装飾を、ドリス式における葉・装飾からの展開と考える。

一方でドリスの自然になじみつつも、古くよりイオニア人の住んだアッティカにおいて融和したイオニア式バージョンとしての「アッティカ式」は、ギリシャ芸術の頂点に位置する。彼らは、パルテノンのように、シチリアにある初期ドリス式神殿を、より根源的で純粋な外見をもって再現し、エレクテイオンのように、そのイオニア式柱頭の渦巻き装飾の力強さのうちに、ドリス式の倫理性を託している、とベティヒャーは見る。つまり、ドリス式をイオニア化し、イオニア式をドリス化することのできる、ドリス人とイオニア人の両精神に通じたアテナイ人は、両者の「最も純粋な統合（reinste Synthese）[32]」として位置づけられているのである。「アテナイ人は、全てにおいて折衷主義者である。しかし、その作品は内的精神的折衷主義を示し、必要に応じて変形しつつも、個性を失うことがない[33]。」アテナイ人は、ドリス人とイオニア人の中心に生きて、両者を内的に融合した集団として理解されている。

以上のベティヒャーの難解な解釈による、ギリシャ建築の各様式の特性を具体的に検証することは、本論の目的ではない。重要なことは、ベティヒャーがギリシャ建築の発展を一つのシステムとしてとらえ、根源的で対極的な二者（ドリス式とイオニア式）が存在し、第三の高次な様式形態が、二者の上に築かれたことを提示していることにある。そこから両者の「表面的な折衷」によって「コリント式」が生じ、さらに両者の統合、「内的な折衷」によって「アッティカ式」が生まれたことが導き出された。ここに折衷と統合との相違は明らかであろう。新しい第三の発展段階とは、それ以前の芸術の痕跡をとどめてはいるものの、表面的に過去のものが移動し、それを鏡像の如く受容するものであってはならず、むしろ内的プロセスを経て、今まで隠され続けていた根源的なものが立ち昇ってくるようなものでなければならなかった。そこに、新しい芸術要素は必然的に前者からの対極（Gegensatz）に位置することの根拠がある。

第四節　ギリシャ建築とゴシック建築

ベティヒャーによる、三段階の発展史観は、考察の枠組みをどこに設定するかによって、ギリシャ建築に限定されることなく、建築史を新たに読み解く可能性をもつようなシステム思考に支えられていた。人類史という枠組みから考えた時、ベティヒャーは、『構築術』においてギリシャ建築の対極をゴシック建築に見出し、両者の「軀体フォルム」と「芸術フォルム」の比較に向かう。

両建築様式は、建築を分節する骨格の図式、全体を創出する力学的組み合わせが、自然の模倣ではなく、あくまで人間の創作として、数学的に考えられたものであるという意味において共通している。しかし、ギリシャ建築の骨格を覆う「芸術フォルム」は、実在する類似の物体から取り出され、各分節の技術的意図や有機的構成を適切に視覚化するがゆえに、ベティヒャー曰く、ギリシャ人は「芸術家」[34]であった。それに対し、ゴシック建築は「機械工」[35]であるゲルマン人によって、細部にわたり全てが考え出されたものであり、「数学的画一主義」[36]と名づけられた。中世建築はヴォールトの使用によって古典建築がなしえなかった造形を力学的に可能にしたが、その力学には「永遠に真理を伝える自然の反映が欠けている」[37]という。端的にいえば、ギリシャ建築の場合、支えるものと支えられるものとの関係が明確に指摘されるのに対し、ゴシック建築の場合、外見からは、構築上の機能や分節の有機的構成が渾然一体となり、荷重と支持の関係が曖昧であるということができる。つまりベティヒャーにとって、素材の荷重を単に克服することは「構築術」の目標とはならなかった。素材に生命の見かけが付与されることによって、むしろ初めて人間の精神的要求に応える術を建築はもつのである。

ギリシャ建築における、各分節の「軀体フォルム」を被覆する「芸術フォルム」は、自然の有機的組織の反映であり、自然を傾聴するなかで、個々の分節に有機的生命の外観を与え、分節の総体と構造的に結びついた全体性を付与する。ギリシャ人は自然にくるまれ、その自然の母胎から精神的な生命の潮流を受け取る、洗練された「詩人」(38)であった。それゆえ、その建築は永遠に新鮮であり、枯れることなく継承されてゆく。つまりギリシャ建築のモニュメンタルな不滅の美は、「いかなる粗野な材料であろうとも、そこにより高次な存在、宇宙の生命が形式言語によって刻印されること」(39)にある。それに対して、ゴシック建築は、数学的に編み出された骨格を与えるに留まる。ゲルマン人は活動的ではあるが、粗雑であり、有機的世界や自然が造形する作用には疎遠な「職人」(40)である。その形式言語は、ただ手仕事による閉鎖的な職人組合の中で継承されることによってのみ理解された。技術者以外には建築への理解が閉ざされたために、力学のシステムが失われると同時に、その建築も消失していった。つまり、ギリシャ建築においては、分節のあらゆる意味が、形式言語において完成の域に達しているがゆえに、明瞭に意識化されているのに対して、ゴシック建築は「冒険的な浮世離れした装飾によって、曖昧なロマン的感情」を高め、静けさに至ることがない(41)。

ギリシャ建築とゴシック建築の関係が、ベティヒャーによって、「自然的」と「人工的」、「芸術家」と「機械工」、「詩人」と「職人」の関係として簡潔に表現された。ベティヒャーは前者を圧倒的に支持しているものの、両者が過去の建築であるという目覚めた意識を持っている。二千年前のギリシャ人の柱梁建築でも、ゲルマン人の尖頭アーチ様式の機械的な分節でもなく、その補完しあう対極を統合することが、来るべき時代の「構築術」であると認識していたからである。その先例は、ギリシャ建築の歴史の中に見出される。「現代と未来は、絶えず古典建築の理解に向かい、その認識から、中世建築の認識をも獲得すべきである。そうして両建築を精神的に浸透させることから、新しい造形が生まれてくる。その新しさとは、両建築の表面的な図式の組み合わせではなく、対極的な両建築の原理の融合と調和の内にある。(42)」ベティヒャーを古典主義者と呼ぶことはできないであろう。原初に立ち帰って、ギリシャ芸術を精神的に消化し、その普遍的に有効な成果を現代に適合させることは、ドイツ建築の新生のために必要であった。ベティヒャーの友人であるエルンスト・クルティウスは、『ギリシャ人の芸術』と題する一八五三年のシンケル祝祭記念講演において、「ヘレニズムとドイツ精神の内的融合[43]」をゲニウスたるゲーテとシンケルの作品に見る、と評価した上で、ドイツ人のみがギリシャ精神を我が物にし、血肉化したのに対し、他の国（実質的にフランスを指す）では、抽象的な規則や形式を取るだけで、自己を見失い、古代芸術の奴隷になったと言う[44]。そのようなクルティウスの認識をもって、ベティヒャーの一文、「ただドイツ人の芸術行為のみが、両極を融合する統合となる[45]」が理解されよう。その具体的な方法は、ベティヒャーのシンケル祝祭講演についての以下の考察を通して明らかになる。

第五節　「様式論争」へのベティヒャーの所見

『構築術』全四巻は、一八四三年の出版から完成までに十年の歳月を要した。その間、ベティヒャーの尽力により、一八四五年よりシンケルの誕生日にあたる三月十三日に記念祝典が開催され、その都度シンケルにちなむ基調講演が行われるようになった。第二回、一八四六年の記念祝典には、ベティヒャーが『ヘレニズム的及びゲルマン的な建築様式の原理――今日の建築様式への応用に関して』と題する講演を行っている。

講演冒頭の問いかけ、「過去の歴史の意味を問い、また過去の創造が語るものを今日の創作行為の素材とすることは、いかなる結果をもたらすか[46]」は、ベティヒャーが歴史様式の復興（特にギリシャとゴシックの建築様式を指す）、及び取捨選択、折衷の問題を取り上げたことを意味する。一例を挙げれば、「様式論争」の中でも美術史家、後に国会議員にもなったアウグスト・ライヒェンスペルガー（一八〇八―九五）は、ゴシック建築をキリスト教的ゲルマン的建築とみなす論陣を張り、それ以外の立場を全て排除する。「様式統合」はそれゆえ陳腐な折衷でしかなく、その矛先をライヒェンスペルガーはベティヒャーに向けた。ライヒェンスペルガーは彼の『キリスト教的ゲルマン的建築と現代との関係』（一八四五）において、「最近特に高まってきた、両者のあり方（異教とキリスト教）の融合への声に関して、折衷主義が許されていないのは、まさに今である。願わくば、かつてイエズス会様式ですでに不幸な結果に至った試みが、再び別の形をとって行われることがないように、多くの力と時間が無駄に浪費されることのないように切に希望する」[47]と書いている。「様式統合」の歴史上の不幸な事例として、ライヒェンスペルガーは「イエズス会様式」を引き合いに出している[48]。イグナティウス・ロヨラによって一五三四年に創立されたイエズス会は、対抗宗教改革運動をとおして、バロック時代に大きな影響を及ぼした。ヴィニョーラとジャコモ・デッラ・ポルタの設計になるイル・ジェズ教会に代表されるローマの初期バロック建築は、調和よりも対立と緊張を目指す表現をもち、ゲルマン的ゴシック建築の形態言語によって統一された調和を望むライヒェンスペルガーがそれを退けようとすることは理解できる。

ベティヒャーは、相手を批判し、自身の正当性を訴える当時の「様式論争」を無味乾燥なものと見る。古典と中世の建築様式を比較するにしても、それぞれの建築の「外面的な覆いを取り上げるだけ」[49]であり、外的覆いとしての「芸術フォルム」が、元来「軀体フォルム」を支える「構造原理と建築材料の諸関係」[50]から発することに触れていないからである。なるほど「様式統合」には、コリント式建築がそうであったように、ゲルマン的建築の「軀体フォルム」の表面を、ヘレニズム的建築の「芸術フォルム」で覆う、つまりアーチ構造に古典的装飾を施す折衷的傾向がある、とベティヒャーは警告する。そのようなあり方を、彼は「最低段階の折衷主義」[51]と名づけた。

講演冒頭の自らの問いに対して、歴史という基盤なくして、新しいものを生み出すことは不可能であることを、ベティヒャーは次のように語る。「（創造に際して）伝統を受けとめ、継承することが、歴史的かつ唯一正しい道である。あらゆる精神の発展は、ただ既存のものの認識によってのみ生じる。既存のものから新しい真理を獲得することは、すでにあるものを受けとめて、さらなる高次な発展へ継続していくことに他ならない。我々はシェーマ（図式）にとどまっていてはならない。なぜならそれはただ〈外側の覆い〉にすぎず、その内なる精神を担ってはいないからである。[52]」「最低段階の折衷主義」に対して、「外側の覆い」に潜む本質を獲得すること、未来にとって有効なものを見抜くことを、ベティヒャーはギリシャ建築における「アッティカ＝イオニア式」の存在によって、「真の精神的折衷主義[53]」と呼んだ。ベティヒャーにおいて、「折衷」と「統合」は意識的に区別されている。「折衷」とは、表面的な形態の組み合わせであり、部分が並列的に集合したものである。個々の部分は、任意に交換できる。それに対して「統合」は、歴史を精神的に消化することによって、形の奥に潜む原理をも組み合わせる。その全体は部分の集積を越えており、構成上、各部分は他との関係を明確にもち、交換不可能である。従って、「統合」されたものである限り、それは「有機的」なものでなければならない。

第六節　ベティヒャーの「様式統合」理念

「建築は、絵画、彫刻と共働しつつ、空間を覆う殻を形成する。それは三次元で、見ることができ、享受できるものでもある。その空間においてのみ、建築の主題が満たされうる。[54]」すでに一八四〇年代にベティヒャーが空間芸術としての建築を定義したことは驚嘆に値する。ベティヒャーは、「物質の痛みを共に担える人のみが新しいフォルムに至る[55]」と述べているように、フォルムに内在する力、「象徴」として認識されるがゆえに、新しい建築様式は、新しい素材による力学的な構造原理に基づくものであり、特に建築の屋根架構として現れてくる、と考える。まさにそこから「様式統合」の理念が屋根架構のあり方と結びつく。それは以下の三段階である。[56]

（一）「相対的堅牢性」（relative Festigkeit〈曲げ強さ〉）
（二）「遡及的堅牢性」（rückwirkende Festigkeit〈圧縮強さ〉）
（三）「絶対的堅牢性」（absolute Festigkeit〈引っ張り強さ〉）

力学的な様式発展の第一段階の特徴は、「相対的堅牢性」であり、それはヘレニズム的なギリシャ建築に特有な、石造（木造）の、垂直の円柱と水平の梁と切妻屋根で構成された構造を指す。それは比較的小さなスパンに対応するが、応用範囲は限定される。その構造は、素材に内在する曲げ強さを、一枚岩的な梁の造形によって支持体に導く。それによって、スラストのかからない鉛直荷重が、この屋根架構にかかる荷重の特徴である。

力学的な様式発展の第二段階の特徴は、「遡及的堅牢性」であり、それはゲルマン的なゴシック建築に特有な、大スパンに対応するリブ・ヴォールト構造を指す。交差ヴォールトから発展したリブ・ヴォールトは、小さな楔石の連続から形成されており、ゴシック建築においては、尖頭迫持の応用によって、横圧縮力を各支点に均等に分散させ、矩形平面にも交差ヴォールトを架した。リブは束ね柱によって支えられ、身廊の扶壁は、バットレスと扶壁によって支えられて、内部空間を高く、壁面を極度に少なくする。

そして屋根架構の第三の発展段階は、両者の「統合」によって、いまだ隠され続けている力のあり方を示すものでなければならなかった。ベティヒャーは、「いまだかつて存在しなかった、新しい屋根架構は、すぐさま新しい〈芸術フォルム〉をも呼び起こすだろう。しかしそれは、今まで主導的に用いられることのなかった材料の採用によってのみ可能となる[57]」と言う。力学的な様式発展の第三段階の特徴はそれゆえ、「絶対的堅牢性」と呼べるものであり、それは力学的に新材料の「鉄[58]」の使用によって、「石」を用いたヘレニズム的建築やゲルマン的建築をはるかに凌駕する。つまり、ギリシャ建築の曲げ強さによって限定される柱間距離はそれによって拡大され、ゴシック建築の圧縮強さには避けられない巨大な扶壁のマッスは、それによって克服されるはずであった。ベティヒャーは、まずはリブを鋳鉄に置換し、引っ張り強さの内在したタイ・ビームを使用することを念頭においているが、[59]「鉄」の使用によってひいては力学的には、軽やかで、安全性の高い屋根架構が可能になり、空間造形的には、生活の必要に対応した平面形式、空間計画が可能になることを望んでいたのである。明らかにそこには、展覧会場や駅や百貨店や市場という、新しい建築の用途が想定されている。すでに十八世紀後半から、イギリスでは橋梁や鋳鉄製の梁や支持材が製造されており、一八二六年にイギリスを訪れたシンケルやヴォイトを通じて、ベティヒャーはそのような実例を知っていたに違いない。[60]しかし時代の潮流は、なお切石とれんがにあり、鉄は高価であるため、主要構造材として考えられることはなかった。ガラスと鉄の大建築は、一八五一年のロンドン博覧会のパクストンによる「クリスタル・パレス」を待たねばならないとしても、ベティヒャーの提言は、「様式統合」の理念を、当時のハイテクノロジーと結びつけた点で画期的であった。

第七節　鉄骨造の空間造形

ベティヒャーによれば、ギリシャ建築とゴシック建築との統合は、「アーチ建築からは、力学的な構造原理を取り出し未知の新しいシステムを形成し、静力学的諸力とその関係を芸術性豊かに視覚化するためには、その新しいシステムの〈芸術フォルム〉をヘレニズム的な形式原理から受容すること」[61]によって行われる。この一文を、ゴシック建築からは力学的特性を、ギリシャ建築からはフォルムを採用すると理解するならば、つまり、中世建築による「躯体フォルム」と古典建築の「芸術フォルム」との統合としてこの一文が解釈される時、ベティヒャーは前節で明らかにしたような、自ら唱えた力学的な発展思想を自己否定してしまっていることになる。それゆえ、力学的モデルに基づく、ベティヒャーの「様式統合」の理念は、「鉄」にふさわしい造形が与えられない限り、結果的に彼自身が警告し、自ら名付けるところの「最低段階の折衷主義」に陥る可能性が大きい。ただアーチ形状の素材が、石から鉄骨に置換される可能性が高いからである。

とはいえ、ベティヒャーと同時代の、ドイツにおける鉄骨造の空間造形の事例を取り上げよう。意外に思えるが、ハインリヒ・ヒュプシュの「劇場」案（一八二五）は、鉄骨を用いた構造形式のドイツにおける初期の例である。[62] それは、耐火性能を高めるという防災計画の観点からと、二五〇〇人を収容し、どの客席からも舞台がよく見え、かつ出演者の声が聞こえるような平面計画の必要性から生まれている。正面は端正な「ルントボーゲン様式」によるが、屋根架構は斬新である。コストがかかる鉄を用いるにあたり、ヒュプシュは経済性を考慮にいれ、鉄を線材として扱うことによって、ネット状の架構を提案する（図九―一）。劇場空間部の屋根架構について言えば、十フス（約三メートル）・ピッチの鉄材の

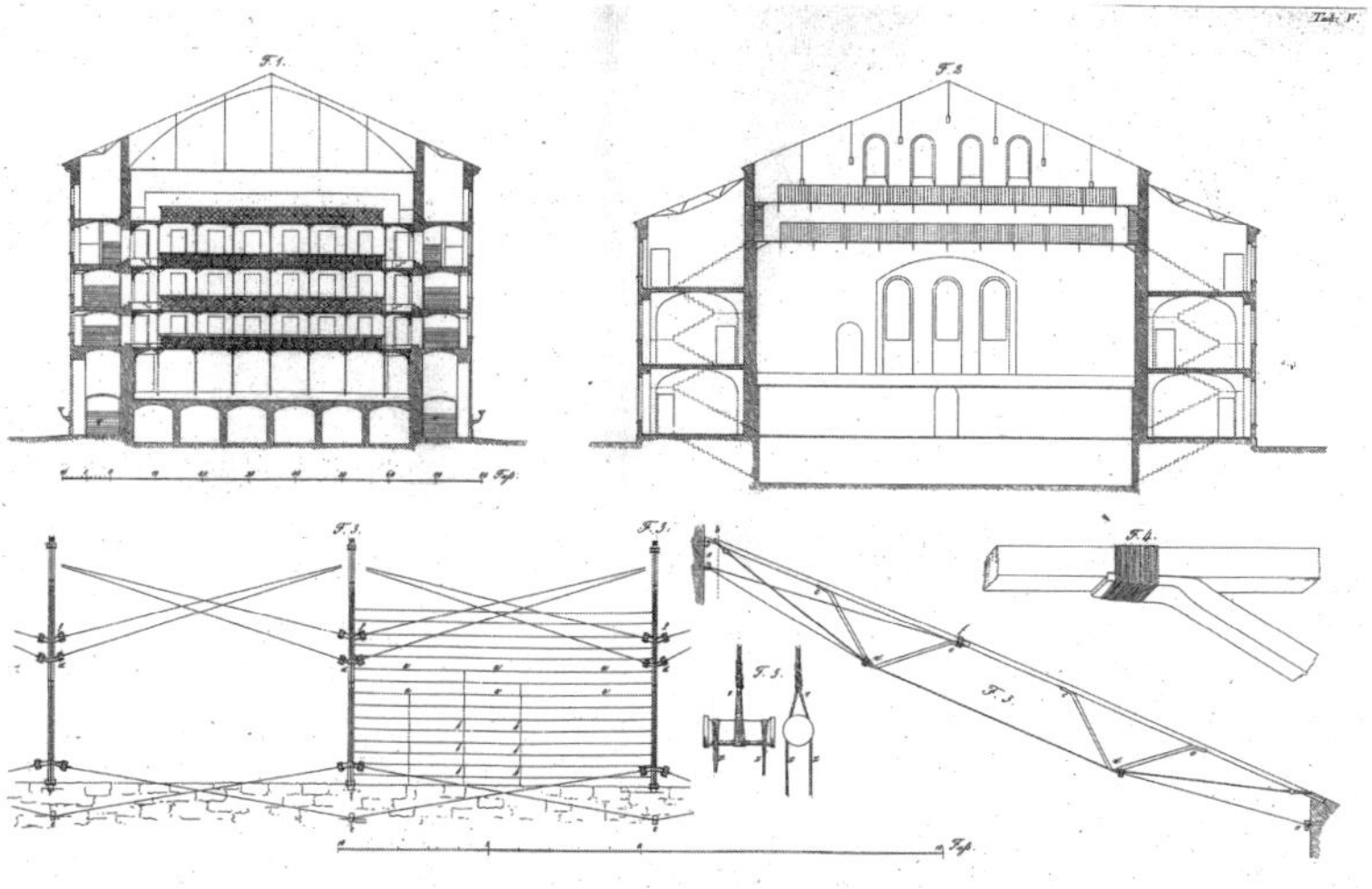

図九-一　鉄骨屋根のかかる劇場案　構造図・断面図

垂木［a、c］に対して、母屋の代わりに三本の鋳鉄の鋼棒（d）が六〇フス（約十八メートル）のスパンを圧縮力に対応すべくアーチ状に張られ、ビーム（k）が対角線を繋ぎ、ネットが形成される。アーチは六分割され、その鋼棒は三角形状の鉄板（e）によって堅結され、垂直の角棒（b）に結節する（図九―二）。しかし線材を用いた手づくり感にあふれる鉄骨造は、伝統的な切妻屋根に従属してしまい、その構造理念を新たな建築フォルムへ移行するまでには至っていない。むしろ鉄骨屋根が切妻屋根にも適合することを明らかにしているにすぎず、まさに早すぎた提案といえるだろう。しかしヒュプシュは、「モニュメンタルな教会の代わりに、鋳鉄からなるエレガントな工場が、新しい時代の建築のプロトタイプになるだろう」[63]と、来るべき建築の姿を確信を持って予言している。

エドゥアルト・メッツガー（一八〇七―九四）は『ヴォールトと鉄骨造との結合を利用するルントボーゲン建築のための形式論』（一八五一）を著し、そのなかのテキスト第三部において「ヴォールトと鉄の結合」をテーマに取り上げている[64]。メッツガーは建築様式を「力学的、美的な原理によって秩序づけられた全体」[65]と規定し、水平梁のギリシャの建築様式と、ヴォールト構造のドイツの建築様式が、完全な造形として現代に継承されていると考える。つまり、直線とアーチ曲線のみが建築の基本要素であり、今日のテーマは、両者の統合としての「組み合わされた線」の造形から、新たな全体をつくりだすことにあった。組み合わせによる第三の線は、ベティヒャーの意に沿って、構造的にも新材料をおのずと伴うものでなくてはならなかった。それが、第三部に記された、ヴォールト構造と鉄材の融合の試みである。「鉄を建築材料として有機的に使おうとするならば、鉄が建築体に影響を及ぼす限り、それは構造的にも変化しなければならない」[66]とベティヒャーと同様のことを、メッツガーも述べているが、「礼拝堂」案（図九―三）を見る限り、ただヴォールト・リブが鉄に置換されただけである。鉄は繊細に感じ取られる線として扱われており、尖頭アーチの上昇性と同化し、「最低段階の折衷主義」

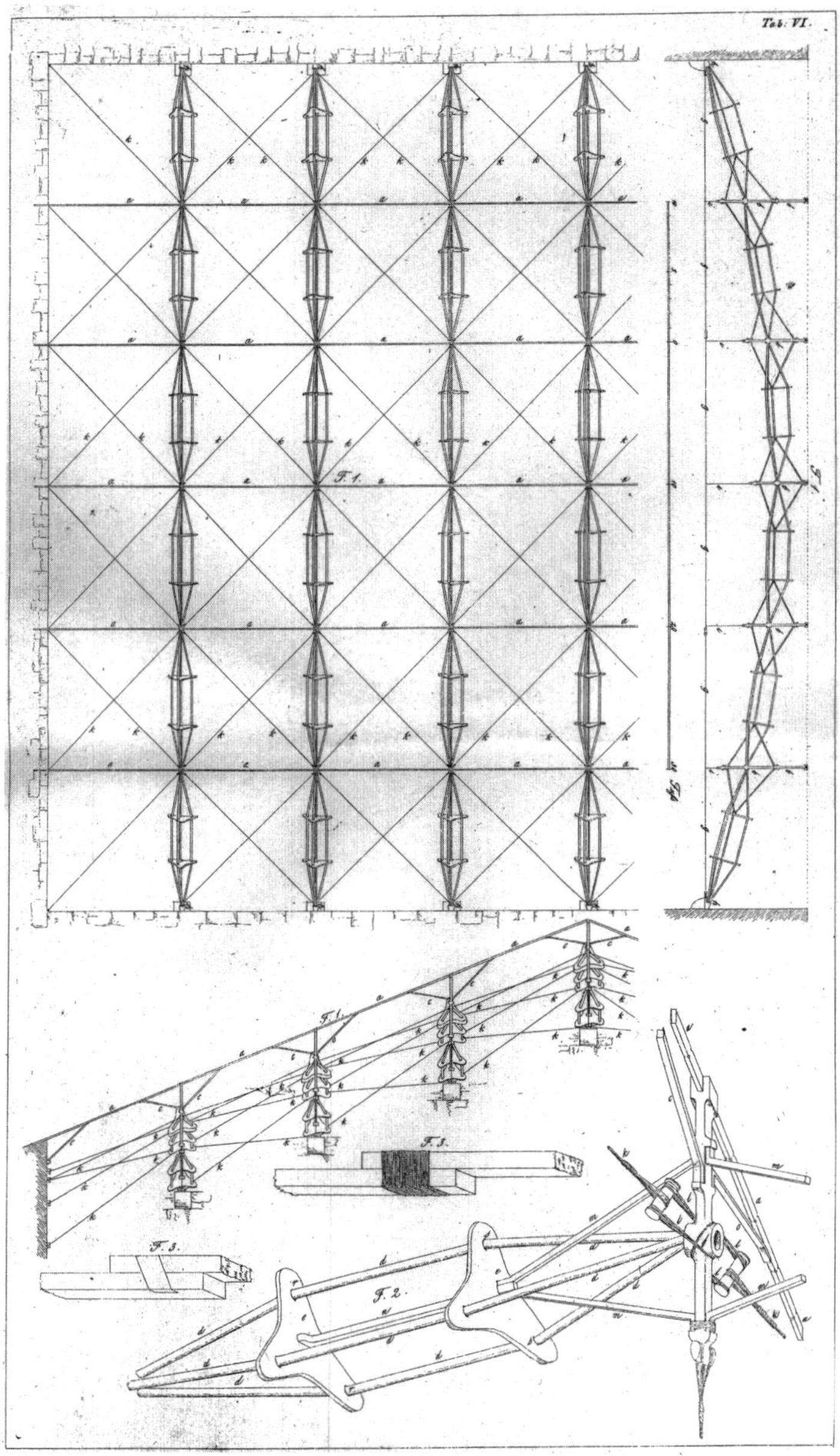

図九－二　鉄骨屋根のかかる劇場計画案　構造図

の典型を示していると言わざるを得ない。

シンケルの弟子の一人であるフリードリヒ・A・シュトューラー（一八〇〇―六五）による、ベルリンの「ノイエス・ムゼウム」[67]（一八四三―五五）は、シンケルの博物館（アルテス〈古〉・ムゼウム）に対して、新しい（ノイエス）博物館であることを意味する。しかし両者には着工年だけ見ると十七年の時間しかない。それでも、シュトューラーの建築は外観に比して、内部に鉄骨を用いることで、建物の荷重を減らすこと、床版の構造を薄くして（アルテス・ムゼウムよりも）階層を稼ぐこと、工期を短縮すること、耐火性能を高めることなど、現代にも通ずる要求に応えようとした点で革新的な建物である。ベティヒャーの内部壁面装飾への関与は、残っている図面から指摘されうるが、『構築術』の考え方が、つまり「絶対的堅牢性」がシュトューラーの造形意識に影響を及ぼした可能性は否定できまい。第二次大戦の被害を免れた「ニオビーデの間」及び「ギリシャの間」は、緩やかな円弧を描く鋳鉄の上弦材と、そのたわみを「引っ張り強さ」を

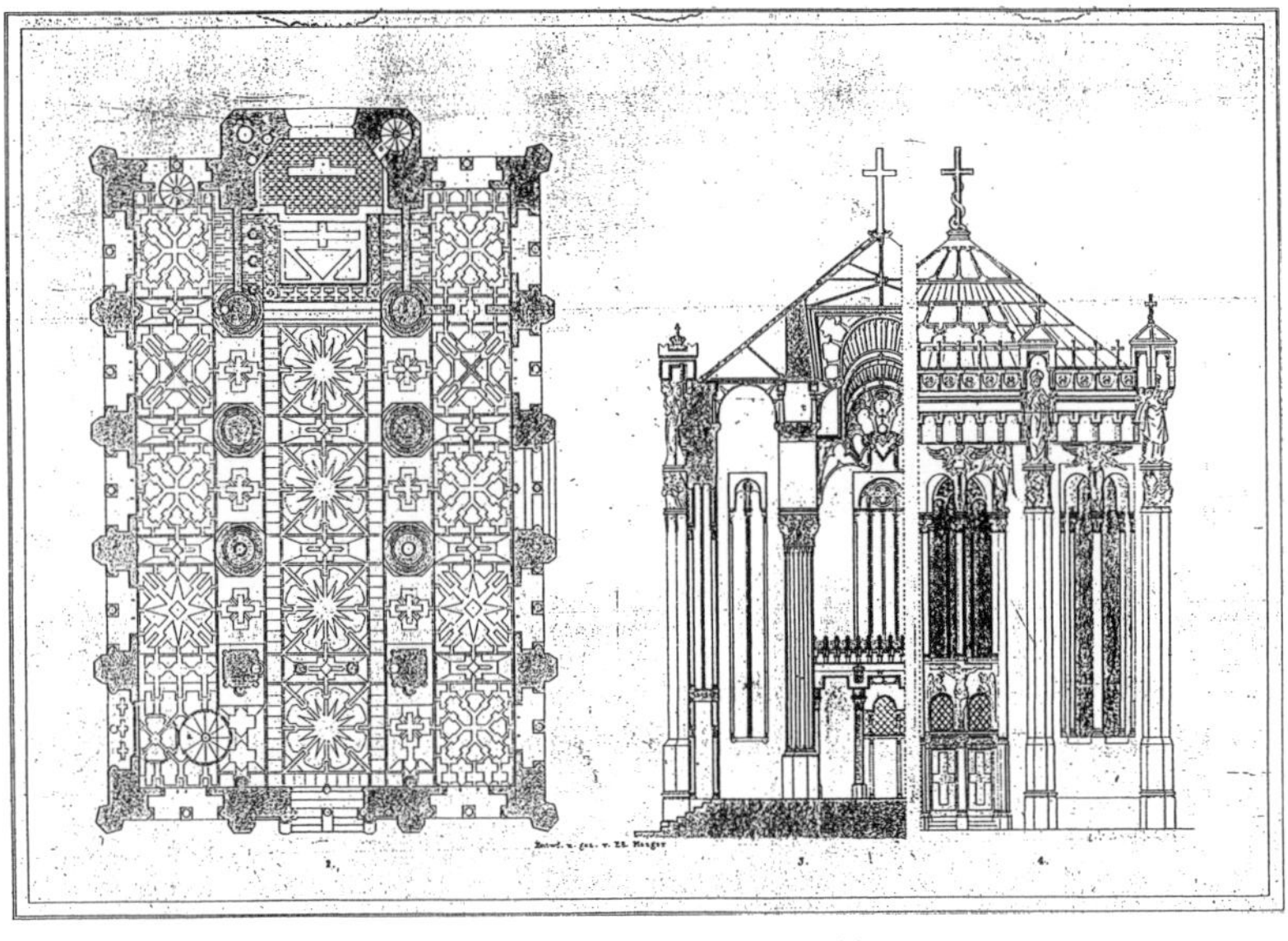

図九‐三　礼拝堂案　平面図・断面図

もって維持する、二本一組のタイ・ビームが一体となり、鉄骨母屋を支える。それは引っ張り力に強い錬鉄と、容易に成形できる鋳鉄との合理的な組み合わせである。そして母屋の間に平板が貼られ、仕上げが施されることによって、一体となったヴォールト天井が出現する。二本の縄を編んだように捩じれているタイ・ビームの装飾、梁を支える鉄骨のコンソール、上弦材とタイ・ビームを繋ぐ束における、圧縮力を視覚化するバラ型装飾、それら全ての造形が、そこに宿る力学的機能を象徴的に表現している（図九―四）。一階の民族誌部門の広間では、部屋の中心に立つ繊細な鉄骨支柱から放射するセグメント・アーチにより、フラットなドーム・ヴォールトが支持されている。リブは鋳鉄からなり、ヴォールトの形状は金網に石膏を流しこんで形成された。そして三階の中世から近世の工芸展示室は、二階とは逆に、植物を象徴する装飾あふれる二本の鉄骨支柱と、円弧を描く下弦材と水平の上弦材により、蒲鉾型天井が支持されている。いずれも、ベティヒャーの理論との呼応を認めることができる。建

図九 - 四　ノイエス・ムゼウム　主階展示室構造図

築全体を支配する造形ではないし、造形そのものの新しさがあるわけではないにしても、ささやかな鉄骨のディテールの内に、二十世紀近代建築の予兆が認められるのである。

第八節　結

シンケルが逝った直後に、ベティヒャーは友人の建築家、ルートヴィヒ・ローデに次の言葉をしたためた。「親愛なる友よ！　私たちの時代は三番目なのだ。まず古代、そして中世、そして私たちの成長する時代。私たちは、孫たちが甘い果実をとれるように、働く使徒なのだ。世界において、それぞれの建築の発展は有機的プロセスをたどる。人間の力がそれを先取りすることはできないのだ。[68]」ベティヒャーはその第三の時代を、力学的観点から、前二者の統合の上に築くことを試みた。すなわち、フォルムに内在する力は「象徴」として理解されることによって、ベティヒャーが、ヘレニズム的建築の構造に宿る「曲げ強さ」と、ゲルマン的建築の構造に宿る「圧縮強さ」との統合から、新素材としての鉄を用いることによって、「引っ張り強さ」にふさわしい空間が造形されるとき、初めて新しい建築様式に達する、と考えた過程を明らかにした。

ベティヒャーの著作の一部は、弟子たちによって生誕百年の一九〇六年に再版された。[69] 彼らはユーゲントシュティール（青年様式）を、ベティヒャーの言う古典と中世につぐ第三番目の新しい芸術と理解したと考えられる。「鉄」にふさわしい造形は、この時期、小細工の域を脱し、A・ガウディやH・ギマール、H・P・ベルラーへ等によって新たに展開され始めた。ベティヒャーが「働く使徒」に徹したとしても、彼の「思想」は明らかに時代を先取りしていたのである。

〔註〕

（1）ベティヒャーの経歴については、以下の文献に詳しい。
Clarissa Lohde=Bötticher: Aus dem Leben Karl Böttichers, Gotha 1890（ベティヒャーの三人目の妻が、人間味溢れるベティヒャーの生涯を綴った。）
Richard Streiter: Karl Böttichers Tektonik der Hellenen als ästhetische und kunstgeschichtliche Theorie. Eine Kritik, Hamburg/Leipzig 1896
Eva Börsch=Supan: Berliner Bankunst nach Schinkel, 1840-1870, München 1977, S. 556-558

（2）Friedrich Adler: Die Bauschule zu Berlin von C.F. Schinkel,（Schinkel-Festrede）, Berlin 1869, S.21

（3）Karl Bötticher: Die Tektonik der Hellenen, 2 Bd., Potsdam 1843-52 Einleitung und 1.Buch- "Dorika"（1843）/ 4.Buch- "Der Hellenische Tempel in seiner Raumanlage für Zwecke des Kultus"（1849）/ 2.Buch-"Jonika" und 3.Buch-"Korinthiaka"（1852）
第四書は考古学的研究であり、特に難解な部分である。

（4）『ギリシャ人の構築術』の評判に関して、次の如きベティヒャーの手紙がある。「私は彼（シェリング）と話し合ったが、私が単にヘレニズム芸術を、私たちの時代に有効なものとして導入し、公認させようとしている、と彼が信じ込んだとすれば、誰もが誤解するだろう。私が望むことは、ただ新しい真の芸術が育ってゆくような一つの場を準備することにあり、そのことを彼に告げた時、彼は私の手を握り言ったのだ。〈我々は同志だ〉と。」
C. Lohde= Bötticher: Aus dem Leben Karl Böttichers, ibid., S.42

（5）Stuart und Revett, Piranesi, Stakkelberg, Moses の文献を挙げている。
K. Bötticher: Die Tektonik der Hellenen, ibid., Einleitung S.27

（6）K. Bötticher: Die Tektonik der Hellenen, ibid., Einleitung S.3（§1,1）

（7）K. Bötticher: Die Tektonik der Hellenen, ibid., S. xv, S.4（§2,2）

（8） K. Böttticher: Die Tektonik der Hellenen, ibid., S. xv, S.4（§2,3）
「芸術フォルム」のうち、分節と分節の接合部（Junktur）は、力学的に組み合わされた、様々な構造部分のあらゆる有機的関連性を視覚化するがゆえに、構築術にとって欠かすことのできない要素であった。それによって、建築は一つの全体となりうる。
（9） K. Böttticher: Die Tektonik der Hellenen, ibid., S. xv
（10） K. Böttticher: Die Tektonik der Hellenen, ibid., S. xv
（11） K. Böttticher: Die Tektonik der Hellenen, ibid., S. xv
（12） K. Böttticher: Die Tektonik der Hellenen, ibid., S. xv
（13） 第三章第二節を参照されたい。
（14） K. Böttticher: Die Tektonik der Hellenen, ibid., S.3（§1,1）
（15） K. Böttticher: Die Tektonik der Hellenen, ibid., S.15（§5,1）
（16） ジョン・ラスキンの『建築の七燈』における“Truth（真実）”の章において、ラスキンは、いつわりの構造、見せかけの仕上げ（木材を大理石に見せかけるようなこと）、鋳造品や機械生産の装飾を、建築の嘘と呼び、素材の公正な活用、手仕事による有機的装飾の使用を促す。オルナメントは神々の創造した自然のフォルムから導き出されるものであった。John Ruskin: The Seven Lamps of Architecture,（1849）, Kap.IV.,
（17） K. Böttticher: Die Tektonik der Hellenen, ibid., Einleitung S.18
（18） K. Böttticher: Die Tektonik der Hellenen, ibid., Einleitung S.18
（19） K. Böttticher: Die Tektonik der Hellenen, ibid., Einleitung S.18
（20） J.G. Herder: Viertes kritisches Wäldchen,（1769）in; Werke Bd.2, Herder und die Anthropologie der Aufklärung, München 1987, S.170

（21）August Wilhelm Schlegel: Die Kunstlehre,（Berlin 1801）, Stuttgart 1963, S.144

（22）A.W. Schlegel: Die Kunstlehre, ibid., S.144

（23）Franz Kugler: Architekturbriefe（1856）, in: Deutsches Kunstblatt, 27. Nov. 1856, S.417-419, 439-440, 445-446, 引用四一八頁

（24）F. Kugler: Architekturbriefe, ibid., S.418

（25）F. Kugler: Architekturbriefe, ibid., S.418

（26）K. Bötticher: Die Tektonik der Hellenen, ibid., S.6（§ 3,1）, S.96

（27）ゴットフリート・ゼンパー（一八〇三―七九）は、ベティヒャーの『構築術』を熟読し、「軀体フォルム」と「芸術フォルム」の関係から導き出される「被覆芸術論」を、自身の『様式論』（一八六〇）に反映させた。しかし、ギリシャ人の才能がギリシャ建築を独自に生み出したというベティヒャーの見解は、建築が社会との関連性を保ちながら、段階的に発展していくことを唱えていたゼンパーには、受け入れられないことであった。ある芸術が孤立したなかで生じることはない、と考えていたからである。Wolfgang Hermann: Semper und Bötticher, in: Gottfried Semper, Theoretisches Nachlass an der ETH Zürich, Katalog und Kommentare, Boston-Basel-London 1981 S. 26-40

（28）K. Bötticher: Die Tektonik der Hellenen, ibid., S.111

（29）K. Bötticher: Die Tektonik der Hellenen, ibid., S.103

（30）K. Bötticher: Die Tektonik der Hellenen, ibid., S.103

（31）K. Bötticher: Die Tektonik der Hellenen, ibid., S.109

（32）K. Bötticher: Die Tektonik der Hellenen, ibid., S.109

（33）K. Bötticher: Die Tektonik der Hellenen, ibid., S.108

（34）K. Bötticher: Die Tektonik der Hellenen, ibid., 1.Buch, 1.Excurs, "Ueber die Entwicklung der freien Glieder des Baues und deren Einfluß auf die Bewältigung des Materials." S.18-26 引用二四頁

（35） K. Bötticher: Die Tektonik der Hellenen, 1.Buch, 1.Excurs, ibid., S.24

（36） K. Bötticher: Die Tektonik der Hellenen, 1.Buch, 1.Excurs, ibid., S.24

（37） K. Bötticher: Die Tektonik der Hellenen, 1.Buch, 1.Excurs, ibid., S.23

（38） K. Bötticher: Die Tektonik der Hellenen, 1.Buch, 1.Excurs, ibid., S.24

（39） K. Bötticher: Die Tektonik der Hellenen, 1.Buch, 1.Excurs, ibid., S.25

（40） K. Bötticher: Die Tektonik der Hellenen, 1.Buch, 1.Excurs, ibid., S.24

（41） K. Bötticher: Die Tektonik der Hellenen, 1.Buch, 1.Excurs, ibid., S.25

（42） K. Bötticher r: Die Tektonik der Hellenen, ibid. , Einleitung S.25（§ 7,3）

（43） Ernst Curtius: Die Kunst der Hellenen,（1853, Schinkel-Festrede）, in; E.C.; Alterthum und Gegenwart, Berlin 1875, S.78-93, 引用九〇頁

（44） E. Curtius: Die Kunst der Hellenen, ibid., S.90

（45） K. Bötticher: Die Tektonik der Hellenen, 1.Buch, 1.Excurs, ibid., S.26

（46） K. Bötticher: Das Prinzip der hellenischen und germanischen Bauweise hinsichtlich der Übertragung in die Bauweise unserer Tage, in: Allgemeine Bauzeitung（1846）S.111-125, 引用一一二頁

（47） August Reichensperger: Die christlich=germanische Baukunst und ihr Verhältniß zur Gegenwart, Trier 1845, S.91-92

（48） ライヒェンスペルガーは、ミケランジェロも古典形式を中世キリスト教精神によって融合することに失敗したとも書いている。

A. Reichensperger: Die christlich=germanische Baukunst, ibid., S.21

（49） K. Bötticher: Das Prinzip., ibid., S.113

（50） K. Bötticher: Das Prinzip., ibid., S.113

（51）K. Bötticher: Das Prinzip., ibid., S.114
（52）K. Bötticher: Das Prinzip., ibid., S.120
（53）K. Bötticher: Das Prinzip., ibid., S.114
（54）K. Bötticher: Das Prinzip., ibid., S.121
（55）K. Bötticher: Das Prinzip., ibid., S.117
（56）K. Bötticher: Das Prinzip., ibid., S.116
（57）K. Bötticher: Das Prinzip., ibid., S.119
（58）K. Bötticher: Das Prinzip., ibid., S.119
なおJ・H・v・マオホの『建築の秩序の新しい体系的表現』（一八五五）においては、「新しい建築様式は、今までになかった新しい、石造による、あるいは鉄構造による屋根構造が発見された時、生まれることが出来る」とある。
J.H.v. Mauch: Neue systematische Darstellung der architektonischen Ordnungen der Griechen, Römer und Neueren Meister, Berlin/Potsdam 1855, S.4
（59）K. Bötticher: Das Prinzip., ibid., S.119
（60）Gottfried Riemann: Frühe englische Ingenieurbauten in der Sicht Karl Friedrich Schinkels. Zu Forschungen und Berichte der Staatlichen Museen zu Berlin. Bd.13. Berlin 1971, S.75-86
（61）K. Bötticher: Das Prinzip., ibid., S.120
（62）Heinrich Hübsch: Entwurf zu einem Theater mit eiserner Dachrüstung, Frankfurt am Main 1825
（63）H. Hübsch: Die Architectur und ihr Verhältniß zur heutigen Malerei und Sculptur,（Stuttgart und Tübingen 1847）, Neuausgabe, Berlin 1985, S.195
（64）Eduard Metzger: Formenlehre zur Rundbogenarchitektur mit Anwendung auf den Verband von Gewölbe und Eisenkonstruktion,

München 1851, S.14ff 特に S.14-16,B1.9-12、礼拝堂計画案は B1.10,11

（65） 一八四一年十二月二十三日付、メッツガーのバイエルン皇太子マクシミリアンへの書簡。Bayerisches Geheimes Hausarchiv, 77/6/90, 24-2-1, S.3 "Die Baustyle"

メッツガーは根源的な様式として、軸組構造としてのギリシャ建築と、ヴォールト構造としてのドイツ建築を挙げ、直線とアーチの組み合わされた線こそ、建築のテーマである、と書いていた。

（66） E. Metzger: Formenlehre zur Rundbogenarchitektur., ibid., Einleitung

（67） ノイエス・ムゼウムについては、以下の文献を参照した。

Berlin und seine Bauten, Berlin 1896, S.216ff

E. Börsch=Supan: Berliner Baukunst nach Schinkel, ibid., S.107

Kurt Milde: Neorenaissance in der deutschen Architektur des 19. Jahrhunderts, Dresden 1981, S.199-206

（68） C. Lohde= Bötticher: Aus dem Leben Karl Böttichers, ibid., S.37

（69） Karl Friedrich Schinkel und sein baukünstlerisches Vermächtnis von Carl Bötticher, [hrsg.] C. Lohde= Bötticher, W.P. Tuckermann, Berlin 1906

第十章
「様式統合」と北方ルネサンス
——シュティアーと「絵画的」造形について

第一節　序

本章は、ベルリンの建築家、ヴィルヘルム・シュティアー（Wilhelm Stier, 一七九九—一八五六）の建築論を考察し、シュティアーの「様式統合」の理念の意味と、十九世紀ドイツ建築論における役割を明らかにすることを目的とする。

シュティアーは一八二八年よりベルリンの建築アカデミーで建築設計（一八三二年まで）、及び建築史の教鞭をとり、シンケルの死後、同アカデミーにおいてカール・ベティヒャーとその人気を二分した。シュティアーはペテルブルク（ロシア）の「冬の宮殿」（図十—一）、ペスト（ハンガリー）の「議事堂」（図十—二）、ハンブルクの「市庁舎」（図十—三）など、幾多の魅惑的な競技設計案を提出している。建物用途に由来するせいか、それらはいずれも威風堂々とし、正面性が強い。しかし「シュティアーの城」と呼ばれる自邸（一八三一）以外は実作をもたず、その意味では不遇の建築家といえるかもしれない(1)。しかし本書において問うのは作家の構想力である。「様式統合」の根底に宿る自由と法則という、二律背反的な創作原理は、シンケルという一個人においては調和の内にあったが、それは力学の法則性を重視するベティヒャーと、歴史様式を融合する作家の自由を重視す

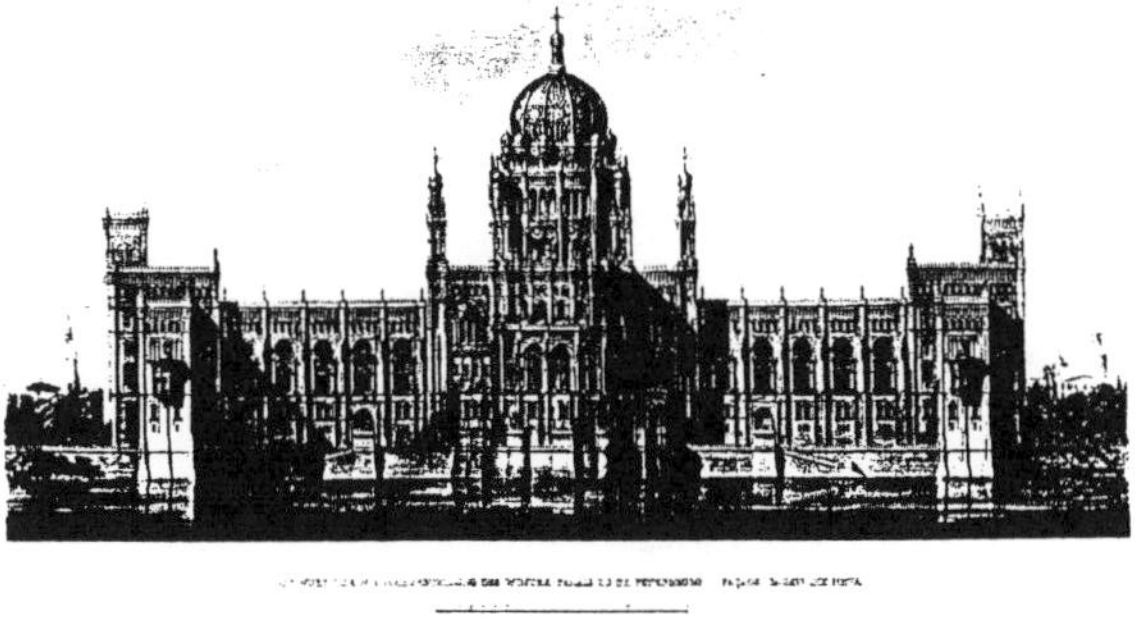

図十－一　ペテルブルクの冬の宮殿案　立面図

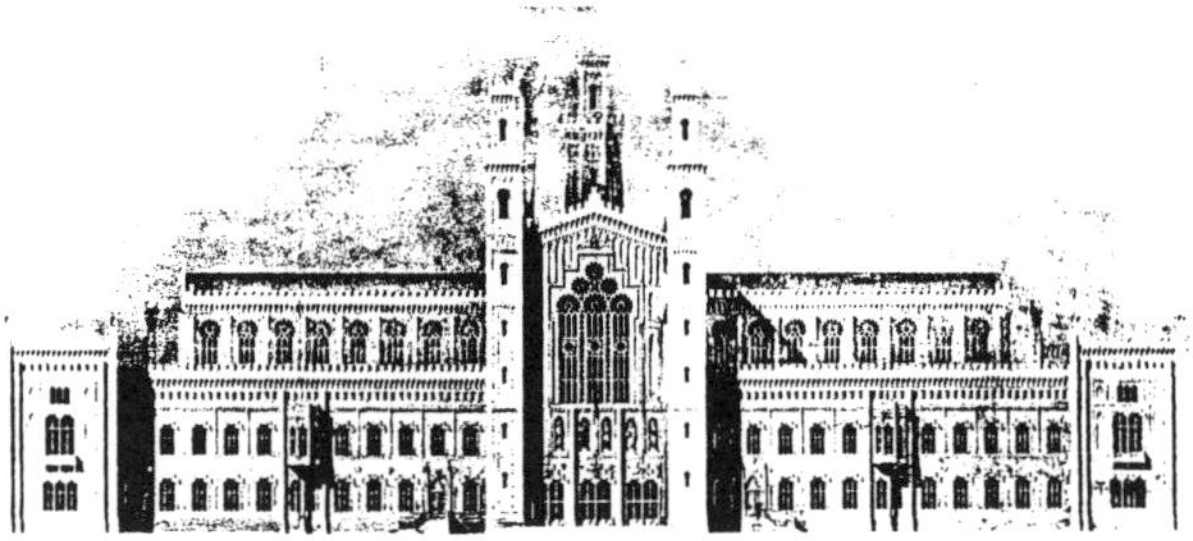

図十－二　ペストの議事堂案　立面図

図十－三　ハンブルクの市庁舎案　立面図

るシュティアーに分化している。そのことをシュティアーの言説から明らかにしたい。

第二節　「建築の発見」——内からの造形

シュティアーは、一八一五—一六年にベルリンの建築アカデミーに学ぶ。一八二二年秋からパリを経て南フランスを旅行し、ルネサンス期の城塞建築に親しむ。その後の五年近いローマ滞在中、シュティアーは古典のみならず、中世、近世の建築にも深く心を寄せている。ベルリンで学んだ以上に、若い時期に、歴史的意識を偏見なく幅広く養ったことは、後述するように、シュティアーにとって大きな意味を持っている。建築家H・ヒュプシュや、ロマン派の画家J・S・v・カルロスフェルトと知り合ったのもローマにおいてであるが、中でも教皇座のプロイセン公使C・J・v・ブンセンの、キリスト教バシリカ建築についての研究[2]から刺激を受けて、シュティアーは劇場の如き平面を持つプロテスタント教会の設計案を作成している。息子の建築家フーベルト・シュティアーによれば、シュティアーはシンケルにその設計要旨を送り、それが『建築芸術の本質についてのテーゼ』（一八二六）（以下『テーゼ』）と題するものであったという。それは不思議にも、教会の設計案には触れておらず、実際には彼の信条告白の様相を呈し、息子によって編纂され、死後出版された作品集『建築の発見』[3]（一八六七）の冒頭を飾ることとなった。「父のイデーは三十年経っても変わらなかった」という息子の言葉を信じるならば、若きシュティアーの『テーゼ』の読解は価値があろう。以下、二十二節からなるその内容を概観する。

『テーゼ』の特徴は、「夢みがちなロマン主義者[4]」と呼ばれるシュティアーが、建築的課題の本質を捉えて、形態を内側から発見する方法を有効と認めていることにある。シュティアーの基本命題は、以下の冒頭、第一節に表れている。「それぞれの作品は透明な意識によって、理性的思考から生まれてこなければならない。それを促すことは人間の本性（Natur）であり、使命（Bestimmung）である。それによって人間は、目覚めた意識と精神の自由の内に生き、自らを育んでゆく。[5]」この一文には、フィヒテの意に沿った「人間の使命[6]」に対して、シュティアーがなお忠実であり、理性に基づく人間の自由への進化を念頭においていたことが表れている。そのことが、シュティアーにおける建築課題の合目的的解決の基盤となる。つまり、創作の根拠となる法則や規則は、外からやってくる「権力の掟」でも「根拠のない制限[7]」（第一節）でもなく、あくまで「内側から[8]」（第一節）理解されなければならない、とシュティアーは考える。この「内側から」とは、人間の内面から発する秩序を意味するにせよ、転じて建築の内部空間からの造形の意味にも受け取れる。最終的には勿論建築の外部も、内側の機能、目的の反映として視覚化されなければならないとしても、シュティアーの場合、明らかに形式美より内容美が優先していた。ル・コルビュジエは幾何学を強制している、と一九二〇年代に批判したのはフーゴー・ヘーリンクであり、彼は幾何学に対する有機学からのアプローチを唱えた。[9] そのヘーリンクの基本的態度が、百年前のシュティアーにすでに表れている。

第十二節に記されたシュティアーにおける建築の美や釣り合いは、「普遍的に有効な、ある特定の規範や数の法則、ある特定のフォルムの領域[10]」によって限定されるものではなく、「測ることのできない自由な領域であり、つまり思考や感情という無限の領域に対する絵言葉（Bildersprache）[11]」である。用途や構造の相違から、建築全体が異なる造形をもつ際の根拠は、「必然性」と「適切であるという感情」と、その「必然性の尊重[12]」であった。それゆえシュティアーは第四節において、「創造の目的は新しいものではなく、いつもふさわしいものである[13]」と述べ、それを「建築の発見[14]」と呼ぶ（第五節）。「新しいもの」は創造の目的ではなく、あくまで結果でなければならない。それは建築のオーダーや、形式的なプロポーションの美とは全く異なる次元の美の規範であり、個体性の倫理に委ねられている、と言うことができる。

このような美の価値観は、おのずと創作のプロセスにも反映されるが、現代と変わらぬような、次の如き建築計画が提唱されている[15]。

（一）平面計画……課題と必要の充足。実践的かつ芸術的作品であるためには、同時に美的であること。部分と全体の調和、統一性と単純さ、諸室の論理的分節と組み合わせ（第七節）。

（二）構造計画……構造の合目的的選択、耐久性、材料の選択、経済性、技術的保証。しかし芸術作品たりうるためには、その上全体と部分の美的配置と対応が求められる（第八節）。

（三）外部意匠……建築の外部意匠は、プランにおける合目的性、利便性、構造的合理性、用途との一致という美的感情から生まれる。それは過去のフォルムそのものであってはならない（第九節）。

『テーゼ』を読む限り、シュティアーが、歴史様式の取捨選択の問題を扱っていないことに驚く。ひたすら建築の合目的性を追求し、建築形態の発見を目的に据えることは、ヴィトルヴィウスの「用・強・美」の三概念の内、「用」すなわち目的に新たな意味を与えたことを示すものであり、シュティアーは早すぎた機能主義者であった。

第三節　多様の統一――プリニウスの別荘復元案

息子フーベルト・シュティアーは、父の死後、全十一巻に及ぶ作品集を企画し、一八六七年に第一巻が出版された。その内容がプリニウスの別荘復元案であったのであるが、その編纂者メモによると、シュティアーが二つの別荘の復元を試みたのは、一八三一―三二年にかけてであり、ラウレントゥムの別荘案をまず先に仕上げ、一八四一年には設計趣旨も添えられた。その頃、トスカーナの別荘案を再び取り上げ、さらに検討を加えたという。[16]

プリニウス（後六一頃―一一三頃）は、古代ローマの法律家、政治家、文人である。ローマ南西のラウレントゥムの海岸、及びアペニン山脈のふもと、トスカーナにもっていたヴィッラについて自ら書簡に残した記述は、ヴィトルヴィウスの『建築書』第六書におけるギリシャ住宅の叙述とともに、考古学的価値が高い。ティレニア海に面したオスティア近郊ラウレントゥムは、ローマから南西に二十五キロほど離れ、馬車を用いると二時間の位置にある。美しい周辺の景観と庭園、そして自由な配置による古典建築が一体となったローマ期の別荘建築は、十八世紀以来のポンペイの発掘、ハドリアヌス帝の別荘などによって、人々の意識にのぼり、友人ガッルスにあてたプリニウスの自らの別荘の記述が専門家を鼓舞してきた。シュティアーとほぼ同時期の一八三三年に復元を試みたシンケルは、A・ヒルトによるテキストの翻訳を頼りに、シンメトリーをくずした自由な配置と、古典建築の形式言語を用いた複合体としてのヴィッラを提案している。その数年前に、ポツダムのサンスーシー宮の王室庭園内のシャルロッテンホーフ宮に関連して、シンケルによってつくられた「庭師の家」（一八二八―二九）では、ギリシャ様式の小神殿、山小屋風の屋根をもつ住居、イタリア風の屋根をもつ鐘楼という多様な建築要素が絵画的に組み合わされている（図十―四）。「アテネの王宮」案（一八三四）を含め、外部環境に対するやわらかな応答が特徴的である。[17]

設計趣旨が添えられたこともあり、シュティアーのラウレントゥムの別荘をここでは取り上げよう。[18] シュティアーは、平面図（図十―五）と海側から見た外観透視図（図十―六）、及び雁行形状ゆえに部分ごとに描いた立面図・断面図を五枚掲載している。平面図は正面玄関を下に、海を上方に見るようにレイアウトし、海岸線が南北軸に沿うように設定された。プリニウスの記述における諸室の特徴とシュティアーの解釈を以下に要約する（図十―五）。

①「最初に入る玄関広間は控えめであるが、品位を欠いてはいない。」シュティアーは、動物の飼育場を玄関の左右対称に配置しながらも、低く水平に伸びた間口を与えることで、玄関の正面性を意図的に抑えている。当時の生活からすればそれらは必要かつ自明の施設であり、プリニウスはわざわざ記述しなかったとシュティアーは考えた。

②「その次にガラス窓と長い庇で守られた柱廊が、字母Oの形をして巡り、柱廊に囲まれて快適な中庭がある。」

③「柱廊と向き合う居心地のよい中庭がある。」

④「その次に立派な食堂（トリクリニウム＝横臥食卓）があり、周囲はガラス戸、両開き戸で囲まれ、海への眺望が良い。」シュティアーはヴィトルヴィウスのいう「キュージコス風」の巨大なパーゴラ状の張り出しで食堂の三方を囲み、海との結界とした（図十―七・上）。

⑤「食堂の左手には、大小の居間、楕円形に張り出した居間（クビクルム）、サンルーム、寝室などが配置される。」

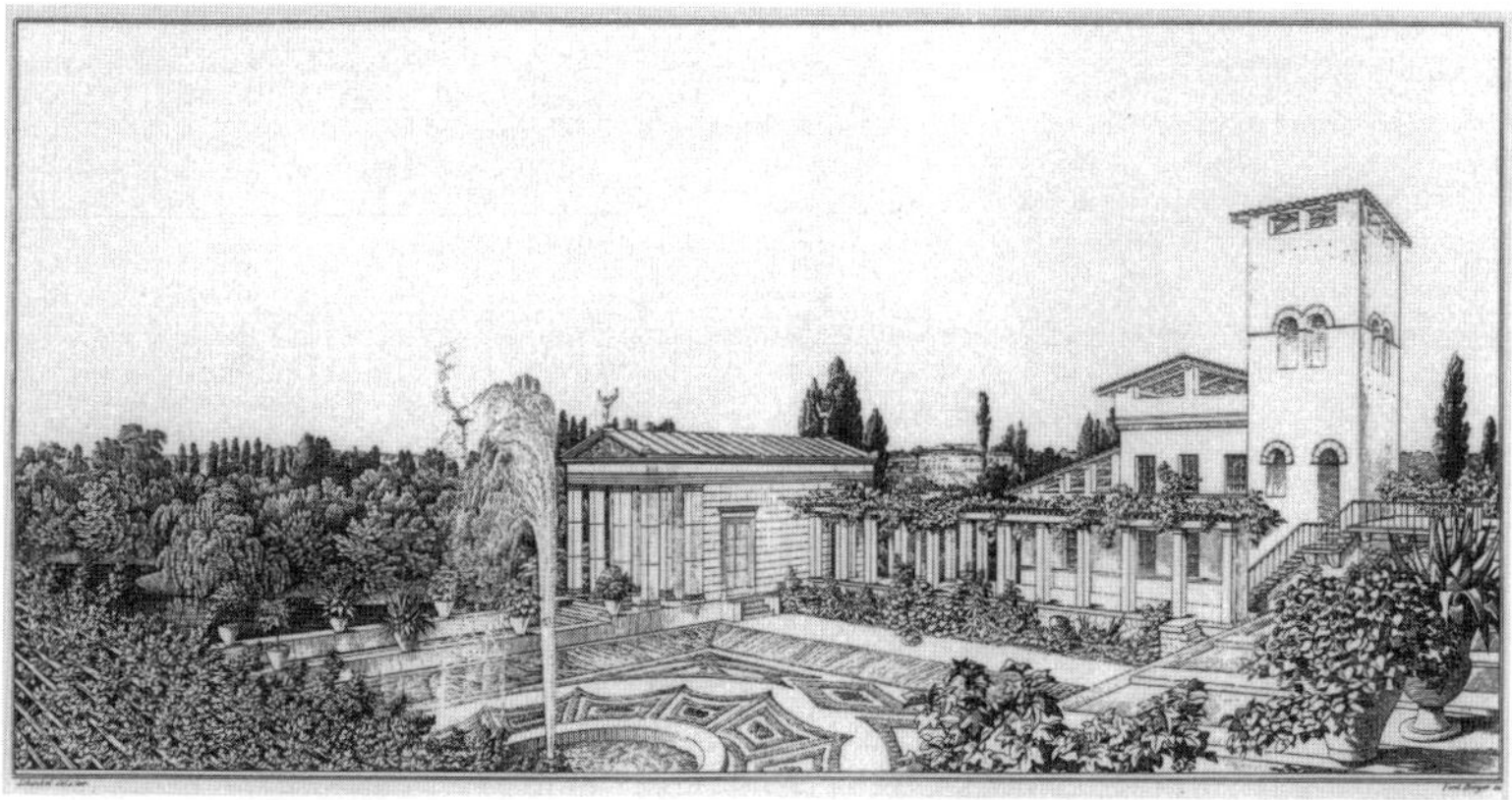

図十－四　シャルロッテンホーフ宮・庭師の家　外観透視図

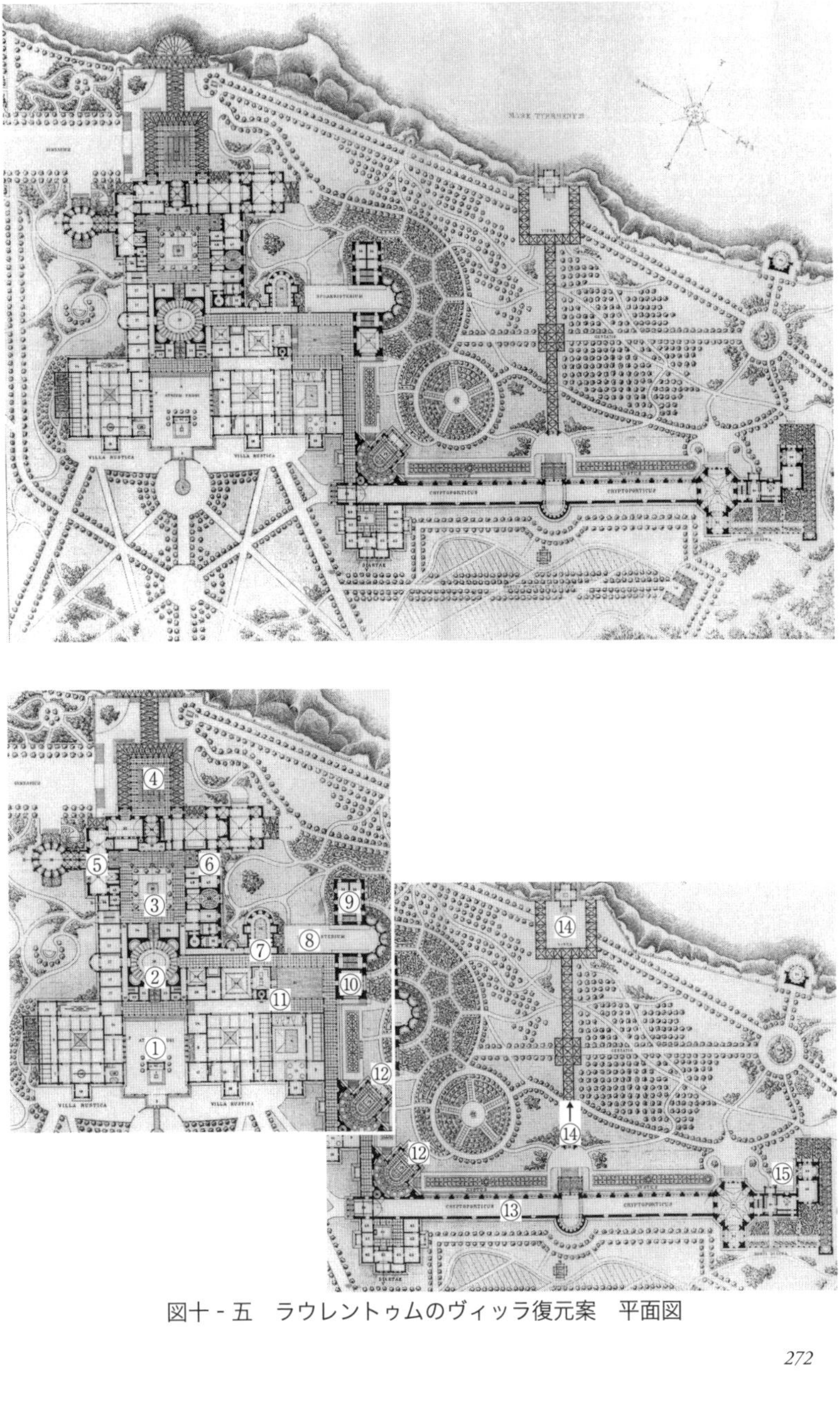

図十 - 五　ラウレントゥムのヴィッラ復元案　平面図

⑥「食堂の右手には、優美な飾りのある居間、多目的室、控え室をもった天井が高い居間、浴場、塗油室、暖房設備室、サウナが並ぶ。」

⑦「これらと接続して、泳ぎながら海が眺められる温水浴槽がある。」海に対して半円状に突き出した空間として、住居部分のエッジを形成する表現が試みられている。

⑧「(温水浴槽の)近くにある球戯場は、西日を浴びる場所に位置する。」シュティアーはこれを、経済的な面から、単純な、トラックの屋外としてとらえた。

⑨「この近くに塔が立ち、その下の階には二つの居間があり、上階には居間と別の食堂がある。ここから海原と海岸線といくつかの近郊の別荘が見える。」

⑩「またもう一つの塔もあり、上階の居間からは日の出、日没を見られる。下階には食堂があり、庭園とそれを囲む遊歩道が見える。」この二つの塔の位置ははっきりしていないため、シュティアーは、球戯場をはさむようにレイアウトした。意図的に櫓のように高く設定し、壁面分節を増やし、垂直性を強調した意匠とした(図十―七・下)。

⑪「魚を飼う池のそばに螺旋階段で上る『ハトの塔(Taubenthurm)』

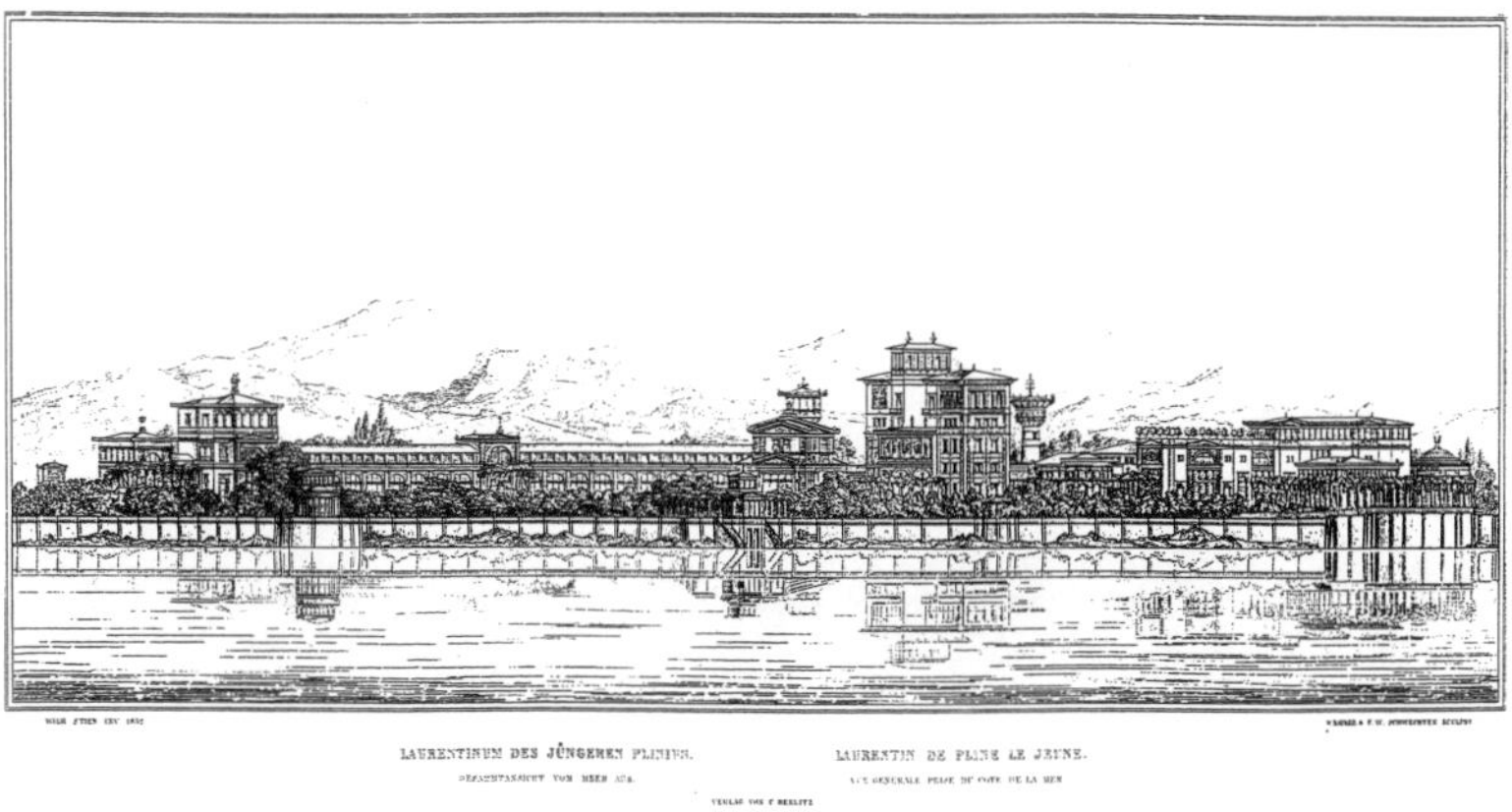

図十-六　ラウレントゥムのヴィッラ復元案　外観透視図

がある。」夕涼みをしながら食後のデザートを楽しむロッジアが設けられている。

⑫「庭園は茂った桑とイチジクの木で装っており、海から離れた食堂から楽しめる。それは海の眺めに劣らない。」この食堂をシュティアーはニッチ状に張り出し、庭園に向けて四五度軸を振るという大胆な造形を試みている。

⑬「ここから、公共の建物のように大きい、ヴォールト屋根のかかる歩廊が長く伸びている。その両側には窓があり、海側に多く開かれ、天気の良い日には全て開放できる。」この部分の「ここから」がどこかははっきりせず、シュティアーは「公共の」という記述を重視し、住居施設から距離をとり、ギャラリーとしても機能するとして、記述にない柱廊を伴う専用玄関を設け、直接外部から、約百メートルの長さの歩廊に入れるように配慮した。なお歩廊の前面は、スミレの香の匂う花壇歩道であり、視覚的楽しみに加え、微気候を調節する機能をもつ。

⑭「遊歩道は両側をツゲで縁取られ、内側に沿っ

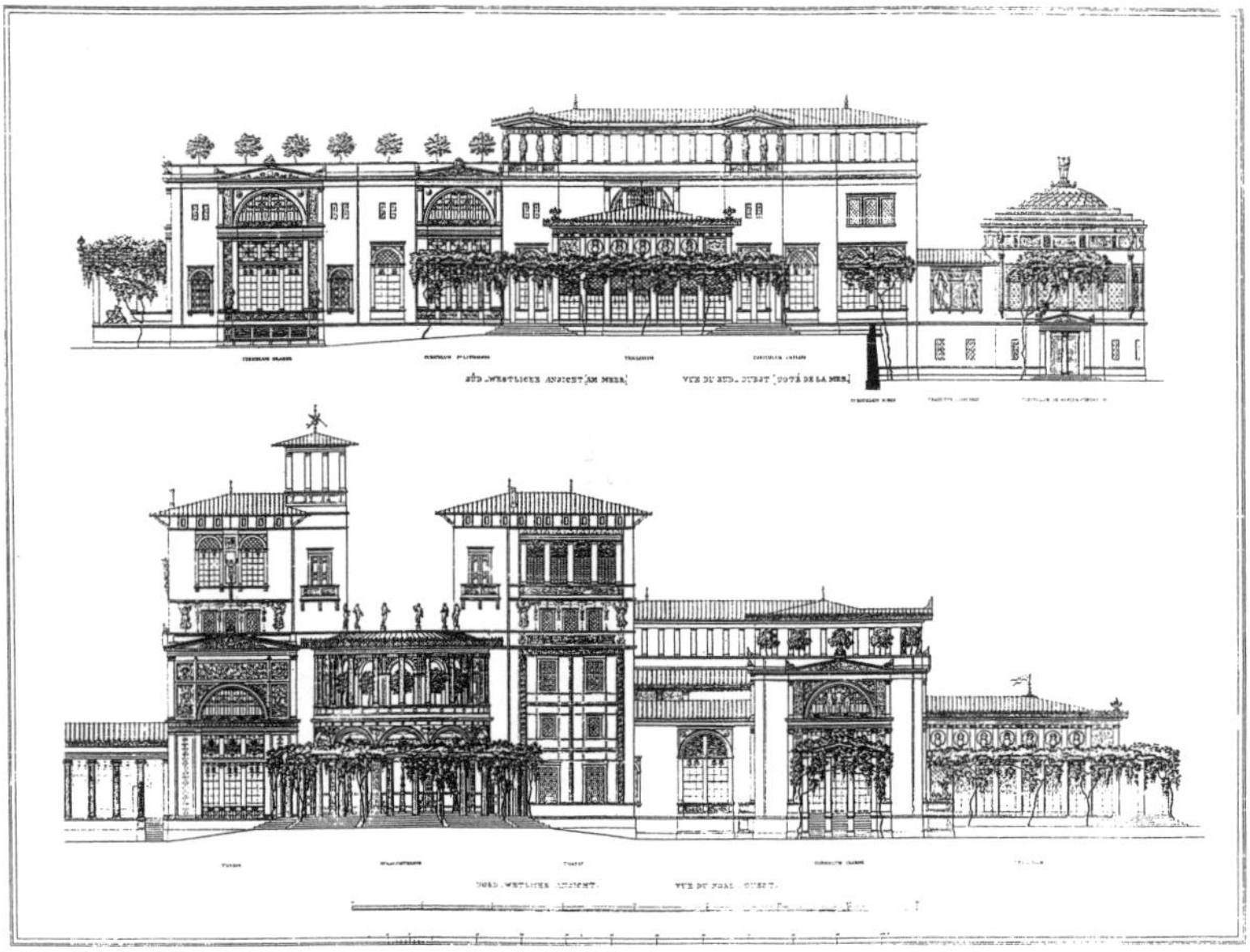

図十-七　ラウレントゥムのヴィッラ復元案　南西立面図（海側）、北西立面図

てぐるりと、形の優美なブドウの木陰道が続く。」プリニウスの記述は、外部空間の豊かさをも示しているが、シュティアーは、歩廊の中間に凱旋門を設け、外部庭園へ誘い、海に突き出すように四面が開放された列柱廊を配置し、海を象徴するヴィーナス像がオープンな回廊に囲まれた広場に置かれた。シュティアーの詩的構想が自由に展開されている。

⑮「花壇歩道の先端、つまり歩廊と庭園の終着点に、お気に入りの一連の部屋、日光浴室、寝室、居間がある。」ここは別荘から隔離されたとすら感じる静謐な場所、いわゆる離れとして位置付けられている。

別荘の復元をシュティアーが考える上で、ポイントとなる空間要素は、様々な大きさと形状をもち、諸室をまとめつつ繋ぐ「中庭」であり「ポルティコ」であった。なかでも玄関広間の奥の、柱廊に包まれた中庭は、この施設全体の要である。断面的には軒の出の大きな庇が、中庭側へ勾配をもつことによって、中心に雨水が流れ、さらに地下に貯水され、その奥にある中庭の泉へ接続している。泉は、プリニウスの記述にはない、シュティアーによる提案である。また中庭の「字母O」を、シュティアーは文字通り、楕円として表現しているが、食堂から海辺に突き出したブドウ棚への短軸に対して、温水浴槽と球戯場を経て庭園へ向かう、直交する長軸の交点として、方向性が的確に示されている。そのほかに、平面に膨らみを与える「エクセドラ」や「張り出し部」といった空間部位が挙げられよう。いわゆる様式的形態についての言及は設計趣旨に見られないが、古典的要素と半円アーチの用いたルネサンス的要素が入り乱れている。海辺の平坦地に建つ別荘であり、部分的にはシンメトリカルに構成しつつも、総体としては、庭園の間を縫うように雁行するアシンメトリー形式である。特に重要な居室には、ヴォールトをかけることによって断面的に高さの変化が与えられ、全体としては動的である。それゆえにまた、冬の別荘としては居室への様々な、かつ充分な採光が可能となる。そして周辺環境と呼応した、都市のシルエットの如き多様な統一としての全体が生じてくる。

シュティアーは、記述を正しく理解することは必要であるが、記述の言いなりでは、全体の調和が見失われるとして、芸術に昇華するための思想が必要であると唱えた。つまり、古代の人々が考えたであろうことを、作家自身が理解すべきである、と。その上でシュティアーは、古典や中世の建築理念は、目的に応じて、内部空間の快適性を求めることを尊重し、外部は結果として生じたとして高く評価し、内在する精神を理解することなく、何らかの建築タイプを外から押し付ける、十九世紀の当時の建築理念との相違を強調している。前者は生き生きとした精神の表明であり、太陽や空気、周辺環境の美しさと相対するのに対して、後者は内的要求への配慮を欠いた、冷たい表現である。無秩序化への懸念に対して、建築の使命に配慮すれば、「精神的秩序、個々の部分の有機的結合[19]」が生まれ、そこには偶然が支配する恣意は付け入る余地はなく、理性的な思考に根ざした建築の「発見」が起こると言い切る。これは、理性を発揮して、自由に至ることに人間の使命があるという、シンケルにも影響を及ぼした、あのフィヒテの思想であるとともに、ゲーテの「対象的思惟」、パウル・クレーが説いた「造形思考」と同義の、事物の本質を拠り所として、主客合一を試みる造形論として理解すべきである。

シュティアーの一連の創作態度は、C・A・ローゼンタールの次のような言葉、「人はあまりに厳格な規則性、シンメトリーにこだわらず、内的秩序を自由に、外なる姿に表そうとした。それによって、マッスの絵画的配分のみならず、建物の役割をはっきり打ち出すようになった[20]」によって代弁される。

「絵画的（malerisch）」とは、絵画というジャンルを越えた芸術一般に適用可能な普遍的概念である。C・L・V・ミークスによれば、「絵画的」は「起伏の多い、動きのある、不規則な、変化に富んだ、見通しのきかないもの」として、「平坦な、面的な、完結した、反復した、見通しのきくもの」としての「古典的」と対立する概念であった[21]。L・ショーンによれば、廃墟の神殿や寺院を指して「絵画的」と呼ぶには充分ではなく、その瓦礫が集まって、見る者に新しい「線」を予感させる内に、初めて「絵画的」なものの意義があるという。その意味において、ショーンは「絵画的」な美を、「隠された美」と名付けた[22]。また、J・エグレが「純粋にモニュメントの性格をもった建築には、厳格なシンメトリーと、全体の単純性は必要であろう。しかしそれがなくなった時、個々の建築部分は個的造形と並列を要求する。人はそれを絵画的と呼ぶ[23]」と述べたように、「絵画的」表現の台頭は、十九世紀初頭におけるモニュメントとしての建築という見方が薄れてきたことと呼応する。そのモニュメントとは対極的ともいえる別荘建築こそ、快適性が重要であり、それゆえ「外的形式の強制」ではなく、「山や森のフォルム、人間の外見のように、異なる内的必要に従って、生き生きとした精神と、無限の多様性と、個性的輪郭[24]」が造形されねばならなかった。そうして、新たな風景が創出されるのである。

第四節　「様式論争」へのシュティアーの所見

建築は「その民族が生きる時代の理念、習慣、思考方式、個性、宗教、学問や芸術における知識と能力」、さらに「民族の歴史の歩み」と関係を持たなければならない、とシュティアーは言う[25]。それゆえ新しく生まれる作品は、「時代が所有し、現代に至る歴史の進歩が啓示する知識の総体の印」または「ことばの器官[26]」として表れる。もし要因が変われば異なる造形を持つがゆえに、それぞれの時代や民族は、必然的にそれぞれ異なる建築様式を持つことになる。シュティアーにおける建築様式は、時代という枠組みの中で完結したものであり、「その都度、実際の要請――構造、素材、天候、外的・精神的諸力、習慣、思考方式、国や民族の教養から、あれこれ探すのではなく、自然の植物のように生まれ出てくる[27]」ものであった。「あれこれ探すのではなく」とは、建築様式の選択に対するアンチテーゼとして理解される。

彼の建築史観と、それに伴う「様式論争」への所見は、一八四二年に創設されたドイツ建築家・技術者協会の一八四三年バンベルクにおけるシュティアーの大会講演『現代の祖国の建築原理の規定への寄与』に表れている。『テーゼ』が合目的的造形を促したように、「建築原理を巡る論争において、現代ドイツの状況を踏まえると、あえてドイツの国民性やキリスト教を前面に押し出す必要はない。むしろ普遍的人間的観点の下に、（建築は）合目的性という大地に根ざすべきである」[28]をシュティアーは重視している。シュティアーのラディカルな態度は、「様式論争」を包括し、その葛藤を解消しようとする意志をもつ。シュティアーは当時同協会理事の任にあったから、その指導的立場に責任を感じていたにちがいない。協会こそ、国会のような政治的場に似て、様々な歴史様式の党派を融合するにふさわしい場、と考えられていた。シュティアー曰く、「願わくば、今後も（様式党派の）個性的な方向が、互いに存続しますように。それは芸術精神の発展全体にとって、治癒的に作用しあうでしょう。どの個的な才能も、多様なあり方、多様な形象を寛大に受けとめ、共同体として共に生きることを学ぶことこそ、私たちの時代の普遍的課題なのです。[29]」このようにシュティアーは、作家の個的自由と、ある時代の一断面に生じる造形の多様性を、時代の基本態度として肯定する。それぞれの作家が真にそれぞれの個人様式を持つならば、その作品が百花繚乱となることは、喜ばしいことである。それでも様々な創作の方向はいずれ収束することを、シュティアーは予感している。その収束先は、特定の様式党派にあるのではなく、「際立った対照を見せる、我々のそれぞれの芸術的努力の中心にある」[30]と述べることによって、シュティアーはシンケルの意味ではないにせよ、未来における歴史様式の統合を考えていたと言うことができる。それは全ての歴史様式の「党派」を包括するような、包容力のある造形であるにちがいない。

同時期の論文、コンラート・シュトレンメの『建築創造の普遍的原理』（一八四四）も、建築の合目的性から融合の可能性を問う点で、シュティアーの建築思想と極めて近い。

シュトレンメは、ある根源的な民族を想定し、その民族が分離していくなかで、それぞれ独自の建築造形を生み出し、発展させたと考える。エジプト人、フェニキア人、ギリシャ人、ドイツ人という民族の分離による発展が進んだのち、シュトレンメは、十九世紀こそ民族の再統合の時代、それと共に、様々な建築造形の統合の時代と考える。「硬直した民族の分裂がほとんど解消した今、人間はもはや国家市民であるのみならず世界市民でもある、とみなすことができるがゆえに、一面的な国家性は次第に普遍的な世界性へと移行する。もはや我々は、ある限定された自然や国家の結びつきという、狭い理念の輪の中で動くことはない。現代建築は普遍的であり、初源的な意味で、国家や民族の建築様式について語ることはできないのだ。現代に至るまでに、様々な民族に生じてきた発見は、今や共有財産になった。それらは役にたつべく我々の前にあり、活用されることを望んでいる。素材や構造、建設地や建築用途、フォルムの理性的選択によって、我々の建築は一つ一つ異なるものになるにちがいない。そしてその要請が固有であればあるほど、芸術家が己の個性によってそれに誠実に対応する時、建築はオリジナルなものとなる。建築の外部は、内部の厳格で自然な刻印となる。[31]」

シュトレンメが民族の分裂と統合から建築の様式発展を捉えることには、なお議論の余地があるとしても、建築の課題へ献身的に帰依しつつも、作家が個性を失わないという意味において様式の多元性を理解するならば、それはシンケルの意味に沿った拡大された「様式統合」理念と一致する。それは、民族の個性を解体してしまうような、二十世紀のインターナショナル・スタイルからは区別されねばならない。

第五節　「アテネウム」案（一八五一―五二）

新しい建築様式の発見のために催された、「アテネウム」設計競技（一八五〇）に、シュティアーは一等入選した（第八章参照）。発表は一八五三年一月七日のことであった。[32] 実施されなかった理由は不明であり、他の応募案と同様にシュティアー案も未発見であるが、審査員の講評や自らの設計要旨から、その建築を再構築してみよう。

シュティアーの一等案について、二人のコメントを紹介する。ルートヴィヒ・ハウフが引用したメモ（著者不明）は、「それ（シュティアー案）は、過去のあらゆる美しいフォルムの流出である。シュティアーはこの遺産全てを、等しい愛情をもって研究し、認識していた。十三―十四世紀の優れたイタリアの建築家が、古典建築の要素をゴシックのそれと内的、調和的に融合し、作品に独創性を刻印することによってそれを豊かにしたように、彼は独力で現代の課題の解決に立ち向かった」[33] と、シュティアー案を高く評価する。

一等に推薦した審査員L・v・クレンツェは次のように講評する。「全体構成と配合は、絵画的で美しい。窓及び開口部を覆う造形は無限にあり、恣意的ですらある。半円アーチ、セグメント・アーチ、尖頭アーチ、馬蹄形アーチ、ヴェネチアン・アーチ等が互いに隣りあう。装飾においては、純粋にギリシャ的なものの他に、ルネサンス的、ビザンチン的、フィレンツェ的、ムーア的なものが用いられている。静けさと充足はただ教会建築にのみある。それは最高に高貴な、絵画的な純粋な尖頭アーチ様式によっており、専門家の視線を満足に導く。すでにこの教会案だけでも一等に値する。」[34] クレンツェ評には、讃辞と同時に皮肉が込められている。クレンツェからすれば、シュティアー案によっても新しい建築様式が発見されたわけではなく、ただ異質な要素が多元論的に折衷されたにすぎなかったからである。[35] しかしクレンツェは一八三四年にギリシャをはじめて訪れ、アクロポリスの建築群の自由な絵画的配置に感動し、またシンケルの「アテネの王宮」案（一八三四）から刺激を受け、一八三六年にギリシャのアテネに建つ絵画館「パンテクニオン」（図十―八）を計画するなかで、「自由で多様な建築の集合化[36]」を目指している。建物は三つのヴォリュームから構成されている（図十―九）。中央の三層部分

図十 - 八　パンテクニオン案　外観透視図

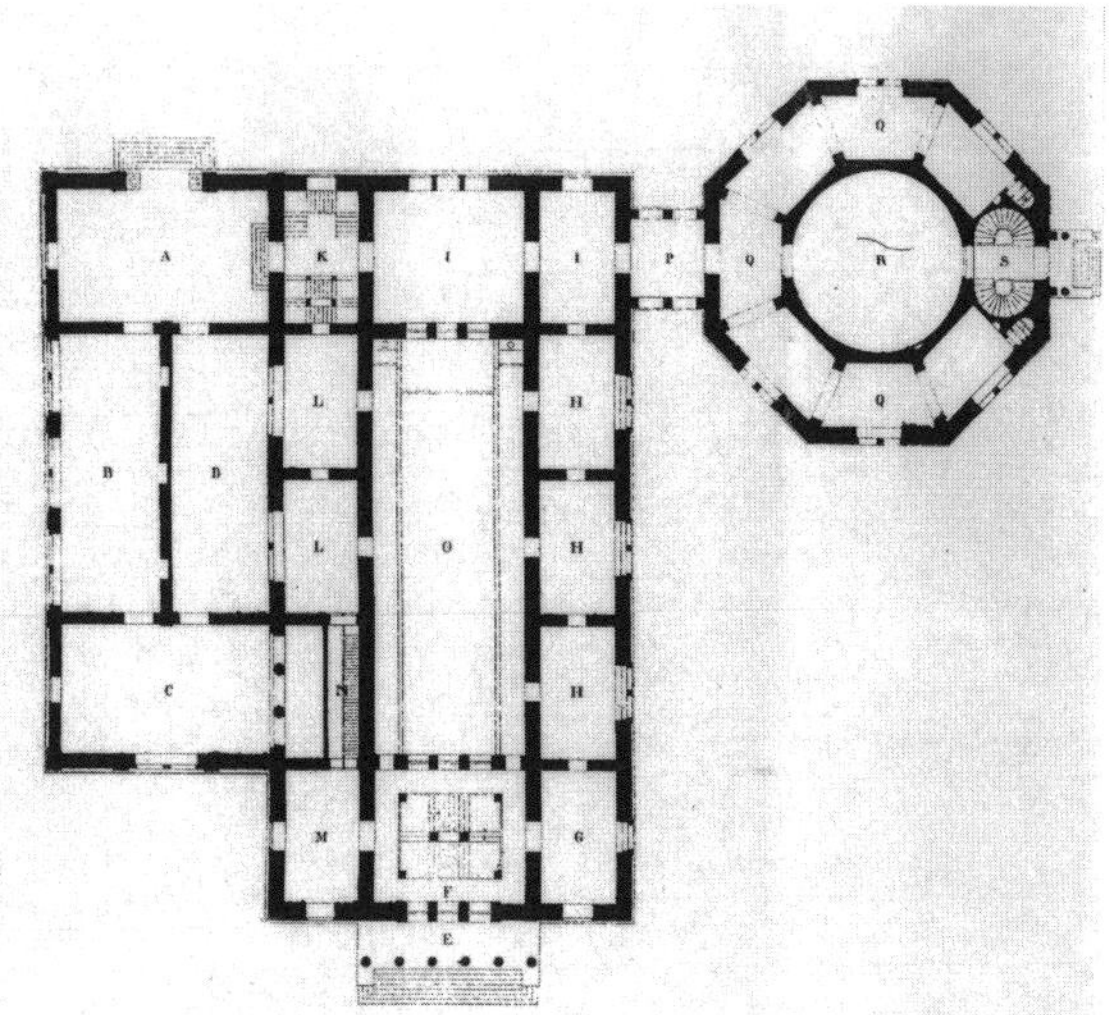

図十 - 九　パンテクニオン案　平面図

は芸術アカデミーのために、隣接する平屋部分は立像展示に、そして集中形式の八角堂は墓碑やテラコッタの展示に供されることになっていた。従ってクレンツェが、シュティアーの多元論的な造形原理に魅了されたとしても不思議ではない。

バイエルン国王マクシミリアン二世の命により、一位に選ばれた後も、シュティアーは新建築についての所見を表明しなければならず、それは二百四十六ページにもわたる手書きの二冊本『いかなる建築様式が未来において主導権を握るか』と題し、一八五四年四月十七日に提出された。[37] それは建築史の概観の叙述に終始しているが、末尾に「アテネウム」の設計概要がある。

第一にシュティアーは、上記のコメントにあるとおり、あらゆる時代のフォルムを尊重し、それを適材適所に用いている。それは以下のように整理される。

（一）前面の教会は、「高さをもち、円形平面」である、アーヘンやマクデブルクの宮廷礼拝堂、及びバシリカ的な前室空間との関係性を保ちながら、「ゲルマン的なヴォールト原理」[38]によって造形される。しかし既存の歴史的建築のコピーではなく、歴史様式（この場合「ゲルマン様式」）の再認識を目指す。

（二）「アテネウム」本館（歴史画の絵画館やその他の資料館、ホワイエ、教官室、寝室、講義室等）には、「半円アーチ」、「天井ヴォールト」、すなわち、「ルントボーゲン様式」（「北方ルネサンス様式」）を用いる。[39] そのモチーフが古典建築とゴシック建築を仲介する。なお教会と調和するためと、構造的必要からバットレスを使用する。

（三）付属建築（教員住宅、工房）にはアーキトレーヴ・システムを用いる。

「アテネウム」計画案は、多様な造形のファンタジーであった。シュティアーは、創作の自由に基づく「絵画的」原理[40]をもって、建築の用途が促す空間の個性と目的に従って、最善のフォルムを「発見」し、その要素を多様な「有機的全体[41]」へ融合する。ここで注目すべき観点は、それゆえ、歴史様式を純粋なイコンとして利用する多元論的造形と、「北方ルネサンス」へのシュティアーの評価である。

第六節　イコンとしての歴史様式——様式の多元論

シュティアーが様式的なモチーフを多元論的に造形することは、「プリニウスのヴィッラ」復元案にすでにその兆候が表れていた。シュティアーは、一八四三年バンベルクでの講演において、アーキトレーヴとアーチという対極的な構造形式を造形の基礎に据えたが、歴史様式を等価的に見ることによって、建物の種類や用途から、両者を自由に選択することを支持する。例えば、ギリシャ的アーキトレーヴ構造の場合には、小規模建築、横長のマッス、理想美の表現が、ゲルマン的ヴォールト構造の場合には、大規模建築、縦長のマッス、有機的構成体の表現がふさわしいという。[42]建物の種類によって、ふさわしいフォルムが「発見」されねばならないが、例えばヴォリュームのある建築のファサードを垂直に分節するか、水平に分節するかは作家の自由の問題として捉えられていた。H・ヒュプシュはすでに『芸術家、職人のための建築装飾』（一八二三）において、「異なる様式の装飾を組み合わせることは、一面的なこだわりを遠ざけ、また偏見のない感覚を生み出す効果をもつ。そこからこそ、自己の発見が自由に展開できる[43]」と記している。歴史に対する客観的認識は、自我意識の強烈な目覚めでもあることが理解される。

シュティアーにおける新しい建築への手法は、建築の用途や建設地によって条件が与えられ、合目的性に基づくフォルムの選択と組み合わせが行われ、その変容が行われることにある、と要約することができる。その創作意識の源を辿ることは、本論の目的ではないが、例えば「個性（caractère）[44]」という概念をもって、特にプロポーションやオーダーの相違から、それぞれの建物の機能にふさわしい表現を与える、十八世紀のフランス建築論があったことを想起しよう。シュティアーにとって問題なのは、「個性」と同じ意味における、建物が要求する「気分（Stimmung）[45]」である。それによって、歴史的な建築様式は、本来もっていた機能から解放される。「アテネウム」計画案から抽出されたイコンは、以下のように整理される[46]。

（一）教会に対しては、尖頭アーチ様式を用いる。しかしそれは予算が充分な時に限られる。それ以外の場合は、ロマネスク様式による。

（二）祝祭的な性格をもった世俗建築（君主の宮殿、市庁舎等）に対しては、洗練された中世様式を用いる（「北方ルネサンス」でも可）。

（三）上記の世俗建築と、住宅建築の間に位置する世俗建築（劇場、博物館等）に対しては、北方ルネサンス、即ちイタリア・ゲルマン様式を用いる。

（四）別荘にはギリシャ様式、あるいは洗練された中世様式を用いる。

（五）華やかな性格の建築（商店街、寝室等）はアラビア様式による。

（六）多少モニュメンタルな性格をもつ大都市の住宅には、ローマ様式を用いる。

ドイツにおける最も初期の様式多元論は、美学者ヨハン・G・ズルツァーが『美的芸術の普遍的理論』（一七九二）において、「神殿、凱旋門アーチ、偉大なるモニュメントには古代の建築様式が、宮殿にはギリシャ様式の正確さと結ばれたイタリア様式が、住宅にはフランス様式がふさわしい[47]」と述べたことに始まるが、その系譜を辿ることは、本論の目的ではない。シュティアーの多元論的観点は、結果的に、第八章で考察した、マクシミリアン街の建築群の「絵画的」造形と志向を同じくするものである。一八六一年四月十日付のマクシミリアン二世の訓令によれば、「新建築のよりどころとして、世俗建築の場合には、古典的建築様式に傾倒すること。それはルントボーゲン様式も含む。教会建築の場合には、中世建築――ゴシックやロマネスク――をより保存すべし。私的建築における新しさと美は、お金のかかった華美な装飾よりも、単純さとプロポーションの高貴さの内に見出される(48)」とある。建築内容と建築形式の一致は、造形における理想であろう。しかし建物の機能を「象徴」として捉えることによって、建築の表現形式が外側から与えられたとき、様式多元論は、伝統としての歴史を崩壊させる諸刃の剣となる。

第七節 「絵画的」北方ルネサンス――風景の創出

シュティアーの「アテネウム」案において、多元論的造形を総括するモチーフは、「北方ルネサンス」であった。シュティアーによれば、それは一五二〇年から一六五〇年の中部ヨーロッパに流出したイタリア芸術を指し、A・デューラー（一四七一―一五二八）に始まり、ルターによる宗教改革（一五一七）が起こった時代をもって、「ドイツ・ルネサンス」、ないしは「イタリア＝ゲルマン建築様式」と呼ぶ。それは、ドイツ末期ゴシックの幻想性と、イタリア様式の洗練が混在していた時代でもある。シュティアーはそれゆえ、「北方ルネサンス」が「古典的＝イタリア的様式と、中世的＝ゲルマン的様式の混和、ないしは有機的結合(49)」から生まれてきた、と述べる一方で、その二つの極を十全に仲介する、とも言う。つまり、いかなる課題であっても、建築の造形はこの二大様式の間を揺れ動き、また必要に応じて両者が結ばれたり、離れたりするものであり、その中にあって「北方ルネサンス」は常に模範的解答を用意することができる、とシュティアーは考える。[50] ここに、シンケルの建築思想が作用していることは明らかである。

フーベルト・シュティアーは、一八八四年の建築家協会の講演において、父親の先駆的役割を以下の如く述べている。「私の知る限り、我が父、ヴィルヘルム・シュティアーが、一八五三―五四年の冬学期にベルリンで、初めてドイツ・ルネサンスの歴史と形態に関する総括的な講義を行った。しかし当時はこの様式に対する理解も敬意もなく、その講義も作用を及ぼすには至らなかった。[51]」なるほど一八四〇年代ドイツにおけるルネサンスの概念は、それがバロック・ロココをも包括していたがゆえに、「あらゆる真実を覆い隠す、華やかなフォルムの混合」[52]（ヴォルフ）、「煩雑で多様なもの」[53]（ベティヒャー）等々、汚名をまとっていた。それに対して、シュティアーが初期、盛期ルネサンスを評価したのは、彼がなによりも自由な個として生きることを目指していたからであり、混合された、煩雑なフォルムこそ、個性の発露であると、シュティアーの目に映ったからに他ならない。

一八一四年の解放戦争時に、ドイツ国家統一への気運の高まりと共に、ゴシック様式が脚光を浴びたように、ドイツ民族様式としてのルネサンスの復興意識は、十九世紀後半、特に一八七〇年のドイツ第二帝国誕生を機に高まる。ネオ・ゴシック運動の象徴としてのケルン大聖堂が一八八〇年に完成するや否や、ドイツ・ルネサンスの典型であるハイデルベルクの城館ハインリヒ館（一五五六―五九）が、復興の対象となったことにも、それは表れている。[54]

シュティアーは、「北方ルネサンス」運動の先駆者として、ゴットフリート・ゼンパー（一八〇三―七九）の名を挙げている。[55] 本章では一例として、その最も初期の試みと評される、ゼンパーの「シュヴェリーン城」改築案（一八四三）を示す。[56] 旧市街からは、南の方向に下りながら城に向かう。城の南には更に湖が広がっている。眺望を楽しめるように、城はまず十六世紀半ばに東の翼部から建て始め、十七世紀初頭の建築家ピロートによる司教館が増築され、輪を描くように中庭を形成しつつ、教会、厨房、絵画ギャラリー、兵器庫、衛兵所が継ぎ足されたが、街から迎え入れる正面性に欠けたまま、穴が空いたような状態だった（図十―十）。中庭を完結させつつ、城としての一つの全体を形成することが、当時のフリードリヒ・フランツ二世大公の願望であり、当地の建築家ゲオルグ・アドルフ・デムラーに計画を委託したが、第一案はイギリス後期ゴシックを拠り所として統一感に欠け、第二案は逆にピロート棟の形態言語に依拠しただけで新規性に欠け、大公の了解は得られなかった。そこで大公の叔父にあたるプロイセン国王フリードリヒ・ヴィルヘルム四世の忠言から、ドレスデンのゼンパーに計画提案が委託されたのである。ゼンパーは一八四三年十一月に現地を訪れ、翌月のクリスマスに案を提出した。ゼンパーは、城館の歴史的特性を、「尖頭アーチ、円形アーチ、その他のディテールのみならず、内的必然性から生じるマッスの絵画的配分から全体が成り立っており、個々の部分が個性化されつつも、調和しながら全体と共鳴している[57]」と指摘し、城の湖側部分の棟には手を付けず、町側部分のみの改修案を提出する（図十―十二）。ゼンパーにおいても「北方ルネサンス」は、個が全体に埋没することのない、多元論的造形の規範であった、と言うことができる。ゼンパーによる、入口を中心とした、左右に翼部をもつ対称形の増築棟は、イタリア・ルネサンスとフランス・ルネサンスのモチーフの混合であり、象徴性を演出しつつ、中庭を完結させている。前面に突き出た中心部の段状破風は、屋根を越え、塔よりも聳える。ゼンパーは特に増築部分と既存部分の接続部分に、アクセントとしての塔を建てて、増築ファサードの輪郭を明示すると共に、既存湖側部分の端部にも塔を建てて、塔が立ち並ぶ「絵画的」風景を創りだしている。蛇腹や開口部の水平線に対する塔の上昇性が対比的であるが、ゼンパーは「古典建築と中世建築の要素の結合は、今回にのみ適応するのではなく、与えられた状況にうまく適応する[58]」と、「北方ルネサンス」を二大様式を統合した形式として評価する発言を残している。しかし、なによりも重要なことは、「北方ルネサンス」に、個々の要素が自由に配置され、多様の統一を形成する特性を

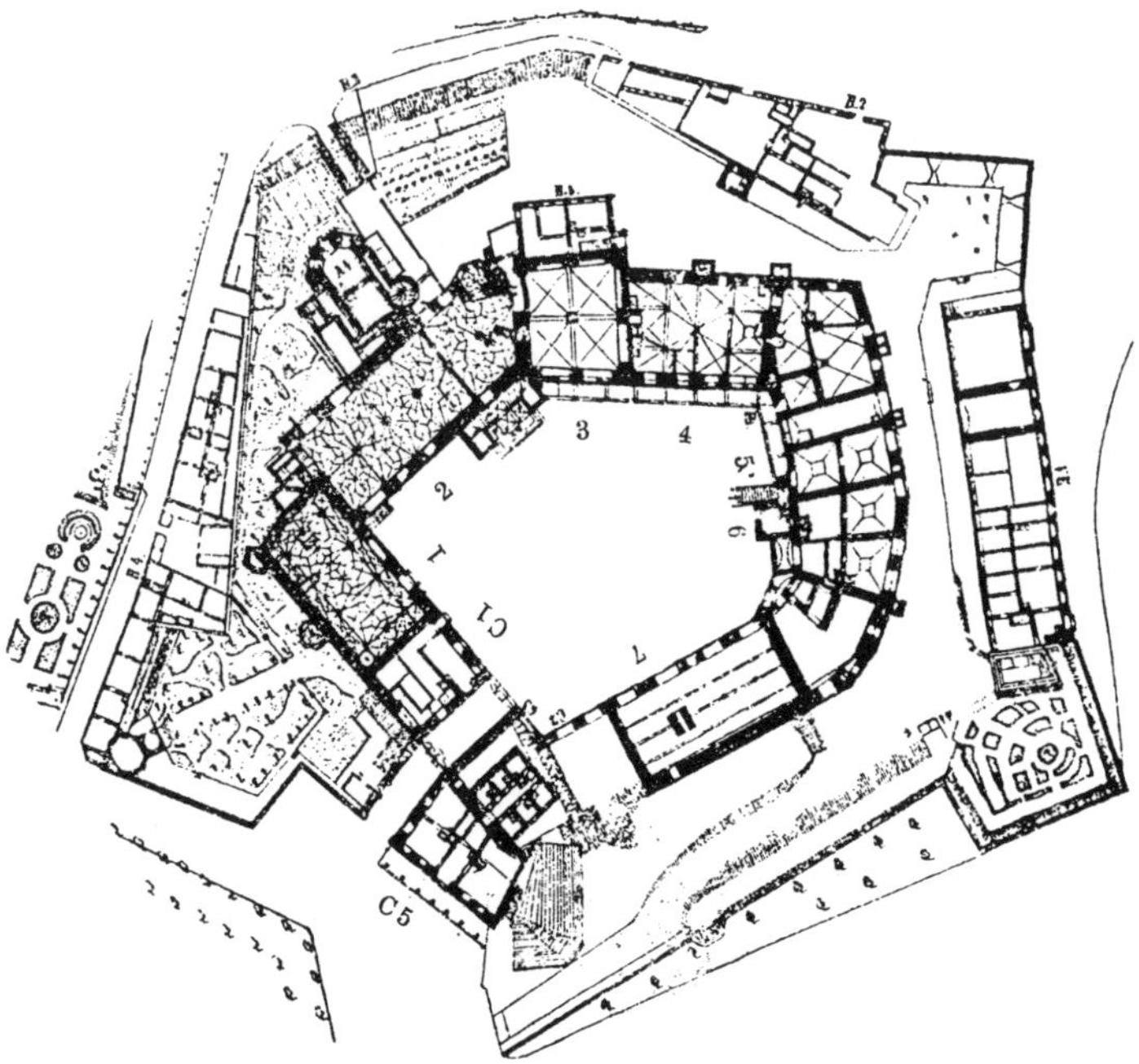

図十 - 十　シュヴェリーン城　配置図

図十 - 十一　シュヴェリーン城改築案　市街側からみる立面図

見出したことである。ルネサンスを美術史の上で初めて評価したのは、ゼンパーがチューリヒ滞在時（一八五五—七二）に教鞭をとった大学における同僚、ヤーコプ・ブルクハルトであった。『チチェローネ』（一八五五）において、ブルクハルトは、「個々のフォルムの厳格な有機的造形がなくとも、建築の美は存在する。……（ルネサンスは）唯一厳密に有機的な様式——ギリシャと北方ゴシック——においては表れることのなかった、また表れることのできなかった美の要素を明るみに出したのだ[59]」と記した。ルネサンスの「美の要素」とは、基本平面や壁面の配置が、「たとえ矛盾に満ちた個々のフォルムで結ばれていようとも、ある魅力を発すること[60]」を指し、その意味において、ブルクハルトがそこに発見したものは、多彩な「絵画的」美と呼べるものであった。

第八節　結

シュティアーは、建築的課題の本質から、形態を内側から発見する方法を有効と認め、シンケルの「様式統合」の理念を拡大し、異質な要素の、自由で等価な「絵画的」集合と理解する。それが人間の理性に基づく自由を促進するからである。それによって、個の自由に基づくあらゆる歴史的形態を採用する多元論的造形が許容される。シュティアーが「様式論争」を終結すべく、様式党派の個性の存続と、共同体としての多様性を時代の課題として挙げたことは、先の結論と矛盾しない。シュティアーは、北方ルネサンス様式に、あらゆる造形要素を包括することのできる特性を見出し、一八七〇年代以降の、ドイツ・ルネサンス運動の先駆的役割を果たしたのである。あらゆる歴史様式のシステムを使用することによる、「様式統合」の理念の拡大は、歴史的形態の優劣を排除し、機能と形態の一致を求めるに至ったという意味において、二十世紀近代建築の誕生を準備した、と言うことができる。

〔註〕

（1） ヴィルヘルム・シュティアーの経歴については以下の文献に詳しい。自邸以外に実作に恵まれなかったことは、下記のリュプケの追悼文に従った。

Eva Börsch-Supan: Berliner Baukunst nach Schinkel 1840-1870, München 1977, S.683-689

Wilhelm Lübke: Wilhelm Stier（Nekrolog）, Deutsches Kunstblatt（1856）, S.371-374

特にペテルブルクの「冬の宮殿」設計競技案（一八三八―三九）、ペストの「議事堂」設計競技案（一八四六―四七）、ハンブルクの「市庁舎」設計競技案（一八五四）が特記される。なお、現在ではベルリン工科大学建築博物館のサイト（http://architekturmuseum.ub.tu-berlin.de/）からアーカイブ資料の閲覧が可能である。

なおシュティアーについてのウィキペディアに自宅（シュティアー城）外観図が掲載されている。https://de.wikipedia.org/wiki/Wilhelm_Stier

（2） Christian Carl Josias von Bunsen: Die Basiliken des christlichen Roms nach ihrem Zusammenhange mit Idee und Geschichte der Kirchenbaukunst, 2Bde., München 1842-44, シュティアーの教会案は現存せず、以下の文献に掲載されている。K.E.O. Fritsch: Der Kirchenbau des Protestantismus, Berlin 1893, S.192, 193 設計案については、Carl-Wolfgang Schumann: Der Berliner Dom im 19. Jahrhundert Berlin 1980, S.25 においても触れられている。

（3） Wilhelm Stier: Architektonische Erfindungen [hrsg.] Hubert Stier, Berlin 1867, Über Thesen und Natur der Baukunst（1826）S.vi-xiii

「建築の本性と実体をめぐるテーゼ」（一八二六） 概要

第一節：創作の根拠となる法則や規則は、外からやってくる「権力の掟」でも「根拠のない制限」でもあってはならない。それをもし使うときは、意識的にその意味を、あくまで「内側から」理解しなければならない。それぞれの作品ははっきりとした意識によって、理性的思考から生まれてこなければならない。それを促すことは人間の本性（Natur）

であり、使命（Bestimmung）である。それによって人間は、目覚めた意識と精神の自由の内に生き、自らを育んでゆく。
第二節：作品をつくる上では、最短かつ心地よい設計プロセスを選択しなければならない。
第三節：生まれる作品は、時代の理念や民族のありさま、さらに習慣や思考方法、宗教や知識と共鳴するものでありたい。建築は民族の生成の一端を担う。
第四節：建築は歴史の総体的反映である。従って先達の成果を用いることは、理性的であるだけではなく義務である。創造の目的は新しいものではなく、いつもふさわしいもの（Treffliche）であるからである。「新しいもの」は創造の目的ではなく、あくまで結果でなければならない。
第五節：本論で特に問題となるのは、時代や民族に奉仕すべき公共建築であり、「建築の発見」のために以下の基本条件が挙げられる。
第六節：与えられた課題の本質を見定めつつ、実務的（機能的）要請を出来る限り完全に充足すること。外から着せるシステムではなく、その内側を考慮することである。建築の平面の熟考がそこでは大切である。
第七節：完全な平面計画こそ、完全無欠な建築を保証するものではあるが、建築が芸術作品であろうとするならば、ただ機械的にプランを解くだけではなく、美的視点も考察される。配置における統一性と単純性、諸室の論理的分節と集合、その諸室の自然で快適な利用であり、それらが良き平面計画の価値を規定する。
第八節：構造は、その形式の合目的的選択、耐久性、材料の選択、経済性、技術的保証による。しかし芸術作品たりうるためには、その上で全体と部分の美的配置と対応が求められる。
第九節：建築の外部形態は、プランにおける合目的性、利便性、構造的合理性、用途との一致という美的感情から生まれる。それは過去にあったフォルムそのものであってはならない。
第十節：建築が芸術であるべきならば、構造もただ力学的技術的観点のみならず、部分と全体を視覚化しつつ美的態度を要求する。
第十一節：諸室が様々な目的を有する場合、外見においても、美的形成においても、様々なありかたで表現される必要がある。そこに建物の固有性が表れるからである。
第十二節：建築における美と釣り合いは、特定の規格や数の法則、また特定のフォルムに限定されるものではない。それは測ることの出来ない自由な領域であり、建物の目的や構造に応じて、それぞれまったく異なるものになるはずである。それはつまり思考や感情という無限の領域による「絵言葉（Bildersprache）」である。建築の主要部分は、「必然性」、「適切であるという感情」、「必然性の尊重」に基づき、そうして全体は調和的印象をかもし出す。
第十三節：建築の個性は、眼前の要求と機能を充足すること、その要求に必然的な構造とフォルムが選ばれることによる。
第十四節：建築の細部は、建物全体の特性とフォルムと釣り合いによるのであり、それ自身は美しい要素でも、不適切な場所にあっては醜くなる。
第十五節：建築の装飾は、構造に由来する骨格にその場を見出すべきである。それはあくまで必然的なものである。
第十六節：既存の建築を注意深く考察すると、上記の事柄はあらゆる民族や時代に為されてきたことであり、それぞれ個性的な建築様式を構築してきた。
第十七節：個々の建築様式は、その特殊性、独創性において完成されたものであり、それぞれの時代との関係を表現している。
第十八節：外的状況や内的精神において異なる時代、そして異なる地域や気候風土においては、それぞれ異なる建築様式が生まれなければならない。外部環境や支配的な時代精神を顧慮しつつ、目的を最高度に充足することが求められる。
第十九節：建築の様式はその都度与えられた課題を実践的に満たし、構造、素材、気候条件、外的権力、資産、習慣、思考方法、教育から、つまり地域と民族と時代から生まれるのであり、それ自身「一つの自然な植物のように育ってくる。」何か条件が異なれば、全く異なる形姿をまとう。有機的自然に見られる新鮮で、自由な、絶えず新たに創造する衝動は、人間の精神的な創造行為においても生じなければならない。

第二〇節：地域、民族、時代を支配している個性は、芸術家の個性によって異なって取り込まれうる。

第二十一節：ある芸術システムを厳格に受容し、追随することは、時代なり民族の外的・内的状況がまったく一致しているような場合にのみ、幸運の女神が微笑むにすぎない。

第二十二節：上記の道を経て生まれる芸術作品としての建築は、その時代の「言葉の器官（Sprachorgan）」であるにちがいない。

（4）ベティヒャーは、シュティアーを「センチメンタルな愚か者」とも呼んでいる。Clarissa Lohde=Bötticher: Aus dem Leben Karl Böttichers, Gotha 1890, S.38

（5）W. Stier: Über Thesen und Natur der Baukunst, ibid., S.vi

（6）フィヒテがシンケルに与えた影響――理性を発揮して、自由へ至ることに人間の使命があること――については第三章を参照されたい。

（7）W. Stier: Über Thesen und Natur der Bankunst, ibid., S.vi

（8）W. Stier: Über Thesen und Natur der Baukunst, ibid., S.vi

（9）Hugo Häring: Wege zur Form（1925）, in: Hugo Häring, Schriften, Entwürfe, Bauten, Stuttgart 1965, S.14 へーリンク曰く、「私たちは、私たちの創造的な造形の基礎に横たわる計画像を、もはや幾何学の世界から取ることなく、有機的なフォルムの世界から取るのである。」

（10）W. Stier: Über Thesen und Natur der Bankunst, ibid., S.x

（11）W. Stier: Über Thesen und Natur der Baukunst, ibid., S.x

（12）W. Stier: Über Thesen und Natur der Baukunst, ibid., S.viii

（13）W. Stier: Über Thesen und Natur der Baukunst, ibid., S.x

（14）W. Stier: Über Thesen und Natur der Baukunst, ibid., S.x

（15）W. Stier: Über Thesen und Natur der Baukunst, ibid., S.ix-x

（16）W. Stier: Architektonische Erfindungen [hrsg.] Hubert Stier, Berlin 1867, 1 Historische Notizen über Entwürfe, S.1-3

（17）シンケルの『建築教本』の、ペシュケンの分類による第Ⅳ期（一八三〇頃）草稿に、シンメトリーの問題が扱われている。「まさに近代のシンメトリーは、建築から排除されねばならない。それは偽善であり、退屈であり、気取りであり、あらゆる詩的なものや絵画的なものの欠如である。」Karl Friedrich Schinkel: Das Architektonische Lehrbuch, [hrsg.] Goerd Poeschken, München-Westberlin 1979, S.118

（18）『プリニウス書簡集』国原吉之助訳、講談社 1999,p86-95

W. Stier: Architektonische Erfindungen [hrsg.] Hubert Stier, Berlin 1867, II（プリニウス書簡）Des C. Plinius Cacilius Sekundus 17.Brief des 2.Buches. Beschreibung des laurentischen Landsitzes. S.4-8, IV（設計の構想）Ansichten, welche der Erfindung der Entwürfe zu Grunde gelegt wurden. S.15-24 V（設計趣旨）Erläuterung des Entwurfes zu dem laurentischen Landsitze des Plinius. S.25-42

トスカーナの別荘については拙稿あり。石川恒夫『W・シュティアーの「トスカーナの別荘案」について―19世紀ドイツ建築論の構成に関する研究（13）』日本建築学会大会学術講演会（二〇〇六年）

（19）W. Stier: Architektonische Erfindungen, ibid., S.8

（20）C.A. Rosenthal: Was will die Baukunst eigentlich? in: Allgemeine Bauzeitung,（1844）, S.268-274,　引用二七〇頁

（21）C.L.V. Meeks: Picturesque Eclecticism, in: The Art Bulletin, 1950, S.226-235

特に二二七頁以下。ミークスのカテゴリーは、美術史家ハインリヒ・ヴェルフリンの「基礎概念」に基づいている。

その場合、「絵画的」な質が、ヴェルフリンにおける「バロック」の概念に相当する。

（22）Ludwig Schorn: Ueber die Quellen des Malerischen und Schönen,（1824）Kunstblatt, Nr.55, S.217

（23）J. Egle: Bericht über die Ausstellung anläßlich der Architektenversammlung 1845, in: Allgemeine Bauzeitung（1845）, S.344,

（24）W. Stier: Architektonische Erfindungen, ibid., S.17-18

（25）W. Stier: Über Thesen und Natur der Baukunst, ibid., S.vii

（26）W. Stier: Über Thesen und Natur der Eaukunst, ibid., S.xiii

（27）W. Stier: Über Thesen und Natur der Baukunst, ibid., S.xii

（28）W. Stier: Beiträge zur Feststelluug des Principes der Baukunst für das vaterländische Bauwesen in der Gegenwart, in: Allgemeine Bauzeitung（1843）S.309-342　引用三三九頁

（29）W. Stier: Bericht über die 4. Versammlung deutscher Architekten und Ingenieure, in: Allgemeine Bauzeitung（1845）, S.300

（30）W. Stier: Uebersicht bemerkenswerther Bestrebungen und Fragen für die Auffassung der Baukunst, in: Allgemeine Bauzeitung（1843）S.296-302 引用二九八頁

（31）Konrad Stremme: Die allgemeine Principien der architektonischen Production, in: Allgemeine Bauzeitung（1844）, S.29-32 引用二九頁

（32）Bayerisches Geheimes Hauvarchiv（BGHA.）, 77/6/90, 24-2-22, 一等（四〇〇〇グルデン）／シュティアー（暗号は "Labor quoque voluptas est"「仕事も喜び」）なお一八五三年一月十日付で、シュティアーからマクシミリアン二世へ礼状が送られている。BGHA, 77/6/90, 24-2-23

（33）Ludwig Hauff: Maximilian II., Leben und Wirken, München 1864, S.336

（34）Klenzeana III/4-9

（35）「私（クレンツェ）には、時代や、地域にふさわしい薪しい建築様式の発見の目標は達成されないと思われる。

あらゆる時代の建築様式の異質なフォルムが、力学的、構造的にも、また時代や場所にも根拠づけられずに、隣りあって置かれるだけで、新しいとは言えないのだ。」とある。in: Klenzeana, III4/9,（一八五二年十月二〇日）

（36）L.v. Klenze: Sammlung architektonischer Entwürfe welche ausgeführt oder für die Ausführung entworfen wurden, München 1830ff, "Pantechnion für Athen entworfen."（ohne Seitenzahl）

（37）W. Stier: Welcher Baustyl wird in Zukunft die Herrschaft gewinnen? in: BGHA., 77/6/90, 24-2-40

（38）W. Stier: Welcher Baustyl., ibid., S.237

（39）W. Stier: Welcher Baustyl., ibid., S.238

（40）W. Stier: Welcher Baustyl., ibid., S.140

（41）W. Stier: Welcher Baustyl., ibid., S.239

（42）W. Stier: Beiträge zur Feststellung des Principes der Baukunst für das vaterländische Bauwesen in der Gegenwart, ibid., S.320

（43）Heinrich Hübsch: Architektonische Verzierungen für Künstler und Handwerker, 1.Heft, Frankfurt a.M. 1823, S.2

（44）例えばJ・F・ブロンデル（一七〇五―七四）によれば、「個性（caractère）」とは、建物の機能の表現であり、ブロンデルは建築のタイプと「個性」を秩序づける。彼は神殿を「慎み（décence）」、記念碑を「華麗さ（somptuosité）」、公共建築を「高貴さ（grandeur）」等々と関連づける。それぞれの建築課題は固有の「個性」をもつ。in: H-W. Kruft: Geschichte der Architektur-Theorie, München 1985, S.167ff 邦訳　ハンノ＝ヴァルター・クルフト『建築論全史Ⅰ―古代から現代までの建築論事典』竺覚暁訳、中央公論美術出版、二〇〇九年、同Ⅱ二〇一〇年

（45）W. Stier: Welcher Baustyl., ibid., S.212

（46）Stier's Ansicht über einen neuen Baustyl in: BGHA., 77/6/90, 24-2-40

（47）Johann Georg Sulzer: Allgemeine Theorie der Schönen Künste, 2 Bde., Leipzig 1771-1774, I .S.169

（48）Directiven für die（meine）Architektur, am 10.4.1861, in; BGHA., 77/6/90, 24-2-48 .

（49）　W. Stier: Welcher Baustyl. ibid., S.212

（50）「古典的建築様式とゲルマン的建築様式は二つの境界をなし、他のあらゆる造形は、両者の間を動き、組み合わさり、必要によっては解体する。北方ルネサンス様式は要請の総体から（両様式を）仲介する要素となる。」W. Stier: Welcher Baustyl. ibid., S.232

（51）　Hubert Stier: Die deutsche Renaissance als nationaler Stil und die Grenzen ihrer Anwendung, Deutsche Bauzeitung（1892）, S.426-429, 435-436, S.427

（52）　J.H. Wolff: Ein Prinzip und keine Parteien, Allgemeine Bauzeitung 1846, S.359-367, 引用三六〇頁

ヴォルフも、「様式論争」を終息させることに関してはシュティアーと同調するが、ヴォルフの場合、ひたすら構造と素材の観点からの造形をもって「様式党派」を結びつけようと主張し、各党派の個性を尊重するシュティアーとは相いれなかった。

（53）「（シュティアーの）尻軽な精神は、特定のフォルムに拘束されるのを嫌い、ゴシックや特にイタリア・ルネサンスの煩雑で多様なものに惹かれていった。」Clarissa Lohde=Bötticher: Aus dem Leben Karl Böttichers, Gotha 1890, S.15

（54）　一八八二年のドイツ建築家・技術者協会第五回総会において次のことが可決されている。「ドイツ国民のために、ハイデルベルク城の維持と部分的再建を、誉れある使命として誓うこと。」in: Zur Erhaltung und Wiederherstellung des Heidelberger Schlosses., Deutsche Bauzeitung（1882）S.399

ネオ・ルネサンスについては、以下の文献を参照した。

Dieter Dolgner: Die nationale Variante der Neurenaissance in der deutschen Architektur des 19. Jahrhunderts, in: Wissenschaftliche Zeitschrift der Hochschule für Architektur und Bauwesen Weimar,（1973）20.Jhg , S.155-166

（55）　W. Stier: Welcher Baustyl. ibid. , S.211

（56）「シュヴェリーン城」の改築計画（一八四四―五七）については、以下の文献を参照した。

Walter Josephi: Das Schweriner Schloß, Rostock 1924
Karl-Heinz Klingenburg: Semper-Zwischen Romantik und Historismus, Bildende Kunst（1979）Heft 2, S.83ff
ゼンパー案は施主F・フランツ二世大公に認められなかったが、実施設計を行ったシュヴェリーンの建築家A・デムラー（一八〇四―八六）やベルリンの建築家A・シュトューラー（一八〇〇―六五）はゼンパー案を踏襲し、「絵画的」な「北方ルネサンス」を造形の拠り所とする。他の建築様式が「それだけで完結している」のに対し、それは「風景という背景と一体となる。」至る所ファサードを持つその造形は、それ自体、多元論的造形を包含しているのである。Das Schloß Schwerin, [hrsg.] A. Stüler, E. Prosch, H. Willebrand, Berlin 1869, 引用は「城の建築様式について」（ページ無し）より。

（57）G. Semper: Begleitschreiben am 23.12.1843, Staatsarchiv Schwerin in; Kurt Milde: Neorenaissance in der deutschen Architektur des 19. Jahrhunderts, Dresden 1981, S.177

（58）G. Semper: ibid., S.278

（59）Jakob Burckhardt: Der Cicerone（1855）, Leipzig 1904^{9}, 2.Teil, S.110 ヤーコプ・ブルクハルト『チチェローネ―イタリア美術作品享受の案内「建築篇」』瀧内槇雄訳、中央公論美術出版、二〇〇四年

（60）J. Burckhardt: Der Cicerone（1855）, ibid., S.110

第十一章　結　論

「様式の生成——十九世紀ドイツ建築論における『様式統合』理念に関する研究」を終えるにあたり、各章の考察によって明らかにされた成果を以下に要約し、これをもって本論全体の結論としたい。

一、十九世紀ドイツにおいては、時代と民族に固有の建築様式が存在しないことへの嘆きから、創作のための精神的基盤を形成するために、様式論が極めて精力的に展開された。規範的な古典建築の枠組みの解体から、歴史上の様々な様式を等価的に扱うことによって、過去の建築様式の自由な選択、折衷が好まれ、様式のカタログ化を招いたことは、十九世紀建築論の一否定的側面である。しかしその一方で、発展的歴史観に基づいて、過去の歴史が生み出した様々な建築様式を、高次の段階へ統合することによって、新しい建築様式を目指す思想——「様式統合」理念——が台頭した。それは主に十九世紀ドイツを代表する建築家カール・フリードリヒ・シンケルによって意識的に取り上げられ、育まれた理念でもあった。既往のシンケル研究、及び十九世紀ドイツ建築論に関する諸研究において、この統合の理念の問題は、十九世紀の建築様式論の本質的テーマでありながら、建築的現象の背後におかれ、正面から取り上げられることはほとんどなかった。本研究は、シンケルにおける「様式統合」理念の思想的背景と、その現代的意味を明らかにしつつ、この理念に基づいてつくられた彼の主要建築作品を分析し、シンケル以後の十九世紀ドイツ建築論の考察から、その理念が後世に与えた影響を明らかにすることを目的とした。本書のタイトルに含まれる「様式」という言葉は、不動の形式を意味するものではない。時代の流れに身をおきつつも、それに流されることなく、作家の固有の世界を創りあげていくものである。

二、第一章は序論であり、上述の如き本研究の目的を述べ、既往のシンケル研究、及び十九世紀ドイツ建築論に関する諸研究に散見される、「様式統合」への理論形成とその動向を考察し、本研究の課題と展望を論述した。「様式統合」は折衷であり、未完の造形、あるいは過渡的造形にすぎないという批判が一方にあり、他方で多くの研究者がそれぞれの視点から、とりわけシンケルのあらゆる時期の作品に「様式統合」の成果を発見するという評価も見られる。そのような賛否両論のなか、特に一九六〇年代以降のイコノロジー研究、また様式多元論の研究を契機として、様々な要素を統合する試みが、シンケル個人を超えた時代精神の表徴として認識されつつあることを明らかにした。本書は「様式統合」理念をもって、十九世紀ドイツにおける建築の事象をいわば「内側」から浮かび上がらせる一つの試みである。

三、第二章では、シンケルの建築理念を考察する前段階として、十八世紀後半から十九世紀初頭のドイツにおける、古典（ギリシャ）復興と中世（ゴシック）回帰を促す建築論を考察し、古典建築と中世建築は、部分と全体の有機的調和に満ちている、という点では根底で繋がったものでありながら、「美」と「崇高」の概念で性格づけられるように、対極関係にある、と見なす当時の建築論を吟味した。対極化しあうものを一つの有機的全体と見なし、その再統合を求めることは、ドイツロマン主義の原点、かつ究極の理想であり、そこにこそ異質な要素を高次の段階へ統合する理念の精神的根拠があることを明らかにした。ヨハン・ヴォルフガング・フォン・ゲーテの建築論における、パラーディオをめぐる論述の吟味から、円柱と壁という矛盾要素の克服による第三のものの創出が、建築の三重の目的における最高段階の「詩的部分」に相当し、そこに「真の創作（Fiktion）」が生きていることを明らかにした。

四、第三章は、シンケルの『ルイーゼ霊廟計画案要旨』（一八一〇）と「クロイツベルクの戦争記念碑」のドローイング（一八一五頃）を取り上げ、若きシンケルの建築史観を思想、意匠両面から考察し、彼の「様式統合」の基本理念を論述した。シンケルは、自由へ向かう人間理性の目覚めとその発展を、建築の構造形式の展開に見る。それが素材の荷重をそのまま受けとめるエジプト建築から、荷重と支持の調和を示すギリシャ建築を経て、荷重を克服するキリスト教建築への発展である。その発展において、ギリシャ建築とゴシック建築は、アーキトレーヴ・システムとヴォールト・システムという構造形式のみならず、その質――異教的とキリスト教的、現実的と理念的、法則と自由――においても対極的であり、両者の統合による完結にこそ、シンケルの建築の理想があることを考察した。自由を発動し、理性の支配へ向かうことを人間の使命とするフィヒテの歴史哲学、また過去と未来を現在に結びつけ、そこに生き生きとした関連を見るゲレスの歴史観がシンケルに与えた影響は極めて大きい。シンケルにおける「様式統合」理念は、フィヒテの歴史観が示す如く、未来に完成されるべき人類の理想に向けて、彼の時代に可能な準備であったと見ることができる。それはヘーゲルの弁証法のシステムを、そのまま建築造形に置き換えたのではなく、より柔らかにこれに対応するシステムとみなすことができる。

五、第四章、第五章はシンケルの主要な建築作品を取り上げ、平面計画や建物の個性を規定するファサードの計画に留意しつつ、その分析的考察から統合へ向かう建築理論の作品への反映を考察し、以下の結論を得た。

①「ルイーゼ霊廟」案（一八一〇）や「解放戦争記念ドーム」案（一八一五）等の礼拝建築では、「水平性と上昇性」、「外と内」、「素朴と情感」など、様々な対極的要素がファサードに認識されるが、特に大地に根を張る古代ギリシャ建築の安定性をゴシック建築に取り込みつつ、時代の要請からドイツ民族の「象徴」となるべきゴシック様式の発展と完成が目指されている。

②シュピッテル・マルクトの「ゲルトラウデン教会」案（一八一九―二四）では、「解放戦争記念ドーム」案と同じ規模、かつ塔と身廊部と祭壇部に分節された同じ平面構成でありながら、ゴシック様式の客観的認識を踏まえて、内部空間が支配するゴシック的な「崇高」と、外部空間の単純明快な古典的「美」との統合が試みられた。

③一八二〇年前後の一連の「塔」の造形は、キリスト教建築の「象徴」に、古典的要素を浸透させる上で、シンケルが情熱を注いだ対象であった。平面構成はいずれも単純な矩形であり、水平に分節する蛇腹が「塔」の上昇性と対照する。

④一八一五年の解放戦争後のベルリンの都市整備のために計画された一連の公共建築（「劇場」、「アルテス・ムゼウム」など）では、単純な平面構成において、ギリシャ的な開放的ポルティコを強調することによって、量塊的な建築部とのコントラストが実現されている。

⑤一八二六年のイギリス視察において、機能性を重視した工場建築に見られる、新素材の活用や技術革新の洗礼を受けて、ギリシャ建築に宿る荷重と支持の平衡、すなわち「安らぎ」が尊重され、その結果、異質な構造形式の調和的一体化が試みられる。それが「コンポジット式」構造と「漏斗型ヴォールト」であった。ここにシンケルの外面的な創作の転換が見られる。

⑥後期代表作である「建築アカデミー」（一八三一―三六）や「図書館」案（一八三五）などでは、中庭をもつ単純な矩形平面に基づいて、システム化された単純で繰り返された立面構成が、ギリシャ的リズム感と端正さに、

ゴシック的扶柱を融合する枠組みとして与えられる。「建築アカデミー」を「様式統合」の成功例として挙げる研究者が多いのは、そこに対極的な様式原理が渾然一体となっているからである。

⑦自然環境に恵まれた地での一連の計画、「アテネの王宮」案（一八三四）や「君主の宮殿」案（一八三五）などでは、建築の合目的性の追求から、シンメトリーをくずした自由な「絵画的な」配置をもとに、様々な異質な要素が関係しあいながら、調和的表現に導かれている。それは風景との調和でもあり、自然との関係性をつくりだすことでもあった。

新しい建築様式の可能性に関して、最晩年の一八四〇年に、バイエルン王国の皇太子マクシミリアンへ書簡を送ったシンケルは、「様式統合」を未来に到達すべき目標と答え、現在という場は、歴史を完結し、未来を生み出す無の地点であるとみなすに至っている。

シンケルにおける「様式統合」理念は、現実の課題と常に呼応し、その前期と後期の作品では、ゴシック的造形からギリシャ的造形へ、対極的要素の融合から多様の統一へ、対比と緊張の構成から調和と風景の創出へと変化しつつも、シンケルの造形理念の中核であったことを明らかにした。「様式統合」理念の本質は、対極の融合、多様の統一、既成形状の形態学的変容、歴史の連続性と要約される。集結した歴史的要素は、シンケル自身の内で消化され、命を吹き込まれる。作品全体はそうして現在的となる。「様式統合」は作家個人に発し、現実を直視する中で、過去に遡りながら、無限に未来を志向する一つの生きた建築思想であった。

六、第六章は、シンケルと同世代のバイエルン宮廷建築家レオ・フォン・クレンツェの建築理論を考察した。クレンツェはギリシャ建築を「あらゆる時代の建築」と呼び、理想とみなす。しかし、十九世紀ドイツの社会が要請する教会建築や世俗建築などの多様な建築課題は、クレンツェを古典建築の場に安住させることを許さなかった。それゆえクレンツェは、古典建築を継承発展させる立場を貫きながら、しかし、「様式統合」理念に踏み込み、バシリカ形式の採用による教会建築の「指針」をはじめ、「アテネウム」案など、多くの実践に統合の試みを反映させていった。それは結果的に表現の幅を広げることに役立ったのである。それらの営みは「ヘレニズムの形式原理の保持」という概念に集約されたのであり、そこにクレンツェの本質を理解する鍵があることを明らかにした。

七、第七章では、「ルントボーゲン様式（円形アーチ様式）」を十九世紀ドイツにふさわしい建築様式として推奨した、カールスルーエの建築家ハインリヒ・ヒュプシュの建築論を中心に考察した。若きヒュプシュが主に合理的、構造的観点から、ギリシャ建築でもゴシック建築でもない、その両極の中庸形態としての「ルントボーゲン様式」を支持する時、「様式統合」理念はあまり大きな意味をもたない。しかし実務経験を積んだヒュプシュは、一八四〇年代後半において、「感覚的美」と「個性的美」の調和的融合、すなわちギリシャ建築の装飾がもつ明晰性と、中世キリスト教建築のヴォールト構造に宿る倫理性との「内的融合」こそ建築の理想であると認識し、「ルントボーゲン様式」に詩情と表現の豊かさを求めたことを明らかにした。

八、第八章では、バイエルン国王マクシミリアン二世の命による、新しい建築様式の発見を目指して実施された「アテネウム」設計競技（一八五〇）の意義とその経過を、同上の競技要項、及び図面遺稿をもとに考察した。施主、及び企画者であるマクシミリアン二世は、「国家的」なゴシック様式を支持しつつも、シンケルとの思想交流をとおして、統合へ向かう時代の要請を認識し、「様式論争」における党派の解体と融合から、有機的全体としての新しい建築様式の創造を願ったことを明らかにした。しかし競技要項はゴシック復興の一元論的観点と、ギリシャ的水平性とゴシック的上昇性との統合を目指す二元論的観点と、歴史上の建築形態を全て取り込む多元論的観点が入り乱れ、応募案にもその混乱が反映されている。つまり国王の周辺建築家が、国王の意図に追従した結果は、表面的な折衷様式を促進することになったことを明らかにした。

九、第九章では、シンケルの弟子の一人である、カール・ベティヒャーの建築論を考察し、彼がシンケルの「様式統合」理念を、法則的、力学的観点から捉えていることを明らかにした。「いかなる様式で建築すべきか」という「様式論争」はベティヒャーにとって形態論争でしかなく、フォルムに内在する力は「象徴」として把握されねばならなかったのである。すなわち、ベティヒャーは空間の覆いとしての屋根架構を重視し、シンケルの「様式統合」理念を、法則的、力学的観点から捉え、ヘレニズム的建築（アーキトレーヴ・システム）の「曲げ強さ」と、ゲルマン的建築（ヴォールト・システム）の「圧縮強さ」との統合から、新材料の「鉄」を用いて、「引っ張り強さ」にふさわしい空間を造形する時、初めて新しい建築様式に到達すると考えた過程を明らかにした。

十、「様式統合」を恣意的折衷とみなす批判的見解に関連して、ベティヒャーが「精神的折衷主義」と「最低段階の折衷主義」、またヒュプシュが「高次と低次の折衷主義」を区別していたように、「統合」と「折衷」は十九世紀ドイツ建築論において、意図的に区別されていたことが明らかになった。「統合」は、その全体が単なる部分の集積を越えたものであり、その構成上、各要素は他との関係をはっきりもっているために交換不可能である。それに対して「折衷」は部分が並列的に集合したものであり、個々の要素は任意に交換可能である。第八章で考察したように、すでに「アテネウム」の建設中から、統合の理念を「折衷」とみなす批判は高まっており、十九世紀半ばのこの建築運動を境に、「統合」は「折衷」の理念とほぼ同義に扱われるようになった。

十一、第十章では、シンケルの生きたベルリンで活動した、ヴィルヘルム・シュティアーの建築論を考察した。シュティアーは「様式論争」における各党派が互いに互いを認め合い、個がその中に埋没しない共同体が形成されることによってのみ、論争が解消されるという観点に立つ。すなわちシュティアーは建築的課題の本質から、形態を内側から発見する方法を有効と認め、シンケルの「様式統合」理念を、異質な要素の自由で等価な「絵画的」集合と理解する。シュティアーは北方ルネサンス様式に、様々な様式形態を包括できる特性を見出し、一八七〇年以降のドイツ・ルネサンス復興の先駆的役割を果たした。統合の理念の拡大は、歴史的形態の優劣を排除し、機能と形態の一致を求めるに至ったことによって、二十世紀近代建築の誕生を準備したと言うことができる。

十二、十九世紀ドイツ建築論における「様式統合」理念は、特にクレンツェやヒュプシュの場合がそうであったように、表現の豊かさを作品に付与することによって、歴史主義の展開に貢献し、ベティヒャーやシュティアーの場合がそうであったように、二十世紀の近代建築への道筋をつけたことが、ここに初めて明らかにされた。「様式統合」理念は、「様式」を生成しようとするダイナミックな思想であり、ヴィジョンである。それはシンケルの造形理念の中心であるにとどまらず、シンケル以降もその質を変えながら、十九世紀ドイツ建築論において、極めて重要な役割を演じており、二十世紀の近代建築が真っ先に切り捨てた、様式と歴史と文化への畏敬の念こそ、「様式統合」理念を形成したものであり、その意味において近代建築の反省を踏まえた現代の創作行為においても、「様式統合」理念は極めて大きな意味をもつものであると結論づけることができる。

文献リスト

略記号

ABZ: Allgemeine Bauzeitung, Wien 1836-60

BGHA: Bayerisches Geheimes Hausarchiv

DKB: Deutsches Kunstblatt, Leipzig 1850-58

ZB: Zeitschrift für Bauwesen, Berlin 1851-60

ZPB: Zeitschrift für praktische Baukunst, Berlin 1841-60

ADLER, Friedrich: Die Bauschule zu Berlin von C.F. Schinkel, （Schinkel-Festrede） Berlin 1869

ALBERTI, Leon Battista Alberti: De Re Aedificatoria, Florenz 1485 アルベルティ『建築論』相川浩訳、中央公論美術出版、一九八二年

ALTENBERG, Paul: Goethes Vermächtnis und Schinkels Auftrag, Berlin 1955

BAUER, Hermann: Architektur als Kunst, Von der Grösse der idealistischen Architektur-Ästhetik und ihrem Verfall, in; Probleme der Kunstwissenschaft 1.Bd. Berlin 1963, S.133-171

BECKSMANN, Rüdiger: Schinkel und die Gotik, in: Kunstgeschichtliche Studien für Kurt Bauch zum 70. Geburtstag, München-Berlin 1967, S.263-276

BEENKEN, Hermann: Schöpferische Bauideen der deutschen Romantik, Mainz 1952

BILLERT, Andreas: Der junge Schinkel und das Problem der romantischen Architektur, in; Kunstgeschichtliche Gesellschaft zu

Berlin, Sitzungsbericht,（1980）

BOISSERÉE, Sulpiz: Tagebücher, Darmstadt 1981

BÖRSCH-SUPAN, Eva: Berliner Baukunst nach Schinkel , 1840-1870, München 1977

BÖTTICHER, Karl: Die Tektonik der Hellenen, 2 Bde., Potsdam 1843-52

—, Das Prinzip der hellenischen und germanischen Bauweise hinsichtlich der Übertragung in die Bauweise unserer Tage, in: ABZ.（1846）S.111-125（Schinkel-Festrede）

—, Karl Friedrich Schinkel und sein baukünstlerisches Vermächtnis von Carl Bötticher, [hrsg.], C. Lohde=Bötticher, W.P. Tuckermann, Berlin 1906

BRIX, Michael und STEINHAUSER, Monika [hrsg.]: "Geschichte allein ist zeitgemaß" Historismus in Deutschland, Gießen 1978

BUNSEN, Christian Carl Josias von: Die Basiliken des christlichen Roms nach ihrem Zusammenhange mit Idee und Geschichte der Kirchenbaukunst, 2 Bde., München 1842-44

BURCKHARDT, Jakob: Der Cicerone（1855）, Leipzig 1904 ヤーコプ・ブルクハルト『チチェローネ—イタリア美術作品享受の案内「建築篇」』瀧内槙雄訳、中央公論美術出版、二〇〇四年

BURKE, Edmund: Vom Erhabenen und Schönen,（英 1756, 独 1793）[hrsg.] F. Bassenge, Berlin 1956

BUTTLAR, Adrian von: Ein feuriges Wollen, Klenzes Verhältnis zu Schinkel, in; Aufsätze zur Kunstgeschichte, Festschrift für Hermann Bauer zum 60. Geburtstag, [hrsg.] K. Möseneder, A. Prater, Hildesheim/Zürich/New York 1991, S.304-317

—, Leo von Klenze, Leben – Werk – Vision, München 1999

CURTIUS, Ernst: Die Kunst der Hellnen（Schinkel-Festrede, 1853）in: Alterthum und Gegenwart, Berlin 1875, S.78-93

DEHIO, Georg: Geschichte der deutschen Baukunst, Berlin und Leipzig 1930

DIECKHOFF, Reiner: Vom Geist geistloser Zustände, Aspekte eines deutschen Jahrhunderts in; Der Kölner Dom im Jahrhundert seiner Vollendung, 2. Essays, Köln 1980, S.63-105

DIRRIGL, Michael: Maximilian II., König von Bayern 1848-64, München 1984

DOEBBER, Adolph: Heinrich Gentz, Ein Berliner Baumeister, Berlin 1916

—, Schinkel in Weimar, in; Jahrbuch der Goethe-Gesellschaft, 1924, S.103-130

DOHME, Robert: Karl Friedrich Schinkel, Leipzig 1882

DÖHMER, Klaus: In welchem Style sollen wir bauen?, Architekturtheorie zwischen Klassizismus und Jugendstil, München 1976

DOLGNER, Dieter: Die nationale Variante der Neurenaissance in der deutschen Architektur des 19. Jahrhunderts, in; Wissenschaftliche Zeitschrift der Hochschule für Architektur und Bauwesen 20.Jhg., Weimar 1973

—, Karl Friedrich Schinkel, Leben und Werk, in; Karl Friedrich Schinkel, Ausgewählte Beiträge zum 200. Geburtstag, Berlin 1982

—, Klassizismus und Romantik-eine produktive Synthese im Werk K.F. Schinkels in: Schinkel-Studien, Leipzig 1984, S.66-76

DRÜEKE, Eberhard: Der Maximilianstil, Zum Stilbegriff der Architektur im 19. Jahrhundert, München 1981

EGGERS, Friedrich: Schinkel-Festrede (1866) in: ZB., S.456-466

EGGERT, Klaus: Der sogennante 〈Historismus〉 und die romantischen Schlösser in Österreich, in; Historismus und Schloßbau [hrsg.] R. Wagner-Rieger, W. Krause, München 1975, S. 55-82

EINEM, Herbert v.: Karl Friedrich Schinkel, in: Jahrbuch der Stiftung Preußischer Kulturbesitz Jg. 1963, S.73-89

—, Goethe und Palladio, Göttingen 1956

ENGEL, Gerrit: Schinkel in Berlin und Potsdam, 2011 München

FICHTE, Johann Gottlieb: Grundlage der gesammten Wissenschaftslehre（1794）, in; Fichte's sämtliche Werke, 8 Bde. [hrsg.] I.H. Fichte, Berlin 1845-1846
—, Grundzüge des gegenwärtigen Zeitalters,（1806）Hamburg 1978
—, Reden an die Deutsche Nation（1808）Berlin『ドイツ国民に告ぐ』富野敬邦・森霊瑞訳、玉川大学出版、一九五四年
FORSSMANN, Eric: Karl Friedrich Schinkel, Bauwerke und Baugedanken, München u. Zürich 1984
—, Karl Friedrich Schinkel, Seine Bauten heute, Dortmund 1990
FORSTER, Georg: Ansichten vom Niederrhein, von Brabant, Flandern, Holland, England und Frankreich, Berlin 1791
FRITSCH, K.E.O.: Die Architektur auf der internationalen Jubiläums-Kunstausstellung in München, in; Deutsche Bauzeitung（1888）
—, Der Kirchenbau des Protestantismus, Berlin 1893
—, Stil-Betrachtungen. in; Deutsche Bauzeitung（1890）S.417-440

GAUS, Joachim: Schinkels Entwurf zum Luisenmausoleum, in: Aachener Kunstblätter, 41, 1971, S.254-263
GERMANN, Georg: Neugotik, Stuttgart 1972
GILLY, Friedrich（1772-1800）und die Privatgesellschaft junger Architekten, [Ausst.] Berlin 1987
GLOEDEN（LOEVY）, Erich: Die Grundlagen zum Schaffen Carl Friedrich Schinkels, Berlin 1919
GÖRRES, Joseph: Teutsche Volksbücher（1807）, in; Gesammelte Schriften Bd.3., Köln 1922
—, Aphorismen über die Kunst, Koblenz 1802,
—, Der teutsche Reichstag（一八一四年四月十一日）in; Rheinische Merkur, in: Gesammelte Schriften Bd.6-8, Köln 1932
GÖRICKE, Joachim: Die Kirchenbauten des Architeuten Heinrich Hübsch, Karlsruhe 1974

GOETHE, Johann Wolfgang von: Faust 1.und 2.Teil Eine Tragödie,（1832）ゲーテ『ファウスト』相良守峰訳、岩波書店 一九五八年

—, Von Deutscher Baukunst. D.M. Ervini a Steinbach（1773）in; Von deutscher Art und Kunst, Hamburg 1773,『ドイツの建築』登張正實訳、中央公論社、一九七九年

—, Schriften zur bildenden Kunst, 2 Bde., Berliner Ausgabe, Bd.19-20, Berlin und Weimar 1973,1974

GOLLWITZER, Heinz: Vorgeschichte und Anfänge des Maximilianeums, in; 100 Jahre Maximilianeum 1852-1952, München 1953

GÖTZ, Wolfgang: Die Reaktivierung des Historismus, in: Beiträge zur Rezeption der Kunst des 19. und 20. Jahrhunderts,（Ludwig Grote gewidmet）, München 1975

—, Stileinheit oder Stilreinheit? in: Beiträge zum Problem des Stilpluralismus [hrsg.] N. Knopp, W. Hager, München 1977, S.49-57

GOTTGETREU, Rudolf: Fassaden für die neue Maximilian-Straße in München in: ZB.,（1855）, S.353-362

GRIMM, Hermann: Schinkel als Architekt der Stadt Berlin,（Schinkel-Festrede）,（1874）in: ZB., S.414-428

GRISEBACH, August: Carl Friedrich Schinkel, Architekt, Städtebauer, Maler, Leipzig 1924

GRUPPE, Otto F.: Karl Friedrich Schinkel, in; ABZ., 1842, S.147-170, 275-286

—, Karl Friedrich Schinkel und der neue Berliner Dom, Berlin 1843

GUHL, Ernst: Schinkel-Festrede（1859）in: ZB., S.431-439

GURLITT, Cornelius: Zur Befreiung der Baukunst.（1900^2）, Ziele und Taten deutscher Architekten im 19. Jahrhundert, [hrsg.] W. Kallmorgen, Berlin 1968

HAHN, August: Der Maximlianstil in München, München 1936, Wiederabdruck 1982

HALLMANN, Anton: Kunstbestrebungen der Gegenwart, Berlin 1842
HASAK, Max: Der neue Stil, in: Zeitschrift für christliche Kunst, 1908, S.197
HAUFF, Ludwig: Maximilian II., Leben und Wirken, München 1864
HEGEL, Georg Wilhelm Friedrich: Ästhetik, hrsg. Friedrich Bassenge, Berlin 1955『美学』竹内敏雄訳、岩波書店、一九八三年
HERDER, Johann Gottfried: Auch eine Philosophie der Geschichte zur Bildung der Menschheit,（1774）小栗浩・七字慶紀訳『人間性形成のための歴史哲学異説』中央公論社、一九七五年
HERMANN, Wolfgang: Deutsche Baukunst des 19. u. 20. Jahrhunderts, Breslau 1937
HINRICHS, Th.: Carl Gotthard Langhans（1733-1808）, Straßburg 1909
平山忠治『バウマイスター・ゲーテ――ゲーテと建築術』（私家版、一九八〇年）
HIRSCHFELD, Christian Cay Lorenz: Theorie der Gartenkunst, 5 Bde., Leipzig 1779-1785
HIRT, Aloys: Die Baukunst nach den Grundsätzen der Alten, Berlin 1809
HOJER, Gerhard: München - Maximilianstraße und Maximilianstil, in: Die deutsche Stadt im 19. Jdt, [hrsg.] L. Grote München 1974, S.33-65
堀内正昭『カール・フリードリヒ・シンケルのルントボーゲンシュティールについて』（日本建築学会計画系論文報告集第三四六号・昭和五九年十二月）
―,『ハインリヒ・ヒュプシュのルントボーゲンシュティールについて――ヒュプシュの理論と建築作品の検討』（日本建築学会計画系論文報告集第三五八号、昭和六〇年十二月）
HÜBSCH, Heinrich: Über Griechische Architectur, Heidelberg 1822[1],（1824[2]）
―, Architektonische Verzierungen für Künstler und Handwerker, 1823

—, Entwurf zu einem Theater mit eiserner Dachrüstung, Frankfurt am Main 1825
—, In welchem Style sollen wir bauen?, Karlsruhe 1828
—, Bauwerke, Carlsruhe 1838
—, Die Architectur und ihr Verhältniß zur heutigen Malerei und Sculptur,（Stuttgart und Tübingen 1847）, Neuausgabe, Berlin 1985
—, Erklaerung zu dem Restaurations-Pläne des Kaiser-Doms zu Speyer, 1855
—, "Sollen wir heute unsere Kirchen im gothischen oder im altchristlichen Styl bauen?", Beilage der Augsburger Postzeitung, Nr.26, vom 6. Feb. 1855
—, Die Altchristlichen Kirchen nach den Baudenkmälen und älteren Beschreibungen und der Einfluß des altchristlichen Baustyles auf dem Kirchenbau aller späteren Perioden, Carlsruhe 1858-1863
—, Heinrich Hübsch 1795-1863, Der grosse badische Baumeister der Romantik, [Ausst.] Karlsruhe 1983

今井兼次『近代建築概論』（初版は『早稲田建築講義』第Ⅵ巻、早稲田大学出版部、一九三一年八月）『今井兼次著作集一　概論―建築とヒューマニティ』所収、平成七年　中央公論美術出版
石川恒夫『「様式統合」の理念について　19世紀ドイツ建築論の構成に関する研究（1）』日本建築学会論文報告集第四五九号一九九四年五月
―、『「様式統合」と古典建築の「保持」―クレンツェにおける新古典主義建築の展開について』『美學』第一七八号
―、『「様式統合」の理念と若きシンケルの歴史観　19世紀ドイツ建築論の構成に関する研究（2）』日本建築学会論文報告集第四六四号一九九四年十月
―、『ボワスレーとシュタインレの「グラール神殿」復元案について―19世紀ドイツ建築における中世回帰の一様相、平成十一年六月『美學』第一九七号

—,『「様式統合」とマクシミリアン様式」——マクシミリアン二世と新しい建築様式について』平成十二年三月 「建築史学」第三十四号
—,『ゼンパーの「比較建築論」の形成をめぐる一考察—ゼンパーとゲーテ』 平成14年 『美學』第二一〇号
ISHIKAWA, Tsuneo, Ästhetik der Ökologie - Architektur als dritte Haut, 平成15年 Selected Papers of The 15th International Congress of Aesthetics
—, Schinkel als Gralforscher: Ganzheitsvorstellungen in der deutschen Architektur des 19. Jahrhnderts, 平成二十二年四月 Aesthetics（国際版美学）第十四号

JAUSS, Hans Robert: Ästhetische Normen und geschichtliche Reflexion in der >Querelle des Ancients et des Modernes<, 1964 München, S.8-64
JOSEPHI, Walter: Das Schweriner Schloß, Rostock 1924

KAPITZA, Peter: Die frühromantische Theorie der Mischung. Über den Zusammenhang von romantischer Dichtungstheorie und zeitgenössischer Chemie, München 1968
KARNAPP, Birgitt-Verena: Georg Friedrich Ziebland 1800-1873, München 1985
KLENZE, Leo von: Projet de Monument à la Pacification de I'Europe. Dédié Aux Souverains Alliés pour la Pacification de I'Europe, Vienne 1814
—, Der Tempel des olympischen Jupiter zu Agrigent, Stuttgart und Tübingen 1821
—, Versuch einer Wiederherstellung des toskanischen Tempels nach seinen historischen und technischen Analogien, München 1824
—, Anweisung zur Architektur des christlichen Cultus, München 1824^{1}（1834^{2}）

—, Sammlung architektonischer Entwürfe welche ausgeführt oder für die Ausführung entworfen wurden, München 1830ff（1847[2]）
—, Architektonische Erwiderungen und Erörterungen über Griechisches und Nicht-griechisches（1860-63）, Klenzeana I /1-9
KLINGENBURG. Karl-Heinz: Semper - Zwischen Romantik und Historismus, Bildende Kunst（1979）Heft 2, S.83ff
—, Der Berliner Dom, Bauten, Ideen und Projekte, Berlin 1987
KNOPP, Norbert: Schinkels Idee einer Stilsynthese, in; Beiträge zum Stilpluralismus, [hrsg.] N. Knopp, W. Hager, München 1977, S.245-254
—, Zu Goethes Hymnus "Von Deutscher Bankunst. D.M. Ervini a Steinbach", Sonderdruck aus Deutsche Vierteljahrsschrift für Literaturwissenschaft und Geistesgeschichte Jg.53（1979）Heft 4, S.617-650
KOCH, Georg Friedrich: Karl Friedrich Schinkel und die Architektur des Mittelalters, in: Zeitschrift für Kunstgeschichte（1966）Heft 3, S.177-222
—, Schinkels architektonische Entwürfe im gotischen Stil 1810-1815, in: Zeitschrift für Kunstgeschichte（1969）S.262-316
KOPP, Ernst: Entwurf zu einer Erziehungs-Anstalt sowie ein Plan zur Anlage einer neuen Haupt-Straße von dem Hoftheater nach den Gasteig in München, Jena 1852
—, Beitrag Zur Darstellung eines reinen einfachen Baustyls, 1837-54, Heft 1-19
KRÄTSCHELL, Johannes: Karl Friedrich Schinkel in seinem Verhältnis zur Gotischen Baukunst, Berlin 1892
KRUFT, Hanno-Walter: Geschichte der Architektur-Theorie, München 1985 ハンノ＝ヴァルター・クルフト『建築論全史Ⅰ—古代から現代までの建築論事典』竺覚暁訳、中央公論美術出版、二〇〇九年、同Ⅱ二〇一〇年
—, Goethe und die Architektur, in; Partheon（1982）S.282-289
KUGLER, Franz: Karl Friedrich Schinkel, Eine Charakteristik seiner künstlerischen Wirksamkeit, Berlin 1842, in: Kleine Schriften III

—, Handbuch für Kunstgeschichte 2.Auflage, Stuttgart 1848
—, Architekturbriefe, DKB., 1856, S.417-419, 439-440, 445-446
—, Über das Malerische in der Architektur, DKB., 1852, S.387ff

LAUGIER, Marc-Antoine: Esai sur l'Architecture, Paris 1753 三宅理一訳『建築試論』中央公論美術出版、一九八六年
—, Observations sur l'Architecture, Paris 1765
LOERS, Veit: Walhalla und Salvatorkirche, Verhandlungen des Historischen Vereins für Oberpfalz und Regensburg 118.Band, 1978, S.137-171
—, Walhalla zwischen Historie und Historismus, Verhandlungen des Historischen Vereins für Oberpfalz und Regensburg 119.Band, 1979, S.345-371
LOHDE=BÖTTICHER, Clarissa: Aus den Leben Karl Böttichers, Gotha 1890
LÜBKE, Wilhelm: Wilhelm Stier（Nekrolog）, Deutsches Kunstblatt（1856）, S.371-374
—, Studien über Berlin's bürgerliche Baukunst, in: DKB., 1854, S.355-358,
—, Geschichte der Architektur 2.Bd, Leipzig 1886
LÜTZELER, Heinrich: Kunsterfahrung und Kunstwissenschaft, Freiburg-München 1975

MAUCH, J.H.v.: Neue systematische Darstellung der architektonischen Ordnungen der Griechen, Römer und Neueren Meister, Berlin/Potsdam 1855
MEEKS, C.L.V.: Picturesque Eclecticism, in; The Art Bulletin 1950, S.226-235
METZGER, Eduard: Ornamente aus deutschen Gewächsen zum Gebrauch für Plastik und Malerei entworfen, zur Anwendung auf

Architektur und Gewerke, 1841 München

—, Formenlehre zur Rundbogenarchitektur mit Anwendung auf den Verband von Gewölbe und Eisenkonstruktion, München 1851

MEYER, Julius: Die Münchner Maximilianstraße und der moderne Baustil,（1863）in: Zur Geschichte und Kritik der modernen deutschen Kunst, Gesammelte Aufsätze, Leipzig 1895

MILDE, Kurt: Neorenaissance in der deutschen Architektur des 19. Jahrhunderts, Dresden 1981

MILIZIA, Francesco: Principi di architettura civile 3Bde., Finale 1781

三宅理一『ドイツ建築史』相模選書、一九八一年

MOLLER, Georg: Denkmäler der deutschen Baukunst, Darmstadt 1815

NERDINGER, Winfried: Historismus oder: von der Wahrheit zum richtigen Stil, in: Das Abenteuer der Ideen, Architektur und Philosophie seit der industriellen Revolution, Berlin 1987, S.17-42

—, Der Maximilianstil: Fehlgeschlagene Stilsynthese und Rückschritt der Architekturentwicklung, in: Gottfried Neureuther, [Ausst.] München 1978, S.51-60

— [hrsg.], Romantik und Restauration, [Ausst.] München 1987

— [hrsg.], Friedrich von Gärtner, [Ausst.] München 1993

— [hrsg.], Zwischen Glaspalast und Maximilianeum, Architekt in Bayern zur Zeit Maximilians II. 1848-1864, [Ausst.] München 1997

— [hrsg.], Leo von Klenze, Architekt zwischen Kunst und Hof 1784-1864, [Ausst.] München 2000

NEUMANN, Robert: Schinkel-Festrede（1870）in: ZB. S.397ff

NEUMEYER, Alfred: Die Entdeckung der Gotik in der deutschen Kunst des späten 18. Jahrhunderts, in; Repartoriun für

Kunstwissenschaft（1928）S.73-123, 159-185

OVERBECK, Johann Friedrich 1789-1869, [hrsg.] Andreas Blöhm u. Gerhard Gerkens [Ausst.] Lübeck 1989

PALLADIO, Andrea: I quattro libri dell'architettura, Venedig 1570, 桐敷真次郎編著『建築四書』中央公論美術出版、一九八六年

PALM, G.: Von welchen Principien soll die Wahl des Baustyls, insbesondere des Kirchenbaustyls geleitet werden?, Hamburg 1845

PEIK, Susan M.: Karl Friedrich Schinkel, Aspekte seines Werkes, 2001 Stuttgart/London

PEVSNER, Nikolaus: Karl Friedrich Schinkel, in; Architektur und Design - Von der Romantik zur Sachlichkeit, Studien zur Kunst des 19. Jhdts., München 1971

POESCHKEN, Goerd: Technologische Ästhetik in Schinkels Architektur, in; Zeitschrift des deutschen Vereins für Kunstwissenschaft, Berlin 1967, S.45-81

PUNDT, Hermann G. : Schinkel's Berlin, A Study in Enviromental Planning, Cambridge, Mass. 1972　杉本俊多訳『建築家シンケルとベルリン』中央公論美術出版、一九八五年

QUAST, Ferdinannd von: Die Lebenskraft der Antike（Schinkel-Festrede 1854）in; ZB., S.442-452

—, Schinkel-Festrede（1872）in: ZB., S.471-483

RAVE, Paul Ortwin: Genius der Baukunst, Eine Klassisch-romantische Bilderfolge an der Berliner Bauakademie von Karl Friedrich Schinkel, Berlin 1942

REICHENSPERGER, August: Die christlich=germanische Baukunst und ihr Verhältniß zur Gegenwart, Trier 1845

RIEHL, Wilhelm Heinrich: Die Familie, Stuttgart und Augsburg 1855

—, Kulturgeschichtliche Charakterköpfe, Stuttgart 1891

RIEMANN, Gottfried: Frühe englische Ingenieurbauten in der Sicht Karl Friedrich Schinkels. Zu Forschungen und Berichte der Staatlichen Museen zu Berlin. Bd.13. Berlin 1971

—, Karl Friedrich Schinkel, Architekturzeichnungen, Berlin 1991

ROSENTHAL, C.A.: Was will die Baukunst eigentlich? in: ABZ.,（1844）, S.268-274

—, In welchem Style sollen wir bauen, in; ZPB.,（1844）, S.23ff.

SCHINKEL, Karl Friedrich: Aus Schinkel's Nachlaß, Reisetagebücher, Briefe und Aphorismen, [hrsg.] Alfred von Wolzogen, 4Bd., Berlin 1864（Reprint:Mittenwald 1981）

—, Reisen nach Italien, Tagebücher, Briefe, Zeichnungen, Aquarelle, [hrsg.] Gottfried Riemann. Berlin 1979

—, Sammlung architektonischer Entwürfe, theils Werke ausgeführt sind theils Gegenstände deren Ausführung beabsichtigt wurde, Berlin 1819-1840（C.F. Schinkel, S.A., Reprint: New york 1989）

— Briefe, Tagebücher, Gedanken, [hrsg.] von Hans Mackowsky, Berlin 1922

—, Schinkel zu Ehren（1846-1980）[hrsg.] J. Posener, Berlin 1981

—, [Ausst.] Karl Friedrich Schinkel,1781-1841, Staatliche Museen zu Berlin, Berlin 1981

—, Karl Friedrich Schinkel, Führer zu seinen Bauten, 2 Bde., Bd.1: Berlin und Potsdam, hrsg. von Johannes Cramer, Bd.2: Von Aachen nach St. Petersburg, hrsg., von Andreas Bernhard, München-Berlin 2006（※最新のシンケルの作品ガイド）

= Karl Friedrich Schinkel Lebenswerk =

1）KNIA, Hans: Staats-und Bürgerbauten, Potsdam, Berlin 1939
2）GRUNDMANN, Günther: Schlesien, Berlin 1941
3）RAVE, P.O.: Berlin I，（Kunst, Kirchen-Denkmalpflege）Berlin 1941
4）SIEVERS, Johannes: Bauten für den Prinzen Karl von Preußen, Berlin 1942
5）RAVE, P.O.: Berlin II，（Stadtbaupläne, Brücken, Straßen, Tore）Berlin 1948
6）SIEVERS, J.: Die Möbel, Berlin 1950
7）VOGEL, Hans: Pommern, Berlin 1952
8）SIEVERS, J.: Bauten für den Prinzen August, Friedrich und Albrecht von Preußen, Berlin 1954
9）SIEVERS, J.: Bauten für Prinzn Wilhelm, späteren König von Preußen, Berlin 1955
10）KANTA, H. u. MÖLLER, H.-H.: Mark Brandenburg, Berlin 1960
11）RAVE, P.O.: Berlin III,（Wissenschaft, Verwaltung, Wohnbau）Berlin 1962
12）BRÜES, Eva: Die Rheinlande, München-Berlin 1968
13）SCHREINER, Ludwig: Westfalen, Berlin 1969
14）POESCHKEN, Goerd: Das Architektonische Lehrbuch, Berlin 1979
15）KÜHN, M. u. LORCK, C.v.: Ausland, Bauten und Entwürfe, Berlin 1989
16）WEGNER, Reinhard: Die Reise nach Frankreich und England im Jahr1826, München 1990
17）HARTEN, Ulrike: Die Bühnenentwürfe, Berlin 2000
18）BÖRSCH-SUPAN, Eva: Die Provinzen Ost- und Westpreußen und Großherzogtum Posen, München-Berlin 2003
19）KOCH, Georg Friedrich: Die Reisen nach Italien 1803-1805 und 1824, Berlin 2006
20）BÖRSCH-SUPAN, Helmut: Bild-Erfindungen, Berlin 2007

21）BÖRSCH-SUPAN, Eva: Arbeiten für König Friedrich Wilhelm III. von Preußen und Kronprinz Friedrich Wilhelm（IV.）, Berlin 2011
SCHELLING, Friedrich W. von: Ideen zu einer Philosophie der Natur（1797）in; Sämtliche Werke, [hrsg.] K.F.A. Schelling
—, System des transzendentalen Idealismus（1800）in; Schellings Werke, [hrsg.] Manfred Schrüter, München 1977 S.329-634
SCHILLER, Friedrich: Über die ästhetische Erziehung des Menschen, in einer Reihe von Briefen（1795）『人間の美的教育について』石原達二訳、冨山房百科文庫（1977）
SCHLEGEL, August Wilhelm: Vorlesungen über philosophische Kunstlehre（Jena 1798）, Leipzig 1911
—, Die Kunstlehre,（Berlin 1801）, Stuttgart 1963
SCHLEGEL, Friedrich: Grundzüge der gotischen Baukunst（1804-1805）, [hrsg.] Hans Eichner, München 1959
SCHMACHER, Fritz: Strömungen in deutscher Baukunst seit 1800, Bremen 1935
SCHÖNEMANN, Heinz: Karl Friedrich Schinkel, Charlottenhof, Potsdam-Sanssouci, 1997 Stuttgart/London
SCHOPENHAUER, Arthur: Die Welt als Wille und Vorstellung, Bd.1, Leipzig 1819
SCHORN, Ludwig: Ueber die Quellen des Malerischen und Schönen, Kunstblatt 1824, S. 268-274
SCHUMANN, Carl-Wolfgang: Der Berliner Dom im 19. Jahrhundert, Berlin 1980
SEMINO, Gian Paolo: Karl Friedrich Schinkel, Zürich/London/München 1993
SEMPER, Gottfried: Ueber den Bau evangelischer Kirchen, Leipzig 1845
—, Ueber Baustyle（1869）, in; Kleine Schriften [hrsg.] Hans u.Manfred Semper, Mittenwald 1979
SPRINGER, Anton: Geschichte der bildenden Künste im 19.Jahrhundert, Leipzig 1858
STIEGLITZ, Christian L.: Encyklopedie der bürgerlichen Baukunst, Leipzig 1792
—,（Milizia）: Grundsätze der bürgerlichen Baukunst, Leipzig 1824

—, Beiträge zur Geschichte der Ausbildung der Baukunst, Leipzig 1834

STIER, Hubert: Die deutsche Renaissance als nationaler Stil und die Grenzen ihrer Anwendung, Deutsche Bauzeitung（1892）, S.426-429, 435-436

STIER, Wilhelm: Architektonische Erfindungen, [hrsg.] Hubert Stier, Berlin 1867, Über Thesen und Natur der Baukunst（1826）

—, Uebersicht bemerkenswerther Bestrebungen und Fragen für die Auffassung der Baukunst, in: ABZ.,（1843）S.296-302

—, Beiträge zur Feststellung des Principes der Baukunst für das vaterländische Bauwesen in der Gegenwart, in: ABZ.,（1843）S.309-342

—, Bericht über die 4. Versammlung deutscher Architekten und Ingenieure, in: ABZ.,（1845）S.300

—, Welcher Baustyl wird in Zukunft die Herrschaft gewinnen?（1853）in: BGHA., 77/6/90, 24-2-40

STREITER, Richard: Karl Böttichers Tektonik der Hellenen als ästhetische und kunstgeschichtliche Theorie. Eine Kritik, Hamburg u. Leipzig 1896

—, Architektonische Zeitfragen（1898）, in; R.S., Ausgewählte Schriften, München 1913

—, Das neue Reichstagshaus in Berlin von Paul Wallot, Berlin 1894

STREMME, Konrad: Die allgemeine Principien der architektonischen Production, in: ABZ.,（1844）, S.29-32

杉本俊多『ドイツ新古典主義建築』中央公論美術出版（一九九六）

SULZER, Johann Georg: Allgeneine Theorie der Schönen Künste, 2 Bde., Leipzig 1771-1774

SZAMBIEN, Werner: Karl Friedrich Schinkel, Basel 1990

TROST, L/ LEIST, H., [hrsg.] König Maximilian II. von Bayern und F.W.J. Schelling, Briefwechsel , Stuttgart 1890

TREMPLER, Jörg: Karl Friedrich Schinkel, Baumeister Preussens, Eine Biographie, München 2012

VALDENNIRE, Arthur: Heinrich Hübsch, Eine Studie zur Baukunst der Romantik, Karlsruhe 1926

VOIT, August: Über den gegenwärtigen Standpunkt der Architektur, in; Zeitschrift des Vereins zur Ausbildung der Gewerke, München 1851, S.17-20, S.28-32

WAAGEN, Gustav Friedrich: Einige Aeußerungen Karl Friedrich Schinkel's über Leben, Bildung und Kunst.（Schinkel-Festrede）Berlin 1846

—, Schinkel-Festrede, ZB., 1854, S. 297-306

—, Festrede zum Andenken Rauch's, mit vergleichenden Blicken auf Schinkel.（Schinkel-Festrede）ZB., 1858, S. 507-516

WACKENRODER, Wilhelm Heinrich: Herzenergießungen eines kunstliebenden Klosterbruders, Berlin 1797

WEBER, Klaus Konrad: Demkmal der Freiheitskriege von Schinkel, in: Kaleidoskop, Eine Festschrift für Fritz Baumgart zum 75. Geburtstag, Berlin 1977

WEINBRENNER, Friedrich: Über die wesentlichen Theile der Säulen-Ordnungen und die jetzige Bauart der Italiener, Franzosen und Deutschen, Tübingen 1809

WIEBEKING, Carl Friedrich von: Theoretisch-practische Bürgerliche Baukunst durch Geschichte und Beschreibung der merkwürdigsten Baudenkmale und ihre genauen Abbildungen bereichert, 4 Bde., München 1821-26

WIEGMANN, Rudolf: Gedanken über die Entwicklung eines zeitgemäßen nazionalen Baustyls, in; ABZ.,（1841）S.207-214

—, Der Ritter Leo von Klenze und unsere Kunst, Düsseldorf 1839

—, Über den Ursprung des Spitzbogenstils, in: ABZ.,（1842）

—, Gegensätze. in; ABZ.,（1846）

WINKELMANN, Johann Joachim: Kleine Schriften, Vorreden, Entwürfe, [hrsg.] W. Rehm u. H. Sichtermann, Berlin 1968
WOLFF, J.H.: Ein Prinzip und keine Parteien, ABZ.,（1846）S.358-367
WOLZOGEN, Alfred v.: Schinkel als Architekt, Maler und Kunstphilosoph, 1864

ZADOW, Mario Alexander, : Karl Friedrich Schinkel, Ein Sohn der Spätaufklärung, 2001 Stuttgart/London
ZEITLER, Rudolf: Die Kunst des 19. Jahrhunderts, Berlin 1966
ZELL, Karl: Heinrich Hübsch, Sein Leben und seine Werke, München 1864
ZILLER, Hermann: Schinkel, Leipzig und Bielefeld 1897

図版リスト

一―一　シンケル「建築アカデミー」（一八三二―三六）外観透視図
C.F. Schinkel: S.A., Pl.121

一―二　P・ヴァロート「ベルリンの新議事堂計画案」（一八九四）外観透視図
Richard Streiter: Das neue Reichstagshaus in Berlin von Paul Wallot, Berlin 1894, Abb.2

二―一　C・G・ラングハンス「ブランデンブルク門」（一七八九―九一）
(Stich von D. Berger, 1798) Gian Paulo Semino: Karl Friedrich Schinkel, Zürich/München/London 1993, S.48

二―二　F・ジリー「フリードリヒ大王記念碑」案（一七九七）
Friedrich Gilly und die Privatgesellschaft junger Architekten. [Ausst.] Berlin 1987, Abb.3

二―三　F・ジリー「パヴィリオン」計画案（一七九七）
Friedrich Gilly und die Privatgesellschaft junger Architekten, [Ausst.] Berlin 1987, Kat.47

二―四　C・G・ラングハンス「マリーエン教会」の塔（一七八七）
Th. Hinrichs: Carl Gotthard Langhans, Straßburg 1909, Tafel 23

二―五　K・F・シンケル「ポーラのサラセン式教会」スケッチ（一八〇三）
K.F. Schinkel: Reise nach Italien, Tagebücher, Briefe, Zeichnungen, Aquarelle, [hrsg.] G. Riemann, Berlin 1979, Abb.40

二―六　シンケル「パレルモのカテドラル」スケッチ（一八〇四）
K.F. Schinkel: Reise nach Italien, Tagebücher, Briefe, Zeichnungen, Aquarelle, ibid., Abb.104

二―七　シュトラースブルク大聖堂外観透視図（ヨハン・マルティン・ヴァイス画）

M.-A.Laugier: Das Manifest des Klassizismus, Zürich-München 1989, Abb. 32

二―八　G・モラー　ケルン大聖堂内観透視図（完成予想図）（一八一三）

Sulpiz Boisserée: Aus den Domwerk, Stuttgart 1821

三―一　シンケル「ルイーゼ霊廟」案　外観図（一八一〇）

Gottfried Riemann und Christa Heese: Karl Friedrich Schinkel, Architekturzeichnungen, Berlin 1991, Tafel 4 (Schinkel Museum 54.3)

三―二　シンケル「テルトヴの教会」立面図第一案（一八一〇）

Hans Kania und Hans-Herbert Müller: Karl Friedrich Schinkel, Lebenswerk, Mark Brandenburg, Berlin 1960, S.117

三―三　シンケル「クロイツベルクの戦争記念碑」スケッチ（一八一五年頃）

Paul Ortwin Rave: Karl Friedrich Schinkel, Lebenswerk, Berlin III Berlin 1962, S.275

三―四　同上

P.O. Rave: ibid., S.275

四―一　シンケル「ルイーゼ霊廟」案　内観透視図（一八一〇）

G. Riemann und C. Heese: Karl Friedrich Schinkel, Architekturzeichnungen,ibid., Tafel 5 (Schinkel Museum 54.4)

四―二　シンケル「ルイーゼ霊廟」案　平面図

Schinkel-Museum W 24 b/24

四―三　C・F・v・ヴィーベキング「首都のための教会」案（一八二一）

Carl Friedrich von Wiebeking: Theoretisch-praktische bürgerliche Baukunst. München 1821

四―四　シンケル「ペトリ教会」再建案　立面図（一八一〇）

Paul Ortwin Rave: Karl Friedrich Schinkel, Lebenswerk, Berlin I , Berlin 1941, S.169

四―五　シンケル「ペトリ教会」再建案　断面図（一八一〇）

Kunsttheorie und Kunstgeschichte d. 19. Jahrhundert in Deutschland II [hrsg.] W. Beyrodt, u.a. Stuttgart 1985, S.321

四―六　シンケル「ペトリ教会」再建計画第二案　外観透視図（一八一四）

P.O. Rave: Lebenswerk, Berlin I, ibid., S.177

四―七　シンケル「解放戦争記念ドーム」案　立面図（一八一五）

P.O. Rave: Lebenswerk, Berlin I, ibid., S.193

四―八　シンケル　シュピッテル・マルクトの「ゲルトラウデン教会」新塔計画案　塔の側の立面図（一八一九）

P.O. Rave: ibid., S.241

四―九　シンケル　シュピッテル・マルクトの「ゲルトラウデン教会」案　立面図（一八一九）

G. Riemann und C. Heese: Karl Friedrich Schinkel, Architekturzeichnungen,ibid., Abb.36(Schinkel Museum 26b.10)

四―十　シンケル　シュピッテル・マルクトの「ゲルトラウデン教会」案　身廊部・透視図（一八一九）

G. Riemann und C. Heese: Karl Friedrich Schinkel, Architekturzeichnungen,ibid., Abb.37(Schinkel Museum 26b.11)

四―十一　シンケル「ラーテノヴの教会」の塔スケッチ（一八二二）

G. Riemann und C. Heese: Karl Friedrich Schinkel, Architekturzeichnungen,ibid., Abb.43(Schinkel Museum 20b.9)

四―十二　シンケル「ストラウの教会」の塔立面図（一八二二）

H. Kania und. H.-H. Müller: Karl Friedrich Schinkel, ibid., S.154

四―十三　シンケル「ノイエ・ヴァッヘ」最終案　外観透視図（一八一八）

C.F. Schinkel: S.A., Pl.2

四―十四　シンケル「劇場（シャウシュピールハウス）」（一八一八―二一）外観透視図
C.F. Schinkel: S.A., Pl.7
四―十五　シンケル「アルテス・ムゼウム」（一八二四―三〇）外観透視図
C.F. Schinkel: S.A., Pl.37

五―一　シンケル「オラーニエンブルクの教会」第三案　外観透視図（一八二八）
C.F. Schinkel: S.A., Pl.97
五―二　シンケル「ハンブルク市立劇場」案　立面図（一八二五―二七）
C.F. Schinkel: S.A., Pl.80
五―三　シンケル　F・ジリーの「マリーエンブルク城」のスケッチの模写
Friedrich Gilly und die Privatgesellschaft junger Architekten, ibid., S.114 Kat.33
五―四　シンケル　シュピッテル・マルクトの「ゲルトラウデン教会」案　内陣部透視図（一八一九）
P.O. Rave: Lebenswerk, Berlin I, ibid., S.245
五―五　シンケル「漏斗型ヴォールト」スケッチ（一八二七頃）
Architektonisches Lehrbuch, ibid., Abb.216
五―六　シンケル「カメンツ城」大広間（一八三八）
Günter Grundmann: K.F. Schinkel, Schlesien, Berlin 1941, S.89
五―七　シンケル「ヴェルダー教会」（一八二四―三〇）外観透視図
C.F. Schinkel: S.A., Pl.85
五―八　シンケル「建築アカデミー」（一八三一―三六）外観透視図

C.F. Schinkel: S.A., Pl.115

五—九　シンケル「図書館」案（一八三五）　外観透視図

P.O. Rave: Karl Friedrich Schinkel, Lebenswerk, Berlin III, ibid., S.28

五—十　シンケル「アテネのアクロポリスの王宮」案　全体平面図（一八三四）

KÜHN, M. u. LORCK, C.v.: K.F.Schinkel, Ausland, Bauten und Entwürfe, Berlin 1989, Tafel I

München, Staatliche Graphische Sammlung, Inv. 25071

五—十一　シンケル「アテネのアクロポリスの王宮」案　全体立面図

KÜHN, M. u. LORCK, C.v.: K.F.Schinkel, Ausland, Bauten und Entwürfe, ibid.,Tafel II

München, Staatliche Graphische Sammlung, Inv. 25072

五—十二　シンケル「アテネのアクロポリスの王宮」案　礼拝堂立面図・詳細図

KÜHN, M. u. LORCK, C.v.: K.F.Schinkel, Ausland, Bauten und Entwürfe, ibid., Tafel III

五—十三　シンケル「君主の宮殿」案　全体平面図・全体立面図（一八三五）

PEIK, Susan M (edited): Karl Friedrich Schinkel, Aspects of his Work, Stuttgart/London 2001, S.110

五—十四　シンケル「君主の宮殿」案　エントランス部分透視図

G. Riemann und C. Heese: Karl Friedrich Schinkel, Architekturzeichnungen,ibid., Tafel 32（Schinkel Museum 54.4）

Schinkelmuseum SM, 40c.52

六—一　L・v・クレンツェ「汎ヨーロッパ平和神殿」案　外観透視図（一八一四）

Leo von Klenze: Projet de Monument à la Pacification de l'Europe. Dédié Aux Souverains Alliés pour la Pacification de l'Europe, Vienne 1814

六―二　クレンツェ　同神殿案　断面図

Pl,2

六―三　クレンツェ　サルヴァトール教会とヴァルハラ（油絵、一八三九）

Museum der Stadt Regensburg, Inv.Nr.1965/14

六―四　クレンツェ　トスカーナ神殿復元案（一八二一）

L.v. Klenze: Versuch einer Wiederherstellung des toskanischen Tempels nach seinen historischen und technischen Analogien, München 1824, Tab.2

六―五　クレンツェ　キリスト教教会案　平面図（一八二四）

六―六　クレンツェ　同教会案　断面図

六―七　クレンツェ　同教会案　立面図

Leo von Klenze: Anweisungen zur Architektur des christlichen Cultus, München 1824,　図版ＸＸⅤ―ＸＸⅦ

六―八　クレンツェ「アテネウム」案　平面図（一八五二）

Staatliche Graphische Sammlung（München）Inv.Nr.26007

六―九　クレンツェ「アテネウム」案　立面図

Staatliche Graphische Sammlung（München）Inv.Nr.35057

六―十　クレンツェ「アテネウム」案　教会外観透視図

Staatliche Graphische Sammlung（München）Inv.Nr.27124

六―十一　クレンツェ　ルネサンス様式による「アテネウム」案　立面図（一八五二頃）

Staatliche Graphische Sammlung（München）Inv.Nr.35058

七—一　J・F・オーヴァーベック「イタリアとゲルマニア」（一八二八）
Neue Pinakothek in München
七—二　L・グリム　デューラーの墓前にて（一八二八）
Alfred Neumeyer: Albrecht Dürers Grab, Eine Dürererinnerung aus der Romantik, in: Kunst und Künstler; illustrierte Monatsschrift
für bildende Kunst und Kunstgewerbe, 26,1928, S.260
七—三　マリア・ラーハ修道院聖堂（一八五五年の木版画）
Kunsttheorie u. Kunstgeschichte des 19. Jahrhunderts in Deutschland II [hrsg.] W.Beyrodt, u.a. Stuttgart 1985, S.87
七—四　H・ヒュプシュ　ツィリアクス教会（一八三五—三六）外観・内観透視図
Altchristliche Kirchen, Tafel 63
七—五　ヒュプシュ「鉱泉堂」（一八三七—四〇）外観透視図
H. Hübsch: Bauweke, 2 Folge, 2.Heft, Bl.1
七—六　ヒュプシュ「鉱泉堂」断面図・平面図・詳細図
H. Hübsch: Bauweke, ibid., B1.3
七—七　クレンツェ　キリスト教教会案（図版Ⅲ）　立面図（一八二四）
Leo von Klenze: Anweisungen zur Architektur des christlichen Cultus, München 1824, Abb.III
七—八　ヒュプシュ「宮廷劇場」（一八五一—五三）外観透視図
Heinrich Hübsch 1795-1863, Der große badische Baumeister der Romantik, Karlsruhe 1983, Abb.136
七—九　G・ゼンパー「ニコライ教会」案　外観透視図（一八四三）
Kurt Milde: Neorenaissance in der deutschen Architektur des 19. Jahrhunderts, Dresden 1981, Abb.182
七—十　A・ハルマン「ベルリン大聖堂」案　立面図（一八四〇）

Karl-H. Klingenburg: Der Berliner Dom, Bauten, Ideen und Projekte, Berlin 1987, Abb.80

七―十一　F・ゲルトナー「マリアヒルフ教会」第一案　立面図（一八二九）

七―十二　ゲルトナー「マリアヒルフ教会」第三案　立面図（一八二九）

Klaus Eggert: Friedrich Gärtner, Der Baumeister König Ludwig I. München 1963

八―一　ビュルクライン「キールロイトナー邸」立面図（一八五三）

Münchner Stadtmuseum, Inv-Nr. Z1299a

八―二　E・メッツガー「ケシを用いた装飾、及び墓石への応用」詳細図（一八四一）

Eduard Metzger: Ornamente aus deutschen Gewächsen zum Gebrauch für Plastik und Malerei, München 1841, Taf.4 und Beilage zu Taf.4

八―三　メッツガー　同墓石　全体図

八―四　L・ランゲ「アテネウム」試案　立面図（一八五八）

Winfried Nerdinger: Der Maximilianstil; Fehlgeschlagene Stilsynthese und Rückschritt der Architekturentwicklung, in; Gottfried Neureuther [Ausst.] München 1978, S.57

八―五　E・コップ「アテネウム」案　平面図（一八五二）

Ernst Kopp: Beitrag zur Darstellung eines reinen einfachen Baustyls, Heft 17 Jena 1852

八―六　コップ「アテネウム」案　立面図（一八五二）

Ernst Kopp: Beitrag zur Darstellung eines reinen einfachen Baustyls, Heft 17 Jena 1852

八―七　L・v・クレンツェ「アテネウム」案　体操場、水泳場立面図、主屋断面図（一八五二）

Staatliche Graphische Sammlung（München）Inv.Nr.26987

八―八　G・F・ツィープラント「アテネウム」案　平面図スケッチ（一八五二頃）
Münchner Stadtmuseum, Inv-Nr. M III : 85/1
八―九　ツィープラント「アテネウム」案　立面図スケッチ（一八五二頃）
Münchner Stadtmuseum, Inv-Nr. M III : 85/2
八―十　ビュルクライン「アテネウム」立面図（尖頭アーチ案）（一八三五―五七頃）
Münchner Stadtmuseum, Inv-Nr. VIII /8/32
八―十一　ビュルクライン「アテネウム」配置図（一八五三―五七頃）
Münchner Stadtmuseum, Inv-Nr. 34/1254
八―十二　ビュルクライン　マクシミリアン街のフォーラム配置図（一八五三年十月八日）
Münchner Stadtmuseum, Inv-Nr. Z 47a
八―十三　ビュルクライン　マクシミリアン街全体配置図（一八五一―五三頃）
Münchner Stadtmuseum, Inv-Nr. Z 47c
八―十四　ビュルクライン　マクシミリアン街の庁舎の向かいに建つ教育施設　立面図
Münchner Stadtmuseum, Inv-Nr. Z 1074a
八―十五　ビュルクライン　マクシミリアン街に建つ建築のファサード雛形スケッチ
Münchner Stadtmuseum, Inv-Nr. M III /84/7
八―十六　ビュルクライン「アテネウム」立面図（円形アーチ案）（一八六四年）
Münchner Stadtmuseum, Inv-Nr. 56/332
九―一　H・ヒュプシュ「鉄骨屋根のかかる劇場」案　構造図・断面図（一八二五）

Heinrich Hübsch: Entwurf zu einem Theater mit eiserner Dachrüstung, Frankfurt am Main, 1825, Tab.V

九―二　ヒュプシュ　同計画案　構造図

H. Hübsch: ibid., Tab.VI

九―三　E・メッツガー「礼拝堂」案　平面図・断面図（一八五二）

Eduard Metzger: Formenlehre zur Rundbogenarchitektur mit Anwendung auf den Verband von Gewölbe und Eisenkonstruktion, München 1851, Bl. 11

九―四　A・シュトューラー「ノイエス・ムゼウム」主階展示室構造図

Das neue Museum in Berlin : 24 Tafeln / von Friedrich August Stüler, Berlin 1862

十―一　W・シュティアー　ペテルブルクの「冬の宮殿」案（一八三八／三九）　立面図

Eva Börsch=Supan: Berliner Baukunst nach Schinkel 1840-1870, München 1977, Abb.503

十―二　シュティアー　ペストの「議事堂」案（一八四六／四七）　立面図

Eva Börsch=Supan: Berliner Baukunst nach Schinkel 1840-1870, München 1977, Abb. 530

十―三　シュティアー　ハンブルクの「市庁舎」案（一八五四）　立面図

Eva Börsch=Supan: Berliner Baukunst nach Schinkel 1840-1870, München 1977, Abb. 528

十―四　シンケル「シャルロッテンホーフ宮・庭師の家」外観透視図（一八三四―四〇）

C.F.Schinkel: S.A., Pl.170

十―五　シュティアー「ラウレントゥムのヴィッラ」復元案　平面図（一八三二）

Wilhelm Stier: Architektonische Erfindungen, [hrsg.] Hubert Stier, Berlin 1867.

十―六　シュティアー　同　外観透視図

W. Stier: Architektonische Erfindungen, ibid., Tafel I

十―七　シュティアー　同　南西立面図（海側）、北西立面図

W. Stier: Architektonische Erfindungen, ibid., Tafel III

十―八　クレンツェ「パンテクニオン」案　外観透視図（一八三六）

L.v. Klenze: Sammlung architektonischer Entwürfe welche ausgeführt oder für die Ausführung entworfen wurden, München 1830ff,
"Pantechnion für Athen entworfen." (ohne Seitenzahl)

十―九　クレンツェ　同　平面図

十―十　「シュヴェリーン城」配置図（一八四三年前）

Walter Josephi: Das Schweriner Schloß, Rostock 1924, S.5

十―十一　ゼンパー　同　改築案　市街側からみる立面図

Walter Josephi: Das Schweriner Schloß, ibid., Tafel VI

資料一

『いかなる様式で我々は建築すべきか』

H・ヒュプシュの解答
バーデン大公国宮廷建築家、建築官吏

二枚の銅版画付き

カールスルーエ　一八二八年

一八二八年四月六日

アルブレヒト・デューラー

没後三百年の祝祭に
ニュルンベルクに集まる
芸術家たちへ

親愛なる友人の皆さん、芸術を愛される皆さんへ

仕事の都合で、皆さんの集まりに出席することがかないません。それゆえ本書を通じて、私の善き意志が示されますように。本書は根本的な問題を語ることに駆りたてられて、あえて、芸術の普遍的な関心である一つの対象を扱うものです。特に、絵画や彫刻の古典の足かせからの解放のために共に尽力した皆さんが、同じことを建築において目指す上で本書を歓迎しないことがあるでしょうか。

皆さんの愛顧をお願いしたく

カールスルーエ　一八二八年三月十日

H・ヒュプシュ

一章

　今日の絵画と彫刻は、死せる古代の模倣をとうの昔に捨て去った。建築のみがまだ成年に達しておらず、古典様式の模倣を継続している。今日の要求に対してその様式では不十分であると、かなり一般的に認められているにしても、その様式で新たに建設された建物に不満を抱くにしても、多くの建築家は、なお古典様式へのこだわりを捨てきれない。彼らの多くは実際のところ、建築の美的フォルムは絶対的なものだから、どのような時代状況においても変わりようがなく、唯一古典様式のみがそのフォルムをまったく理想的なあり方で表現していると信じてやまないのだ。また古典様式を今日の建物に用立てることはもはやできないと認める多くの建築家ですら、古典に固執している。なぜなら不誠実な虚栄心から、彼らが古典様式を用いて多くの建物をすでに実現してきてしまったことは変えようがないことだからである。見せかけの予言者たちは美の源泉を装い、それを彼らは喜んだ。そのことについてもはや弁解の余地はない。他の建築家たちは、古典建築がまずは万有の建築であり、それがかつて母国に存在していたように、私たちにとっても合目的で美しいことを明らかにしなければならないことを認め、最終的には大変な努力と自己欺瞞によって、外観を根拠づけるためのシステムを構築している。その際、健全な理性をもってしても、ほんの僅かな領域が整理されるにすぎない。すなわちその理性が決定できるのは詳細部のみであり、本質的なことに近づこうとするや否や、すばやく権威者によって追い返される。最終的に多くの建築家はこの外観を根拠づけるシステムを無なものと認めるのだが、より良い代替策を提示できないがゆえに、勇気を失い、人々を納得させる明快な美の原理をたてることにすら疑いをもつ。それゆえ彼らは、建築におけるふさわしい様式を熟考によって生み出すことは不可能であるとみなし、古典様式による建設を疑いながらも継続している。少なくともそこではまだ、色褪せた権威が古典様式を保証しているのである。

建築における装飾面から考察する人は、そしてこの地の建築の柱頭があの地の柱頭よりなぜ好ましいのかを自問する人は、より確固たる原理を見出す可能性を見失いがちである。しかし建物の要求面から研究を始める人は、より確かな創作基盤を見出すだろう。なぜならどのような建物でも、その規模と配置は、建物が根本的に必要とする用途によって規定されるものだし、建物の耐久性は、建築材料の物性に、またその個々の部分の造形と組合わせに依存しているからである。従って二重の合目的性――つまり用途の充足（快適性）と建物の耐久性（堅牢性）――が、各々の建物の本質的部分に対して基本形状と規模を与えることは明らかである。そしてこのような合目的性に根ざした造形要素は、ただ何かがそこに存在するにすぎないほどに客観的で明白なものだ。それをもってもしかし、本質的な部分の大きさや基本形態を厳密に規定するわけでは全くない。それはなるほどたしかな道だが、指し示す方向を明確に示しながらも、わずかな造形の余地しか認めないような窮屈な道ではない。例えば、一つのホールの収容人数が与えられるとしても、それによってその幅に対する奥行きの関係は、いわんや高さとの関係は厳密に決められるものでは全くない。あるいは、ある特定の素材からつくられる円柱が、描かれた高さによって担うべき荷重が明示されるにしても、それによってその直径がツォル［長さの単位］やライン［長さの単位］に至るまで厳密に決められるわけではない。

偏見をもたない人であれば、本質的なことに関する造形要因は変更しえないけれども、ディテールの問題に入ってゆけばゆくほど客観的な態度が失われることを隠すことはできない。例えば上から下まで一様に形づくられているある円柱の柱身が、柱礎と頂部とが別様に造形されている柱身よりなぜ好まれるのかということの理由は、柱はそもそも垂直に立っていなければならないという命題ほどには明白ではない。また二十のフルートと二十四のフルートによって飾られた二本の柱身の内、どちらが美しいかを問われても、明確な根拠もって自分の選択を支持することはできないだろう。

とりわけ主要形態においてすら移ろうもの、恣意的なものが生じることによって、偏狭な理論的観点から考察した場合、あるオーダーをもった芸術が軽んじられているように思える。それゆえ美学者の多大な努力は、つまるところ、建築のフォルムの特殊性を基礎づけるためのシステムを築くことにあるが、当然それによって常にむなしい詭弁者が生まれなければならなかった。

建築をより実践的な観点から見れば、再び勇気をもつことができる。なぜなら芸術が、移ろいやすいものや恣意的なものによって容易に常軌を逸した存在になったとしても、それには再び限界があるのだし、それは一瞥して見えるほどには実際のところ危うくはないからである。建物の美は、ある地域やシンフォニーの美と同様に、多くの要因から組み合わされたものであり、その個々の要因は、全体の中での重要度が大変異なる。ある地方では木材が欠如し、他の材料によって置き換えられるように、あるいはシンフォニーの中で、総合的な印象がそれによって変わることなく多くの個々のパッセージが変えられるように、全く異なって飾られた二つの柱頭は、それぞれの柱にとって等しく美しくありうる。それらの大きさですら関心がないわけではないが、互いの柱の距離ほどには重要ではない。加えてそれは、最終的には建物全体の基本形態ほど重要ではない。しかしだからといって、より非本質的な要素の選択によって、盲目的な偶然が支配してよいと言っているのではない。むしろここでは主に芸術家の才能と美的趣味が要求されているのである。

様々な民族の記念碑的建築物を先入観ぬきに考察する人は、どの建築にあっても、個々の芸術家のいわば無意識の個人的趣味に従って多くがただ形成されていることを確信するだろう。そしてまさにそこにこそ、生き生きとした建築とその多様性は存在するものだ。しかしその本性において客観的な発展的法則が何も存在しないフォルムを、型にはまったルールによって後見しようとしたことによって、その躍動感も途絶えてしまった。

それゆえどの時代にも存在しなかったし、またありえないことを、人は現代においても要求する必要はない。主要形式の形成が、客観的な根本原理から生まれることに満足し、それ以外は自由な場として芸術家の趣味に委ねることにしようではないか。

この観点から出発して、さらにいにしえの時代や民族の記念碑的建築に実際に告げられている基本命題とその結果を常に相対させて、歴史的に検証するならば、つまり命題にとらわれることなく熟考するならば、満足できる一つの目標に必然的に達するにちがいない。そして目標に到達できるか懐疑的な人であっても、具体的な要求から導かれるよりたしかな端緒をすぐさま認めるにちがいない。それでも彼にとって研究が客観的にもはや満足できないと思われるときには、道半ばにして立ち留まりつづけることになろう。

二章

様式の概念をまずは規定するために、この言葉の使い方を示したい。例えばギリシャの記念碑的建築がギリシャ様式によって、ムーア式の建築がムーア様式によって建てられていると言うように、様式は普遍的なものとして理解される。それは民族のあらゆる建物に付与されるものであり、その建築は敬神や国家管理や教育等の役割を果たすこととなる。従って、様々なあらゆる建物に対する普遍的要求とは特定の場所を閉じることであるから、それは出入りが可能で明るいこと、内部にあっては保護された滞在場所を供与し、また外部にあっては長持ちするように建物自身が天候から守られることである。

ここから建物の本質的部分は次のごとく明らかになる。空間を完結するために必要なのは屋根でありその支える構造である。後者は同時に壁として側面を閉じるか、屋根だけを支える。つまり、屋根が一方から反対側の壁まで、自らを自立的に支えられないほどの大きな空間を覆うように望まれる場合、または屋根だけが求められていて、側面の完結、少なくとも全ての面を閉じる必要がない場合（開かれた広間）、第一の場合には壁と壁との間に、第二の場合には開放面に、ところどころ角柱ないしは円柱が建てられ、柱の上部で互いに結合される。この角柱から角柱へ至る結合部材、もしくは角柱＝梁は、状況によって様々な梁成をとるが、通常の場合、柱の幅を取るにすぎない。その上部で、壁体上部と同様に屋根は連続する迫台（迫持）を見出す。屋根が交差ヴォールトの場合、そのリブは角柱＝梁とみなされる。

出入りが可能で明るさを得るために、壁に穿たれた扉や窓の開口を維持するのが梁であり、そのような開口部は角柱の際で生じ、その上部には再び壁が任意に続く。外部を保護するために屋根は庇をもつ（ときにそれは屋根と一体だが）。その突き出た庇の縁は、主要蛇腹を形成する。少なくともそれはたいていの場合、屋根面より突き出ている。

建築の最も普遍的な使命から生じたこの本質的部分は、それゆえ様式の要素である。歴史研究によって、この建築的エレメントが実際のところ、あらゆる様々な場合に普遍性を帯びたものとして、同一形態を主張しつつ表れてくる。つまり、この民族とあの民族の、またはある時代の建築の相違は、本来担うその様々な目的に応じた壁、天井、角柱ないしは円柱、扉、窓、屋根、蛇腹の多様な組み合わせや数においてのみ生じるのであり、他方それら全ては様々な寸法や角度に飾られて表れる。概してその目的の重要性に応じて、多かれ少なかれ豊かに維持されている。特に同一の典型は、それ自身装飾の細部に至るまで一貫したものである。そして最終的に、特別な要求があったとしても、ある民族と別の民族においては互いに相違があるにせよ、総体的欲求に対して同一の主特性を手に入れる限りでは、様式に協力することになる。

私の目下の研究は、それゆえ建築的要素の普遍的な形態と構成にのみ携わるものであり、芸術家の影響が主に現れ、彼の才能が露わになるような建物の特殊な目的による特別な造形や構成を扱うものではない。そしてこの研究目的は、実際のところ、一度たりとも初歩的なことすら一致をみていないがゆえに、芸術家の扱うべき本質的な対象を明確にし、建築作品に向けて様々に表れる批判に対する、よりたしかな根拠を芸術家に与えることにのみある。

三章

様式の概念によって理解しなければならない事柄がはっきりした今、様式が様々なオリジナルな建造方式においていかに形成されてきたかをまずは研究しよう。

様式を形成する要因は、一般的に気象条件と建築材料であり、ア・プリオリに推測できるし、歴史的にも確かめることができる。まず気候は、地域特性に応じた形状を促す。つまり穏やかな南方の気候においては、厳しい北方の気候よりも、建物全体はわずかな外周部をもつばかりだ。不安げで閉じた北方の建物に対して、東方の建物はより開かれた姿を示している。

第二に、気候がより厳しいか、もしくはより穏やかであることによって、建物外部は大なり小なり保護されることになるのだが、屋根形状によって、また他の造形要因によっても表現される。降雨の少ないエジプト地域の建物には屋根そのものが無いのに対し、北方の中世の建物には高い屋根がそびえ、その上、個々のあらゆる突き出た部分は、雨水が容易に流れていくように形づくられている。

建物の形態に影響を与える建築材料は主に木と石である。石にとぼしい国であっても、多少なりとも重要な建物の場合、壁や角柱のみならず、風雨にさらされる梁、扉、窓、またかなり大きな内部天井ですら、耐久性のために石で構成されている。

材料の種類は、壁や角柱の主要形状にそれほど影響を及ぼすわけではない。それらは木または石で構成されるにしても、下から上までほぼ同じ厚みを持って垂直に立つ必要がある。しかしより影響を及ぼすのは、折れたりつぶれたりすることに抵抗できる材料の遡及的な堅牢性から規定される、厚みと高さの関係である。従って高さと荷重条件が同じで、その他の状況が同じ場合、硬い大理石の角柱は、軟らかい凝灰岩のそれよりも薄くできる。素材が主要形態に最も影響を及ぼすのは、梁と屋根との関係である。樹木はまっすぐに育ち、長大な材を得る圧縮に対する強い抵抗力を示すことから、木材で構成された屋根架構は、当然の如く常に直線で形づくられる。そしてそれは、規模が大きくても、わずかな材厚ないし梁成を必要とするにすぎない。つまり軽快な比例である。石の場合、通常立方体のような形状や平板の塊として多く切り出されるが、多くの箇所ではより長大な梁形状の塊によって保持できることも稀ではない。石は砕けることへの抵抗力（相対的堅牢性）を殆どもたず、加えてかなりの自重がある。従って石材は、水平方向に自立させる場合、大スパンを支えることはなく、木材と比べれば厚くなる。つまり木造による同一の梁よりも重厚な比例である。それでも様々な石の種類によって大きな相異が生じる。最も弾力性と相対的堅牢性をもつ大理石によってたいていは建設されたギリシャ神殿の場合、円柱を架け渡す全ての梁（アーキトレーヴ）と広間の屋根は、石の梁材と平板から構成されている。従って木でも石でも、一貫した水平架構が生じ、部分的には大変軽やかな比例も生まれうる。今まで述べてきた建築のエレメントの諸関係が、本来、静力学的釣合いと呼ばれるものであり、建物のもともとの用途に基づく主要な釣合いとは区別されなければならない。後者に属するものは、建物全体における長さと高さと幅の相互の釣り合いであり、その個々の建物の部分においては、例えば広間の高さに対する幅（奥行き）の関係がすぐに思い浮かぶ。

産出する石が脆く、長大な材が得られない地域では、梁を単体ではなくいくつかの小片で組むことが試みられる。この試みの王冠こそヴォールトである。モルタルの助けをかりながら、そのヴォールトを用いれば、大スパンであっても小さな塊で全てを覆うことができる。ヴォールトは自然の構造に従ったものであり、直線ではなく小片の架構によるアーチによって形づくられるがゆえに、架構の造形に大きく作用するのみならず、ヴォールトが架かりスラストを受ける角柱や壁にも変形をひきおこす。それによって建築の要素全体、あるいは様式全体に作用を及ぼすのである。この結果、突き詰めて言えば、――水平的・直線状の石造架構、ないしヴォールト的・アーチ状の石造架構という二つのオリジナルな様式のみが存在するのである。

四章

建設することは一つの熟練の技であるから、時とともにおのずと完全なものになっていかなければならない。文化の進歩によって、快適性への要求は増してゆき、建築芸術の担うべき課題はますます広範になっている。従ってその課題を絶えず理解して完全な解決を見出すこと、その場合、力学的な作業に関する支出をできる限り抑えることが切に望まれる。直接加工において素材を改良する以外に、なによりもまず努力することは、重い塊をただ積み重ねるよりも、洗練された構造によって必要とされる堅固さを獲得することである。第二にそのような構造の場合でも、耐久性によって十分であると確かに保証されるかつての建物よりも、より新しい建物を堅実に、絶えず少しでも軽くなるようにしていくこと、――つまりより軽やかな静力学的釣合いを適用することによって、快適性への高まる要求にとってたえず妨げとなる素材のヴォリュームを次第に低減していくことが切に求められる。この静力学的経験の蓄積、あるいはこう表現してよければ静力学的な判断力の向上が、より一層の規則性をもって生じなければならない。つまりその民族にとって、かつての経験が失われていくのではなく、維持されている建物によってたえず後継者の目にさらされますように。

私たちがよく知っている民族の建築的記念碑には、実際、時代の進歩による規則的な発展がかなり現れている。この進歩それ自体は、あとに続くより多くの民族同士が接触した場合には、彼らに伝播してゆく。その進歩のスピードは、別の観測点からも再び、より堅実な耐久性の要素や、慣習の力によって抑制されるものであり、民族が異なればそのスピードももちろん全く異なる。つまり、大なり小なり流動し、自由に発展することによって、あるいは、政治的事柄が影響を及ぼすことによって、進歩の早さは異なる。司祭が自由に労働者を使えたエジプトでは、この進歩はたいへんゆっくりであった。あらゆる建物は量塊として保たれ、何世紀たっても目立った差異を示すことはない。より自由なギリシャ人は、より早く進化したがゆえに、ペリクレスの百年から二百年あとに建てられた記念碑は、ペリクレス以前のものよりきわめてわずかなマッスによって建てられている。ギリシャ人の建築を伝播し、多くの広範な要求に対して、材料の倹約と同時に広さを確保することに配慮しなければならなかったローマ人の場合、軽やかさは一層増して、中世の様式によってついにその極みへと達するのである。

ヴォリュームの軽減、より大胆な構造、より軽やかな静力学的諸関係が、一様に梁、屋根、壁、角柱の各エレメントに展開していくにせよ、厚みがわずかにしか見えない屋根や壁は、自立した角柱やその大スパンによって、柱間が離れて配置されるあの柱から柱へ架かる梁ほどにははっきりと現れてこない。勿論このことは、柱張間が建物の特殊な目的によって最も大きくなるように条件づけられている広間にまずは現れてくる。

この章で明らかにされたことは以下のことである。建築の要素である静力学的釣合いは、主にまずは建築材料から生じる。しかしそれは、建築による技能の進歩を通してたえず育まれ、本来、絶えざる変遷とその可能性に従うものである。三章において、建築の要素による主形態が展開された。従って建築が美的芸術としてみなされうる進展は、いかにして要素の特殊形態に作用を及ぼすかについてさらに明らかにしてゆかねばならない。

五章

建築は他の諸芸術の姉妹ではなく母胎である。建築は他の諸芸術に先行し、それらを育むからである。建築は目前の要求に対する応急的な充足とともに始まるが、その要求以上により高次な目的によって規定される建物を生み出すことで、次第に美的芸術になる。それはじきに空間的な広がりの中でも整えられて、豪華に、そして技術的努力によって実現されるものの、人は目前の要求による建物の価値を認めない。目的がすでに十分果たされたあとでは自由な創造を楽しみ、装飾がもたらされる。そしてミューズの最初の娘であるこの非本質的な追加物によって、人は対象の価値が高まるといわば信じている。同時に建築要素のより繊細な形態は、堅固さの点に関しては無くてはならないが、居心地良さに関しては邪魔になるマッスを取り除くという、前述してきた静力学的要素と結びつきつつ力を尽くす装飾性をとおして発展してゆく。しかしその進歩はより自発的な遊戯であるから、その際堅固さと居心地良さは、直接的というよりも間接的な規定要因である。

完全なものに導く力のうちにあらゆる人間的な事柄があるとはいえ、すでにそこにも再び没落の前兆がある。そして建築は、一方では静力学や装飾や優美さのあらゆる部分が調和のとれた進歩によって自らを発展させながらも、他方、存在することだけを常に表象しようとするかつての建物に宿る真実に満ちた、感動的な素朴さと無邪気さは次第に失われてゆく。装飾は自らの領分を超えてゆく。そこは、いわばただ花を飾るための場所ではなかったし、本質的なフォルムやエレメントを過剰に飾るところではなかった。しかし装飾過剰以上に退廃的なのは、真なる目的のみ生成され、適用されるこのエレメントが、つまりそれは、この目的を充たし、表出するかぎりにおいてのみ意味をもつのだが、最終的に、それ自体単なる作りものとして直接的満足を奪い取り――しばし道の途上で目標を見失うように――次第に益々装飾として扱われることである。ひいてはその本来の用途に従って存在しうる以上に建物を見せかけにする手段として扱われることである。

そのエレメントは、真の目的が要求しないところで、かつ、見せかけの目的しか持たぬところでまずは取り付けられる。最終的には、その見かけの目的すらも要求されることはなくなり、いわば見かけの見かけ、例えばめくらドアやめくら窓等のような全体として死んだフォルムに満足している。そして、あれこれの本質的なフォルムはもともと少なくとも何らかの真なる目的から生じたのだよ、といってなだめすかす、あの全く因襲的な美のフォーラムが要請されるのである。芸術の没落は、全くそれに依存していない静力学的経験が増してゆくことによって、またあえてなされたフォルムの構成が、たえず変形を促すかぎりはより軽やかに実施されうることによって、少なからず回避される。

現実には、この段階の連続は規則的に演じられるわけでは勿論ない。多くの段階は政治的事柄によってあっという間に通りすぎるし、より良きものへの後退すら多く生じる。それでも、この関連において、かつての民族のモニュメントを考察する人は誰でも、書き記してきた過程をそこに認めるにちがいない。その後半の記述内容は、残念ながらいつもはっきりと現れてくるし、それに反して前半に記した良きプロセスが妨げられずに発展することはめったにない。なぜなら外から異質な印象を受けることなく、幼年期から成年に至るまで全く調和を保ちつつ自ら発展してゆく可能性を許容することは、ある民族にとってたやすくはないからである。たいていの民族は、異なる地に混ぜ合わされた挿木だ。従って建築装飾とは、たとえ恣意的性格の事柄によっても他のものになりえないような、通常伝統的なものである。人間は恣意的な事柄にだけではなく、わずかな必然的事柄によっても、好んで所与のものに繋げていくから、建築のより繊細なエレメントを育む場合にも、いずれ多くのことが伝統的に受け入れられ、ひいては保有される。それはその本性に従って今日の状況から固有に形づくられたのである。ギリシャ様式においてこのような異質で妨げとなるようなものが生じることはほとんどない。しかし中世様式初期においては、私たちが以下に見ていくことがしばしば現れることがある。

六章

前の三―五章において詳細に展開した自然的造形要因以外に、本質的なものとして受容されるものはない。そして他の因襲的要因が関与するところでは、その関与が装飾の領域をはるかに超えるや否や、誰もがそれを様式の首尾一貫性や調和的造形性の点からみて敵意あるものとみなすであろう。度を越した木のマニアに好都合である推論とは、様式はともかく上述の要因の一つの結果だ、ということだが、それは今日生じるようにではなく、かつて初めて小屋を建てた太古の時代にそうであったということであり――それによって原罪が建築にたっぷり注がれたことはここでは議論の余地はない。私はこの観点から、ギリシャ建築に関して記述を進めたいと思う。

美しいと定評のある他の民族の建築様式を讃え、同じ特性を持つために、その様式を獲得したいのであれば、それは過去からではなく、私たちの自然な形成要因の今日的な性格から生じなければならない。つまり、第一に私たちの日常用いる建築材料から、第二に今日の静力学的観点から、第三に建物が私たちの気候において耐久性のために自ら順応する保護の方法から、第四に天候や、恐らく部分的には文化によって基礎づけられる私たちの要求の普遍的特性からである。

ドイツのことのみ、かつ石造建築のみとかかわるならば、私たちの建築材料は砂岩、ないしは相対的堅牢性の点で大理石にはるかに及ばないような類の石材である。梁は自重以外に支えられないとしても、まれな例外を除いて、最高十二フスまで自由に配置することが可能である。その場合危惧すべきことは、ひどい霜の害でのちのち梁が割れることである。今や石が自重以外にまだ何か別のものを支持しなければならないとすれば、長さに応じて露出されるような相応の梁成である。たとえ量塊的な壁であっても、およそ積み重ねた化粧石をその高さの三倍をこえて長く持たせることは容易ではないし、石層面が中央よりも角のところで圧迫されるならば、角は割れる。この関連において大理石とはなんと異なることか。ギリシャのモニュメントでは研磨する作業を減らすために、化粧石の石層面ではたいてい縁に沿ってただ幅のせまい帯が重なりあってふさわしく磨き上げられる一方、その中間部分は少し深く、かつ荒めに加工され、その結果、縁だけで支えなければならないのである。全て大理石でできている広間の天井には、二十フスの梁が露出し、その長さの約七分の一の成をもっている。いまも存在しているアテネのテセウス神殿の前広場の十二・五フスの露出した天井梁の梁成は梁長の十一分の一にすぎない。私たちはただ三フスを表わすにすぎない窓の楣に、あらゆる別の荷重をそこから離すためにヴォールトをかけなければならない。

私たちの静力学的経験の度合いからいえば、大胆に構成された中世の建物が目前に浮かびあがる。この関連においてそれはギリシャのものを凌駕する。今日専門家の誰もが疑うことなく（即ち、他に不利な状況がないことによって）、円柱なり角柱の直径をわずかその高さの十一分の一で建てることだろう。それに対して細長いギリシャの柱ですら、その直径が高さの八分の一以下であることは稀である。さらにそれは、アーチ架構（Ｆｉｇ Ｉ）を用いるならば、まだ一度も最小の柱間をもつことのないギリシャの列柱架構（Ｆｉｇ Ⅱ）と同じ長さによる円柱や角柱の数の三分の二で屋根を支えることだろう。従って私たちは、屋根を支持するためにアーチを用いる場合、崩壊を恐れる必要なくギリシャ建築で用いられたときのはるか半分にも満たないマッスを必要とするにすぎない。私たちが、自分たちのもろい種類の石によって水平を覆うことは、耐久性の点で身を危険にさらすことになる。その上アーチの場合には小片が使われるものの、アーキトレーヴは無垢の石梁からできあがっていなければならない。その材の調達と移動はすぐさま比較的多額の出費と結びつくがゆえに、すでに通常の寸法の場合、列柱架構は、同様な豪華に飾られたアーチ架構よりも四倍コストがかかる。ましてや、より大きな寸法のもののときの相異がどれほど増すか、専門家は口外しないことはできない。

七章

私たちの北方の気候においては、南方よりも建物は雨や雪に対して大変注意深く保護する必要がある。屋根勾配は、通常のスレートないし瓦による仕上げの場合、ギリシャのモニュメントほどにフラットにすることはできない。さらにあらゆる水平蛇腹やそのような上部の突き出す面は、もし何らかの目的があって全く別様に望めないとき——例えば屋外階段や何かがその上に置かれるような突き出し——雨水が落ちるように、勾配を大きくとる必要がある。

突き出る蛇腹の面A・B（F.iⅢ）の勾配が大きくない場合、この面自身はともかく風化する。A・Bに落ちた雨水が、モルタル漆喰B・Cにはねあがるがゆえに、またその雨水が一時的な雨によって長いことA・Bにとどまり、モルタルＢ・Ｃにすがって上昇してくるがゆえに、主にここには間もなく風化が生じるのである。さらに流れ落ちてくる水は、蛇腹の下の面にそって、壁面Ｄに至るまで垂れてゆき、蛇腹面下部のくぼみによってＥでしたたり落ちるようにしむけられていなければ、いずれにしろここに損害をひきおこす。

今日の要求からすると、私たちの建物は、ギリシャの建物も全く及ばないほどの規模で要請されている。今日の町の教会に対して、大きなギリシャ寺院ですら、なんと小さく建っていることか。石造屋根の最も大きなスパンは、アテネのプロピライアの屋根（パウザニアスが稀なこととして挙げている）に見られるが、それは二〇フィートである。このことは、出来る限り柱を細くして、柱間を広くすることが要求される私たちの自由な内部空間に対して何を意味するだろうか。例えば、二列の柱で三廊に分けられている教会を考えたとき、最も幅広いギリシャ的釣合いにしたがって柱を配慮するとしても（ＦｉｇⅡ）、主身廊の重要な幅に基づいて、側廊ですでに三列目の柱から祭壇や説教壇が見えなくなるであろう。側廊は少なくとも柱がＦｉｇⅠより細く、かつ離れて立たない限り使いものにならないだろう。

ギリシャの記念碑では決して現れてこなかった私たちの門の入口は、（唯一の例外であるアテネのプロピライアの中央の柱間は別にして）通常の住居、ましてや都市の門や他の公共建築では幅広く開けなければならない。

私たちの地方では、外部広間は雨に濡れない馬車用通路が天候から歩行者を守るための居場所を保証すべきである。第一の場合、角柱なり円柱は壁から離れたところに建てるべきであり、さもなくば馬車がその間を走ってゆくことができない。そして広間は、わずかな風でも雨が壁に降りかからないように幅広く、奥行きがあるほどには高くあってはならない。しかし、加えて合目的的な釣合いは、最も隔てて建つギリシャの柱間をすら認めるわけではない。第二の場合、広間は、もし一面のみが開いていて三面が壁で閉じられていて、通常のギリシャのポルティコのように三面が開いているのではないならば、どうにかすきま風から守られた滞在場所を提供するばかりである。最終的に外部広間は、私たちの方ではめったに使われない。なぜならそれは内部において必要である自然光を殆ど奪い取るだろう。逆にギリシャの場合、外部の豊かな柱列広間ぬきに公共建築は考えられない。また窓はめったに現れない。さらに私たちの方では多層階ではない建物は容易に現れない。それに対して私たちに示されるギリシャのモニュメントは全てがただ一層を示すばかりである。

したがって、今日の造形要因はあのギリシャ様式のものとは全く異なっており、むしろ相反している。何が対比的であるか、前の二章の主な内容をもう一度繰り返すそう。——あちら（ギリシャ）では石の質が良く、相対的堅牢性が強く、徹底して水平梁を用いたが、こちらでは石はもろく、全く小さなスパンによる水平梁が可能なだけだが、ヴォールトが十分その替わりを果たす。あちらでは要求がわずかであり、広さへの求めは少ないが、こちらでは要求が多く、可能なかぎりの広さが求められている。またあちらでは外部での列柱廊が豊かであり、窓がなく一層のみである。一方こちらでは外部の広間はまれであり、多くの窓と多層階をもつ。

八章

さて、私たちは一体、つまるところ現代において実際ギリシャ様式で建て続けるのか。これまで述べてきたことが真実であるならば、それはいかにして可能か。どのような方法でギリシャ的に建てるのか。またその際どの程度今日の要求を満たすのか。――これらの点についての研究がこの謎めいた問いを解くことになろう。

第一点の要求は、ギリシャ様式の主特性をわずかに示すことで、またローマ人によるそれ以降の造形から十分に読み取ることができるだろう。

ペリクレスの時代までギリシャのモニュメントは、次のような仕方で形成されていた。かつて、FigⅣにおける円柱Aはその後の時代ものよりさほど細くはなく、互いに近づいて立っていた。円柱は、以前は後の時代ものより上方に向かって細くなっており、堅牢に建てるという力学的な目的を担っていた。柱頭Bは、アーキトレーヴのスパンを短くするために、特にドリス式オーダーの場合には大きく迫り出している。アーキトレーヴCは、柱の中心から中心にまで達する梁で構成されている。その上部に同じ高さをもったフリーズDがのり、小片から成り、表面が装飾されている。フリーズの上にはコーニスEが外面に向かって張り出し、それとほぼ同じ高さで、同じ厚さの広間の天井Fがある。それは、全体に覆われるべき空間の内の最も小さな幅に従って、場所から場所へ常に梁がかかるように、そしてその梁と梁との空間が最もせまい幅に従って薄い石の平板によって覆われるように構成される。覆いに属するあらゆる部分、アーキトレーヴやフリーズやコーニスや天井について、人はそれらをまとめてエンタブラチュアという言葉の下に理解する。アーキトレーヴが、Gのように、壁体の上にのるところでは、アーキトレーヴほど厚くはない幅をもつそのGは強固にされることによって、壁柱（壁端柱、ピラスター）Hが生じる。それはアーキトレーヴの幅をもつが、アーキトレーヴがかかる側面のみであって、この幅がもはや要求されない側面Iでは全く細い。

ギリシャ建築は、配置における偉大な単純として、つまり厳格に、徹底的に実施されたあらゆるフォルムの均質と、分別ある装飾の慎みとして特徴づけられる。第一の特性は単純な課題に由来し、その課題がより複雑になれば、もはや手本にはならない。しかしその他の特徴はいかなる状況下でも到達されうるし、また達成されねばならない。既成の手段につられて、各々何もない表面を装飾で覆ったり、すべての境界をとっぱらってしまうことにも誘惑されない、あの堅実な感覚、つまりマッスや建物の目的を越える大きな寸法によってのみならず、今日このことに対する概念をほとんどもっていないような、かの施工の厳密さと丁寧さによって感銘を与えようと努めたこの感覚こそ、あらゆる時代の芸術を生気づける。ペリクレスの時代の作品を見た人は、いかなる民族も、このような特性を持った記念碑をつくることはなかったことを認めなければならない。全ては白の大理石からできており、その表面は鏡のようになめらかに磨かれている。円柱を構成している小片は、注意深く互いに研磨され、今日ですら多くの箇所の継ぎ目に気付くことがない。壁は角石によって築かれていて、その継ぎ目はすばらしい規則性によって変化し、最もふさわしい装飾である。この記念碑は明るく永遠に嘆き誇る花にたとえられる。アテネのアクロポリスで、建設して五百年たったミネルヴァ神殿やプロピライアを見たプルータルクは、「それらは古さを感じさせない魂をもっているかのようである」と語った。そしてこのことを二千年たった今でも言うことができる。なぜなら、これらの作品の破壊は時代の権力によってではなく、野蛮な者たちの手によって成されたからである。

九章

このような段階を踏まえて、ペリクレスの時代の建築は生まれた。しかし後の時代の建築を変わらざるものと評価する人は、またローマ人の模倣をも、かの作品と同じカテゴリーに入れる人は、区別ということすら知らないのだ。初期ギリシャ芸術の原理は、言葉のもっとも力強い意味において真実である。建築のあらゆるエレメントは、その真の内的目的を必然的に伴うように形づくられ用いられている。円柱は、本当のエンタブラチュアを支持しなければならないところでのみ現れる。壁柱はより幅広いアーキトレーヴを受けとめるために、壁が補強されねばならないところにのみ現れる。自立する円柱は異なる本性に従ってそれとは別様に形づくられる。アーキトレーヴは天井の支持のために促されるところのみで実際に現れ、それが壁に受けとめられるや否やなくなる。なぜなら天井はとぎれない壁の上にのることが可能だからである。さらにその全体の長さにしたがって壁の上にのるアーキトレーヴの水平梁は、もはや何の意味ももたなくなる。なぜならそれは柱から柱に自立して横たわるに十分な強度をもつための梁成と形姿を作り出したからである。軒蛇腹の三角形のペディメントの上部の登蛇腹M（FigⅣ）は、屋根面の上に出っ張っているが、それは前面での水のしずくをよけるために切妻面（ペディメント）にのみ現れ、屋根勾配に沿って雨水が自由に流れるように、端部のNでとだえる。

こうして、どの建築の要素も無用な重複なく用いられていたこと、各々の要素が固有の目的に従って個性豊かに造形されたこと、しかし、何かしら異なる目的のために、より良く調和するように（今日人々がそう表現しているように）、そして一種の盲目的なシンメトリーを形成するために既存形状を改造することは決してなかったこと、これらの事柄を矛盾なく示すなお多くの事例をあげることができる。装飾は、そうしてこれらの要素の首尾一貫した構成体に注ぎこまれた。あれこれの仮面を貼りつけるためではない。花冠で飾るためである。

アレクサンダー大王の時代からローマ人によるギリシャ征服の時代に至るモニュメントは、あの本質的な意義からの大きな後退がみられる。人はもはや慎みある単純性を容認できなくなった。したがって閉じられた壁という要素に対して、円柱広間を認めなかったところでは、通常、壁面にレリーフによって暗示する円柱の配置が代用品として示される。その柱とエンタブラチュアは、ただその半分のみ壁から前面に出ている。この半円柱はペリクレス後まもなくして出現した、建築における最初の大きな陳腐な「嘘」だ。その嘘は、その後、大規模に溶接するかのように用いられた。なぜならアーキトレーヴは自立して柱間に架かることなく、任意に小片で構成することが可能となったからである。さらに壁柱は、アーキトレーヴが単にその上部にのるところにだけ現れるのでなく、しばしば壁全体に沿って繰り返され、常に各々目の前にある円柱と向かいあい、（壁柱の）上のエンタブラチュアが、薄いレリーフとして連続する。そして実際の目の前に立つ円柱架構と一種のシンメトリーを形成する。

しかしながら、ギリシャの美のゲニウスは、それほど早く押し切られはしなかった。私たちは、最も後期のギリシャのモニュメントでさえ、ともかく統一性を——少なくとも徹底した水平の覆いが生じることによってまた、過剰ではあるがその魅力にあふれた装飾を享受することができる、特にローマ人の手によってギリシャ建築が被らねばならなかった作りそこないとそれとを比較することによって、ギリシャ征服以前に、ローマ人は広大な水道事業や道路建設に対して長所となるアーチ架構をすでに用いていた。それによって角柱は互いに離れて立ち、水平架構以上に小さな石片を用いることができた。さて、すぐさまあらゆるものにおいて、つまり建築においても、ギリシャ人を盲目的に模倣したとしても、ローマ人の広範な要求に対して、水平の覆いは、特にそれほど役立たない石の場合には（大理石はまだ建築に使われてなかった）不十分であっただろう。ヴォールトは、あらゆるギリシャ崇拝にも係わらずそこから別れるために大きな利点を提供した。つまり、すべてのローマ建築はこの両者の異質な構造方法、アーチ架構とギリシャの水平架構との戦いに他ならないのである。

始めに、ギリシャの模倣がまだ新鮮な印象として存在していたときには、特に神殿の外面にはギリシャの列柱架構がなお純粋に、かつヴォールトとまじわることなく現われている。そのヴォールトは、徹底した石の覆いの出現が不可避な場合、建物の内部へのがれていった。しかし、まもなくするとヴォールトは外部にもつきまとい、列柱の間に入りこむ。その結果、ヴォールトはそこで静力学的に本質的な役割のみを受けとり、列柱の配列は、単に見せかけの建築、満艦飾の建築に堕落する。ちょうどF・i・g・Vが示すような、マルケルスの劇場やローマのコロセウムのように。エンタブラチュアはここでアーチによってのみ支えられているのであり、半円柱によってではない。この二次元的に描かれたものでしかない半円柱やピラスターは、もはや真の建築のエレメントとして認めることはできない。また装飾としてみた場合には、それらは真実な豊かさではなく、ファンタジーの最大の貧困を表現する。なぜなら石工の細工物——角柱、アーキトレーヴの梁のたぐい——は、単なる装飾としては存在する最もみすぼらしい対象であり、最も一様的な唐草装飾に、ましてや絵画や彫刻のような高次な形象に及ぶものではないからである。連続した形象を表現している薄肉彫りが上部Ｌに現われる、ＦｉｇⅣのギリシャ神殿における全く平滑な側壁Ｋは、薄肉彫りのために必要な総量がピラスター架構によって浪費される壁ほどには豊かではないといえるだろうか。ＦｉｇⅣ及びＦｉｇⅥがその外見上示すことは、ギリシャの柱の架構とアーチの架構は双方とも同じ目的に対応していることであり、それゆえ、例えばＦｉｇⅤのように、一ヶ所で両者を同時に用いることは、考えられる最も不幸な重複として認識する必要がある。

十章

前章、前々章にこめられた描写から、私たちがギリシャ様式の模倣を企むとき、今日私たちはいかなる方法で建築しなければならないかが容易に看取される。そして私たちの建築は、ローマ的建築よりも何において優ることができるのか。私たちの建築は、ローマ人は少なくともギリシャと同じ気象条件にあり、拡大したとはいえかなり同質な要求を担い、後には大部分をも大理石で建てたがゆえに、なお彼らの後塵を拝まねばならない。ギリシャのモニュメントに親しく接して以降、人は今日、ローマ人の仕事をはるかに凌駕していると錯覚している。しかしながら、現代の建築において重要と評価される改良は、ディテールに関わるものだけである。私たちがローマの平面的な蛇腹の溝を、ギリシャのより力強いものと取り換えるならば、またローマのコリント式柱頭ではなくギリシャの柱頭を選び、総じて列柱構造の個々の部分をローマ的にではなく、ギリシャのモニュメントに従って複写するならば、最終的にそれは何を意味するのか。それは小魚を捕まえて、大魚を泳がせておくことを意味する。私たちは一方で、水平梁を伴う首尾一貫したギリシャ人で満足し、ヴォールトがないことに我慢できるのか。人は少なくとも建物部分で、ヴォールトを欠いてすますためには、あらゆる努力を払って回り道を恐れない。それによって際立った矛盾が目にとびこんでこないようにするためであり、またここにアーチ構造が存在して、そのかたわらに全く狭い柱列構造による二重、三重のマッスが用いられたとすると、子どもでも「なぜ列柱じゃなくてアーチを選ばなかったの。ヴォールトだって架けられるのに」とすぐさまたずねるであろう。そのようなことがないように、人はあらゆる努力を払うべきである。しかしながら、ヴォールト抜きのファサードができたとしても、矛盾がただ先延ばしされるだけであり終結したわけではない。なぜなら、見る人が狭い間隔で立つ外部の柱列広間をくぐり抜けて、いきなり内部で広々としたヴォールトに出会うとき、何という驚きが彼をとらえることだろう。

そして、あのギリシャ人の建物のように私たちの建物は一層で十分なのか。多層階の場合には、どのような「前門の虎、後門の狼」が待ち受けているだろう。私たちは平然といくつかの柱列構造を上下に重ねあわせる。加えて、その下に存在するもの全てを一つに結びつける完結する主要蛇腹が欠けているがために、私たちが獲得するのは全体ではなく、階が存在するように多くの個々に積み重ねられた建物なのである。つまり表側の柱列の軒蛇腹は、裏側の柱列の軒列のそれほどには、大きく広がって張り出していないがゆえに、主要蛇腹とみなすことができないのである。他の抜け道を見つけて、多層階の建物にただ一つの屋根にまで達する柱列を与えるならば、それはそれで間違ったことであり、あたかも柱列がかつてそれ自身のために立っていて、のちに小さな階層が柱間につくられていった——本当にイタリアでは古代のモニュメントにこのような方法が駆使されているように——かのような印象を与えるのである。

あらゆるその他のものは柱の陰に隠れていなければならない。柱は唯一、有能な部分とみなされ、いつも可能な限り数多く建てられる。その結果オープンスペースという重要な印象がもはや感じられなくなる。加えて柱に常に可能な限りの大きさを与えることで、建物の印象は高まると人は信じている。通常そこからは対極的な作用が生まれてくるにもかかわらず、実際のところ、私たちの建物外部にあって独立した柱列は、開かれた列柱廊に根拠がない場合、まれにしか用いられない。それゆえ、たいてい人は薄肉彫りの建築、即ち、半円柱ないしはピラスターに逃げ場を求めるのである。

十一章

このような粗野な代用品様式、嘘の様式をギリシャ的と名付けて、美を見出そうとすることに対しては、偏見をもたずとも驚かずにはいられない。さらに彼らが考察を深めて、居心地良さ、耐久性、経済性の点でこの借り集めた継ぎはぎの美に対してどれほど犠牲を払ったかを知るならば、その驚きは最高頂に達するであろう。

自然な様式によって建てられた場合に、建築家は自らの創造の直接の生みの親である時代の要求と好んでかかわりあうにせよ、今日その建築家は、私たちに寄せられる数多くの要求を、彼の設計を妨げる敵対者とみなすのである。多少大きな住居には通常要求される、通り抜けのための門は、高度に華美な建物のために設計する場合、彼を当惑させる。一体このような広さと、ギリシャのポルティコとを一致させることは可能なのか、と。実際のところ一つの入口で十分なのに、ポルティコに手を加えないために側翼部へ二つの入口がそもそも必要であることを自分自身で納得できるのだろうか。あるいは門の入口を側面へ移すのか。もしそうすると正面は、ただ徒歩でやって来る脇役の人物のために限定されるし、馬車で到着する主賓はサブのファサードで満足しなければならないことになる。あるいは、建物が高い基壇をもつとき、徒歩で来る人のための門の入口がコロネードにひとつの広場を見出すとなると、彼は石材によるアーキトレーヴの形態でこの課題を解決しなければならないことに対して絶望的な気持ちになる。

古典様式で建てられた教会においても、最も柱を細くし、最もスパンを広くしても、人は側廊からだと三本目の柱から祭壇や説教壇をもはや見ることができないことはすでに述べた。そして一体、ギリシャのポルティコは、外部では私たちの気候において殆ど保護の役目を果たさないではないか。ポルティコは古代の釣合いに従って、その高さとの比較においてほんのわずかな奥行きをもつにすぎぬから、弱風でも雨や雪が柱間を抜けて、奥の壁にまで吹き込むのである。

しかし建築が過去数十年の間に大きな飛躍を得たことを、人はそれでも主張することはできるのか。――イタリアで、十五世紀に再び始まった古典建築の模倣は、当初、個々の副次的な要素に限られていた。そして、次第に人々は柱全体、ピラスター全体を模倣しはじめた。建物の本当の使命は常にまず主要フォルムを告げるものだった。しかしのちのち古典建築は単に断片的に、かつ表面的に貼り付けられた。ブルネレスキの教会やその後に建てられた教会も、中世様式による古い教会と同様、内部がとても使いやすくつくられている。なぜならいずれにせよ通常、ヴォールトの架かった、かつスパンの跳んだとても細い独立柱によって支えられた三つの身廊から成っているからである。唯一の誤りは、主要フォルムが類似的に造形され、装飾されているのではなく、それに異質な構法から生じてきた建築が（そううまくいけばよいのだが）縫いつけられていることにある。ブルネレスキですら、また彼に続く建築家も、中世様式による随意の広さから古典的な列柱架構が必然的にもたらす制約へ一気に飛躍することは不可能であったけれども、彼らはそれでも古典建築の美を推賞したかった。偏見なき多くの人は、最終的には特に建物の使いやすさを問題にする。そして建築はいわゆる創造物でも目的の喜ばしき伴走者でもなく、（そうあるべきで、かつ、どの建築家も口にするようなことだが）むしろまさにその目的のもっとも厭わしい敵対者であることが目前に明らかな場合、自然な感情にとってこのような建築は不必要なものであると思うにちがいない。

単に装飾として使われた古典建築を恣意的に用いることによって間もなくして、後に支配的となる抽象的な線の美的原理によるファサードは、大変無意味なものに変化した。これまでの模範はローマの建築であったが、類似の不合理さを提示することは稀ではなかった。最良のギリシャのモニュメントが発見されたことで、これまで犯してきた残虐行為に目を開かせることになった。人々は、個々の部分を断片的に用いることの無意味さを知り、むしろ関連する全体においてそれを模倣することを探し求める。しかし彼は他方で、すでに説明したように、過去を越えた現在というものを忘れてしまった。――後者の立場は、前者の立場に対して優先されるのか。仮面をつけたファサードをもつ建物が内部においては用途にしっかり対応しているならば、内部がどうにも高すぎたり低すぎたりすることで、ギリシャの比例によって建物の目的が至るところ損なわれるようないわゆる純粋なファサードをもつ建物よりも、愛好者を見出さんことを！

十二章

古代の様式の実現のきっかけとなる経費に関して、建物本体がそのポルティコよりコストがかからないというケースは稀ではない。六章ですでに触れたが、私たちにとって全く使いものにならないギリシャ様式による列柱廊は、同様にアーチを用いて豊かに飾られた使える列柱廊よりも少なくとも四倍かかる。それゆえ今日の建築家が自らの設計を実現させる時の、金銭上の限度に関しての日々の訴えは大きな矛盾である。どの時代でも無限にお金を使えるわけではない。つまり妨げになる円柱や建物全体を張りめぐる重厚な蛇腹のために、（それがないと人は曖昧さを感じるので、見栄えを良くするためにつけている）出費されるのならば、特に火災に対して安全であるべき建物にアーチをかける、また接合部に生じる角を切石によってていねいに施工する等のために勿論人はお金をおしまないだろう。

耐久性については少なからず悪い。スパンが跳ぶ石の梁は、私たちの寒さ厳しい季節に簡単にこわれるし、長さに対してもちが悪い。石は年月を経るにしたがって脆くなるからである。気候に対しては、古代の様式によって建てられた建物はほとんど保護されないので、異国の植物を保護するように天候の悪い季節の間に、このような南方の天の一角の子孫に、上屋のように特別な建物で再び覆う必要があるだろう。もしあまりにも古典ディテールの溝付けにそむくべきではない場合、七章で明らかにしたように、上部では水の落下に対して、下部では水の跳ね返しに対して、迫り出した蛇腹にいわゆる水切りに相当するものを配慮することはできない。それゆえ漆喰はまず蛇腹の上半分、下半分でまもなく破壊され、水が容易に石の目地に浸入し個々の小片を破壊する。

古典建築の切妻屋根は大変平面的で勾配がゆるく、私たちの屋根はスレートないし瓦で覆ってはならないので、軽く十倍から二十倍はかかる金属板で葺かなければならない。さらにかなりの奥行きをもつのに比較的わずかな高さしかない私たちの建物をみると、それらがつまるところ古典様式によって維持されている場合、屋根はあまりにも前面に迫り出しているので、当然その本質と矛盾する。つまりたとえ銅板でおおわれていても、絶えず慎重な修理を必要とする平板による逃げを頼りにする。さもなくば、その下の木部はあっという間に腐ってしまう。

まだ類似の破壊の事象を引き合いに出すことはできる。ほとんど例外なく数十年を経て、このような状況に追い込まれた今日の建物が最も良く物語っていることは、それらが次の世紀を迎えられないということだ。

十三章

今日の要求や北方の気象条件に対して、ギリシャ様式を用いて建築の課題を解決することは不可能であること、あらゆる今までの試みが前者（ギリシャ様式）を正しく模倣したものでも、後者を満足させて解決したわけではなかったことを実践的に示した後、私たちは六章によって、今日の造形要因の性質から生ずる結果へより一層自信をもって回帰する。それによって新しい様式をギリシャ様式から区別する主要特性は、石造における水平の覆いではなくヴォールトの覆いであり、水平のエンタブレチュアをもつ古代の円柱配置ではなくアーチ架構である。後者によって、普遍性を失うことなく命題が目にみえるようなる。なぜなら所々の支持形式とその覆いは、それぞれの様式に支配的な特性を表わすからである。それは最も傑出した、構造的にも重要な性質を帯びる。それゆえアーチ架構の場合、石造の水平の覆いは従属的な使用に限定される。つまり、それは三から四フスまでのわずかなスパンにのみ現れるか、特にその上に架かるアーチによって多くの荷重を受けなくてもすむ場所に現れるにすぎない。

さて、このような様式の十分な合目的性をもはや疑うことのできない多くの人は、恐らくそれでもそれが美しくなければならないことをもさしあたりすぐに明らかにさせたいだろう。特にそこには建築の美があり、ここにはないと説明するには、ここは大変不都合な場所というわけではないだろう。それでもその場合、あまりに多くのことは感情的に語られるに違いないがゆえに、この扱いは安易にきわめて主観的に取り組む側面を持つことになる。なぜなら、芸術感情の領域は混沌の国であり、そこでは大変多くの古びた、おろかな個的感覚と、わずかな誠実さが支配しているからである。さらにその理由は、ここでは嘘を抑えることができないからだし、人間は信じられないほどに多く、本物であると思い込むことができるからであり、最終的には冷たい熟考が時代とともにあたたかな感情にすぐに変容することは目下のところ強要されないからである。それゆえ最も賢明なのは、多くの様々な意見が支配している美の座についての直接的な論及を目前から遠ざけることであり、単に間接的に以下のようにコメントすることである。

合目的的なものが全て美しいわけではない。しかしもし満足させる解決が前提条件としてすでに不可能であるとき、建築を一種の「自己矛盾」にしたくないのならば、合目的的に反したものを美しいと受けとめることも不可能である。従って今までの結果に異議を唱えることのできない人は、誰もが決断をせまられる。古典様式に別れを告げるか、あるいは彼らがアーチのラインが絶対的に醜く、直線の水平線ほど美しくはないことを証明できない限り、少なくとも新しい様式の基礎を受容するかである。――そして抽象的な線の美的理論に対する最も盲目的な信奉者ですら、これを証明することには成功しないだろう。なぜならアーチの線により近い波線や蛇行線が直線より美しいことは既知のことだからである。一度、新しい様式の基礎を受け入れたのならば、美に関する様々な視点をめぐるその先々のことと折りあうことはできるだろう。この基礎を装飾の中にのみ探し求める人は、そしてそれを合目的的に依存しないフォルム形式として見る人は、主要フォルムや建築要素は唯一、枠組だけを提供していると見ているから、古代の列柱架構の場合と同様にアーチ架構の場合にも、最大の過剰へ駆り立てるだろう。彼はもちろん、真の装飾である対象だけを選ばなければならない。単にレリーフ上に現われるピラスターやエンタブラチュアに夢中になってはならない。それらは美しくはありえない。なぜなら、もし彼が、本当に目的から生じてきたエンタブラチュアや角柱などの主要フォルムにそれでも美を認めないのならば、そのフォルムは単なるでっちあげだから美しくないのであり、目的とは直接反対のものである、と美を定義しなければならないだろうから。

建築の美を、主にシンメトリー、オイリュトミー、釣合いの内に探し求める人は、それらすべてを柱列の架構以上にアーチ架構に実現することができる。

建築の美を、個々のフォルムそれ自身よりも、目的それ自身の内に、この目的の個性的な表明や、豪華な充足の内に見出す人は、もちろんまっさきに正しくそれを見つけることだろう。

新しい様式のために、意のままの権威の返還を請求すべく、過去数十年来、中世芸術がかなり普遍的な信用を勝ち得て現れてきた。その結果、今日その美をあえて誹謗しようとすることは容易ではない。今や、先ずすでに支配的な、中世的なものと共有しているヴォールト構造という基礎をもった建築様式は、いかなる場合にも類似しないわけではないことから、あっという間に醜悪なものに堕落するはずがない。

最終的に、私が美的感情における多くの矛盾に注意を促すならば、恐らく多くの人も目を開くことになろう。つまり、古典建築の一方的な信奉者ですら、今日の目的から、かつ自然の構造から生じた素朴で固有なフォルムをとらわれることなく美しいと賞賛する。しかし彼らは、都市での建築の場合、現代の影響について偏見をもつことなく知ろうとせず、むしろまったく異質な過去の奴隷的な模倣によって美に到達すると考えている。

十四章

新しい様式の基礎が、各々の方法によって根拠づけられたのちに、なお建築要素の形態を詳細に規定する課題が残されている。それがいかなる影響を及ぼしたかを考察するために再び歴史を取り上げよう。そして古代建築へのあらゆる追憶が全体的に解消して、あらゆる要素が全く有機的にヴォールトによって形成されて、最終的に中世的な建築様式が成立される時代までをたどってみよう。

私たちは九章でローマ建築を両性建築とみなした。そこには二つの互いに関与することのない構法――ギリシャの柱列架構とアーチ架構――が両方とも同じ場に同時に現われている(Fig V参照)。後に、かつてのモニュメントから抽象化された規則は益々すたれて、現在がより自由に支配したとき、私たちはエンタブラチュアが消失し、小片がいわば試験的に各々の円柱上に壁から現われていることに気付く。そしてその上には、ディオクレティアヌスの浴場や、いわゆる平和神殿のようにヴォールトがかかっているのである。最終的にはそれすら消失し、アーチは直接柱頭の上にかかる。私の知るところでは、構造はまずスパルタのディオクレティアヌスの宮殿に現われて、間もなく一般的に、イタリア最古の、つまりローマのキリスト教教会に用いられている。

これらの教会は、新たな神への奉仕のために全信者を内部に受け入れなければならなかった。そしてそれは、多信教的な神殿の小室に対して特別な大きさをもっていた。教会は通常長堂を形成し、その屋根は二ないし四列の角柱によって支えられ、従って三つないし五つの身廊を生み出している。しばし前面に広々とした玄関ホールを持つ側壁には一つないしいくつかの主入口がつき、主身廊は背後の内陣を形づくっている大きなニッチによって閉じられる。内陣の前には、祭壇と、説教壇があるプレスビュテロス(長老司祭席)がある。幅の広い方の主身廊の天井は、側廊のそれよりも高い。そしてこの差によって生じるアーチ架構の上にのる壁には窓が開けられる。最初の教会には「バシリカ」と呼ばれる類似の構成をもったローマの裁判広間が用いられた。それゆえバシリカは、固有に建てられたキリスト教会をも名乗ることとなった。

異教的な政治的支配と重なるその建設時期には、古典建築の美の法則も次第に消えていった。その結果、全くとらわれることなく、当時もっていた技術によって最短の方法で主目的を満たした。即ち古典建築の衰退にもかかわらず、静力学的経験においては後退することなく、高さのある重い壁面をあえて薄い支持体の列の上に据えようとしたのである。それにもかかわらずこの建築様式では、古代のモニュメントから摂取された個々の部分を用いることによって、ディテールの中に多くの異質なものを持つようになった。つまり支持として用いたのは、かつて多数存在した、優れた石造様式から生じた古代の円柱であり、それを人は場所の確保のために安全であるとみなす程度に離して配置し、当時一般的に使われていた建築材料のれんがとアーチを結びつけた。アーチの代わりに、当時存在していたアーキトレーヴを用いるという例外はほとんど存在しない。この軽やかなアーチ架構が壁を支持し、その上に主身廊の天井がくる。そしてその壁面には、いずれにせよアーチの架かった窓の開口が存在した。その窓の開口は、ガラスの代わりに通常薄い大理石の平板によって閉じられた。その平板には再びまた、恐らく透けて見える素材と見間違える、より小さな穴があった。いくつかのバシリカでは、身廊部は二重の重なり合うアーチ架構によって支えられ、その上部は二階席舞台を形成する。天井は木で構成され、それが屋根の覆いと（イタリアでは今でもまだ大変注意深く、二重のれんが層によって維持されている）一体かつ一つのものであることによって大変シンプルなものだから、屋根の骨格である梁全てが化粧としてみえるようになる。

私が知る教会の中では、今述べたバシリカ様式によって建てられている、ローマのアヴェンティーノのサンタ・バルビーナ教会が、古代の断片が全く用いられず、ヴォールト様式が全く純粋にかつその最も単純な形姿の内に現われている唯一のものである。中庸の大きさをもつこの教会は、元来三つの身廊をもっていて、それを支持する角柱はその上部にあるアーチや壁と同様にれんがからなっていて、四角形でかなり厚い。したがって他のバシリカにおける古代の円柱以上に、それは互いに離れて立っている。その上に立ち上がる壁は、外へ突き出る壁柱によって、屋根の大梁、むしろ垂木がのるところで補強されている。窓はアーチ架構の開口と同程度の幅である。長堂の軒蛇腹は小さな腕木によって飾られていて、聖堂内陣の軒蛇腹は、この様式においては、通常現れる何層にも様々に積まれたレンガによって形づくられる。

ここで記述されたキリスト教教会と異なる様式は、東ローマ帝国で形成された。そこではより好意的な政治状況が多大な支出を許容した。それゆえ人は木造天井で満足せず、徹底的に内部にヴォールトを架けた。人は、全く本来の構造アーチ抜きにつくるか、厚い迫台の壁を同じスパンによるトンネル・ヴォールトとして必要としない限り、有利なドーム・ヴォールトを選んだ。それによって教会の中心部分は、円形にレイアウトされ、四つの隣接部分をもつようになった。その結果、全体はバシリカのように長堂ではなく、同じ奥行きをもつギリシャ十字を形つくる。しかしその腕には通常、バシリカのようにアーチ架構が用いられた。最初の、かつ最大の古ビザンチン様式によってつくられた建物は、コンスタンティノープルのハギア・ソフィア教会であり、そののち他の多くの教会の模範として用いられ、それ自身イスラム教徒によって模倣され、その建築様式において、今日もなおそのドーム（丸天井）は中心的役割を演じている。

一般的に、古ビザンチン様式の配置や造形も適切なものであった。しかし、人がはじめに古代の断片を多く用いて、後にはそのフォルムを機械的に模倣したことによって、そこに大きな混乱が生じたのである。偉大なる単純性が支配し、建築装飾が大変控えめに現われる西欧の領域の素朴なバシリカ様式の内に、このことがそう多く影響を及ぼすことはなかった。しかしながら東方の帝国の豊かさは、子どもの手の中にあるように、すぐさま主要フォルムを、装飾を伴った見本帳に張り込むことに誤用された。つまり、古代モニュメントに多く、たいていとても費用のかかる素材による円柱を取り上げたのである。この円柱は、バシリカの木造の覆いに対して認められるようには、大きなクーポラやヴォールトの支えとしては用をなさず、むしろしばしば重厚な角柱とヴォールトの間の、全く余計なアーチ架構のために用いられた。柱身が十分な長さをもっていなければ、人は何段にも積み重ね（それゆえ後々、輪状の装飾がきざまれる）ないしは、かさ上げするためにもう一つエンタブラチュアを積むか、ないしは積み重ねられたアーチを高さ方向へ引き伸ばす。即ちしばし、二～四本の円柱に同時にドームをかけるのである。ヴェネチアのマルコ教会では、各々四本の小さな窓があるだけの大きな壁面をただ満たすために、たいてい建物外部を円柱で飾り立てる。それはアーチによって互いに結ばれた小さなギャラリーを形成するが、たいてい細長いために、一人の人間がその後ろに占める場所すらなく、しばし全く出口をもたない。ファサード全体がこのような大きな重なりによるギャラリーからなる建物が見られる。この小円柱はそれがより大きなスケールによって現われるところよりも、全く異なる釣合いをここではもっている。つまり特に柱身に対して柱頭、柱脚がとても大きい。さもなくば、その装飾は目立たないものとなっただろう。従って柱頭は比較的とても重いアーチを支えるために大変幅広い。後者の釣り合いは、柱身が根本的に硬質素材からできていることに由来しているかもしれない。

それにも関わらず、それらの要素が妨げとなる古典建築の影響からかなり解放された、大変シンプルな建物がギリシャやイタリアに見られる。例えば後の世紀のもので、トルコ人から千の柱と名付けられたコンスタンティノープルのバシリカ・シスタンでは、ギリシャのドリス式柱頭のように、丸みから四角形への類似の単純な移行である四角柱頭（西欧の後の建物にしばしば現れる）をもつ、先細りしない細長い円柱が見られるのである。

十五章

古ビザンチン様式の建物は、主要配置と造形に関してはバシリカ様式の建物から遠ざかるものの、そもそも両者の要素が異なるというわけではない。たとえ以前には国々の関連において、それ自体厳密な分類が認められないにしても、十世紀のヨーロッパで、いわゆる新ギリシャ様式、プレ・ゴシック様式、ルントボーケン様式によって建てられた教会では、通常、両方の配置が互いに混ざり合っている。それらはドームをもつものの、四つの同じ長さの腕を伴うギリシャ十字ではなく、ラテン十字を形成する。決定的に長くなった腕によってバシリカ同様に長堂が生まれ、二列の角柱によって三つの身廊に分けられる。この長堂の天井は、以前はまだまだ木造ではあったが、後にはたいてい交差ヴォールトが架けられる。第一の場合、常に側廊より高い主寝廊の壁を支持する角柱は、バシリカのそれと同様に密に並び、間もなく四角形に、そして円柱になるのが見られる。第二の場合、角柱はスパンを広くして疎に立つのだが、その上にだけ架かる交差ヴォールトのスラストに対抗しなければならないので逆に一層太くなる。この角柱の部分は通常四角形で、その上にのる主身廊の壁と同じくらい厚い。角柱の背面の半円柱が突き出て、その上ではリブと側廊の上部の壁面は類似の張り出しをもつ。この半円柱の柱頭の平板部分は、つまりしばし柱頭の装飾全体は、角柱の全面に巻きついている。主身廊において側廊よりも常に約二倍の大きさをもつ交差ヴォールトのリブが、常に角柱一本分飛び越えるリブが一つに集まるところでは、いずれにせよ角柱全面に半円柱が現われる。しかしそれは、角柱ないしアーチ受けを越えて、その上部の壁面でリブの収束点に至るまで続くのである。交差ヴォールトのリブを支持するこの半円柱の突き出し、ないしは壁柱を古典建築の何も支持しない半円柱やピラスターと同類にみることはできない。

内部で交差ヴォールトのリブないしは穹稜がぶつかりあって、その点へヴォールトのスラストのみがかかる外部壁面には、同じ幅と同じ突き出しを保ちながら、主要蛇腹にまで届く控え壁（バットレス）が現れる。その蛇腹は、ヴォールトの間の広がりにそって、壁と同じくらい突き出る小アーチの連続によって支えられ、屋根の縁に直線をつくりだしている。元来このアーチは古代の城に見るように、支持のために生じる突出する構造に由来し、たいていレンガによる小片が積まれている。その結果、奥行き全体に大きな石、つまりアーチがのるコンソールをほとんど必要としないという利点が獲得された。その後このアーチが小さくなって、全て切石から生じるところでもこれを保っている。ほかにも部分的に豊かに飾られたフォルムが用いられている。長堂や内陣やドームや塔の主要蛇腹の下部に、小さな円柱に支持されたアーチ構造、あるいは二階礼拝席が長くのびている。ちょうど私たちが、それを古ビザンチン様式の建物に多くみるように。勿論、それは常に主蛇腹にまで至るバットレスによって遮られ、そもそも外部の垂直な壁面と内部の天井ヴォールトの間に生じる空隙を占めることとなる。

窓の上部には首尾一貫してアーチが架かり、たいていその幅に対して長い。しかし、全く丸い窓やバラ窓また、半円形の窓が現れることは珍しくない。窓がその大きさによって、可能な限り多くの光をとりこむように、窓枠はガラス面から外に、内にと広がり、そこは全く平滑な面となるか、様々に分節されて飾られる。それによって窓枠が壁面から張り出すことはない。ガラスによって塞がれるのではなく、開け放しにおいてわずかに内部の明かり取りのために用いる窓の開口が一つにまとめられる。したがってそのアーチ架構は共有する角柱、ないしはしばし円柱（壁厚によって背後に建つこの二本の円柱）によって支持される。三つの窓の開口ですらこのようにして一つにまとめられる場合もある。そしてしばしば上部により大きなアーチが架けられることで、その上部の壁から小さな円柱に架かる荷重がのぞかれる。

入口、特に主要玄関は大変豊かに装飾された幅広の縁取りで飾られ、いわば入る者を迎え入れ、はるかに後退しているドア面から、（窓よりもむしろ）外に向かって広がる。最も外の縁どりは壁面から張り出し、上部に小さな屋根をいだく。四角形の木製扉は軽やかに構成され、何らかの安全措置なしには、開かれることによって縁まで跳ね返るがゆえに、最も細いドア枠ないしは本来のドアの外観は上部では水平に架けられる。さらに、他方向からの荷重全てをここからかわすために、この水平の上部に今述べたドア枠のあらゆる部分が同心円的に従うアーチがかかる。それによって生じるドア上の空いた半円部分は、それが窓として機能しないときには、彫刻家の手による石板で閉じられる。

鐘が用いられるようになってからつくられた塔は、長堂の長さや、クーポラを較べれば、普通それほど高くないものの数多く存在する。それは今述べた様式にそって丸屋根のついた小さな窓が打ち抜かれ、連続する窓と周りをめぐる装飾帯から見積もるなら、さほど高くはない多くの階層からなる。さらに塔は、円形か四角形の基本形をなし、たいてい全く石造の、それほど高くはない屋根をもつ塔がつく。長堂と交差腕の屋根面はほぼ四十五度に傾く。

この様式によってつくられた世俗建築には、いずれにせよたびたび開放的な、円柱に支持されたアーケードが用いられ、徹底的にヴォールトの架かった大変小さな窓が穿たれる。

十六章

ここで詳細に述べた諸特性は、西ヨーロッパに存在するあらゆるルントボーゲン様式の記念碑的建築が共有するものである。ただ建築要素の特殊な造形においては、それは互いに異なる。たいてい、その要素は以前よりますます個性的になり、今日的なヴォールト構造によって形成されるようになる。さらにディテールにおける古ビザンチン様式、ないしむしろ古典様式からの転用はますます失われていく。構造もヴォールトがさらに押し広がり、わずかなマッスで成り立つことによって、またその支持柱ないし円柱が細くなるにつれて大胆になる。それにもかかわらずこの視点において、古代のモニュメントは、師匠の原理を理解せずに単調に繰り返し誤用する半人前のバウマイスターが建てた後世の記念碑と比べれば、少なからず優勢を占める。

さて、建築の客観的な側面に関してすら、つまり要素の造形と形成に関しても、大変様々な芸術の価値をもつモニュメントが、それぞれ質の良いないしは質の悪いバウマイスター（いつの時代もたいていはそうだった）に由来する場合、そのことは、全体計画、個々の部分と装飾の構成に関してより有効である。多くの建物には、本当に思想の欠如した偶然性が支配している。窓やアーケードや蛇腹は乱雑に入り乱れており、わずかな装飾の重なりもない。従って人は、互いに知らない何人かのバウマイスターがいて、同時にそこに建設したのではないかと思うだろう。それに対して、シンプルな計画によりながらも最も成功した芸術作品に属し、ギリシャのモニュメントと張り合う多くの建物も存在する。全体として多くの点で、ルントボーゲン様式には、ギリシャ様式に息づいていたものと同じ精神が支配している。多くの平滑な壁面、それは持ち合わせの手段によって無駄な蛇腹や額縁のたぐいで満ち溢れるのではなく、慎み深い美しい切石構造によって畏怖の念をおこさせる。装飾はたいてい本質的な部分を覆うのではなく、花壇の飾られる部分に対して抑制的に用いられ、優美な偉大さと意慮深さという個性をもたらしている。

ルントボーゲン様式は、十二世紀終わりに建てられたコブレンツ近郊、ベネディクト会の大修道院マリア・ラーハ聖堂に最高度に発展したかたちで現われる。ここの教会の身廊の角柱は、後の尖頭アーチ様式による教会ほどに、すらりとして、互いに離れて立っている。五つの塔とドームと前庭を持つ全体としては大変大きな教会は、一つの構想にしたがって鋳造されたかのように、切石構造によって注意深く施工されている。時に理解しがたく、不格好な状態でお目にかかり、かつこの様式による記念碑を美化する以上に傷つけるあらゆる装飾は、ここでは卓越した趣味によって考慮され、実現されている。私は今まで見たなかで、この教会が最も美しいと評価せずにはいられない。そして誰もが私と同意見であることが恐らくないとしても、ギリシャ様式におけるペリクレスのモニュメントと同様に、ルントボーゲン様式の中で最高のものであることを認めなければならない。残念ながら、この教会はすでに大変悲惨な状態にあるので、屋根が修理されずいくつかの壁のつなぎが取り付けられなければ（ほんのわずかな経費がかかるのみであろう）、数年の内に崩壊するだろう。もし本書がきっかけとなり、中世の芸術作品の維持のために多大に貢献されるプロイセン国王閣下が、この聖堂をさしせまった崩壊の危機から救い出されんことを切に願う。

十七章

十三世紀にいわゆる新ゴシック様式ないしは古ドイツ様式が現れる。アーチやヴォールトは、もはや半円ないしはルントボーゲンによってではなく、二つの円弧から構成されたいわゆる尖頭アーチによって形成される。――それゆえ尖頭アーチ様式という名称が最もふさわしい。――それはあらゆる部分が軽快に扱われ、好んで高みへ導かれる。古代様式とは異なる特性をもち、その起源も確定できず、かつ特に先端の尖った突き出しと、しぎざぎざに見られる固有の装飾によって、新しい様式はとりわけあの（古典）様式と大変明確に区別される。しかしながらその相異は、表面の考察によって生じる差異ほど本質的なことではない。なぜなら構造と形態要素の構成において、同一の原理が生きているからである、しばし両方の様式が同じ建物の内に一緒に溶け合っている移行期において、尖頭アーチはそれほど尖ってはおらず、ルントボーゲンによって弱められている。同様に、当初はマッスにおいて軽やかさ、突きぬける表現、高みへの努力は、尖頭アーチの様式が後の発展によって示すほどには支配的ではない。

教会はわずかな例外を除いてすべて交差ヴォールトで覆われ、従ってそのスラストは個々の箇所に限定される。角柱や円柱からすぐさまその幹の枝を放射する強く前面に突き出したリブ・ヴォールトは、ここではルントボーゲン様式より数多く存在する。それは多様な仕方で交差しあい、ヴォールト面を小さな面積に分割しながら、そのそれぞれの部分が再びそれ自身リブに対して全く平面的に、かつ通常大変薄く支えられたヴォールトを形づくる。角柱の基本形態は多様で――しばし四角形、八角形、多角形、円である。大変見事な教会において、角柱はおよそ対角線上に四角形を形づくり、その面は多くの円柱で囲まれ、その上部からリブ・ヴォールトが放たれる。従ってその柱は無限に細長い円柱を伴う羽飾りにたとえられるものの、本当は自立して立っているのではなく、背後の角柱のコア部分と関係をもっているのである。たいていはそうだが、側廊が主身廊より低い場合、大部分のこの円柱はそれに対応する側廊の天井ヴォールトのリブと、主身廊の壁が立ち上がるアーチの分節とがとりつけられているところでとまり、そこで柱頭によって飾られる。しかし、より高い主身廊のリブに対して規定される円柱は、さらにその壁に沿ってこのリブが始まるところの高さにまで伸びてゆく。

壁は大変薄く、ルントボーゲン様式の場合よりも、より壁面に突き出る控え壁（バットレス）によって支えられ、様々な方法でとまる。ルントボーゲン様式のように、壁はほとんど首尾一貫して特にイタリアにみられる主蛇腹と結びつくか、すでに主蛇腹の下でとまり、独自に屋根が架かる。あるいは屋根の縁をこえて突き出し、装飾された尖塔でおわる。側廊の外壁の控え壁によって、通常上昇するアーチは、より高い主身廊の、内部の教会の柱の上にのる壁に架かり、それによって主身廊のヴォールトのスラストは、いずれにせよ側廊の控え壁によって低減される。しばし実質的に葉飾りの中空刳り形からなる主蛇腹は、各々の、その上に突き出た控え壁のまわりをめぐり、屋根が少し後退することによって、それと主蛇腹の縁の上部にある胸壁との間に細長い通り道ができる。屋根から流れ落ちる雨水は、そこに刻みこまれた雨樋に導かれ、ところどころで樋をとおって排出される。

とても高い塔は、下部ではたいてい四角形で、上方にいくに従って八角形へ移行する。その屋根は尖った八面の角錐形をつくり、裕福な教会ではいつでも石でつくられている。その他のすべての屋根及び切妻はいずれにせよ高く、急勾配である。

多くの教会の窓は大きいから、窓は控え壁（バットレス）の間の全ての場を占める。様々に結びつき交差する、しばしば石による窓の充填、そして色ガラスは、たくさんの大きな窓があるにもかかわらず、内部に大変弱められた光を通すに過ぎない。教会の窓はたいてい高いところに穿たれ、尖頭アーチによって覆われるものの、丸窓やバラ窓ないしは平滑なセグメンタル・アーチ形の窓もある。住宅建築におけるより細い窓には通常、直線の楣が用いられ、しばし二～三の窓が一緒にまとめられる。縁はルントボーゲン様式のそれと同様に、外へ向かって広がり、しばしば壁面に突き出ることのない多くの分節によって飾られる。主玄関はいずれにせよルントボーゲン様式と同じように形づくられるが、半円アーチの代わりにいつも尖頭アーチが用いられる。さらに小さいドアの開口部では、アーチがその上に架かることなく直線状の楣が見られる。しかし楣のスパン距離は、直接その楣の下で扉の幅分が与えられる二つのコンソールによって低減される。

きわめて手工芸の技に優れたバウマイスターによる多くの建物（その建物自体には、大変カオスなルントボーゲン様式の建物よりもなお多くの混乱がみられ、多くのわざとらしい蛇腹やその類が一層軽薄にその不秩序をそのかしている）を別にして、たしかに誰もが、より良き作品――つまるところケルン大聖堂が最上位にあることを指す――を、最高の美をもった芸術作品として認めずにはいられない。それは最も繊細に推敲された詩に比較されるものであり、いかなる音節にも、些細な不協和音があらわれることはない。しかしながら無邪気な人が自らをひた隠しにできないように、通常装飾過多が支配し、つまるところ建物本来の本質的なフォルムは、無数の装飾によって外見上見えてこない。塔の屋根すら全く穴だらけになり、そこで支配的なのは、極端に推し進められた透かし彫りであるがゆえに、その内側には、別の本来の屋根を設けなければならないほどである。例えば頻繁に偽の雨樋や、めくらの切妻や窓が現われるのも稀ではないように、多くのフォルムがすでに全く因襲的に用いられている。ルントボーゲン様式は、前ラファエル派絵画に対する後ラファエル派絵画のように、この（尖頭アーチ）様式と相対するものである。つまり前者の絵画においては、描写力が妨げになるが、その面においては非の打ち所のない後者では、反対に前者に宿る感動的な慎み深さをいたずらに探し求める。

私たちは、より厳密な観察によって明白な尖頭アーチ様式の利点を得る――それはもっとも細かなディテールにまで実現された、有機的なヴォールト構造によって仕上げられた造形であり、ルントボーゲン様式においてはいまだあちらこちら妨げとなる古典建築の思い出が、次第にほとんど打ち消されたことによって獲得される造形である。

まず、すでにルントボーゲン様式自身においてもたいてい欠けている柱身の先細りが消える。柱身に確固たる存在感を与えるコーニスの造形は、静力学的経験の初期段階に属し、大胆なヴォールト様式はそこをとうの昔に超えている。その造形はここで要求される広さと調和せず、柱身の下部のより大きな断面を必然的なものとみなすならば、上部で細くなることによって、一番近くの柱にまで届くヴォールトのスパンはいたずらに大きくなる。しかしたいていの場合、ちょうどギリシャ建築においては、自身やその種の偶発的なスラストに対して柱の抵抗が考慮されていたのだが、比較的大きなヴォールトのスラストに対して、それ自身十分な柱の抵抗は全くあてにされていない。むしろ、柱はいくつかの方向からやってきてその柱の上部に架かるアーチのスラストが互いに相殺される中で、少なからず下部の断面の拡大を求める遡及的な堅牢性によってのみ支持しなければならない。

さらに、そのようなアーチの造形には溝がつけられ、アーチが柱にのるところでは、その柱の基本形態から抜け出ることは重要ではない。なぜなら四角柱（ＦｉｇⅦ）の角に面をとることによって、八角形ないし円形に変容させる、全く自由で伝統にとらわれない装飾性への努力は、柱の上にのるアーチにあっては、ＦｉｇⅥと同様の面取り、ないしは同質の溝付けを継続する必要があるからである。それによってアーチの始まりは、多大な荷重に対してとても脆弱なＦｉｇⅧが示すように、それほど角柱から飛び出ないようにするのである。ルントボーゲン様式においては、（わずかな例外は別にして）この事はまだ見られず、むしろ古ビザンチン様式ないしはバシリカ様式の方法をとる。そこでは荒削りのレンガが積まれた輪郭のくっきりしたアーチが支柱として用いられる古典の円柱上に納まることによって、不調和を感じることもなく、人の目はこのフォルムの構成に慣れ親しんでいる。

これについて柱頭の平板は、柱の足元や基底部のように四角柱があまりに強く丸みからとび出ることで広さの妨げになるところでは、四角柱の代わりにいずれにせよ多角形に形づくられた。柱頭は古典建築のようにもはやアーキトレーヴの独立したスパンを減じたり、本質的な静力学的な役割を果たすからではなく、ここでは何も支える必要がなく、そもそも装飾以上のものであるがゆえに、自ら迫り出すことをしない。従って柱頭ないし迫台はしばし欠ける。

古典建築における切妻は、傾斜面のみ蛇腹によって区切られているわけではなく、その蛇腹が水平方向にもまわる（FigⅣのEを見よ）。ギリシャのモニュメントでは、その水平方向の蛇腹は、それが切妻面の彫像を支持することによって動機づけられる。即ち通常ローマ建築のようにこの目的が抜け落ちるやいなや、それは二つの同じように強烈に張り出された主蛇腹とごく近くに取りつけるという、好ましくない重複になる。古ビザンチン様式、バジリカ様式、ルントボーゲン様式においてもしばし犯される過ちではあるが、とりあえず蛇腹の出がだいぶ減ったことでそれほど目立たない。しかし尖頭アーチ様式においては、この誤りはほとんど徹底して回避される。軒蛇腹は傾斜切妻面で上方にのびるやいなや、下部の方ではなくなるか、それが切妻の下部で水平にのびるときには、傾斜した切妻面は他の方法で見切られる。加えて（今述べたように）すでに以前にも観察したが、蛇腹はその大きな張り出しが木構造の追憶であるギリシャ様式ほど張り出してはいない。ルントボーゲン様式においては、あの平面的なローマの蛇腹とかなり類似する。軒蛇腹の特殊な溝付けの場合、北方に存在する尖頭アーチ様式の記念碑にあっては、常に雨水の落下と返しと同時に、蛇腹の分節のより奥行への溝による眼差しに対する効果がよりよく考察されている。

尖頭アーチ様式が、高みへ向かう塔の特性をより正確に捉えながら、多くの低い階の積み重ねではなく、僅かながらより高い階と窓を形成していることを最終的にここではなお指摘することが可能である。

十八章

前の四章に含まれる様々に連続するヴォールト様式の描写は、新様式の建築要素に対して、より正確な造形を与えんがための基本原理を、私たちが容易に迷うことのないように明確化したものである。

石による柱の架構の場合、すでに六章で述べたように、古代のエンタブラチュアの方法による小片からなる構造についてはもはや語る必要はない。それは常にヴォールトが架けられ、アーチのラインによって造形されねばならない。内部や外部（開かれた広間の面で）において、天井の支えとして用いられる角柱ないし円柱は、最も狭い空間であっても自然なあり方で常に可能なかぎり幅広く六フス以上離れて立っているからである。半円アーチを選ぼうとすれば、まさにすばらしい有機的様式が生まれるだろう。しかしながらしばらくすると誰もが、実践をとおして、むしろ遂に押しつぶしたアーチなら円弧を用いることに至ることも稀ではないように、強烈に高みに向かう尖頭アーチの様式の釣合いが、私たちの要求にはふさわしくないことを確信するだろう。しかし多くの場合、尖頭アーチは評価を受けてしかるべきであろう。カテナリーは天井ヴォールトにおいてのみなのだが、それが優先的に用いられるのは、徹底して同じ厚さのままであるか、円弧が脆弱で外に力をかわす個所では補強されないところである。天井が木製の場合、一本の柱の上には、二つのアーチがのるばかりである（ＦｉｇＩ参照）。そのアーチの縁は、前章で明らかなように、その下の角柱や円柱の基本形態と共に同様の溝をつける必要がある。それぞれ二つのアーチの間に生じる中間の空間は、一階建ての場合、ただ天井及び外部の主蛇腹が直線状の水平な受け面を得るほどに高く壁で埋められるにすぎない。多層階の場合には、下のアーチ架構の上に、第二のアーチがかかり、それゆえ第一のアーチの天井が床として役立つことになる。あるいは、アーチの架構の上部は壁となる。勿論その壁は、床の上に立ちあがる壁であると同時に、その高さと自由な長さに対して比較的厚くなければならない。その厚さがいずれにせよ部分的に支持するアーチとなる。アーチのスパンが広くなり、より平面的に荷重を背負うことになればなるほど、そのアーチ（壁厚に向かう深さなり縁と混同してはならない）はかなりのものになるにちがいない。またアーチはスラストをより迫台へ加えることとなる。

木で構成された天井は、その自然な形態にしたがって、アーチ面ではなく直線的な面を形成しなければならない。木造天井でアーチを形づくるために、努力と素材をしばし消耗し、その反面、石の覆いでアーチの代わりに直線的なアーキトレーヴを用いようとするとは、なんと本末転倒した世界であろう。自然に感じる人は、木材で構成されたアーチ状の柱架構との間に何ら妨げとなる対比を見つけ出すことはないだろう。彼がヴォールト天井を優位とみなすのは、柱架構と同様のフォルムのためだからではなく、多大な耐久性と豪華さのためによる。石造天井の場合、あらゆる異なる種類のヴォールトは、突き出たリブないしは迫持があってもなくても用いられる。いちいちそれを数え上げて記述することは仰々しい。ヴォールトをかける必要がある空間に対して、時にはあるヴォールトが、時には別のヴォールトが最もかなった形で、ないしはその他の事情から選ばれて用いられるのである。

木造天井の場合のアーチ架構、ヴォールト天井の突き出したリブ、平滑な交差ヴォールトの穹稜を支持する角柱の基本形態は、その上部のアーチと関わりを持ち、アーチの総数にしたがってその形態をあらわす。つまり前章によれば、アーチ形態は、角柱の形態から抜け出すことはできない。これによれば角柱は大変様々に形づくられる――円、四角柱、八角形、そして多角形に。そしてその基本形態それ自身も、またいましがた挙げたものからの構成であるから、凸面のみならず凹面の角も生じる。しかしながらくっきりとした陰影をもった彫りこみが尖頭アーチ様式では生じているわけだが、コアからいわばはがれて自立しているように見える茎状の円柱の小さな束にも比した尖頭アーチ様式では行過ぎてはならない。特にこのことは真に素晴らしいものへ向かう軽やかさ、及び他の部分の透かし彫りと一致する。前章で明らかになったように、柱身はいかなる場合にも細くなることはない。角柱の足元ないし柱脚は、広さの邪魔にならないよう、大きく張り出したり、あまりに角が飛び出てはならない。特別な意図をもって、これを別様に求めねばならないだろう。それに対して柱脚は細心に柱の凹の角を追う必要はなく、むしろ複雑になった基本形態を尖頭アーチ様式においてしばし大変美しく解決したように、再び単純なものへ置き換えることはできる。前章から、柱頭ないし迫台は古代の柱頭の強固な張り出しをもはやもたず、状況によっては全く欠けることもありうる。直接アーチやリブがのる柱頭平板は、あまりでしゃばることなく、不均質にその上に張り出したり覆ってはならない。

角柱の高さに対する太さの釣り合いは、平屋で円柱が常に比較的荷重を支えなければならなかったギリシャの建築物ほどには、狭い範囲で変動しない。スラストに耐えなければならない角柱は、その力が増すことによってその関係においては太くなる必要がある。――勿論、柱の素材が特別重く、わずかな塊で構成できるならば柱は細くなる。相対する方向からやってくるアーチやリブのスラストが、互いに相殺される（通常はそうであるが）

角柱の場合、その太さは（その他の点では長さが不変な場合）その種の荷重やスパンが増えるほどには増すことはない。なぜなら様々な石の種類によって大変異なるにせよ、遡及的な堅固さのみが要求されるからである。

芸術における最高の命題は真実である。用途上何の役目もない壁面に、偽りの構造によって化粧してはならない。壁体は美や豪華さを、時に突き出しによってではなく、注意深く、耐久性のある構造や純粋な面の加工によって、及び内部で（つまりイタリアにおいては）壁面絵画の内に探し求めた、古代ギリシャやルンドボーゲン様式の立脚点に立たねばならない。ところでたいていの場合そうであるように、もたれ掛かるヴォールトのスラストに対抗するために（その場合、突き出たリブは、張出しているコンソールにＦｉｇⅥのＡのようにのるならば）壁面が他の事情によって、いずれにせよ十分に維持できないときには、自然の成り行きからただ個々の点に集中してスラストをかけるこのようなヴォールトの場合、壁面はこの箇所で補強を必要とする。それは内部の壁面か、外部の壁面にまたは同時に両面に張り出す。壁面内部では、それは壁柱として自立している柱と相対し、その後者の柱にかかるリブのおよそ半分を支持するから、その独立柱の半分の形態をもつ。真に何かを損なわなければならない壁柱ないしは半柱は、何も支えることのない古典建築の半円柱やピラスター架構を取り換えることはできない。外部の壁面に現われる補強は扶壁であり、最もシンプルなあり方としてルントボーゲン様式において徹底して、かつ時々尖頭アーチ様式においても見られのだが、それは主蛇腹にまで届いて、それと一体化するか、すでに主蛇腹の下でとまって、自らの覆いをもたねばならない。尖頭アーチ様式の見事な教会に現れる、バットレス（扶壁）が自らまわりをめぐる主蛇腹を越えて突き出す、装飾的な尖塔に変化してゆくあり方は、その他のあらゆる部分が、尖塔やぎざぎざに変化しようと向かうときにのみ全体との調和を得る。それゆえ、新しい様式における あまりにも長大な平滑な壁面を危惧する人へのせめてもの慰めとして、次のことを告げたい。たとえ内部天井にヴォールトが架けられていなくとも、また壁の個々のポイントにスラストがかかっていないとしても、端部や壁面に沿ってところどころに壁柱を出すことはたいてい明らかに有利なことである。本来の壁を薄くすることができるからである。外周壁面に建物の主要台座があり、その端正な高さが建物の外観を大変ひきたてる柱脚は、ときによりわずかな壁面の突出によって生じる凹面の角を、柱の基礎に揃えることができる。

屋根勾配は葺く材料によるのだが、瓦によって通常の方法で葺くのならば、屋根面は四十五度を下回ってはならない。スレート葺の場合には傾斜角度それ自身は三十度以下でも可能であり、金属葺ならばフラットに近い屋根も可能である。特に急勾配の、しばしば金属葺の尖頭アーチ様式の切妻屋根は、あらゆる部分をこえて伸びる上方志向の結果であり、時として大変長い年月が経ているわりには保存状態の良いルントボーゲン様式によるそれほど勾配のきつくない屋根が示すような、北方の気象条件に基づくものではない。

石づくりの軒蛇腹の場合、木でできているものほどには張り出すことはできない。それは、雨水が最も外側の縁を流れ落ちるように刻まなければならない。それによってＦｉｇⅢが示すような、かつ従属的な分節により多様に豊かに飾られる主要な刻み目が生まれる。主蛇腹、扶壁の間の支持も考慮しなければならない。中世様式においては通常、上記の方法で小さなアーチの連続からなっている。しかし、特に他の異なる蛇腹にしばしばとても豊かに飾られたフォルムが用いられ、たとえコンソールのみがふさわしいとしても、ここに適った多くの新しいものを容易に言及することができるし、古代の教会に見ることができる。主蛇腹が木製で、垂木や天井梁の突出によって形づくられるならば、それは、さらに張り出す以外にもう一つの別の形姿をもち、多重に彫り込まれた垂木なり梁の木口が主に現われる。同様の主蛇腹は同時に前面で、切妻の傾斜に沿って上方にのびることも。

前章で説明したように、切妻の下で水平に流れることもできない。

上部に壁が続く扉の開口部の覆いは、角柱の場合と同様、すらりとした開口を除いて、ヴォールトを架ける必要がある。しかしドアの翼部は、それが四角形ならば、より優れて構成できるし、開放も可能であるから、たいていの場合特に主要入口では、アーチに囲まれた部分を本来のドアの開口部から分けることになるだろう。その空間は窓となるか、全くふさがれて碑文か建築的装飾か、あるいは絵画、彫刻の対象のために最も適した空間になる。ここから入る者はそれを見逃すことはないだろうし、同時にドアの壁面から後退しているときには、その面が守られていることになる。ドアの開口部の縁は、側面から入る人に対しても快い入場を与えるためにドア面から外に広がる必要があり、それが平滑な面なり段差のある壁面に生じる。

より大きな窓の開口部にはいずれにせよ、ヴォールトが架けられる。しかし四フスまでの小さな開口部の場合、窓枠が木製で開閉されるならば、たいていの場合直線状の楣が用いられるだろう。これは通常、尖頭アーチ様式の住居にも見られるものであり、石の水平の覆いを従属的に用いることで、わずらわしい矛盾が生じることはなかった。窓枠の縁はより光を入れるためにガラス面から内にも外にも広がり、それによって装飾のための適切な余地を提供する。その縁は、住居の場合、窓枠の外面に用いられた装飾が開かれたよろい戸によって覆い隠される以上に一層考慮されるべきだ。窓台は、そこにものが置かれるのではないのならば、あらゆる突出した水平の蛇腹、胴差し、柱脚などに、必然的に雨水の落下を提供することになるから、その壁面から突出しつつ水切りを付けなければならない。それによって窓枠に、かつ窓台の上部面にとどまる埃を一緒に流す雨水が、壁面をつたうことで壁を汚さぬようにするのである。

個々の分節のプロフィール（輪郭）について、溝付けと湾曲形状などのほんのわずかな支出でも最大の効果がひきだされる。そこにギリシャ様式とのすばらしい出会いがあり、そこから私たちは教えを請うことができる。彫塑的、建築的装飾は、飾り過ぎなければ、およそ本質的な部分の飾りにすぎず、いかなる様式においても主に目に入る場所に優先的に用いられるのが見られる。したがってギリシャ様式において、円柱の背後に隠れるドア枠は全く単純に飾りたてられている。反対に外部広間によって隠れることのない中世様式の正面入口は、あらゆる建物の部分の中で最も飾られる――そのことはいずれにせよ今日の建物の場合にも観察されることである。

*

*　*

このように意図した目的が達成され、新しい様式に対する厳密で、客観的な骨格が組み立てられた。それは、私が思うに明白で、十分に仕上げられたものであるから、芸術家はこれを自らの個性を通して生気づけることができるだろう。

誰もがすぐに見抜くことだが、新しい様式は、ルントボーゲン様式と最も類似したものを獲得するにちがいない。――つまりそれは、本質的にルントボーゲン様式であり、ルントボーゲン様式が古代の様式へのあらゆる不都合な追憶ぬきに、全く自由にとらわれることなく展開できたときにはそうなるであろう。この類似性は事柄の本質から生じたのであり、権威や個人的な好みからの影響によって導き出されたものではない。前章において記述した新しい様式のあらゆる特性は、それ以前の章によってすぐに基礎付けられているか、簡潔さゆえに前提となる静力学的法則への知識に基づいている。同様の課題が、いくつかの解決を認めたところでは、それが至る所で全て受け入れられ、その解決の最も特殊な段階である現実に影響が及ぼされた。いくつかの例に示されただけでその本性からすれば普遍的に有効であるとはいえない法則が、表面的にすべての例に対する徹底した原理として立てられたわけではない。従ってここで構築された芸術理論は、いくつかの点において現実と関わりをもつに向けて、そこから生じてきた規則を無造作に普遍的な法則にした、あの酒場の理論と比べることはできない。むしろ芸術理論は、徹底的に実践的な本性である。

従って新しい様式は、あらゆる柔軟性をもって様々な課題をいつもすばやく解決する。他方、敵対者はあらゆる誤解から主要フォルムの構成による雑然さの解決の道を新様式に負わせたくはないのである。新しい様式は、現代にあって自由に振舞い、いかなる安易な要求にも躊躇なく適応するだろう。その場合、建築家はギリシャ建築という制約された手法の場合ほどには——キリスト教芸術へ広まった非難をわずかな古代の人相学によって表現する画家と同様に——孤独なものとは思わないだろう。建物は見る者に古典に関する予備知識が与えられていなければならないような、歴史的＝因襲的性格をもはや持ってはならない。むしろ本当の自然な性格を獲得しなければならない。その時一般大衆は、教育を受けた芸術家と同じように建築を受けとめるだろう。

建物は個々の芸術家の個性的なファンタジーに従って、多様に飾られる。すでに最初の章で述べたように、それでもそこから新しい様式に対する危険は生じ得ないだろう。終始、同じ趣味、完成された趣味が支配する民族的な場合に、装飾においては大きな変転が示されるにしても、私たちが見慣れたあらゆる過ぎ去りしものと今日的なものを知り、新しさと多様性の魅力に愛着を持つならば、そのようなことはなお一層生じることだろう。幸福なファンタジーから生まれてきた装飾は、いずれにせよ、模倣する群集によって間もなく支配的な権威となるだろう。いずれの場合にも、それ自身最も不幸な装飾を付与しつつも、要素の点に関しては徹底的に造形される建物は、古代の最も忠実な模倣よりも、芸術作品として一層高みに立つであろう。

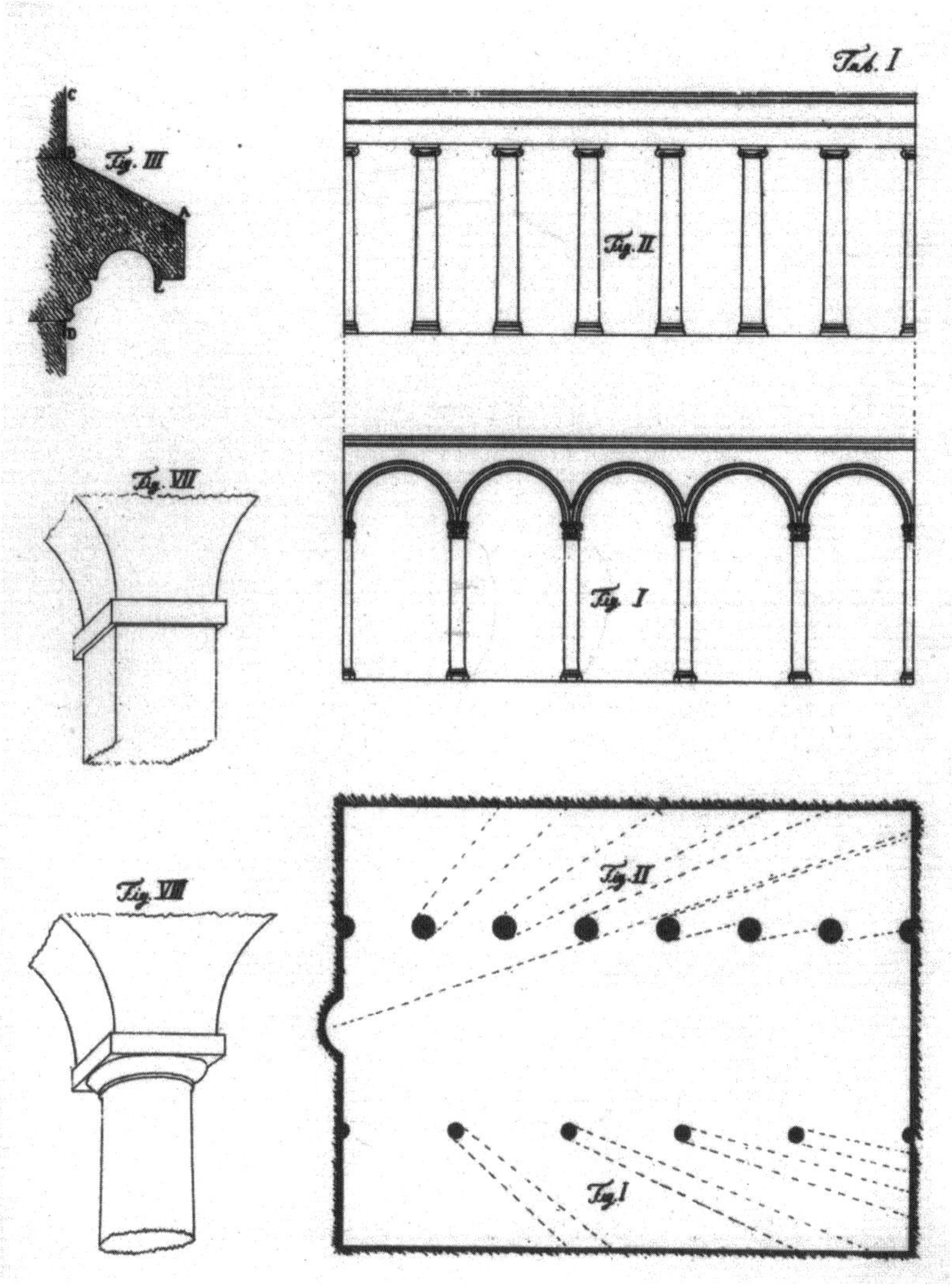
Tab. I
Fig. III
Fig. II
Fig. VII
Fig. I
Fig. VIII
Fig. II
Fig. I

Tab. II

Fig. IV

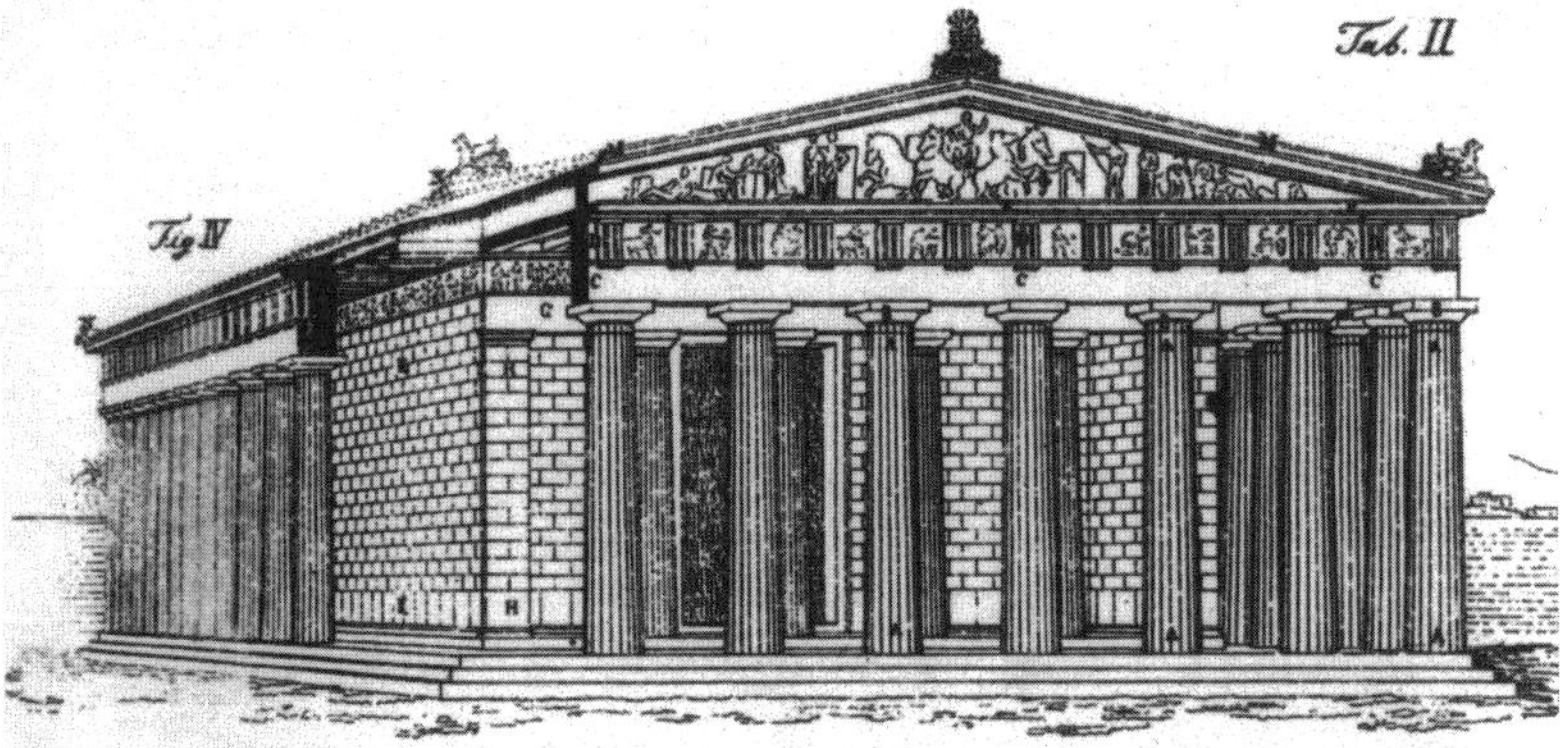

Fig. V

Fig. VI

資料二

「アテネウム」建築設計競技プログラム（一八五〇）

前書

造形芸術の中で、建築ほどに自然と時代に即した、民族と場所に固有な新たなる発展への希求を、歴然たるありかたで、決定的に目にみえるものにしようと試みた芸術はない。

しかしながら目標に達しようと望む私たち建築家の方向と道筋は様々である。ある者はギリシャ・ローマの古典的建築形態へ無条件に接続するか、装飾豊かで朗らかなルネサンスのファサードによるか、または野蛮なロココの（バロック的な）重厚さを期待する。また別の者は、我々の建築の国家的再生の唯一なる前提として、ロマネスクやゴシックの建築様式の純粋な再利用を要請する。また他の者は、この様々な様式の要素や固有性を融解し、今までに存在しなかった新しい建築様式を築こうとするのである。

果たして後者が可能なのか。そしてあらゆる生活状況や生命力が有機的に完成した造形を目指す、国家的な意味において我々の時代に根ざす要素が、建築芸術にも成立するものなのか、そのことについては後世が判定を下すだろう。

しかし活動を続ける建築家に新たなきっかけと機会を与えるために、そしてまた、国家的な建築の新しい造形へ向けて、この現代を生きぬくにあたり、彼らの素養と努力を支援するために、バイエルン国王マクシミリアン二世は、高等教育機関の計画に関する公開設計競技を、以下の要項と条件に基づいて開催するのである。

目的は、高貴さと偉大さをもった、特定の実務的課題と直接関わることによってのみ、達成されうるという確信から出発している。建築をつくるその総合的な現象の内に、時代の個性は全く明白に、その最たる表現を見いだすであろう。そこには現代のイデーと努力が具現化されて見えるであろう。同時に従来の建築の知識、あらゆる方向に広がる驚異的な技術の進歩、構造や装飾の規範に関する総体的な過去の成果、建築素材の多様化、これらが、自由を拘束されることなく、そして建物の機能や個性において、予算内でふさわしい形で使われることだろう。このような建築の創造は明らかに、遥かなる建築の未来にとっても、大変効果ある結果を伴うにちがいない。建築家が、課題の内容を完全に把握し、建築への理念をもち、その建築の目的と機能を十分に満たすのならば、そして建築創造における根本の技術的条件、つまり建築の必要に依存する空間の配置を規定する基本平面を、また場所性と気象条件と素材によって条件づけられる、分節や個々の装飾の造形に遡及する構造体を、このイデーの高次なる要求と調和させるならば、そしてまた建築家が、合目的性や快適性を、単純性と美とに結びつけるならば、そのあかつきには、その建物は自己完結した、表現豊かな美しき全体を形成するにちがいない。

しかしまた競技設計に応募しようとする芸術家にはなんらかの強制が課せられるべきではない。選ばれた建築様式が既知の建築様式にとりわけ属さぬように、彼らが提示された課題を合目的的に解くために、様々な建築様式やその装飾を全き自由において用いることが望ましいとしても、ここではドイツの感性と有益性において、ドイツの建物の創造が問題なのであり、恐らくは設計に際して、古ドイツの、いわゆるゴシック建築の形式原理を、装飾に際してはドイツの動植物の形式の使用を、できるかぎり目から離さぬことが目的達成に役立つことを、あえて黙さずお伝えしたい。

その上でこの建築には、姉妹芸術である絵画や彫刻も考慮すべきである。それらの助けによって、あらゆる部分において内容ある、現代にとって個性的で美的な芸術と教養の記念碑を成立させることができる。その際、我々の時代の使命と精神に従って、空間配置やその素材形式の実現のために、あらゆる冷たさ、鈍重さ、陰鬱さ、厳格さは避けられねばならない。フォルムと釣り合いにおける軽やかな躍動が、発展の領域の広がりに提供されんことを。

建築設計競技要項に関する覚書

現代建築には、いわゆる古典的（ギリシャ、ローマ）建築様式と、ロマン的建築様式との間の揺れ動きが見られる。ある場所では後者の様式が、他の場所では前者の様式が支配的である。しかしまれながら、様々な建築様式を、その純粋性によって再現することもある。そのときには、既知のものを変化させ、新しいフォルムを呈示することへの求めが目にみえる。この努力はしかしながら、かなり不確かな軌道を進むように見える。その起点も終着点もはっきり意識されることはないからである。

人間精神は、建築においても勿論のこと、あらゆる面において古いものにとどまるのではなく、常に新しいものを望む。現代建築の課題は、完全にしろ不完全にしろ、すでに存在するものを繰り返すのではなく、可能な限り新しいものを創造し、新しい建築様式を発見するための道を見つけることにある。この目標の達成のために、公開の建築設計競技がここに開催されることとなった。

題材は、添付したプログラムによる教育機関の計画の遂行である。建物自身はかなり高みに建ちながら、その前面ファサードは河岸に打ち寄せられるかのようにたたずむであろう。

私たちは、建築のオーダーがかつて成立していたような、意識をもった必然性の伴う創造の時代にはもはや生きていない。むしろ、思考と研究と自己意識的な熟慮の時代に生きている。ここでは本課題の解決のために、様々な国々の建築にかつて作用し、また今日も影響を及ぼしている要因を示唆することが恐らく相応しいだろう。

まず天候が、建築の個性に大きな影響を及ぼす。その次には素材が。ある土地が、例えば大理石を豊富に産出する鉱脈をまたいでいるかどうか、あるいは石切り場が、良質の美しい砂岩をもたらすかどうか、このこと全ては、建築の著しい相違を条件づけるのである。

土地の顔容は物質的にも、同時に精神的にも影響を及ぼす。山岳地に住む人々の直観形式と建築様式は、平地に住む人々のそれとは異なっているのである。

建築へ影響を及ぼす純粋に精神的な要因として、真先に時代精神があり、それによって建築が成立する。我々の時代の基本理念としては、自由への希求、自由な発展への望み、拘束されることのないあらゆる物質的、道徳的諸力の育成への望みが表記されるだろう。その諸理念が建築においても、固有の表現を発見することを要求するのである。政治的、社会的関係は、とりわけ時代に従って建築の相違を根拠づけるものだが、今日の状況からすれば、過去とは全く異なる建築作品を生じさせるであろう。

現代建築には、典型や技術に関する過去の成果全てが用意されている。才能あるバウマイスターであれば、既存の建築形態を、古典的建築とロマン的建築形式を、また直線と半円アーチ、尖頭アーチを、それらの装飾を含めて、現代の要求を満たすために全く自由に使うことができる。そして、それらを独創性溢れる、美しい有機的全体に結びつけることができるであろう。ルネサンス様式が当時、様々な既知の様式から発展したように、今日においてもそのように、新しい建築様式を発見することは果してかなわぬことなのであろうか。その土地に生きる動植物の世界は、多くの固有な要素を装飾に提供しており、同様に新しいエレメントとして、以前には知られていなかったガラスを用いた多種多様な色やフォルムの強調が、もっぱら丸屋根や壁面装飾に役立つ。同様に建築家には、鋳鉄を扱うことによって新しい構造的要素の可能性が開かれている。

現代建築への要請は、合目的性と経費抑制を結びつけることにますます向かわせる。現代に即した建築の特性はそれゆえ、合目的性と快適性、現代技術に基づく単純性と美にあり、可能な限り抑えた資金予算と結ばれる。

さらに現代は、簡にして要を得た国家の教養と造形を求めており、ドイツにおける建物をつくることが問題となる以上、古ドイツの、いわゆるゴシック建築の原理をも目から離さないことが合目的的であろう。

建築の創造には、時代の全体と特性がまさに極めて明白にそのもっともなる表現を見いだす。そこには現代のイデーと希求が具現化されて見えるであろうし、拡大された素材を、従来の建築の知識や技術の進歩が見事に使いこなすであろう。このような建築の創造は、遥かなる未来にとっても大変有意義な結果をもたらすにちがいない。

設計競技で問題となる建物には、ある種の躍動とその目的に相応しい個性があるにちがいない。従って、あらゆる冷たさ、鈍重さ、厳格さはここでは避けられねばならない。必要なことは、基本形（詩のリズムのようなもの）を見つけることであり、それが最も美しく、合目的的であることの裏付けとなる。それによって該当する建物は実現され、支配的に際立たねばならない。

同時に恐らくは、水平的なギリシャのフォルムのもつ単純で穏やかな性格と、高みに向かうゴシックの建築様式の要素との結合を考慮することが価値をもつであろう。

建築家は既知の建築様式の一つをさらなる発展にもたらすか、また全く自由に、あらゆる既存の建築様式とその装飾を使うこともできる。課題は、オリジナルに溢れた、美しく有機的な全体を造形することにあり、そこで選ばれた建築様式が際立ってすでに存在する建築様式に属さぬこと、少なくともその現代的発展に属さぬことにある。

プログラム

高等教育機関の建築計画に際し、考慮すべき要求と条件

Ⅰ．施設目的

この高等教育機関は、才能ある青年を上級の国家管理職につけるために準備することであり、授業の対象と方法からすれば、ギムナジウムと大学の間の期間に相当する。

Ⅱ．施設要求

A．主建築

五　勉強部屋　それぞれが二十人から二十五人の生徒、及び一人の舎監のために。
五　寝室　それぞれが二十人から二十五人の生徒、及び一人の舎監のための小部屋。
八　講義室　その内大きい五室は少なくとも二十人から二十五人の生徒が収容可能。
一　音楽室
一　集会室　少なくとも百人から百二十五人が座席と立ち見席によって収容できる。恐らく生徒による公開の催しや音楽演奏の時のために観客のための桟敷席。
一　図書室　少なくとも幅二九フス×長さ四〇フス。
一　博物標本室　三部屋付すこと。図書室と同程度の広さとする。
一　食堂　少なくとも百人から百二十五人の生徒と五人の舎監のために。

一　厨房
一　食料貯蔵室
二　調理人のための居室
一　衣装保存室
一　布地保存室
二　管理人のための厨房、納戸
一　使用人のための居室
一　広々とした階段室や廊下、及び便所
注意：集会室、食堂、階段室は過剰にならない程度に、彫刻や色彩装飾で飾ること。

特に、この主建築に、少なくとも大小八十枚の油絵を飾るための広々としたホール、ないしは列柱廊が接続すること。それは悪天候の時や冬期には、生徒の休憩場となる。そこは生徒の邪魔にならぬ限りにおいて一般に公開される。絵画は天候の影響から守られること。

注意：三〇枚の大きな絵画は十二フス。その他の小さいものは平均すれば六～九フスである。

B．三つの付属建築
一　第一付属建築
a所長住宅。暖房可能な部屋七～八室、厨房、食料庫、薪置場、便所

b監督局長住宅。暖房可能な部屋五〜六室、厨房、食料倉庫、薪置場、便所
c四人の教師のための住宅群。それぞれ監督局長住宅なみの施設
d洗濯女のために三室。及びその他必要な使用人室

二　第二付属建築
a木工、金工の作業アトリエ
b石膏モデル保存室
c物理・化学実験室

三　第三付属建築は教会。付近住民が使うことを想定し、千人収容可能なものとする。

C．四つの機能建築
a洗濯場
b庭師の家
c温室
d木材倉庫

D．休憩の場と庭園
広々とした中庭と庭園……影を落とす木陰の道と並木道。施設の必要から菜園も。

E．二つの建物……体操と水泳の練習のために。
ａ冬期の練習のために、ホールをもった体操場。

ｂ一般のプールと幾つかの個々の浴場をもった水泳場。

注意：水泳場は、本館から離れた川岸に配置すること。高台の足元にイーザル河が流れる。

Ⅲ．計画推進のための資料

敷地周辺の理解のために、添付されるもの。

ａ配置図。

ｂ敷地断面。

ｃ敷地周辺の見取り図。建築には煉瓦のみならず、緑、黄色、青味がかった　グレーの砂岩、様々な色の大理石も使用できる。

Ⅳ．提出図面

計画は完全に仕上げられたものとし、要求される建築施設が欠けてはならない。そして計画に従って施工可能であること。従って必要な平面図、断面図、ファサードが仕上げられる。建物内部の主要室、及び個々の芸術的にデザインされた対象に関しては、十分なスケールをもって彩色によって描くこと。

Ⅴ．提出期限

設計競技に必要な計画図は、遅くとも一八五一年七月三十一日までに、ミュンヘンの芸術アカデミーに送付されたし。モットーを記入すること。それは住所、氏名、出生地、現職を記した封印された紙片にも繰り返し記入する。

Ⅵ．賞金

一等 四〇〇〇 fl.

二等 二〇〇〇 fl.

三等 一五〇〇 fl.

Ⅶ．その他

入賞作品は主催者の所有となり、作者はその使用権を失う。その他の応募案は使用されることなく、作者に返却される。一等入選には審査員の満場一致が、その他入選には審査員の多数の支持が必要となる。審査員には公正な立場にある者が招聘され、その過半数は建築家により、その他は芸術方面の識者によって構成される。

ヴィルヘルム・フォン・カウルバッハ（所長）

ルドルフ・マルクグラーフ（秘書）

（BGHA. 77/6/90, 24-2-2）

資料三

『国王が求める、時代に即した、芸術的な建築形態に対する覚書。建築の主要形態の根拠と、それに従って創造されるファサード——新しい街路に並ぶ新建築のために』

ホーヘンシュヴァンガウ、一八五二年九月三日時代に即した芸術的な建築を樹立しようとする求めとは、新たに作られる建築作品が、時代に相応しい個性と、実際的な合目的性と、生活の快適性と、また単純性と美と国民性とを担うことである。従って冷たく、重々しく、厳格なもの全ては、提示されるファサードの雛形において避けられている。基本フォルム（リズム）として、幅広く伸びて、押しつけられたものとの対比として、個々のあらゆる部分においては高貴なるギリシャの精神による、上方への伸びと軽やかさが優先されるだろう。

ここから理にかなったことが導き出される。新建築は既知の建築様式や既存の建築作品から取り出すのではなく、自律したものとして形成される。つまり、土地の気象状況や既存材料に従って、また進歩する技術と施工（ガラスの使用、ガラス細工、磁器、テラコッタ、鋳鉄）に従って。新しい街路においては、立ち並ぶ多くの家々が通りのファサードを形成するのだが、個々の建物によるこせこせした印象を回避するために、ある程度一つの建物を表現するようにしたい。それによってしかし、内部の完結性が阻害されてはならないし、施主の意思や建物内部の調度も拘束されてはならない。

また長くて平坦なファサードの単純性を打破するために、そのファサードの幅を許容しつつも、前や後ろに突き出る部分、高くなった中央部や翼廊部、窓の間の角柱、扶柱や円柱による下から上へのびる分割線などが用いられる。それによって、画一性は壁面の高まりによって和らげられる。光と影の交錯が引き起こされるであろうし、生命が呼び覚まされるだろう。

国王の意思によれば、建築外部の多様性をより呼び起こすために、塔、小塔、開かれた張出部（それは冬期においては、ガラスを閉めてウインター・ガーデンとして使える)、バルコニー、石やテラコッタによる彫刻やレリーフ、場合によっては壁画、そしてスタッコや石膏によるモザイクや装飾が施される。後者はもっぱらギリシャ的なものの主特性を基本形として用いつつ、ドイツの動植物のフォルムによって形づくられる。張出部やバルコニーや窓枠は、鋳鉄で製作され、ブロンズ・メッキを施す。窓には色ガラスやガラス絵画が用いられることもあり、それは建物内部の天井にも使用可能である。

時代にふさわしいこのような建築のフォルムを理解し、育むことによって、様々な建築業種、ガラス絵画、ガラス工房、ガラス細工師、磁器や鋳鉄やブロンズの工場、機械工、庭師、そして画家、彫刻家が一体となって、時代に即した利用方法と仕事を見出していく。職人や芸術の労苦は、協調することによって相応の成果を上げることになるだろう。

あとがき

本書が生まれた背景と経緯を若干記しておきたい。

一九九一年から二年間、ドイツ学術交流会（DAAD）からの奨学金によってミュンヘン工科大学に研究留学する機会を得た。同大学建築博物館長でもあったヴィンフリート・ネルディンガー教授のご指導を仰ぐことになった。教授は近代建築史を専門とし、当時、分厚いカタログを伴う建築展覧会を精力的に企画し多忙を極めていた。面談を予約しても会えないことすらあった。そこで三ヶ月ごとに文献読解の成果をレポートにまとめるというノルマを自身に課し、その内容を基にネルディンガー教授をはじめ、同大学のノルベルト・フーゼ教授（美術史）から指摘をいただき、意見交換を続けていった。

当時、ワープロが出回り始めた頃だったが、研究所や図書館では誰もが手書きで、ノートにメモを取っていた。ひたすら図書カードをくくり、請求して本が出てくるのをしばし待って、そしてようやく閲覧できるという時代であった。今なら古い雑誌や図面もあっという間にダウンロードできるし、効率的に時間を使えるかもしれない。DAADの東京事務所三〇周年記念誌『ECHOS』に、「歩きながら考える」と題するドイツ留学時の思い出を寄稿したことがある。研究所や大学などはミュンヘンの中心部にあって、歩行可能圏内である。雪の降るなか、花が咲き誇るなか、街を移動のために歩く時こそ、研究から解放されながらも、構想が下りてくる至福の時だった。研究の深化と持続には、「集中」と「開放」のリズミカルな内面の躍動が不可欠であると思う。

本書のための編集作業の途上、留学当時の構想ファイルが見つかった。初期のメモは渡独した最初の冬、一九九一年十二月二二日の日付である。「近代の建築論における建築の様式概念の特性について――新しい建築様式への道」と題し、近代建築の精神的背景を様々な建築の様式概念の考察を通して明らかにしたいと書き記している。修士論文でゼンパーをはじめ、建築史、美術史における様式概念に触れていたことがその前提にあった。ロースやベルラーへの文献解読までを考察対象にしている。これを見せたドイツの研究者からは「広げすぎ」と一蹴され、もっと緻密に事柄を見ていくように指導を受けた記憶がある。それは尤もなことだ。だが、恩師を通して当時ヴェルフリンに親しんでいたこともあり、通史的なヴィジョンからしか得られないものがあると考えていた。その思いは揺らがなかった。

渡独前にヒュプシュの著作を入手していたため、まずはヒュプシュの著作、文献をすべて集め、読解することからドイツでの研究生活を開始した。大判の作品集も容易に手にすることができた。『いかなる様式で我々は建築すべきか』(一八二八)は当時すでに素訳しており、今回添付資料として掲載することができたことは望外の喜びである。勿論、地の利を生かしてカールスルーエや彼の故郷ヴァインハイムにヒュプシュの建築を見学した。彼の空間には温かみがあり、とても好感がもてた。「ルントボーゲン様式」の旗手という通念に惑わされずに、テキストを読み進めていくと、古典建築と中世建築の「融合(Verschmelzung)」という言葉と、それを論じるヒュプシュの思考回路がとても気になった。それは彼自身の理論武装のためかもしれないが、歴史意識の覚醒とともに、過去・現在・未来のなかに今の自身を置く大切さがそこから透けて見えた。その後、次々と統合、融解など類似する言葉を諸文献に見つけ出し、十九世紀ドイツの建築思潮を一つのうねりとして紡ぐことができるのではないかと思うようになった。様式の党派でくくってしまっては見えない何かがそこにあるという予感である。シンケルの論述は、この調査過程ではじめて浮上してきた。

一九九二年六月五日の構想メモはそれゆえはじめて、「様式統合理念の影響史——シンケルから〇〇〇までの、新しい建築様式への試み」と書かれ、十章の構成が生まれている。しかし表題のとおり、どこで話しを終えたらよいのか見当がつかなかった。

同年七月七日付のメモには「近代建築論における新しい建築様式をめぐる問題——古典主義からユーゲントシュティールまで」と題し、三部構成が考えられていた。

第一部：（様式）統合としての新しい建築様式（一八〇〇—五〇）

第二部：近代の建築理論への転換（一八五〇—七〇）

第三部：現代性としての新しい建築様式（一八七〇—一九二〇）

第二部は実質的にゼンパー論なのだが、ゼンパーの思想は極めて豊穣であり、十九世紀の枠を飛び越えている。「様式統合」理念は十九世紀前半のテーマとして限定的にとらえていた節があり、論文としての一体感はみられない。

ファイルに収められた最後の構想メモ（一九九三年三月頃）は「歴史様式の統合としての新しい建築様式——十九世紀ドイツ建築と建築美学における全体性思考」と題し、以下の章を記している。

一章：序論（造形概念としての様式——造形の背後に潜む作家の原像にせまりたい——固体としての建築は融解するのか？——歴史の「継承」には意識の様々な層がある）

二章：シンケルの作品分析（一）——未来へ向かう統合

三章：シンケルの作品分析（二）——最高のものを総合

四章：（展開一）総合としてのルントボーゲン様式

五章：（展開二）シンケル後（マクシミリアン様式、ベティヒャーなど）

六章：ゼンパーとドイツ・ルネサンス
七章：（様式）統合理念への批判
八章：統合理念における全体性思考（一）——有機的全体
九章：統合理念における全体性思考（二）——絵画的全体

ここには本書の第六章で扱ったクレンツェがまだ登場していない。クレンツェはギリシャ建築第一の作家だと思い込み、考察対象外だったからだが、ある日バイエルン州立図書館内のクレンツェアーナ（手文庫部門）に保管されているクレンツェの草稿に、ゲーテの『ファウスト』を引用しつつ、「統合理念」に否定的な見解を記している箇所を発見した。クレンツェですら「様式統合」理念に言及せざるをえなかったのか、ということを知ることができ、二〇世紀近代建築に向かうドイツの芸術家たちの精神構造を叙述できるのではないかと考えた。

帰国後の二年間で学位論文『十九世紀ドイツ建築論における「様式統合」の理念に関する研究』（一九九五）をまとめ、その後十年ほどの間に、日本建築学会（同学会大会）、美学会、建築史学会に論考を発表し、国内研究者からの貴重な助言を仰ぐことができた。特に論文の審査では中川武先生、池原義郎先生、西本真一先生、上松佑二先生から貴重なご指摘をいただいた。日本の明治期における擬洋風建築の問題のみならず、建築家大江宏が「併存混在」という表現を用いて、折衷をポジティブにとらえていたことを知り、ここで取り上げたドイツの話題は過去のことでも、ローカルなことでも決してなく、今日的でグローバルなテーマであると実感した。

二〇一六年の夏、ソウルで開かれた国際美学会議での発表において題材として取り上げた建築家谷口吉郎の『雪あかり日記』には、シンケルの建築が頻繁に登場する。よく知られたその日記は、一九三八～三九年ベルリン滞在時の思い出であり、シンケル発見は谷口のその後の創作に大きな影響を与えたことは言うまでもない。ナチス兵士がシンケルのノイエ・ヴァッへの前を行進するさまを谷口は目撃し、ギリシャとプロイセンの都市空間における融合を看取し、シンケルが生き続けていることを秘めたる情熱をもって語っていることが印象的だ。建築アカデミー内のシンケル博物館でシンケルの図面、スケッチを見せてもらった先方の研究者はラヴェ博士であったと記されている。パウル－オルトヴィン・ラヴェ博士によって『シンケル作品集』の刊行が始まったのは一九三六年で、今日に至るまで様々な研究者に受け継がれているから、谷口はシンケル研究の最前線に触れていたことになる。

最近手にしたシンケル研究書は、ヨルク・トレンプラーによる『シンケル評伝』（二〇一二）である。一八一一年に描かれたシンケルの「朝」と「夕」の絵画と、ロマン派の画家フィリップ・オットー・ルンゲの「一日の四つの時」（一八〇三）とを比較しつつ、ルンゲから「様式統合」理念の霊感を受けたのではないかとの記述が見られ興味深い。新たな知見が得られ、シンケルに、ロマン主義芸術に光が当てられることは望ましいが、それをもって、本書の論述を変える必要はないと思った。

本拠地のミュンヘンには工科大学、中央美術史研究所、バイエルン州立図書館、ヴィッテルスバッハ・アルヒーフ、ドイツ博物館内図書館、市立博物館があり、必要な資料はほぼ得られた。ときにシャロウン設計のベルリン国立図書館、ヒュプシュの故郷であるカールスルーエ工科大学、ゼンパー・アルヒーフのあるチューリヒ工科大学に通い、資料を閲覧する日々であった。いずれの機関でも例外なく、私の求める図面、資料は気持ちよく開示された。「ともに」研究する仲間として対応していただけた。学問の探求そのものへの真摯な気分が支配していた。ヴルフ・シルマー教授（カールスルーエ工科大学）、ノルベルト・クノップ教授（アイヒシュタット・カトリック大学）、ハンス・レームブルッフ博士（ミュンヘン中央美術史研究所）からも貴重な意見や資料の提供をいただくことができた。

本書が生まれる根底として、建築を創作することと享受すること、それぞれについて温かな眼差しをもった早稲田大学池原義郎先生のもとで大学院生として指導を受けることを許されたことを付言しなければならない。学生ながら、早稲田大学所沢キャンパス（一九八七）の基本設計から現場監理のお手伝いをさせていただき、研究と制作は表裏一体であることを、池原先生や当時助手であった入江正之先生は態度で示されていた。知的な形態操作ではなく、自由な創作心を大切にしておられたと私は理解している。その後引き続き、東海大学上松佑二先生のもとで留学期を含め十年間、論文指導、設計指導をいただき、研究と創作の両活動に立ち向かう師の姿を追い求めた。私の希求は今も変わらない。創作における自由とは何か、は今も私にとっても問いであり続ける。

十九世紀の建築家たちも、現代と同様に施主の要求やコストの制約はあった。歴史意識の台頭とともに、様々な歴史の形態言語（様式）は眼前に広がり、その選択可能性の点では自由であったに違いないが、その知的な様式選択を超える、より高次な意識が彼らに芽生えていた。「様式統合」理念を通して個的自我の発展の道を描けるのではないか、そう考えた。

中央公論美術出版の小菅勉氏とは恩師上松佑二先生の一連のお仕事（ヴェルフリンの翻訳出版、今井兼次著作集の出版）を手伝わせていただいたときからのご縁であり、本書の出版に向けても終始激励とご理解を頂いた。心から感謝申し上げる。

なお本書の刊行は独立行政法人日本学術振興会平成二八年度科学研究費補助金（研究成果公開促進費）の助成によるものである。私の三十代の仕事をこうしてまとめることができたことをうれしく思う。

二〇一六年一二月二四日

石川　恒夫

著者略歴

石川 恒夫（いしかわ　つねお）

1962 年　東京都出身
1987 年　早稲田大学大学院修士課程修了後、東海大学上松佑二研究室員
1991-93 年　ミュンヘン工科大学（ドイツ学術交流会奨学金による研究留学）
1995 年　『19 世紀ドイツ建築論における「様式統合」の理念について』（学位論文）
1996 年　日本建築学会奨励賞
1997-2000 年　前橋工科大学工学部建築学科講師
2001-11 年　前橋工科大学工学部建築学科助教授（准教授）
2011 年　木の建築賞大賞（八幡幼稚園）
2012 年　前橋工科大学工学部建築学科教授

著　書　『バウビオロギーという思想』（共著、建築資料研究社、2003）
『日本におけるバウビオロギーの実践』（共著、学芸出版社、2006）
『交響するロマン主義』（共著、晃洋書房、2006）
訳　書　H・ケーニッヒ著『健康な住まいへの道』（建築資料研究社、2000）

様式の生成―十九世紀ドイツ建築論における「様式統合」理念に関する研究―
©
平成二十九年二月十日印刷
平成二十九年二月二十八日発行
著者　石川恒夫
発行者　日野啓一
印刷製本　広研印刷
用紙　北越紀州製紙株式会社
中央公論美術出版
東京都千代田区神田神保町一―十―一
電話〇三―五五七七―四七九七

ISBN 978-4-8055-0779-7